Ausgabe Bayern (G 8)

Internationale Politik
IM FOKUS 12

Herausgegeben von
Wilhelm Gleichsner

Erarbeitet von
Wilhelm Gleichsner
Holger Keilwerth
Marc Susemihl

© 2010 Bildungshaus Schulbuchverlage
Westermann Schroedel Diesterweg Schöningh Winklers GmbH
Braunschweig, Paderborn, Darmstadt

www.schoeningh-schulbuch.de
Schöningh Verlag, Jühenplatz 1–3, 33098 Paderborn

Das Werk und seine Teile sind urheberrechtlich geschützt.
Jede Nutzung in anderen als den gesetzlich zugelassenen Fällen bedarf der
vorherigen schriftlichen Einwilligung des Verlages.
Hinweis zu § 52a UrhG: Weder das Werk noch seine Teile dürfen ohne eine
solche Einwilligung gescannt und in ein Netzwerk gestellt werden.
Das gilt auch für Intranets von Schulen und sonstigen Bildungseinrichtungen.

Auf verschiedenen Seiten dieses Buches befinden sich Verweise (Links) auf
Internet-Adressen. Haftungshinweis: Trotz sorgfältiger inhaltlicher Kontrolle wird
die Haftung für die Inhalte der externen Seiten ausgeschlossen. Für den Inhalt
dieser externen Seiten sind ausschließlich deren Betreiber verantwortlich. Sollten
Sie dabei auf kostenpflichtige, illegale oder anstößige Inhalte treffen, so bedauern
wir dies ausdrücklich und bitten Sie, uns umgehend per E-Mail davon in Kenntnis
zu setzen, damit beim Nachdruck der Verweis gelöscht wird.

Druck 5 4 3 2 1 / Jahr 2014 13 12 11 10
Die letzte Zahl bezeichnet das Jahr dieses Druckes.

Umschlaggestaltung: Franz-Josef Domke, Hannover
Umschlagabbildung: © REUTERS/Mike Segar (U1), picture-alliance/Photoshot (U4)
Druck und Bindung: westermann druck GmbH, Braunschweig

ISBN 978-3-14-035984-9

Vorwort

Knapp zehn Jahre nach den Anschlägen vom 11. September 2001 zeigt sich mehr und mehr, was damals schon vermutet wurde, dass es sich bei diesem Ereignis um eine weitere Zäsur in der Weltgeschichte handelt. Die Welt ist heute nicht mehr dieselbe wie die vor den Anschlägen und vor der Jahrtausendwende. Daran werden auch die Hoffnungen, die mit der Wahl des jungen amerikanischen Präsidenten Barack Obama verbunden waren, nicht grundlegend etwas ändern können. Die drängenden Fragen, mit denen sich auch das vorliegende Buch befasst, bleiben auf der Agenda der internationalen Politik ganz weit oben. Dabei geht es nicht nur um die mittelbaren und unmittelbaren Bedrohungen durch den internationalen Terrorismus, sondern auch um die Reaktionen und die Neuausrichtung der nationalen Politik und der internationalen Organisationen auf die großen Herausforderungen unserer Zeit. Zu diesen Herausforderungen gehört natürlich vor allem die Globalisierung mit ihren Chancen für Deutschland und die Welt, aber auch mit ihren Verwerfungen, die im dritten Kapitel behandelt werden. Dieses Kapitel schließt an die Auseinandersetzung mit dem großen und wichtigen Komplex Europäische Union an und rundet das Gesamtangebot von „... im Fokus 12" ab.

„... im Fokus" stehen in der Jahrgangsstufe 12 die Aspekte Internationale Politik, Europäische Union, Deutsche Außenpolitik und Globalisierung. Dabei folgt dieser Band der Konzeption des Vorgängerbandes mit seiner passgenauen Abstimmung auf die Anforderungen des Lehrplans der Oberstufe am Gymnasium.

„... im Fokus" ist klar strukturiert und konsequent gegliedert und bietet den Kollegen[1] eine Vielzahl aktueller Materialien für den Einsatz in der einstündigen Sozialkunde und – als Besonderheit – einen Vertiefungsteil zur weiterführenden Arbeit im zweistündigen Fach am sozialwissenschaftlichen Gymnasium in Bayern. Ergänzt werden die Materialien durch einen Apparat motivierender Fragen, die selbsttätiges Arbeiten der Schüler ermöglichen und sie, orientiert an den einheitlichen Prüfungsanforderungen der KMK, gezielt auf das Abitur vorbereiten.

„... im Fokus" hat auch in dem vorliegenden Band das neu konzipierte Fach Sozialwissenschaftliche Arbeitsfelder (SwA) im Blick und die Autoren sehen hier gerade im Kapitel Globalisierung einen Ansatz zur Zusammenarbeit.

„... im Fokus" bietet als zusätzlichen Anreiz in Kapitel 4 eine Analyse des Nahostkonflikts, die nicht nur die Kooperation mit dem Fach Geschichte im Auge hat, sondern den Schülern die Möglichkeit bietet, einen internationalen Konflikt mithilfe der mitgelieferten Methode selbstständig zu analysieren.

„... im Fokus" bietet Schülern wie Lehrern eine klare Orientierung:
→ Neue Themenschwerpunkte werden durch eine Auftakt-Doppelseite klar gekennzeichnet. Diese bietet erste Denkanstöße.
→ Anmoderationen zu den jeweiligen Kapiteln nehmen diese Denkanstöße auf und strukturieren den Themenschwerpunkt unter inhaltlichen Gesichtspunkten.
→ Die unterschiedliche farbliche Unterlegung der jeweiligen Teile erleichtert die Orientierung und fördert das strukturierte Arbeiten im einstündigen wie im zweistündigen Kurs.
→ Verweise auf Vertiefungskapitel und auf Anknüpfungen an das Fach Geschichte (G) unterstützen die Kollegen bei der Vorbereitung und lassen die Schüler Zusammenhänge erkennen.

„... im Fokus" setzt besonders auch auf das selbsttätige und nachhaltige Lernen bei den Schülern: Die vorgestellten Methoden bieten die Möglichkeit, sozialkundliche Themenfelder sachgerecht zu erarbeiten und erste Einblicke in die wissenschaftliche und wissenschaftspropädeutische Praxis zu gewinnen. Dadurch werden die Schüler auch auf Beruf und Studium vorbereitet. Auf die Methoden und Kapitelinhalte abgestimmte Trainingsseiten ermöglichen es den Schülern, ihre Sach-, Methoden- und Selbstkompetenz zu überprüfen und zu stärken. Das abschließende Basiswissen fasst die wichtigsten Inhalte des jeweiligen Kapitels noch einmal schülergerecht zusammen und unterstützt die eigenverantwortliche Vorbereitung auf Prüfungsarbeiten bis hin zum Abitur.

Das Autorenteam wünscht viel Spaß bei der Arbeit mit diesem Buch und hofft, dass dadurch Ihr Unterrichtsalltag und Ihr Sozialkundeunterricht befruchtet und bereichert wird.

---

[1] Im gesamten Band ist jeweils mit der männlichen Bezeichnung die entsprechende weibliche Form mitgemeint.

Inhaltsverzeichnis

Internationale Zusammenarbeit und Friedenssicherung 6

1. Friedensgefährdungen Handlungsfelder internationaler Politik **8**
2. Internationale Politik – begriffliche Grundlagen **14**
   - 2.1 Der Friedensbegriff – eine Annäherung **14**
   - 2.2 Grundlagen internationaler Politik **20**
3. Organe kollektiver Sicherheit: Die VN und die NATO **27**
   - 3.1 Friedenssicherung – die Rolle der Vereinten Nationen **27**
   - 3.2 Die NATO – Ein Bündnis mit Zukunft? **33**
4. Afghanistan – Möglichkeiten und Grenzen multinationaler Kooperation **43**

METHODE WebQuest **60**

5. Die Bedeutung des Völkerrechts **63**
6. Entwicklungspolitik und Friedenssicherung – Chancen und Grenzen **71**
7. Zusatzmaterial **83**

BASISWISSEN Internationale Politik **95**

TRAINING **98**

Aspekte und Perspektiven des europäischen Einigungsprozesses 100

1. Europäische Integration **102**
   - 1.1 Die EU – Was ist das eigentlich? **102**
   - 1.2 Europa – Was geht mich das an? **104**
   - 1.3 Europäischer Integrationsprozess – historische Entwicklung, aktueller Stand, gegenwärtige Herausforderungen **106**
2. Die politische Organisation der EU **115**
3. Europäisierung des Rechts **122**
   - 3.1 Zusammenwirken der Organe in der Rechtsetzung **122**
   - 3.2 CO_2-Verordnung für Neuwagen – ein Beispiel zur EU-Gesetzgebung **123**
   - 3.3 Prinzip der Subsidiarität – oder: Wo soll was entschieden werden? **128**
4. Perspektiven der EU **132**
   - 4.1 Perspektive Erweiterung: Europa = 27 plus X? **132**
   - 4.2 Europa auf der Suche nach seiner Identität **143**
5. Europäische Außen- und Sicherheitspolitik – Chancen und Probleme **150**

METHODE Politik verstehen und sich über Politik informieren **161**

6. Zusatzmaterial **164**

BASISWISSEN Europäische Union **182**

TRAINING **184**

Herausforderungen für die Politik im 21. Jahrhundert
186

1. Die deutsche Außenpolitik – Einflussfaktoren und verfassungsrechtliche Voraussetzungen **188**
2. Ziele, Zielkonflikte und Strategien der deutschen Außenpolitik **190**
3. Aspekte der Globalisierung **200**
4. Bilanz der Globalisierung und Herausforderungen für die Politik **211**
   - 4.1 Globalisierung kontrovers **211**
   - 4.2 Internationaler Terrorismus – eine Herausforderung für Deutschland **216**
5. Notwendigkeit kooperativen Handelns **222**

METHODE Multiperspektivische Fallbetrachtung **228**

6. Zusatzmaterial **231**

BASISWISSEN Globalisierung **248**

TRAINING **250**

Analyse eines Konflikts – der Nahe Osten
252

Zur Einführung **254**

METHODE Konfliktanalyse **255**

1. Geschichte der Auseinandersetzungen zwischen Israelis und Palästinensern **259**
2. Politische Streitfragen im israelisch-palästinensischen Konflikt **263**
3. Der Nahostkonflikt: Die Positionen der Konfliktparteien **269**
4. Hoffnung auf Frieden? – Ein kurzer Ausblick **277**

Glossar **282**

Register **291**

Bildnachweis **296**

Internationale Zusammenarbeit und Friedenssicherung

Über 60 Jahre Frieden in Europa – Gilt das immer noch?

Neue Kriege, alte Antworten – Welche neuen Ansätze zur Konfliktbewältigung gibt es?

Die internationalen Organisationen – Problemlöser oder Teil des Problems?

Terrorismus – Das neue Feindbild?

Helfen oder bekämpfen – Gibt es *einen* richtigen Weg?

1. Friedensgefährdungen – Handlungsfelder internationaler Politik

In den letzten 20 Jahren gab es zwei gravierende Einschnitte im Rahmen internationaler Politik. An der Zeitenwende 1989/90 glaubte man, dass nun das Zeitalter einer weltweiten Demokratisierung unter der Führung der USA und im Rahmen der UN bevorstehen würde oder gar das „Ende der Geschichte" (F. Fukuyama). Spätestens nach den Anschlägen vom 11. September weiß die Welt aber, dass es diese neue Weltordnung nicht geben wird, sondern dass mit dem (Wieder-)Erstarken Russlands und den aufstrebenden Mächten Indien und China in Asien eher eine neue Unübersichtlichkeit eintreten dürfte und die einst bipolare Welt des Kalten Krieges in eine multipolare Welt mit völlig anderen und neuen Bedrohungen ins Haus steht.

Wie kann diese Welt nun diesen Herausforderungen begegnen? Mit den herkömmlichen Mitteln vermutlich nicht. Vielmehr heißt es, diese Herausforderungen zu erkennen, anzunehmen und nach Lösungen zu suchen, die in eine globalisierte, multipolare Welt passen. Und dies alles vor dem Hintergrund einer globalen Wirtschaftskrise, deren Ausmaß und Folgen Deutschland und die Welt noch auf Jahre hinaus beschäftigen werden.

M 1 Internationaler Terrorismus/religiös motivierter Terrorismus

Eine der jüngsten Herausforderungen globaler Außen- und Sicherheitspolitik ist die Existenz international verankerter Netzwerke terroristischer Organisationen. Über die innere Sicherheit – beispielsweise auch von Berlin – wird an beliebig vielen Orten der Welt entschieden. Das kann Afghanistan ebenso sein wie eine Stadt in Deutschland. Oft stehen hinter Anschlägen nicht Regierungen, sondern auf viele Länder verteilte kleine Gruppen, die durch moderne Kommunikationsmittel miteinander verbunden sind.

Terroranschläge wie der vom 11. September 2001 auf das World Trade Center in New York und das Pentagon in Washington werden als „asymmetrische" Kriegsführung bezeichnet. Sie werden von nichtstaatlichen Akteuren verübt, sind aber gegen die Sicherheit und Stabilität von Staaten gerichtet. Sie sind ihrer Natur nach sehr unterschiedlich und unberechenbar und stellen die Außen- und Sicherheitspolitik vor völlig neue Aufgaben – der internationalen Zusammenarbeit der Geheimdienste zum Beispiel. Auszuschließen ist jedenfalls, dass ein internationales Terrornetzwerk nur mit militärischen Mitteln und von einem einzelnen Staat allein bekämpft werden kann. Im Falle des Taliban-Regimes in Afghanistan gab es offenbar genügend Beweise, dass es das Al-Qaida-Netzwerk von Osama bin Laden unterstützt hat. Militärische Gewaltanwendung zum Sturz des Regimes wurde deshalb auch von vielen für gerechtfertigt gehalten. Im Falle des Irak hingegen konnte eine Verbindung zu terroristischen Gruppen weder vor noch nach dem Krieg eindeutig nachgewiesen werden.

Bernard v. Plate, „Außen- und Sicherheitspolitik vor neuen Herausforderungen", in: Bundeszentrale für Politische Bildung (Hg.), Informationen zur politischen Bildung Nr. 280, 3. Quartal 2003, S. 38

11. September 2001: Die brennenden Türme des World Trade Centers

1. Friedensgefährdungen – Handlungsfelder internationaler Politik

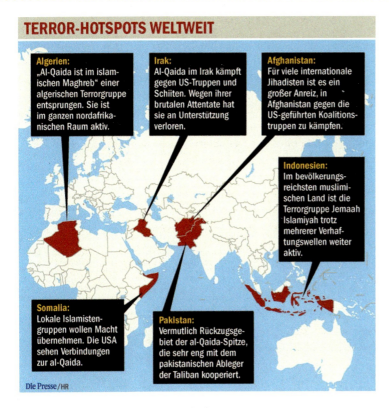

Terroranschlag auf das Hotel Taj Mahal in Mumbay, Indien, im November 2008

→ **Globalisierung**
M 23 – M 26 › S. 216 ff.

Aufgaben

1 Erläutern Sie den Begriff „asymmetrische Kriegsführung" und zeigen Sie, dass er ein Kennzeichen des internationalen Terrorismus ist.

2 Erarbeiten Sie aus M 1 die Vorgehensweise der Terroristen und die Ziele ihrer Anschläge.

M 2 Klimawandel

Die weltweite gegenseitige Abhängigkeit liegt auf der Hand, wenn es um die Sicherung eines gemeinsamen Gutes wie des Klimas geht. Der von den meisten Wissenschaftlern vorausgesagte weitere Temperaturanstieg wird in den Weltgegenden Fluchtbewegungen auslösen, die durch Überflutungen besonders ge-
5 fährdet sind. Es sind alle Menschen zusammen, die durch ihren Lebensstil zu den Belastungen der Atmosphäre beitragen. Der Verbrauch fossiler Brennstoffe wie Sprit für Autos oder Heizöl für Häuser und Wohnungen spielt hierbei eine wichtige Rolle. Für den Schutz der Umwelt können daher nur alle gemeinsam Sorge tragen. Auch wenn sie es nicht mit einer im traditionell strategischen
10 Sinne militärischen Gefahr zu tun hat, stellt die Umweltpolitik doch ein besonders eindringliches Beispiel für die globale Dimension eines Politikbereichs dar, der alle Staaten gleichermaßen angeht.

Bernard v. Plate, „Außen- und Sicherheitspolitik vor neuen Herausforderungen", in: Bundeszentrale für Politische Bildung (Hg.), Informationen zur politischen Bildung Nr. 280, 3. Quartal 2003, S. 38 ff.

TIME Magazine, 28.04.2008

M 3 Internationale Migrations- und Flüchtlingsströme

Fast täglich versuchen voll besetzte Flüchtlingsschiffe, ihre menschliche Fracht an den Küsten Italiens abzusetzen. Ausgelöst werden die Fluchtbewegungen durch wirtschaftliche Not, Bürgerkriege, Verfolgung und Unterdrückung sowie ökologische Katastrophen – das ganze Themenspektrum globaler Außenpolitik also. Dies ist nicht nur eine Angelegenheit für die Regierung in Rom. Unmittelbar gefordert sind durch die Flüchtlinge auch die Nachbarstaaten, da die Migrationsströme durch die Offenheit der Grenzen innerhalb der Europäischen Union auch für sie ein Problem darstellen. Aufgabe der Politik ist nicht nur, für die betroffenen Menschen zu sorgen. Sie muss im Interesse aller EU-Staaten danach trachten, die Ursachen zu beheben, die Menschen in großer Zahl dazu bewegen, ihre Heimat zu verlassen. Sicherheitspolitik ist somit ganz wesentlich auch langfristig angelegte Präventionspolitik.

Bernard v. Plate, „Außen- und Sicherheitspolitik vor neuen Herausforderungen", in: Bundeszentrale für Politische Bildung (Hg.), Informationen zur politischen Bildung Nr. 280, 3. Quartal 2003, S. 38 ff.

Afrikanische „Boat People" auf dem Weg nach Europa

→ **Globalisierung**
› S. 237 ff.

TIPP
z. B.:
www.zeit.de
www.sueddeutsche.de
www.rp-online.de

Aufgaben

1 Klimawandel und Flüchtlingsströme stellen keine Bedrohung der internationalen Sicherheit im eigentlichen Sinne dar. Legen Sie dar, warum sie trotzdem unter dieser Überschrift aufgeführt werden müssen (s. auch Tipp).

2 Analysieren Sie das Titelbild des amerikanischen Wochenmagazins TIME (S. 9) und erläutern Sie, welche Assoziationen durch diesen Titel beim Leser geweckt werden sollen.

3 Wie in M 3 erwähnt, trifft das Problem von illegalen Einwanderern aus Afrika vor allem Italien. Erklären Sie ausgehend vom Text, warum es sich nicht nur um „eine Angelegenheit für die Regierung in Rom" (Z. 5 f.) handelt.

M 4 Staatszerfall und neue Kriege

Nur Science-Fiction? Die Versorgung mit Gas und Elektrizität bricht zusammen. Beamte plündern ihre Büros, Lehrer erheben privat Schulgeld. Banden nisten sich ein, terrorisieren die Zivilbevölkerung und vertreiben zum Feind erklärte Volksgruppen. Eine Generation von Straßenkindern wächst heran, die sich in einem Teufelskreis von Arbeitslosigkeit, Hoffnungslosigkeit, Drogenabhängigkeit und Kriminalität wiederfindet und von Rebellengruppen rekrutieren lässt. Keine „Science-Fiction", sondern Realität im afrikanischen Staat Liberia 2003: Militärputsch, diktatorische Herrschaft, Bürgerkriege mit mehreren Zehntausend Toten – mehr als 25 Jahre Niedergang haben das Land ruiniert. Es gibt keine öffentliche Infrastruktur mehr, die landwirtschaftliche Produktion ist fast völlig eingestellt, die Analphabetenrate liegt bei etwa 70 Prozent. Und Liberia ist nicht der einzige Staat, in dem Sicherheit und staatliche Ordnung zusammengebrochen sind. Im Verlauf der Jahre 2004/2005 konnte sich die Lage in Liberia schrittweise beruhigen. Präsident Taylor ging ins Exil nach Nigeria. Aus den Präsident-

Demonstration in Liberia während des Bürgerkriegs 2003

15 schaftswahlen ging Mitte Januar 2006 die Wirtschaftsexpertin Ellen Johnson-Sirleaf als Siegerin hervor; sie wurde das erste weibliche Staatsoberhaupt Afrikas.

AG Jugend und Bildung e. V., Frieden und Sicherheit. Ein Heft für die Schule 2005, Universum Verlag, Wiesbaden 2005

Aufgaben

1 *Informieren Sie sich über die aktuelle Situation in Liberia und präsentieren Sie Ihre Ergebnisse dem Kurs.*

2 *Ähnlich wie Südafrika hat Liberia nach dem Ende des Bürgerkriegs eine sog. Wahrheitskommission eingesetzt. Diese Kommission hat 2009 erste Ergebnisse geliefert. Stellen Sie die wichtigsten Ergebnisse vor (s. Tipp).*

M 5 Staatszerfall – ein Überblick

Die Definition dessen, was unter „zerfallenden" oder „zerfallenen" Staaten (failing states, failed states) verstanden wird, ist in der wissenschaftlichen Diskussion nicht eindeutig geklärt; neben den genannten werden weitere Begriffe (z. B. „fragile states", „states of risk") gebraucht, je nachdem, wie weit der „Staatszer-
5 fall" fortgeschritten ist. Als allgemeines Merkmal gilt, dass der Staat seine zentralen Funktionen nicht mehr oder nur noch unzureichend erfüllt: physische Sicherheit der Bürger, Kontrolle über das gesamte Staatsgebiet, Aufrechterhaltung der öffentlichen Ordnung, Bereitstellung sozialer Grunddienste. In extremen Situationen zerfällt der Staat daraufhin – entweder in einzelne Teile, oder Re-
10 bellen übernehmen wichtige Funktionen des Staates. Das Staatsgebiet zerfällt dabei häufig in viele einzelne Territorien, die von sogenannten Warlords beherrscht werden, die regional begrenzt eine Art „Staats"-Gewalt ausüben. Die Einzelterritorien bzw. ihre Führungseliten sind meist untereinander zerstritten und konkurrieren um Macht und wirtschaftliche Vorteile, besonders wenn der
15 zerfallene Staat Bodenschätze besaß. Interventionen von außen, selbst wenn sie rein humanitärer Art sind, werden von den Warlords wiederum kollektiv als Angriff auf ihre Machtpositionen verstanden und abgelehnt. Diese Vorgänge lassen sich besonders gut in Somalia und teilweise Afghanistan beobachten.

Franz Josef Floren (Hg.), Wirtschaft – Gesellschaft – Politik, Band II, Schöningh, Paderborn 2006, S. 478

> **TIPP**
> http://de.wikipedia.org/
>   Staatszerfall
> Ausführliche Analysen des Problems finden sich in: Aus Politik und Zeitgeschichte, Nr. 28–29/2005, im Internet:
> www.bpb.de

M 6 Die neuen Kriege

Die Entwicklung des globalen Krisen- und Konfliktgeschehens unterlag in den Jahrzehnten des Bestehens der Vereinten Nationen tief greifenden Veränderungen, mit einer rasanten Beschleunigung während der letzten Dekade des vergangenen Jahrhunderts. Als die Weltorganisation im Frühsommer 1945 unter
5 dem Eindruck des noch fortdauernden Zweiten Weltkrieges gegründet wurde, war der klassische zwischenstaatliche Krieg die Störquelle des Weltfriedens par excellence, gegen die sich die kollektiven Sicherheitsbemühungen der neuen Organisation vorrangig richten sollten. Doch zeigte sich im Verlauf der zweiten Hälfte des vergangenen Jahrhunderts, dass der Krieg als Mittel zur Durchsetzung
10 politischer Interessen im zwischenstaatlichen Bereich immer seltener wird.

12 Internationale Zusammenarbeit und Friedenssicherung

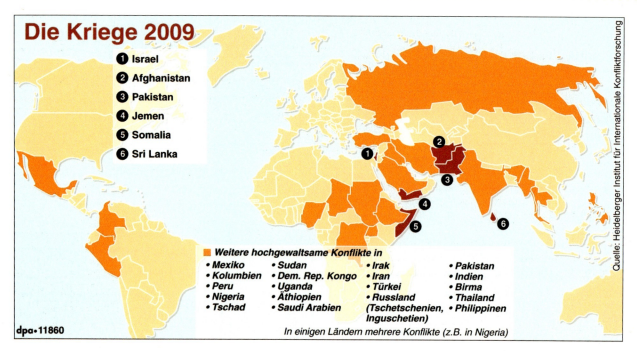

Diese Entwicklung resultiert einerseits aus den Erfahrungen zweier Weltkriege und dem in deren Folge geschaffenen allgemeinen Gewaltverbot der Charta der Vereinten Nationen, vor allem aber aus dem rasanten Demokratisierungs- und Modernisierungsprozess, den zahlreiche Staaten in der zweiten Hälfte des vergangenen Jahrhunderts bewältigt haben. So zwingen demokratische Gesellschaften ihre Regierungen zu gewaltfreier Konfliktlösung in ihren internationalen Beziehungen und lassen Ausnahmen von dieser Regel – etwa in Form eines Verteidigungskrieges – nur unter engen Grenzen rechtlicher und ethischer Legitimation zu.

Mit dem allmählichen Verschwinden des klassischen zwischenstaatlichen Krieges löst sich jedoch keineswegs das Phänomen der Gewaltanwendung auf. Das Kriegs- und Konfliktgeschehen verlagert sich vielmehr zunehmend in die Staaten und Gesellschaften hinein und ist durch das gleichzeitige Auftreten von Momenten des klassischen Krieges, des Bürgerkrieges, des organisierten Verbrechens und der planvollen und großflächigen Verletzung von Menschenrechten gekennzeichnet. [...] Die durch Bürgerkriege zerstörten *failed states* [s. M 5], zu deren prominentesten Repräsentanten in der jüngeren Zeit sicherlich Afghanistan und Somalia gehören, sind über lange Zeit vor allem unter dem Aspekt des humanitären Leids und der darauf bezogenen Hilfe betrachtet worden. Nicht erst der 11. September 2001 hat jedoch gezeigt, dass diese Staaten einen geradezu idealen Nährboden für die Entwicklung substaatlicher bzw. privater Gewaltakteure bieten, die sich entweder innerhalb der Grenzen des gescheiterten Staates als Warlords [„Kriegsherren"] betätigen oder aber mit dem Mittel des Terrors ihre Gewalttätigkeit in andere Staaten hineintragen können. In der Perspektive einer immer wahrscheinlicheren Verfügbarkeit von Massenvernichtungswaffen für nichtstaatliche Akteure kommt diesen Gruppierungen und ihren möglichen Unterstützerstaaten besonderes Augenmerk zu. Eine Resultante der privatisierten Kriegsführung ist die Angewiesenheit der nichtstaatlichen Gewaltakteure auf alle Formen der Finanzierung. So verquicken sich seit

→ Kap. 3.1 › S. 27 ff.

→ Kap. 5 › S. 63 ff.

Jahrzehnten in zunehmender Weise innerstaatliche Guerillas ebenso wie international aktive Terroristen mit der organisierten Kriminalität und ihren spezifischen Formen des Gelderwerbs durch Drogen-, Waffen- und Menschenhandel sowie der Geldwäsche. Spätestens an dieser Stelle beginnt die klassische Unterscheidung zwischen militärischen und kriminellen Risiken zu verschwimmen, und es werden daher neue Formen eines integrierten Vorgehens der verschiedenen mit staatlicher Sicherheit betrauten nationalen Organe wie auch deren intensivierte Zusammenarbeit im internationalen Bereich notwendig.

Sven Bernhard Gareis, „Der Wandel der Friedenssicherung durch die Vereinten Nationen", in: Aus Politik und Zeitgeschichte Nr. 27–28/2002 v. 08.07.2002

M 7 Was ist Krieg?

Die AKUF unterscheidet zwischen fünf Kriegstypen:
A = Antiregime-Kriege: Kriege, in denen um den Sturz der Regierenden oder um die Veränderung oder den Erhalt des politischen Systems oder gar der Gesellschaftsordnung gekämpft wird,
B = Autonomie- und Sezessionskriege: Kriege, in denen um größere regionale Autonomie innerhalb des Staatsverbandes oder um Sezession vom Staatsverband gekämpft wird,
C = Zwischenstaatliche Kriege: Kriege, in denen sich Streitkräfte der etablierten Regierungen mindestens zweier staatlich verfasster Territorien gegenüberstehen, und zwar ohne Rücksicht auf ihren völkerrechtlichen Status,
D = Dekolonisationskriege: Kriege, in denen um die Befreiung von Kolonialherrschaft gekämpft wird,
E = Sonstige Kriege.
Zahlreiche Kriege lassen sich nicht eindeutig einem dieser Typen zuordnen, weil sich verschiedene Typen überlagern oder sich der Charakter des Krieges im Verlauf der Kampfhandlungen verändert, sodass sich Mischtypen bilden.
Ein weiteres Kriterium für die Typologisierung von Kriegen ist die Fremdbeteiligung. Als Intervention oder Fremdbeteiligung berücksichtigt die AKUF nur diejenigen Fälle, in denen die Streitkräfte eines weiteren Staates unmittelbar an den Kämpfen teilnehmen. Bloße Waffenlieferungen, finanzielle oder logistische Unterstützung und dergleichen werden nicht als Intervention gewertet.

AKUF, „Kriegstypologie", www.sozialwiss.uni-hamburg.de [03.11.2009]

> **INFO**
> AKUF = Arbeitsgemeinschaft Kriegsursachenforschung der Universität Hamburg
>
> → V 19 › S. 86 f.

> **TIPP**
> www.friedenskooperative.de
> www.hiik.de
> www.sozialwiss.uni-hamburg.de
> www.swp-berlin.org

Aufgaben

1 Erarbeiten Sie aus M 6 die Ursachen für eine veränderte weltweite Bedrohungslage.

2 Überprüfen Sie mithilfe des aktuellen Konfliktbarometers (s. Tipp, www.hiik.de) die Aussage über die Zunahme von kriegerischen Konflikten.

3 Ermitteln Sie aus M 5 und M 6 einen Zusammenhang zwischen kriegerischen Auseinandersetzungen und Staatszerfall.

4 Konkretisieren Sie die unterschiedlichen AKUF-Kriegstypen (M 7) durch aktuelle Beispiele.

2. Internationale Politik – begriffliche Grundlagen

Seit dem 11. September sieht die westliche Welt im internationalen Terrorismus die größte Bedrohung für Frieden und Sicherheit. Ist diese Sicht angemessen? Oder gibt es nicht eine Vielzahl weiterer Bedrohungen, die die Existenz der Welt und der Menschheit in ähnlichem Maße bedrohen?

Wer eine Antwort auf diese Frage sucht, muss erst einmal definieren, was Krieg und Frieden überhaupt bedeuten. Wie die Geschichte zeigt, gibt es auf dieses Problem keine klare Antwort und eine globalisierte Welt mit ihrer Vielzahl unterschiedlicher Konflikte lässt das Problem eher noch komplexer erscheinen. Reicht zum Beispiel die Abwesenheit physischer Gewalt schon, um Frieden ausreichend zu definieren? Oder ist Frieden eine Zielprojektion, deren Umsetzung eine Utopie bleiben muss? Nicht zuletzt bleibt die Frage, welche Akteure und Institutionen Frieden erhalten oder wiederherstellen können, und unter welchen Bedingungen. Sind es eher militärische Mittel oder diplomatische, eher wirtschaftliche oder kulturelle und gesellschaftliche? Mit diesen Aspekten werden Sie in den nachfolgenden Abschnitten auf der Suche nach Lösungsansätzen zu den gestellten Fragen konfrontiert werden.

2.1 Der Friedensbegriff – eine Annäherung

Aufgaben

1 Beschreiben und analysieren Sie die Karikatur.

2 Erstellen Sie eine Mindmap zum Begriff „Frieden".

3 Erläutern Sie ausgehend von Ihren Ergebnissen die Problematik des Friedensbegriffs.

M 8 Hägar der Schreckliche

M 9 Frieden ist mehr als „Nicht-Krieg"

Auch wenn es wissenschaftlich umstritten ist, ob in der menschlichen Zukunft aufgrund der menschlichen Natur (vgl. etwa die Vorstellung „Der Mensch ist dem Menschen ein Wolf") der Krieg überwunden werden und es einen dauerhaften Frieden geben kann, ist es Ziel der Friedens- und Konfliktforschung, den Teufelskreis der Gewalt zu durchbrechen und – wie Dieter Senghaas, der bekannteste Friedens- und Konfliktforscher, sagt – „Frieden (zu) machen".
Dazu ist es notwendig, zum einen die Kriegsursachen und Kriegsgefahren zu analysieren und sich zum anderen ein klares Bild vom Frieden, d.h. vom Friedensbegriff zu machen. Denn für Senghaas gilt nicht länger die Strategie „Si vis pacem, para bellum" („Willst du Frieden, so bereite den Krieg vor"), sondern die

> „Da Kriege in den Köpfen der Menschen beginnen, muss in den Köpfen der Menschen Vorsorge für den Frieden getroffen werden."
> Präambel der Verfassung der UNESCO, 1945

neue Maxime „Si vis pacem, para pacem" („Willst du Frieden, so bereite den Frieden vor").
Zentrales Anliegen aller Wissenschaftler ist die Suche nach einer Definition, die über den Nicht-Krieg-Aspekt hinausgeht und der Komplexität des „Friedensfeldes" gerecht wird.

Nach: Edwin Stiller (Hg.), dialog sowi. Unterrichtswerk für Sozialwissenschaften, Band 2, C.C. Buchner, Bamberg 2009, S.461

> „Frieden ist die Fortsetzung des Krieges mit anderen Mitteln."
> Oswald Spengler (1880–1936)

M 10 Das Konzept vom negativen und positiven Friedensbegriff

Seit den 1970er-Jahren hat vor allem die von Galtung geprägte Unterscheidung zwischen „negativem" und „positivem" Frieden Verbreitung gefunden. Galtung unterscheidet in Anknüpfung an seine Trennung zwischen personaler (direkter) und struktureller (indirekter) Gewalt die folgenden beiden Friedensbegriffe:

Negativer Frieden	Positiver Frieden
• Abwesenheit von direkter, personaler Gewalt, insbesondere Abwesenheit organisierter militärischer Gewaltanwendung, Zustand des „Nicht-Krieges" • Gegenbegriff: Krieg • Ziel: Beendigung der gewaltförmigen Konfliktaustragung, Waffenstillstand/-ruhe, Friedensvertrag, Sicherheit	• Abwesenheit von personaler und struktureller Gewalt in allen Gesellschaftsbereichen • Gegenbegriff: Gewalt • Ziel: dauerhafter Frieden, Friedenssicherung, friedvolle gewaltfreie Gesellschaft durch: Gerechtigkeit, Einhaltung von Menschenrechten, Versöhnung und Verständigung, Abbau des Hasses, Aufbauhilfen, Kriegsfolgebewältigung etc.

Johan Galtung (*1930), norwegischer Soziologe und Politologe, gilt als Vater der Friedens- und Konfliktforschung.

Galtung definiert die direkte und die strukturelle Gewalt folgendermaßen:
„Wenn es einen Sender gibt, einen Akteur, der die Folgen der Gewalt beabsichtigt, können wir von direkter Gewalt sprechen, wenn nicht, sprechen wir von indirekter oder struktureller Gewalt. Elend ist Leiden, also muss irgendwo Gewalt existieren. Wir gehen hier von der Gleichung indirekte Gewalt = strukturelle Gewalt aus. Indirekte Gewalt entspringt der Sozialstruktur, als Gewalt zwischen Menschen, zwischen Gruppen von Menschen (Gesellschaften), zwischen Gruppen von Gesellschaften (Bündnissen, Regionen). [...]
Die zwei Hauptformen der äußeren strukturellen Gewalt sind aus Politik und Wirtschaft wohl bekannt: Es handelt sich um Repression und Ausbeutung. Beide

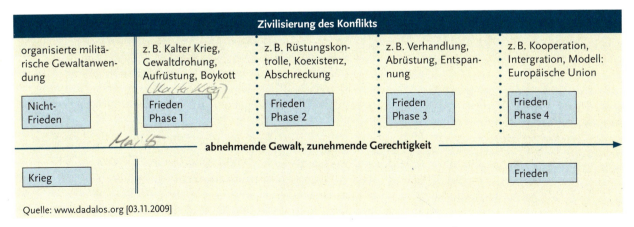

Quelle: www.dadalos.org [03.11.2009]

wirken auf Körper und Geist ein, sind aber nicht notwendigerweise beabsichtigt. Aus dem Blickwinkel des Opfers jedoch bietet diese Tatsache keinen Trost. Hinter all dem aber steckt kulturelle Gewalt, die symbolisch ist und in Religion und Ideologie, in Sprache und Kunst, Wissenschaft und Recht, Medien und Erziehung wirkt. Ihre Funktion ist einfach genug: Sie soll direkte und strukturelle Gewalt legitimieren."

Edwin Stiller (Hg.), dialog sowi. Unterrichtswerk für Sozialwissenschaften, Band 2, C.C. Buchner, Bamberg 2009, S.455, Zitat aus: Johan Galtung, Friede mit friedlichen Mitteln. Friede und Konflikt, Entwicklung und Kultur, Leske + Budrich, Opladen 1998, S. 17 f.

Aufgaben

1. Erläutern Sie ausgehend von den beiden Zitaten zu M 9 die Konzepte vom positiven und negativen Frieden.

2. **G** Veranschaulichen Sie die verschiedenen Phasen der Zivilisierung von Konflikten (Schaubild M 10) an einem konkreten Beispiel.

3. Erläutern Sie anhand des Schaubilds in M 10 die Prozessorientierung des Friedesbegriffs nach Galtung.

4. Erörtern Sie ausgehend von M 11, ob Frieden wirklich eine Utopie ist. Ziehen Sie dabei auch das unten stehende Zitat Gandhis mit ein.

M 11 Frieden – eine Utopie?

„Es gibt keinen Weg zum Frieden, denn Frieden ist der Weg."
M. Gandhi

Internationalen Umfragen nach gehört Frieden zu den Werten, die Menschen überall auf der Welt am höchsten schätzen. Frieden ist offensichtlich ein Völker verbindendes Sehnsuchtsobjekt. Es gehört unbestritten zu den Schlüsselwörtern des Alltags und der Wissenschaften. Doch es ist auch umstritten. Seit der Antike diskutieren Wissenschaftler und Philosophen darüber, ob Frieden überhaupt möglich ist, oder ob nicht vielmehr Krieg der menschlichen Natur entspricht.

Dazu äußerte sich Dr. Reinhard Mutz, wissenschaftlicher Leiter am Institut für Friedensforschung und Sicherheitspolitik in Hamburg, in einem Interview:

Herr Mutz, was ist das für ein Wort: Weltfrieden?
Mutz: Ein sehr schwammiges Wort, eher ein literarischer Begriff, politisch und wissenschaftlich kaum zu gebrauchen. Weltfrieden, das wäre die Abwesenheit gewalthaltiger Konflikte auf diesem Erdball, vollständig und überall. Eine unwirkliche und lebensfremde Vorstellung, utopisch, wenn Sie so wollen.

Darüber wollten wir mit Ihnen sprechen: Frieden als Utopie?
Mutz: Wir befassen uns weniger mit Träumen als mit klar definierten Herausforderungen. Ein Zustand paradiesischer Eintracht, in dem alle Menschen ohne Konflikte miteinander leben – das wäre der Traum. Die Herausforderung wäre, dafür zu sorgen, dass Konflikte zwischen Staaten nicht mehr mit Waffengewalt ausgetragen werden. Denn Krieg ist nicht irgendein Verhängnis, das auf der Menschheit lastet. Krieg steigert die Erniedrigung und Entwürdigung von Menschen zum Äußersten. Deshalb muss er verhütet werden. Und das ist eben keine Utopie, sondern eine politische Aufgabe. Eine schwierige, gewiss, aber eine lösbare.

Monika Ebertowski, „Was bedeutet Frieden?", in: Praxis Politik 2/2009, S. 42

M 12 Das zivilisatorische Hexagon

1. Gewaltmonopol
Das legitime Monopol staatlicher Gewalt ist für jede Friedensordnung von grundlegender Bedeutung, weil nur eine Entwaffnung der Bürger diese dazu nötigt, ihre Identitäts- und Interessenkonflikte mit Argumenten und nicht mit Gewalt auszutragen.

Wenn Gewalt nicht mehr zum Handlungsrepertoire des Menschen gehört und der versuchte bzw. tatsächliche Griff zur Gewalt negativ sanktioniert ist, wird nicht nur Frieden im Sinne der Abwesenheit von Gewalt begründet, vielmehr werden dann potenzielle Konfliktparteien zur argumentativen Auseinandersetzung im öffentlichen Raum gezwungen. [...]

Dieter Senghaas (*1940)

2. Rechtsstaatlichkeit
Das Gewaltmonopol bedarf, soll es nicht zu einer Willkürinstanz werden, der rechtsstaatlichen Kontrolle. Sie wird durch eine Vielzahl von institutionellen Vorkehrungen abgesichert, beispielsweise durch Gewaltenteilung, das Prinzip der Öffentlichkeit. Im Hinblick auf konstruktive Konfliktbearbeitung ist Rechtsstaatlichkeit auch deshalb von großer Bedeutung, weil sie eine positive Ausrichtung auf vereinbarte Prozeduren, also Spielregeln, begründet. [...]

3. Interdependenzen und Affektkontrolle
Moderne, ausdifferenzierte Gesellschaften haben den Vorzug, dass Menschen in ihnen nicht eindeutig festgelegt sind. In aller Regel haben die meisten Menschen gar keine Alternative dazu, sich als vielfältige „Rollenspieler" zu betätigen. Die Anforderungen einzelner Rollen in der Familie, im Arbeitsleben, bei der Gestaltung von Freizeit und des politischen Gemeinwesens sind höchst unterschiedlicher Natur und führen dazu, dass sich Konfliktfronten in aller Regel nicht kumulieren; vielmehr kommt es zu einer Konfliktaufgliederung.

Vielfältige Rollenanforderungen implizieren jedoch Affektkontrolle; die Aufgliederung von Konflikten [...] führt in aller Regel zu einer Dämpfung des Konfliktverhaltens. [...]

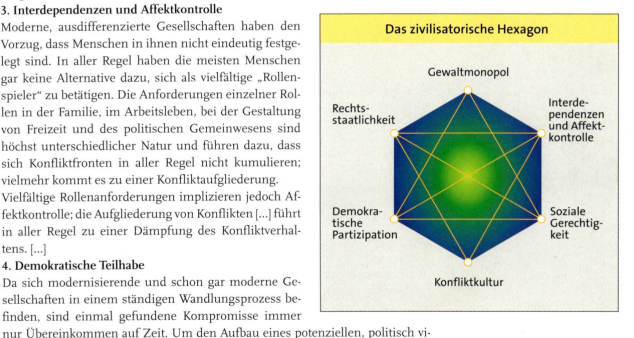

4. Demokratische Teilhabe
Da sich modernisierende und schon gar moderne Gesellschaften in einem ständigen Wandlungsprozess befinden, sind einmal gefundene Kompromisse immer nur Übereinkommen auf Zeit. Um den Aufbau eines potenziellen, politisch virulent werdenden Konfliktstaus zu vermeiden, ist deshalb nicht nur die Chance anhaltender demokratischer Teilhabe von schon organisierten Interessen wichtig, sondern auch die Organisationsfähigkeit noch nicht repräsentierter, bis dato nur latenter Interessen. [...] Demokratische Teilhabe [...] verlangt ebenso einen Sinn dafür, dass aus Minderheitenpositionen Mehrheiten werden können und dass Minderheiten, die aus spezifischen Gründen niemals Mehrheiten werden können, des besonderen Schutzes bedürfen.

5. Soziale Gerechtigkeit
Moderne Gesellschaften sind [...] durch vielfältige Ungleichheiten gekennzeichnet. Aber im Unterschied zu den vor-modernen Gesellschaften ermöglichen die

„Wirklicher Friede bedeutet auch wirtschaftliche Entwicklung und soziale Gerechtigkeit, bedeutet Schutz der Umwelt, bedeutet Demokratie, Vielfalt und Würde und vieles, vieles mehr."
Kofi Annan, Global Marshall Plan

18 Internationale Zusammenarbeit und Friedenssicherung

Aufgaben

1 Erläutern Sie das Konzept des „Zivilisatorischen Hexagons" und zeigen Sie, inwiefern es sich um eine konsequente Weiterentwicklung bestehender Friedenskonzepte handelt.

2 Wenden Sie die Vorstellungen Senghaas' auf einen Ihnen bekannten Konflikt an und überprüfen Sie sie hinsichtlich möglicher Stärken und Schwächen.

3 Setzen Sie sich mit dem Zitat Kofi Annans auseinander und versuchen Sie, es in die vorgestellten Friedenskonzepte einzuordnen.

modernen sowohl vertikale als auch horizontale Mobilität. Sicherlich sind die Menschen in ihnen nicht grenzenlos mobil geworden, aber sie haben doch die meist bildungsmäßig bedingte Chance, ihre angestammten sozialen und geografischen Verortungen hinter sich zu lassen. [...] Unter den Vorzeichen von Ungleichheit und der Chance zur Mobilität wird die aktive Orientierung an sozialer Gerechtigkeit und Fairness zu einer Art von Bestandsgarantie für konstruktive Konfliktbearbeitung. [...]

6. Konstruktive Konfliktbearbeitung

Sie speist sich aus den vorgenannten Vorgaben und Impulsen. [Sie] alle haben zwar nicht zwangsläufig eine konstruktive Konfliktbearbeitung zum Ergebnis, aber sie erhöhen doch, vor allem als Ergebnis eines aus ihrem Zusammenwirken entstehenden Gesamteffektes (Synergie), deren Wahrscheinlichkeit. [...] Die dabei wesentlichen Dimensionen für die Zivilisierung von Konfliktverhalten sind keine anderen als in den Innenräumen: Die aufgezeigten Dimensionen des zivilisatorischen Hexagons sind also prinzipiell übertragbar auf zwischenstaatliche und zwischengesellschaftliche Beziehungen. [...] Eine Kultur des Friedens ist auch jenseits einzelner Staaten und Gesellschaften nicht ohne Aussicht auf Verwirklichung. Aber [es bedarf] ganz außerordentlicher Anstrengungen, um jene übergeordneten, enge Räume übergreifenden, dauerhaften Werteorientierungen, Einstellungen und Mentalitäten zu schaffen, die auch in Großräumen eine konstruktive Konfliktbearbeitung und damit friedliche Koexistenz im Sinne stabilen Friedens kognitiv und emotional absichern könnten.

Dieter Senghaas, „Die Kultur des Friedens", in: Aus Politik und Zeitgeschichte, B 43/95, S. 3–8

M 13 Ist das Frieden? – Alltag im Kosovo

Serben und Albaner haben die kosovarische Bergbaustadt Mitrovica faktisch geteilt. Von einer gemeinsamen Zukunft spricht niemand, beide Seiten vereint nur eins: die Unsicherheit über den zukünftigen Status des Kosovo. Während viele Serben die Trennung vom Mutterland fürchten, erhoffen die meisten Albaner die Unabhängigkeit.
Die Stadt Mitrovica braucht keine Mauer: Der Fluss Ibar bildet die Grenze zwischen dem südlichen Teil, wo vorwiegend Kosovo-Albaner leben, und dem Norden, wo Kosovo-Serben in der großen Mehrheit sind. Kaum jemand überquert in dieser Stadt die Brücken, beide Seiten vereint nur eines: Wegen des ungewissen Ausgangs der Verhandlungen über den Status des Kosovo macht sich große Unsicherheit breit. [...] Selbst Vertreter der UN-Verwaltung haben sich damit abgefunden, dass die multiethnische Gesellschaft hier Vergangenheit ist. Albaner und Serben wollen in Mitrovica nicht mehr zusammenleben. Auch wenn die meisten Menschen in dieser geteilten Stadt kein leichtes Schicksal haben, nicht alle verfallen in Depressionen. Der Alltag hat durchaus gute Seiten, wenn man vergessen kann und ein wenig Geld hat. Die meisten jungen Leute in einem der serbischen Cafés

Brücke in Mitrovica

am Ibar scheinen sich keine großen Sorgen zu machen, wenigstens auf den ersten Blick. Dabei beginnt nur ein paar Hundert Meter weiter albanisches Gebiet. Dort zahlt niemand in Dinar, dort redet kaum jemand serbisch – schon gar nicht auf der Straße. Dort hoffen alle auf die Unabhängigkeit des Kosovo, im Norden kann sich das kaum jemand vorstellen.

Die meisten der Kosovo-Serben ahnen jedoch, dass sich irgendetwas bald ändern wird, und sie wissen, dass das nichts Gutes bedeutet. Auch an die Vergangenheit mögen sich die meisten Menschen hier nicht erinnern. Irgendwann einmal in Titos Jugoslawien war Kosovska-Mitrovica eine wichtige und wohlhabende Stadt. Serben arbeiteten mit albanischen Bergleuten zusammen, unter Tage gab es keine Probleme.

Auch im Norden von Mitrovica waren die Kosovo-Albaner in der Mehrheit. Nun leben hier viele serbische Flüchtlinge, die ihr Hab und Gut im Süden verloren haben, denen es dort zu unsicher ist, weil es immer wieder Zwischenfälle gibt. [...] Kein Serbe hier ist für die Unabhängigkeit des Kosovo, wenn es schon dazu kommt, hoffen viele auf die Teilung. „Zusammenleben, ja", sagt einer der Händler, „aber in Serbien in Jugoslawien!"

Doch Jugoslawien gibt es nicht mehr und auch der Traum vom Vielvölkerstaat ist längst geplatzt. Serben aus dem Norden gehen nicht über die Brücke, auch die meisten Albaner bleiben dort, wo sie sind, im Süden. Seit dem Ende der NATO-Luftangriffe 1999 ist es auf der Brücke immer wieder zu schweren Auseinandersetzungen gekommen: Menschen demonstrierten, schlugen aufeinander ein, es wurde scharf geschossen. Vor ein paar Monaten haben sich die Soldaten der internationalen KFOR-Truppe von der zentralen Ibar-Brücke zurückgezogen. Dennoch ist auf der Brücke kaum jemand unterwegs.

Auf der anderen, der südlichen Seite hat sich die UN-Verwaltung des Kosovo in einem Hochhaus einquartiert. Der Ungar György Kakouk arbeitet seit Jahren in diesem Gebäude mit bester Aussicht auf die merkwürdige Grenze: „Der Fluss ist die Demarkationslinie, sie verläuft in den Köpfen der Menschen, Stacheldraht braucht man da nicht." Für das Prinzip der multiethnischen Gesellschaft ist in Mitrovica kein Platz, auch Kakouk gibt das zu, obwohl er für die UN-Verwaltung arbeitet: „Es gibt hier kein multikulturelles Leben."

Immerhin haben sich Vertreter der serbisch-orthodoxen und der islamischen Gemeinde letztens getroffen, zum ersten Mal nach sechseinhalb Jahren. Da gibt es einiges zu klären, zum Beispiel was mit den Toten geschehen soll. Ausgerechnet auf den Friedhöfen finden sich noch Spuren des vergessenen multiethnischen Lebens dieser Stadt: serbische Gräber im Süden, albanische im Norden. Beide Seiten wollen das regeln.

Die Teilung ist in Mitrovica nicht mehr zu überwinden. Doch warum das kein Modell für das ganze Kosovo abgibt, lässt sich hier auch beobachten: Ein paar

KFOR-Soldaten im zerstörten Viertel Roma Mahala im Süden von Mitrovica

Aufgaben

1 Erarbeiten Sie aus dem Text die Probleme, die eine friedliche Zukunft für das Kosovo erschweren.

2 Das Kosovo ist seit 2008 unabhängig, wird aber von einer Vielzahl von Staaten völkerrechtlich nach wie vor nicht anerkannt. Recherchieren Sie die Problemstellung, die sich mit der Anerkennung des Kosovo verbindet.

3 Erörtern Sie, inwieweit man in Mitrovica von Frieden sprechen kann.

albanische Jugendliche spielen im Schneeregen Basketball, in einem Viertel, das sie Klein-Bosnien nennen, vielleicht weil hier früher so viele verschiedene ethnische Gruppen lebten. Jetzt sind es vor allem Albaner; eingeschlossen von ihren serbischen Nachbarn harren sie auf der nördlichen Seite des Ibar aus.
In drei Stadtvierteln im Norden leben immer noch einige Tausend Kosovo-Albaner. Ihnen geht es wie den Serben in den Enklaven des Südens, sie leben wie im Gefängnis und ohne Perspektive. Ein albanischer Jugendlicher sagt, dass er ständig von Serben verfolgt werde. Angeblich Zivilpolizisten, von Belgrad bezahlt. Ob das nun Verfolgungswahn oder Wirklichkeit ist, wenn er die Schule abgeschlossen hat, will der junge Mann weg, weil ihn dann nichts mehr halten kann: „Man kann hier nicht leben, 90 Prozent Arbeitslosigkeit, wenn du keine Arbeit hast, dann hast du kein Leben!"
Das denken auch die jungen Serben, die diesen Albaner noch nie getroffen haben, obwohl sie nur ein paar Straßenzüge weiter leben. In Mitrovica wagen Kosovo-Serben und Kosovo-Albaner nicht einmal daran zu denken, dass sie dieselben Schwierigkeiten haben – von gemeinsamen Lösungen ganz zu schweigen.
Gerwald Herter, „Nur Friedhöfe sind noch multiethnisch", www.tagesschau.de, 30.12.2005 [03.11.2009]

2.2 Grundlagen internationaler Politik

M 14 Internationale Politik – eine Einführung

Seit den Anfängen des systematischen Nachdenkens über Politik haben Fragen, die sich auf grenzüberschreitende Phänomene beziehen, eine große Rolle gespielt. Die Herausbildung weltweiter Handels- und Produktionsbeziehungen, die Entwicklung immer stärkerer Waffensysteme, überregionale Auswirkungen von Umweltzerstörung und Ähnliches haben das Ausmaß und die Reichweite gegenseitiger Beeinflussung stark erhöht. Zugleich hat sich durch die ständige Weiterentwicklung von Kommunikations- und Transportmitteln die Bedeutung von Entfernungen verringert. Die damit verbundene zunehmende Möglichkeit oder sogar Unvermeidbarkeit von Außenkontakten birgt sowohl Chancen als auch Gefahren. Zu den wichtigsten Aufgaben von Politik gehört es seit jeher, diese Chancen und Gefahren abzuschätzen und die Außenbeziehungen entsprechend zu gestalten.
Grundlegende, immer wiederkehrende Fragen, deren Beantwortung unerlässliche Voraussetzung für eine fundierte, zielgerichtete Gestaltung internationaler Politik ist, sind unter anderem:
Welches sind die relevanten Akteure und welche Bedeutung haben sie? Wie verhalten sie sich und welche Machtressourcen stehen ihnen zur Verfügung? Lassen sich Verhaltensmuster erkennen? Existiert ein chaotisches Durcheinander von Beziehungen (Anarchie) oder sind prägende Strukturen (Hegemonie und Abhängigkeit, Bi- oder Multipolarität, Regionalisierung und Blockbildung usw.) erkennbar? Welche Konflikte und Allianzen sind damit verbunden? Lassen sich Veränderungen beobachten und welcher Dynamik sind sie gegebenenfalls unterworfen? Welche Rolle spielen Probleme von Unterentwicklung und Entwicklung? Neben diesen und ähnlichen Fragen, die sich auf die Beschreibung, das Verstehen bzw. die Erklärung gegebener internationaler Prozesse und Phänomene beziehen, ist

---

INFO

Internationale Politik
1. I.P. bezeichnet allgemein den supranationalen (s. M 2, S. 103) politischen Bereich, der durch die Beziehungen, Normen und Institutionen, die die Staaten untereinander unterhalten, gekennzeichnet ist.
2. I.P. ist eine politikwissenschaftliche Teildisziplin, die sich vor allem mit den internationalen Beziehungen und Organisationen, der Außen-, Sicherheits- und Friedenspolitik sowie der Entwicklung dieser betreffenden Theorien beschäftigt.

Schubert, Klaus/Martina Klein, Das Politiklexikon, 4. aktual. Aufl., Dietz, Bonn 2006

2. Internationale Politik – begriffliche Grundlagen

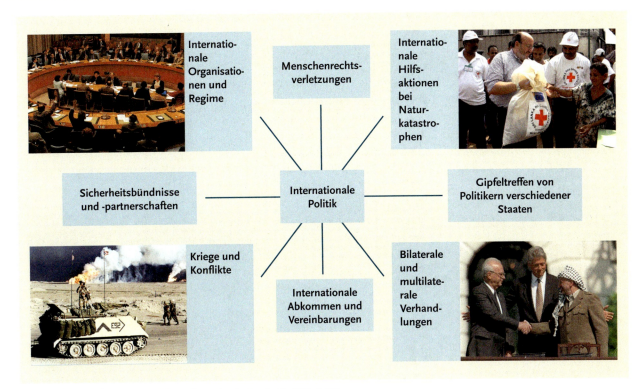

Quelle: Duden Politik Gymnasiale Oberstufe, Duden Paetec, Berlin 2005, S. 336

in diesem Zusammenhang aber auch an normative Fragen zu denken, bei denen es nicht darum geht, wie internationale Beziehungen aussehen, sondern wie sie aussehen sollten. Entsprechende Grundfragen lauten etwa: Welche Merkmale müsste eine gerechte Weltordnung haben? Welche Mittel darf ein Staat einsetzen, um seine Interessen gegenüber anderen Staaten durchzusetzen? Lässt sich Krieg jemals rechtfertigen? Die Teildisziplin, die sich mit all diesen Fragen beschäftigt, wird **Internationale Beziehungen** oder **Internationale Politik** genannt.

Hans Joachim Lauth/Ruth Zimmerling, „Internationale Beziehungen", in: Manfred Mols/Hans Joachim Lauth/Christian Wagner (Hg.), Politikwissenschaft: Eine Einführung, Schöningh, Paderborn 2003, S. 135 f.

Aufgaben

1. Erläutern Sie mit eigenen Worten, inwiefern die Beschäftigung mit internationalen Problemen eine unvermeidbare Aufgabe der Politik ist und warum diese Aufgabe im Laufe der Zeit immer wichtiger geworden ist.

2. Versuchen Sie, auf einige der im Text aufgeführten Grundfragen eine vorläufige Antwort zu geben. Welche dieser Fragen sind Ihnen aus den Medien mehr, welche weniger vertraut?

3. Erstellen Sie auf der Basis des Schaubilds M 15 eine Wandzeitung zu den Akteuren Internationaler Politik. Illustrieren Sie die einzelnen Aspekte durch konkrete Beispiele.

➔ **Deutsche Außenpolitik** › S. 188 ff.

INFO

Internationale Beziehungen
Allg.: Das Geflecht der politischen, wirtschaftlichen, kulturellen und militärischen Beziehungen, wie es in der Zusammenarbeit zwischen den Staaten, den staatlichen und nichtstaatlichen Akteuren geformt wird.
Spez.: Teildisziplin der Politikwissenschaft, die sich mit den Bereichen Außenpolitik (einzelner Staaten, z. B. Institutionen und Prozessen der dt. Außenpolitik), internationale Systeme (d.h. das sich aus der Außenpolitik der Staaten ergebende internationale Beziehungsgeflecht) und internationale Organisationen (z. B. NATO, UN) befasst.

Schubert, Klaus/Martina Klein, Das Politiklexikon, 4. aktual. Aufl., Dietz, Bonn 2006

M 15 Akteure Internationaler Politik

Akteure	Aktionsformen und Handlungsoptionen	Beispiele
Alle Akteure	internationale Beziehungen	Gesamtheit der politischen, wirtschaftlichen, kulturellen Beziehungen auf internationaler Ebene
Supranationale (übernationale, überstaatliche) Einrichtungen	supranationale Politik und Verfahren (Wahrnehmung von Weisungs- und Strafbefugnissen gegenüber Staaten und Personen)	• internationaler Strafgerichtshof • Streitschlichtungsverfahren der WTO • Kriegstribunale
Staatenverbund	supranationale und zwischenstaatliche Politik (Integration als regionale Friedens- und Wertegemeinschaft, auf Problemlösungen orientiert)	Europäische Union
Staatengruppen Internationale Organisationen Bündnisse	internationale Politik (Gestaltung der Beziehungen zwischen den Staaten und den internationalen staatlichen Organisationen)	• G 8 (Gruppe der führenden Industrieländer) • UNO, Weltbank, IWF, OSZE • NATO, Rio-Pakt
Einzelne Regierungen	Außenpolitik (Wahrnehmung der allgemeinpolitischen, wirtschaftlichen, militärischen und soziokulturellen Interessen eines Staates in seinem internationalen Umfeld)	• amerikanische Irak-Politik • deutsche Entwicklungspolitik • australische Einwanderungspolitik
Einzelressorts, substaatliche Verwaltungseinheiten	transstaatliche Politik (grenzüberschreitende Kooperation mit Einrichtungen anderer Staaten)	• Zusammenarbeit von Ministern verschiedener Staaten in EU-Fachministerräten • Städtepartnerschaften
Nationale Zivilgesellschaft (innergesellschaftliche Organisationen, Verbände, soziale Bewegungen)	außenpolitische Einflussnahme (durch Lobbyarbeit oder Mobilisierung der öffentlichen Meinung)	Haltungen von • Gewerkschaften • Industrieverbänden • Friedensgruppen zum Einsatz der Bundeswehr in Krisenregionen
Internationale Zivilgesellschaft (Parteien, Kirchen, Interessengruppen, soziale Bewegungen)	transnationale Politik (grenzüberschreitende Einflussnahme auf Entscheidungsträger in der internationalen Politik – begrenzte Handlungsmöglichkeiten)	• Internationale Industrie- und Handelskammer • Greenpeace oder Amnesty International • NGO-Gegenkonferenzen zu Wirtschaftsgipfeln

→ Globalisierung
V 3 › S. 233 ff.

Quelle: Duden Politik Gymnasiale Oberstufe, Duden Paetec, Berlin 2005, S. 341 f.

M 16 Strukturmerkmale des internationalen Systems zu Beginn des 21. Jahrhunderts

Versuchen wir, das internationale System am Beginn des 21. Jahrhunderts abzubilden, so kann es durch folgende – in ihrer Wertigkeit unterschiedliche – Charakteristika gekennzeichnet werden:

a) Wenn sich die Welt auch zunehmend in eine Wirtschafts- und Gesellschaftswelt (Czempiel) entwickelt hat, spielt die Staatenwelt nach wie vor eine entscheidende Rolle für das internationale System. National- und Territorialstaaten sind nach wie vor zentrale Akteure. Mehr als 200 Staaten – viermal so viel wie zur Zeit der Gründung der Vereinten Nationen 1945 – überziehen heute den Globus. Es gibt eine Vielfalt von Ländern unterschiedlicher territorialer Ausdehnung, demografischer Struktur, wirtschaftlicher Fähigkeit, militärischer und politischer Macht. [...] Politische Macht im völkerrechtlich-formalen Sinn [bleibt] an die einzelnen Staaten gebunden, wenngleich ihre Kompetenz zur Lösung zunehmend sich globalisierender Probleme sinkt. Die Nation dient besonders in den (neuen) Staaten Mittel- und Osteuropas als Identifikationsobjekt für Gesellschaften zur einigenden Klammer. [...]

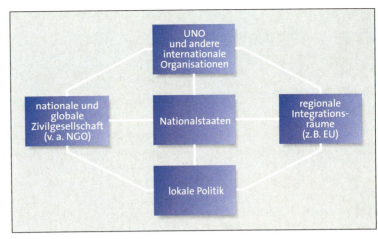

Quelle: www.dadalos-d.org [03.11.2009]

b) Eine zunehmende Anzahl internationaler Organisationen sowohl gouvernementaler Art (*international governmental organisation/IGO*) als auch nichtgouvernementaler Art (*international non-governmental organisation, INGO*) tritt als Akteur in der internationalen Politik auf. Gab es 1964 erst 179 IGOs, so waren es 1985 bereits 285, um nach dem Ende des Ost-West-Konflikts im Jahr 2002 auf 238 zurückzugehen. Bei den INGOs wurden 1964 erst 1268 gezählt, während sie sich im Jahr 2002 bei ca. 18000 bewegten. Dazu kommen noch etwa 60000 transnationale Konzerne, die ebenfalls grenzüberschreitend agieren. Diese internationalen Organisationen bilden den institutionellen Rahmen für grenzüberschreitende Politikentwicklungsprozesse, an denen staatliche und/oder nichtstaatliche Akteure aus mehreren Ländern und Gesellschaften beteiligt sind. Sie übernehmen bestimmte Steuerungsfunktionen für Politikbereiche, die von den National-/Territorialstaaten nicht oder nicht mehr ausreichend wahrgenommen werden können. Sichtbarster Ausdruck einer solchen überstaatlichen Regelungsinstanz wurden die 1945 gegründeten Vereinten Nationen einschließlich ihrer Unterorganisationen.

c) In den letzten drei Jahrzehnten ist eine immer weiter zunehmende Globalisierung der internationalen Politik sowie eine grenzüberschreitende Problemvernetzung festzustellen.

Ebenen internationaler Verflechtung

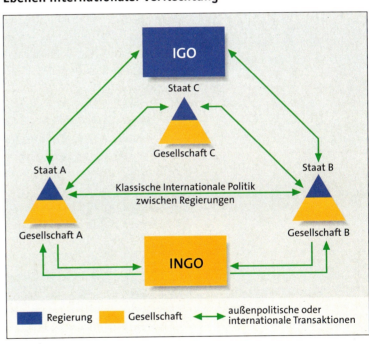

Quelle: Politische Bildung, Jg. 32, Nr. 1/1999, S. 10

➔ **Globalisierung**
› **S. 200 ff.**

Aufgaben

1 G Recherchieren Sie in Zusammenarbeit mit den Fächern Geschichte/Geografie, wie es zu der Vervierfachung der Zahl der Staaten gegenüber 1945 gekommen ist.

2 Stellen Sie die Rolle der Nationalstaaten im internationalen System dar.

3 Erläutern Sie an dieser Stelle die beiden Begriffe „Interdependenz" und „Vernetzung" als wesentliche Merkmale der Globalisierung und verdeutlichen Sie, inwiefern Globalisierung auch einen (an sich gegenläufigen) Prozess der „Regionalisierung" (besonders im wirtschaftlichen Bereich) bewirkt hat.

4 Erörtern Sie, inwieweit von der Überforderung von Nationalstaaten in einer globalisierten Welt gesprochen werden kann.

Globalisierung bedeutet eine immer größere Verdichtung grenzüberschreitender Interaktionen vor allem in den Bereichen Ökonomie, Technologie, Kommunikation, Wissenschaft und Transportsysteme. Scheinbar noch so bedeutungslose Entwicklungen in einem weit entfernten Land wie Verelendung, Umweltzerstörung, Migration u. a. m. können globale Bumerangeffekte bewirken. Globalisierung verwickelt somit fast alle Staaten, Gesellschaften, Organisationen, Akteursgruppen und Individuen, wenn auch in unterschiedlichem Grad, in ein komplexes Interdependenzsystem [System gegenseitiger Abhängigkeit]. [...]
Die neue Qualität der Interdependenz erschwert nicht nur nationalstaatliche Steuerungsversuche, sondern erfordert geradezu eine internationale Verregelung. Mit dem Prozess der Globalisierung geht auch gleichzeitig die *weltweite Vernetzung von Risiken und Gefahren* einher: ökologische Herausforderungen, Migration, Krankheiten, ABC-Massenvernichtungswaffen, Kriminalität, Drogenhandel u. a. m.
d) Die Widersprüchlichkeit des internationalen Systems zeigt sich in parallel zur Globalisierung verlaufenden Prozessen der Dezentralisierung, Regionalisierung und Multipolarisierung. Nicht mehr die Konfliktfigur des Ost-West-Konflikts mit seiner Bipolarität ist für das internationale System strukturbestimmend. Es bilden sich zunehmend regionale Machtzentren heraus. Regionale Zusammenschlüsse wie die Europäische Union, der Mercado Commun del Cono Sur (MERCOSUR), multipolare Zusammenschlüsse wie die G 7/G 8 (Gruppe der sieben wichtigsten Industriestaaten und Russland), die Organisation Erdöl exportierender Staaten (OPEC) und weitere internationale Organisationen werden neben den Nationalstaaten zu bedeutsamen Akteuren im internationalen System. Auch nichtgouvernementale internationale Organisationen wie z. B. Greenpeace und amnesty international versuchen mehr und mehr, als Akteure in der internationalen Politik zu agieren. Sie machen durch spezifische Aktivitäten auf ihre Sicht der Dinge ebenso aufmerksam, wie sie sich durch die Teilnahme an internationalen Konferenzen [...] mit ihren Vorstellungen in die internationale Politik einzubringen suchen.
e) Die Konfrontationsachse, bis Ende des vorigen Jahrhunderts eindeutig im Ost-West-Verhältnis gelegen, verschiebt sich in die Nord-Süd-Dimension. Der Nord-Süd-Konflikt rückt aus dem Schatten des Ost-West-Konflikts. Er gründet sich auf die unterschiedlichen politischen und wirtschaftlichen Entwicklungschancen von Industrie- und Entwicklungsländern, nahezu alle auf der Südhalbkugel gelegen, und den Industriestaaten, wobei die Macht- und Einflusspotenziale höchst ungleich verteilt sind.

Wichard Woyke (Hg.), Handwörterbuch Internationale Politik, 9. Aufl., VS Verlag für Sozialwissenschaften, Wiesbaden 2004, Einleitung S. X ff.

M 17 Die Rolle der „Nichtregierungsorganisationen" (NGOs) in der internationalen Politik

Die Einschätzung der Rolle der NGOs in den internationalen Beziehungen im Allgemeinen und in der internationalen Menschenrechtspolitik im Besonderen schwankt zwischen unkritischer Romantisierung, die bei den NGOs eine Selbstüberschätzung animiert, und despektierlicher Abwertung des „bunten Haufens" zu lästigen Störenfrieden durch hartgesottene „Realisten" in Politik und Wissenschaft. Die Abwertung wird ihrer Rolle, die sie bereits im UN-System und auf internationalen Konferenzen spielen, ebenso wenig gerecht wie die Rede von der „NGOisierung der Weltpolitik" oder von der Machtverlagerung aus der Staatenwelt in die Zivilgesellschaft. Zwar haben Globalisierungsprozesse die Souveränität zu einer juristischen Fiktion abgewertet, aber die oligarchisch strukturierte Staatenwelt bestimmt noch immer die Spielregeln der internationalen Politik und die Handlungsspielräume der nichtstaatlichen Akteure. [...] Dieser Versuch, Stärken und Schwächen der NGOs zu bilanzieren, orientiert sich an den Erkenntnissen von Dirk Messner (1997):

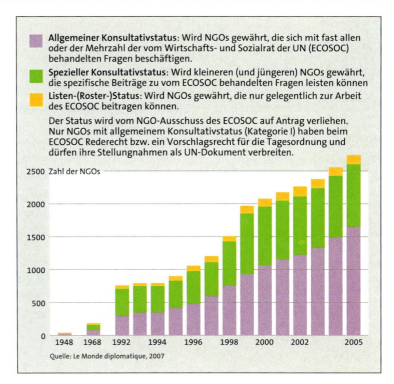

→ ECOSOC, M 19 › S. 28

1. NGOs haben das Privileg und die Funktion, die eingespielten Routinen der Politik durch *Protest und Provokation* zu stören, in Bewegung zu halten, Gegenöffentlichkeit zu erzeugen und Gegenmacht aufzubauen.
2. Die NGOs fungieren als Sensoren der Gesellschaft, greifen vernachlässigte Themen auf und konfrontieren das politische System mit einem *Reformdruck* von unten. Sie setzen die Politik unter Handlungs- und Legitimationsdruck.
3. NGOs tragen zur Zerkleinerung der „großen Politik" bei und können sich leisten, über den kurzen Zeithorizont von Wahlterminen hinauszuschauen und *Vorschläge* zu unterbreiten, die aus machtpolitischen Gründen tabuisiert werden.
4. Die NGOs konfrontieren die Welt der Sachzwänge und scheinbar unveränderbaren Systemlogiken oft mit der *Welt des Wünschbaren*, mit der Utopie einer besseren Welt – und können so zuweilen zumindest Nachdenklichkeit bewirken und Denkanstöße geben.
5. NGOs tragen dazu bei, das *soziale und moralische Kapital* einer Gesellschaft zu mobilisieren; sie bringen zum Ausdruck, dass es neben Individualisierungs- und Entsolidarisierungstendenzen auch noch Bedürfnisse nach erlebbarer Gemeinschaft und kreativer Betätigung im Gemeinwesen gibt. Sie holen gewissermaßen die Politik in die Gesellschaft zurück.

Diesen Innovations- und Kreativitätspotenzialen stehen einige Schwächen gegenüber, die einer Mystifizierung der NGOs widersprechen:
1. Die NGOs greifen oft punktuell Problemfelder auf und erarbeiten sich in diesen Feldern beachtliche Sachkompetenz, berücksichtigen aber bei dieser Engführung die Interdependenzen zwischen Politik- und Problemfeldern nicht hinreichend. Paradigmatisch [beispielhaft] ist das Handeln von Umwelt-NGOs, die oft Belange des Arbeitsmarktes ignorieren. Auch NGOs leiden häufig an einer Kurzsichtigkeit, die sie der Politik anzulasten pflegen, weil sie die Wirkungen ihrer Aktivitäten auf andere Problemfelder ausblenden. Ihr Erfolg beruht auch auf dem Privileg, sich nicht um den Ausgleich von Zielkonflikten kümmern und Entscheidungen treffen zu müssen.
2. Die NGOs haben zwar die kommunikative Infrastruktur der Gesellschaft verbreitert und zur Rückbindung der Politik in die Gesellschaft beigetragen. Man-

> **TIPP**
> Unter den folgenden Internetadressen können Sie nähere Informationen zu zahlreichen Organisationen (im Bereich Entwicklung, Umwelt usw.) einholen:
> www.nachhaltigkeit.aachener-stiftung.de
> www.politische-bildung.net
> http://de.wikipedia.org/wiki/Nichtregierungsorganisationen
> www.naturefund.de
> www.greenpeace.de

che neigen allerdings, weil sie auf die Schaffung von Öffentlichkeit über die Medienpräsenz setzen, zu einer „Skandalisierung" der Politik. Statt komplizierte Sachverhalte verständlich zu machen und Lösungswege aufzuzeigen, werden Skandale medienwirksam inszeniert.

3. Größere NGOs haben innere *Demokratie- und Legitimationsdefizite*; statt auf Wählerfang gehen sie auf Spendenfang. Die Zustimmung zu ihrer Arbeit über Spenden hinterlässt ein Legitimationsvakuum: In wessen Namen und für wie viele Menschen sprechen die NGO-Funktionäre? Es gibt eine wachsende Gruppe professionalisierter NGOs, die kaum über aktive Mitstreiter verfügen, sondern auf der Grundlage von Spendengeldern *Lobbyarbeit* für dieses oder jenes Anliegen betreiben. Was unterscheidet dann noch solche Lobby-NGOs von klassischen Verbänden, die zumindest eine innerverbandliche Demokratie haben?

Die NGOs sind ein belebendes Element der Demokratie; sie erhöhen die Sensibilität gegenüber ausgegrenzten Themenfeldern und üben auf diese Weise wichtige Korrekturfunktionen aus. Sie bieten Partizipationschancen. Dennoch sollten sie nicht romantisiert werden. Sie sind keine besseren politischen Akteure, sondern andere Akteure mit komparativen Vor- und Nachteilen.

Franz Nuscheler, „NGOs in Weltgesellschaft und Weltpolitik: Menschenrechtsorganisationen als Sauerteig einer besseren Welt?", www.oneworld.at, 2003 [03.11.2009]

Aufgaben

1 Inwiefern sind (I)NGOs auf der Ebene der „Gesellschaft", nicht des „Staates" angesiedelt? Ziehen Sie dazu auch das in der Grafik M 16 dargestellte Geflecht internationaler Beziehungen heran.

2 Die Entstehung von Nichtregierungsorganisationen wird allgemein auf den Abschied von der Auffassung zurückgeführt, dass der Staat alles könne oder das meiste am besten könne.
a) Nehmen Sie beispielhaft Bezug auf die Bereiche des Umweltschutzes oder der Entwicklungshilfe und stellen Sie dar, dass diese veränderte Grundauffassung auch für den internationalen Bereich von Bedeutung ist (s. Tipp).
b) Erstellen Sie eine Wandzeitung mit (I)NGOs aus den genannten Bereichen und stellen Sie deren Positionen dar.
c) Erörtern Sie, ob diese Organisationen nicht nur die Maßnahmen der staatlichen Ebene ergänzen, sondern auch manche Aufgaben besser erfüllen können als staatliche Organisationen.

3 Wie weit der Einfluss von NGOs auf die Politik reicht und wie er zu beurteilen ist, ist umstritten.
a) Erläutern Sie dazu die in M 17 dargestellten „Stärken" und „Schwächen" in der Sicht von Franz Nuscheler.
b) Beurteilen Sie aufgrund Ihrer Ergebnisse, ob die NGOs wirklich die Welt verändern können, wie es das Motto des NGO Forums zum G8-Gipfel in Japan suggeriert.

4 In Russland werden die (I)NGOs erheblich in ihrer Arbeit behindert. Nehmen Sie angesichts der ideologischen Ausrichtung vieler NGOs Stellung zur russischen Vorgehensweise.

3. Organe kollektiver Sicherheit: Die Vereinten Nationen[1] und die NATO

Die Welt ist unfriedlicher geworden! Die globalen Bedrohungen haben nicht nur zugenommen, sie sind auch mannigfaltiger geworden. Es gilt in diesem Kapitel zu analysieren, ob und wie die internationale Staatengemeinschaft und die für die Friedenssicherung und Friedenserzwingung zuständigen internationalen Organisationen, vornehmlich die Vereinten Nationen, aber auch die NATO, auf die veränderte Welt- und Bedrohungslage reagieren.

Diese Fragestellung wird im Zentrum des folgenden Kapitels stehen. Dabei werden nicht nur die Geschichte und die Organisationsform der beiden Organe dargestellt und beleuchtet, sondern auch ihr Wirken, vor allem seit der Zeitenwende von 1989/90 und in der daraus resultierenden neuen Weltlage. Die einleitende Bestandsaufnahme mündet schließlich in die Frage der Reformfähigkeit der beiden Organisationen und ihrer Reaktionsmöglichkeiten auf die veränderten Problemlagen, die im Vertiefungsteil bearbeitet werden.

3.1 Friedenssicherung – die Rolle der Vereinten Nationen

M 18 Die Vereinten Nationen (VN) – Friedenssicherung ohne Waffen?

Die Vereinten Nationen (VN) bedürfen dringender Reformen, ohne die die immer umfangreicher werdenden Aufgaben nicht oder nur unzureichend zu erfüllen sein werden. Insofern befinden sich die VN in einer tiefen politischen Krise.
Nachdem sie 1945 in einer sich schon da-
5 mals abzeichnenden bipolaren Welt gegründet wurden, sehen sie sich spätestens seit den 90er-Jahren des letzten Jahrhunderts einer globalisierten und multipolaren Welt gegenüber. In dieser Welt steigen ei-
10 nerseits die Aufgaben und Anforderungen an die VN, gleichzeitig erweitern sich ihre Einflussmöglichkeiten nicht im selben Maße. Vielmehr schienen ihre Möglichkeiten in den Jahren der Bush-Administration in
15 den USA sogar drastisch zurückzugehen. Die VN wurden von den USA, dem einflussreichsten Mitglied und größten Beitragszahler, schlicht von der Agenda gestrichen, was die Konfliktlösung angeht. Sie

Bronzeplastik vor dem UN-Gebäude in New York

---

[1] In den folgenden Materialien werden die engl. Abkürzungen UN(O) für United Nations (Organization) und die dt. Übersetzung VN (Vereinte Nationen) synonym zu finden sein.

Aufgaben

1 G *Recherchieren Sie die geschichtliche Entwicklung der Vereinten Nationen seit der Konferenz von Dumbarton Oaks und stellen Sie sie dem Kurs vor.*

2 G *Erwägen Sie ausgehend vom Text M 18 Schwierigkeiten und Chancen für die Arbeit der Vereinten Nationen nach dem Ende der „bipolaren Welt" (Z. 5).*

wurden gewogen und für zu leicht befunden, was sich besonders deutlich in der amerikanischen Haltung im Vorfeld und während des Irakkriegs zeigte. Diese zum Teil herablassende Haltung der USA scheint sich zwar seit dem Wechsel von Bush zu Obama wieder zu ändern, da auch die USA im Laufe des Irak-Feldzuges erkennen mussten, dass globale Probleme nicht einseitig gelöst werden können und dass Kriege zwar unter Umgehung der VN begonnen und siegreich gestaltet werden können, die Nachkriegszeit allerdings ohne Diplomatie und nachhaltiges *nation building* (vgl. M 23) nicht zu Ende geführt werden können. Die VN mit ihren knapp 200 Mitgliedern bieten exakt dieses globale Politikforum für vertrauensbildende Maßnahmen und die Schaffung einer tragfähigen Nachkriegsordnung und sind somit in den letzten Jahren wieder stärker in den Fokus der Weltöffentlichkeit gerückt.

Autorentext

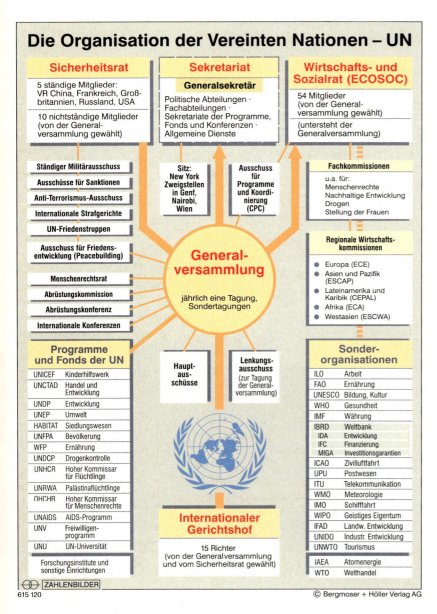

M 19 Die Organisation der Vereinten Nationen (VN)

In der Organisation der Vereinten Nationen (*United Nations Organization – UNO, UN*) haben sich derzeit 192 Staaten in der Absicht zusammengeschlossen, den Weltfrieden zu bewahren und menschenwürdige Lebensbedingungen für die Völker der Welt zu gewährleisten. Die UNO wurde 1945 von 51 Staaten gegründet. [...] Im Verlauf von sechzig Jahren haben die UN ihren Mitgliederbestand fast vervierfacht. Auch der Vatikan als einziger Staat, der der UNO nicht formell angehört [neben der Republik Taiwan], arbeitet als „aktives Nichtmitglied" eng mit der Organisation zusammen. Daher sind die Vereinten Nationen weltweit die einzige Institution, welche die universelle Gültigkeit ihrer Ziele und Grundsätze für sich in Anspruch nehmen kann. Die UNO ist aber auch und vor allem eine Gemeinschaft von Staaten, die auf ihre Souveränitätsrechte Wert legen [...]. Deren nationale Eigeninteressen kollidieren immer wieder mit den kollektiven Normen und Mechanismen der UNO.

Daher gestaltet sich die auf Konsens- und Kompromisssuche ausgerichtete politische Praxis der Organisation oft schwierig und langsam.

Sven Bernhard Gareis, „Weltorganisation in der Krise – die UNO", in: Informationen zur politischen Bildung 291, 2006, S. 54

3. Organe kollektiver Sicherheit: Die Vereinten Nationen und die NATO

Aufgaben

1 Stellen Sie – ausgehend vom Schaubild – mit eigenen Worten dar, wie die Vereinten Nationen aufgebaut sind und recherchieren Sie die wesentlichen Aufgaben der Generalversammlung.

2 Bestimmte Unter- und Sonderorganisationen finden in den Medien immer wieder Erwähnung. Nennen Sie einige dieser Organisationen und überlegen Sie, warum gerade diese im Fokus des Medieninteresses stehen, während andere eher ein mediales Schattendasein führen.

3 Sammeln Sie Informationen über die Stellung des Generalsekretärs der Vereinten Nationen und beurteilen Sie seine Stellung und seine Möglichkeiten der Einflussnahme innerhalb des Systems.

> **TIPP**
> www.un.org
> www.unric.org
> www.dgvn.de
> www.auswaertiges-amt.de
> www.uni-kassel.de/fb5/
> frieden/themen/UNO

M 20 Der Sicherheitsrat der Vereinten Nationen

Der **Sicherheitsrat** war nach dem Kriegsende 1945 als eine Art Weltpolizei in Gestalt der fünf Großmächte konzipiert, um mögliche Friedensbrecher abzuschrecken und tatsächliche zu bestrafen; seine Wirkung sollte institutionell gesichert werden, indem in ihm

- alle fünf Großmächte als ständige Mitglieder vertreten waren,
- alle Beschlüsse mit Zustimmung der ständigen Mitglieder gefasst werden mussten (Vetorecht der Großmächte) und
- Sicherheitsfragen ausschließlich dem Sicherheitsrat vorbehalten blieben.

Mit dem Entstehen des Ost-West-Konflikts begannen die beiden Rivalen USA und UdSSR im Bemühen, das Eingreifen des Sicherheitsrats und damit auch des Gegners in die eigene Einflusssphäre zu verhindern, sich gegenseitig zu blockieren. So war mit dem Sicherheitsrat die UNO insgesamt gelähmt, wenn ein internationaler Konflikt wichtige Interessen einer der beiden Großmächte tangierte. Erst mit dem Ende der Ost-West-Konfrontation nach 1989 trat hier ein grundlegender Wandel ein. Die Entscheidungs- und Handlungsfähigkeit der UN im Golfkrieg 1990/91 wurde als sensationell empfunden; das System kollektiver Sicherheit schien erstmals zu funktionieren und einen internationalen Konflikt ohne Krieg beizulegen. Die UN und zugleich die Hoffnungen auf eine neue Weltordnung scheiterten im 1. Golfkrieg an der Irrationalität eines diktatorischen Regimes, im Bosnienkrieg am nationalen, religiösen und politischen Fanatismus ethnischer Gruppen und im Irakkrieg an der Haltung Amerikas, das glaubte, auf eigene Faust unilateral handeln zu müssen.

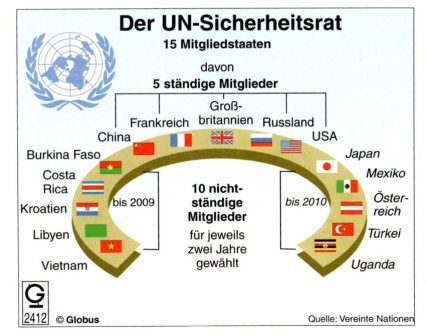

„Der Sicherheitsrat der Vereinten Nationen", in: Stephan Kurz-Gieseler (Hg.), Sozialkunde – Politik in der Sekundarstufe II, Schöningh, Paderborn 2007, S. 486 f.

→ V 4 › S. 66

Aufgaben

1 Erläutern Sie vor dem Hintergrund der Konstellation des Sicherheitsrats die Möglichkeiten der Vereinten Nationen zur Beilegung von Konflikten. Ziehen Sie dabei auch die Informationen aus M 18 und M 19 heran.

2 Informieren Sie sich über die VN-Resolution 1441, die den USA zur Rechtfertigung ihres Angriffs auf den Irak diente. Erarbeiten Sie davon ausgehend aus den Materialien, welche Schwäche des VN-Systems sich in diesem Fall zeigte.

3 Erörtern Sie, ob das Vetorecht der ständigen Mitglieder des Sicherheitsrats durch eine Mehrheitsentscheidung abgelöst werden sollte, und stellen Sie die Schwierigkeit eines solchen Reformschritts dar.

Agenda für den Frieden
Vorschläge des UN-Generalsekretärs Boutros Ghali zur Friedens- und Sicherheitspolitik der Vereinten Nationen

1. Vorbeugende Diplomatie
ZIEL Das Entstehen von Streitigkeiten zu verhüten, den Ausbruch offener Konflikte zu verhindern, oder Konflikte, die bereits ausgebrochen sind, rasch wieder einzugrenzen

MITTEL Diplomatische Gespräche; vertrauensbildende Maßnahmen; Frühwarnsysteme, die rechtzeitig auf Spannungen hinweisen; formelle Tatsachenermittlung; vorbeugender Einsatz von UN-Truppen; vorsorgliche Einrichtung entmilitarisierter Zonen

2. Friedensschaffung
ZIEL Nach Ausbruch eines Konflikts die feindlichen Parteien zu einer Einigung zu bringen

MITTEL Friedliche Mittel
z.B. Vermittlung, Verhandlungen, Schiedsspruch, Entscheidungen durch den Internationalen Gerichtshof

Gewaltlose Sanktionen
z.B. Wirtschafts- und Verkehrsblockade, Abbruch der Beziehungen

Friedensdurchsetzung
durch speziell ausgebildete, ständig abrufbereite bewaffnete UN-Truppen

Militärische Gewalt
zur Aufrechterhaltung oder Wiederherstellung des Weltfriedens und der internationalen Sicherheit, wenn alle friedlichen Mittel versagen

3. Friedenssicherung
ZIEL Die Lage in einer Konfliktzone zu entschärfen oder zu stabilisieren; die Einhaltung der Vereinbarungen zwischen den Konfliktparteien zu überwachen und durchzusetzen

MITTEL Entsendung von Beobachtermissionen; Einsatz von UN-Friedenstruppen zur Untersuchung von Grenzverletzungen, zur Grenzkontrolle, zur Beobachtung von Wahlen, Überwachung von Waffenstillstands- und Friedensvereinbarungen, Bildung einer Pufferzone zwischen gegnerischen Mächten, Wahrnehmung von Polizeiaufgaben, Sicherung humanitärer Maßnahmen usw.; umfassendes Konfliktmanagement

4. Friedenskonsolidierung
ZIEL Den Frieden nach Beendigung eines Konflikts zu konsolidieren; die Konfliktparteien zum friedlichen Wiederaufbau anzuhalten

MITTEL Nach einem Konflikt innerhalb eines Landes
z.B. Entwaffnung der verfeindeten Parteien, Wiederherstellung der öffentlichen Ordnung, Einsammeln der Waffen, Minenräumung, Repatriierung von Flüchtlingen, Ausbildung und Beratung von Sicherheitskräften, Wahlüberwachung, Schutz der Menschenrechte, Reform oder Neuaufbau staatlicher Institutionen

Nach einem internationalen Krieg
z.B. gemeinsame Projekte, die der wirtschaftlichen und sozialen Entwicklung dienen und das gegenseitige Vertrauen stärken (Landwirtschaft, Energie- und Wasserwirtschaft, Verkehr usw.); Abbau der Schranken zwischen den Nationen durch Kulturaustausch, Reiseerleichterungen, gemeinsame Jugend- und Bildungsprogramme

© Bergmoser + Höller Verlag AG

ZAHLENBILDER 615 500

M 21 Die Vereinten Nationen und die neue Weltordnung

Das Ende des Ost-West-Gegensatzes brachte dem Sicherheitsrat eine bis dahin nicht gekannte Entscheidungs- und Handlungsfähigkeit. Diese Wiederentdeckung der Vereinten Nationen fiel jedoch in eine weltpolitisch turbulente Zeit. In Asien (Kambodscha; Afghanistan), Mittelamerika (El Salvador; Nicaragua) und Afrika (Angola; Mosambik; Namibia) mussten die Folgeprobleme des Kalten Krieges bewältigt werden. Jahrzehntelang hatten die Großmächte des Ost-West-Konflikts in diesen Ländern Stellvertreterkriege ausgetragen, indem sie je nach politischer Couleur Regime und Anti-Regime-Gruppen unterstützten, die sich wiederum blutige Bürgerkriege lieferten.

In Somalia und Jugoslawien stellte der Zerfall von Staaten die Internationale Gemeinschaft vor völlig neue Herausforderungen. Nach dem Überfall des Irak auf Kuwait autorisierte der Sicherheitsrat 1990 erstmals die kollektive Anwendung militärischer Gewalt gegen einen Friedensbrecher – ein Vorgang, der wenige Jahre zuvor undenkbar gewesen wäre.

Bundeszentrale für politische Bildung (Hg.), Informationen zur politischen Bildung Nr. 291, 2. Quartal 2006, Bonn, S. 57 f.

Vor diesem Hintergrund entwickelte der damalige Generalsekretär Boutros Ghali eine „Agenda für den Frieden", in der er zentrale Instrumente der UN-Friedensarbeit darstellte. Der Einsatz von Friedenstruppen (sog. Blauhelmen) ist nur mit Einverständnis der Konfliktparteien möglich und bedarf der Zustimmung des Sicherheitsrates.

M 22 Friedenssicherung durch die Vereinten Nationen gescheitert?

[D]ie Intensität dieser innerstaatlichen Konflikte und der Grad der Zerstörung staatlicher, sozialer und wirtschaftlicher Strukturen in den betroffenen Ländern [verlangte] einerseits militärisch robustere Mandate, in deren Rahmen die Blauhelme gegebenenfalls auch mit Waffengewalt gegen Friedensstörer vorgehen
5 dürfen. Andererseits mussten die Friedensmissionen um zivile, polizeiliche oder administrative Funktionen erweitert werden. Für diesen komplexen Wiederaufbau ganzer Gemeinwesen hat sich der Begriff der Friedenskonsolidierung (peacebuilding) eingebürgert [vgl. Schaubild M 21].
Allerdings traf diese Veränderung des Aufgabenprofils eine Organisation, die da-
10 rauf nicht vorbereitet war. Daher stellten sich bald Überforderung und schwerste Rückschläge ein. Die gescheiterte Mission in Somalia (1992–94), der unter den Augen der Blauhelme in Ruanda verübte Völkermord (1994) und das Massaker an 8000 bosnischen Muslimen durch bosnische Serben in Srebrenica, dem holländische Blauhelme tatenlos zusehen mussten, wurden zu Menetekeln für die Fä-
15 higkeit der UNO, militärisch anspruchsvolle Friedensmissionen durchzuführen. Ab 1995 ging auf dem Balkan die militärische Verantwortung für die Friedenssicherung auf die NATO über, während sich die UNO zusammen mit anderen Organisationen wie der OSZE oder der EU den eher zivilen und ökonomischen Aufgaben zuwandte. So wurde ein neuer Typus komplexer Friedensmissionen
20 geschaffen, der seither in Bosnien und Herzegowina, im Kosovo, in Ost-Timor oder in Afghanistan erfolgreich zum Einsatz kommt.
Durch diese Einbeziehung starker Regionalorganisationen wurden die Vereinten Nationen einerseits
25 deutlich entlastet. Andererseits zeichnet sich die Tendenz zu einer Zwei-Klassen-Friedenssicherung ab: Zwar engagieren sich die Industriestaaten in den für ihre Sicherheit relevanten Krisengebieten. Doch mit den „vergessenen Konflikten" vor allem in Afrika las-
30 sen sie die UNO weitgehend allein. [...]
Angesichts solcher mangelhaften Bedingungen gerät die von der UNO selbst verantwortete Friedenssicherung zunehmend in die Krise.

Bundeszentrale für politische Bildung (Hg.), Informationen zur politischen Bildung Nr. 291, 2. Quartal 2006, Bonn, S. 58

Aufgaben

1 G Erläutern Sie ausgehend von dem in M 21 dargestellten geschichtlichen Kontext die Notwendigkeit der Schaffung einer solchen Agenda für die Vereinten Nationen.

2 Die Charta der Vereinten Nationen beschreibt in Kapitel VII zu ergreifende Maßnahmen im Falle der Bedrohung oder des Bruchs des Friedens.
a) Informieren Sie sich über den Inhalt der Art. 41 und 42 der Charta der Vereinten Nationen.
b) Analysieren Sie, inwiefern die Agenda für den Frieden über die in Art. 41 und 42 der Charta festgelegten Sanktionsmöglichkeiten hinausgeht bzw. diese ergänzt.

3 Beurteilen Sie, ob sich das Konzept der Agenda für den Frieden unter den heute geltenden Bedingungen für die Regelung von Konflikten noch als tauglich erweist.

Wer stellt die „UN-Truppen"?
Soldaten und Polizisten für UN-Missionen, Stand Februar 2010

- Bangladesch: 10852
- Pakistan: 10733
- Indien: 8783
- Nigeria: 5837
- Ägypten: 5258
- Nepal: 5186
- Ghana: 3911
- Jordanien: 3769
- Ruanda: 3663
- Uruguay: 2516
- Deutschland: 287

Quelle: Vereinte Nationen, www.un.org (17.05.2010)

M 23 Nation-Building – Eine erfolgreiche Aufgabe der Vereinten Nationen?

Interview mit David Harland, Leiter der „Best Practices"-Einheit in der Hauptabteilung für Friedenseinsätze der Vereinten Nationen.

Immer wenn auf der Welt die Alarmglocken schrillen, wird kollektiv auf die Vereinten Nationen geblickt. Bei der friedlichen Beilegung von Konflikten und nicht zuletzt beim Aufbau neuer staatlicher Strukturen (Nation-Building) fällt den Vereinten Nationen eine Schlüsselrolle zu. Dieser Herausforderung scheinen sie allerdings nur bedingt gewachsen. [...] Die Bilanz ihrer Arbeit ist ernüchternd: In der Hälfte aller befriedeten Staaten bricht durchschnittlich in weniger als fünf Jahren erneut ein Krieg aus. Eine weitreichende Reform soll Abhilfe schaffen. Dabei geht es nicht nur um die viel diskutierte Erweiterung des Sicherheitsrats, sondern auch um den effizienteren Einsatz von Truppen und zivilen Hilfskräften bei der dauerhaften Schaffung von Frieden als Fundament der Staatenbildung. Über die Möglichkeiten und Grenzen des UNO-Engagements [...] hat „Das Parlament" mit David Harland gesprochen. [...]

Das Parlament: *Nation-Building gehört eigentlich nicht zu den originären [= ursprünglich] Aufgaben der Vereinten Nationen. Trotzdem erhebt die UNO bei ihren Einsätzen mehr und mehr den Anspruch, Staaten dauerhaft zu stabilisieren. Warum?*

David Harland: Stimmt, Nation-Building steht nicht in der Charta der Vereinten Nationen. Allerdings sind auch Blauhelmeinsätze dort nicht explizit aufgeführt und trotzdem ist die Entsendung von Truppen Teil der UN-Missionen. Die Art der Kriegsführung hat sich verändert. Heute sind die meisten Kriege Bürgerkriege, die in sehr schwachen und für Gewalt anfälligen Staaten ausbrechen. [...] Da sich die UNO der Wahrung des internationalen Friedens und der kollektiven Sicherheit verpflichtet hat, müssen wir uns um diese Konflikte kümmern.

Das Parlament: *Was ist die spezifische Stärke eines UN-geführten Wiederaufbaus eines Staates?*

David Harland: Die Stärke der UNO ist die Bandbreite ihrer Einsatzmöglichkeiten. Wir haben das militärische, politische, humanitäre und entwicklungsmäßige Potenzial, um zerrütteten Staaten, in denen die Gesellschaftsstrukturen zerfallen sind, etwas zu bieten. Wir können Gewalt eindämmen und auf dieser Grundlage Sicherheit schaffen. Wenn man sich die USA anschaut und ihren Einsatz im Irak, sieht man, wie schwierig es ist, die ganze Palette an Maßnahmen zu beschließen und effektiv einzusetzen. [...]

Das Parlament: *In Somalia, Ruanda und auf dem Balkan hat die UNO ihre Ziele nicht erreicht. Kann die UNO Völkermord und Massaker in Zukunft verhindern?*

David Harland: Wir sind immer noch im Kosovo und ich hoffe, dass wir dort größere Gewalt künftig verhindern können. Generell glaube ich, dass die UNO ein relativ effektives Instrument ist, wahrscheinlich das effektivste, das wir zurzeit haben. In den letzten 15 Jahren haben wir uns zu bestimmten Zeitpunkten auf verschiedene Art und Weise in den Kreislauf eines Konflikts eingeschaltet. Wir konnten diese Konflikte stabilisieren und in vielen Fällen konnten wir sie auf den Weg einer friedlichen und anhaltend positiven Entwicklung bringen. Das Problem, das wir haben – im Übrigen nicht nur wir, sondern auch viele andere internationale Akteure –, sind diejenigen Fälle, in denen man die Staaten stabilisieren kann, aber in denen Stabilität nicht ausreicht. Wenn wir das Engagement beenden, können diese Staaten sehr leicht wieder in einen Krieg zurückfallen. [...]

INFO

IFOR: Peace Implementation Force
SFOR: Stabilization Force
EUFOR: European Union Force; dabei handelt es sich um zeitlich begrenzte Militäreinsätze der EU im Rahmen der Europäischen Sicherheits- und Verteidigungspolitik (ESVP); s. dazu Kap. EU, S. 150 ff.

Aufgaben

1 Zeigen Sie mithilfe der Texte M 22 und M 23 das Aufgabenspektrum der Vereinten Nationen auf.

2 Fassen Sie die Aussagen David Harlands thesenartig zusammen.

3 Beschreiben Sie, worin Harland die Haupterrungenschaften von VN-Einsätzen sieht.

4 Hinterfragen Sie Harlands Position kritisch.

Das Parlament: Wenn man aber auf der anderen Seite keine Ergebnisse vorweisen kann, wird ein langer Aufenthalt von der Bevölkerung abgelehnt; gerade in Bosnien, aber auch im Kosovo, sind die Menschen frustriert.

David Harland: Sicher, in Bosnien sind die Menschen seit einem Jahrzehnt frustriert, aber die Präsenz der NATO-Truppen – IFOR und SFOR – früher und der europäischen Truppen – EUFOR – heute sind wichtig, damit die Menschen merken, dass sich die Zeit nicht zurückdrehen lässt und dass sich Probleme nicht durch Gewalt lösen lassen. [...]

Agnes Ciupera, „Die Aufmerksamkeit für Konflikte hält nicht lange an", in: Das Parlament, 55. Jg. Nr. 41, 10.10.2005, S. 3 – 4

> **TIPP**
> Infos zur Charta der Vereinten Nationen:
> www.lpb-bw.de
> → s. auch Info, S. 66

3.2 Die NATO – Ein Bündnis mit Zukunft?

M 24 Die Geschichte der NATO

Zehn westeuropäische Staaten sowie die USA und Kanada unterzeichneten am 4. April 1949 in Washington den Nordatlantikvertrag und gründeten damit die NATO (North Atlantic Treaty Organization).

Der Kalte Krieg zwischen den von der Sowjetunion dominierten kommunistischen Staaten Osteuropas und dem nicht kommunistischen Westen war bereits in vollem Gange. Sieben weitere Länder, unter ihnen die Bundesrepublik Deutschland, traten bis 1989, dem Ende des Ost-West-Konflikts, der Atlantischen Allianz bei.

Ziemlich genau 40 Jahre lang bestand die Hauptaufgabe der NATO darin, einen potenziellen Gegner durch die eigene militärische Stärke abzuschrecken. Ein wichtiger Bestandteil dieser Politik war die Stationierung starker Landstreitkräfte im Westen des geteilten Deutschlands und eine zahlenmäßig große Bundeswehr. Seit dem Ende des Ost-West-Konflikts ist ihre Stärke von circa 500 000 auf 240 000 Mann verringert worden. Gegen wen man sich wappnen und gegebenenfalls wehren müsse, daran gab es so gut wie keinen Zweifel: Der voraussichtliche Gegner stand, so die gängige Formulierung in den Jahren des Kalten Krieges, „im Osten".

Genau dort befinden sich heute die neuen Mitglieder, Beitrittsinteressenten und Kooperationspartner der NATO. 1999 traten Polen, die Tschechische Republik und Ungarn der Allianz bei. Im März 2004 folgten Bulgarien, Estland, Lettland, Litauen, Rumänien, die Slowakei und Slowenien. Auf dem Balkan strebt nach dem Beitritt Albaniens und Kroatiens auch Mazedonien eine Mitgliedschaft an. Von den ehemaligen Sowjetrepubliken haben sowohl Georgien als auch die Ukraine ein Beitrittsinteresse bekundet.

Als Beitrag zur gemeinsamen Sicherheit erwartet die NATO von den neuen Mit-

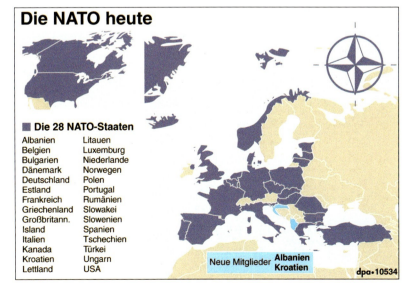

34 Internationale Zusammenarbeit und Friedenssicherung

> **TIPP**
> www.auswaertiges-amt.de
> www.bmvg.de
> www.nato.int
> www.sozialwiss.uni-hamburg.de/publish/lpw/Akuf/index.htm

gliedern militärische Reformen wie die Angleichung der Ausrüstungen und der Kommandostrukturen sowie den Aufbau tragfähiger Marktwirtschaften und stabiler demokratischer Institutionen. Diese wiederum betrachten das Bündnis als „Stabilitätsanker" und versprechen sich von ihm die Garantie ihrer äußeren Sicherheit. Dies gilt insbesondere für Polen, das mehrmals in seiner Geschichte zwischen seinen Nachbarn Deutschland und Russland zerrieben wurde. Für die Regierung in Warschau ist daher die Mitgliedschaft in einem Bündnis, in dem die USA eine führende Rolle spielen, ein herausragendes politisches Interesse.

Bernhard von Plate, „Verteidigungsbündnis im Wandel – die NATO"; in: Informationen zur politischen Bildung, Nr. 291, 2. Quartal 200, S. 67

Aufgaben

1 G Stellen Sie die Rolle von NATO und Warschauer Pakt im Zeitalter des Kalten Krieges dar und vergleichen Sie die Veränderung in Auftrag und Strategie.

2 Erarbeiten Sie aus dem Text und dem Schaubild „Die NATO heute" die Ausdehnung der NATO nach dem Ende des Ost-West-Konflikts.

3 G Deutschland trat der NATO 1955 bei. Recherchieren Sie zu den Umständen und Folgen dieses Beitritts und stellen Sie Ihre Ergebnisse dem Kurs vor.

M 25 Aufbau und Struktur der NATO

Die NATO ist in eine zivile und eine militärische Struktur unterteilt. Durch die Letztentscheidung der zivilen Organe kommt das Primat der Politik zum Ausdruck. Das Oberste Organ der NATO ist der *Nordatlantikrat* (engl. *North Atlantic Council, NAC*) als höchstes ziviles Entscheidungsgremium. Ihm gehören die Vertreter der Mitgliedstaaten an; dies sind während der Ratstagungen, die regulär im Frühjahr und Herbst stattfinden, die Außen- und Verteidigungsminister, in der Zwischenzeit die permanenten Vertreter (*NATO-Botschafter*). Der Nordatlantikrat muss seine Beschlüsse einstimmig fassen. Zur Entscheidungsvorbereitung verfügt der Nordatlantikrat über ein weitverzweigtes Ausschusssystem (u. a. zu den Themen Rüstungskontrolle, Verifikation, Notstandsplanung und Proliferation).

Weitere wichtige zivile Gremien der NATO sind der *Verteidigungsplanungsausschuss* (engl. *Defence Planning Committee, DPC*), in dem die zur Aufgabenerfüllung und zur Aufrechterhaltung der integrierten Militärstruktur notwendigen militärischen Potentiale der Mitglieder beraten werden, sowie die *Nukleare Planungsgruppe* (engl. *Nuclear Planning Group, NPG*), der die Nuklearpolitik des Bündnisses obliegt.

Den Vorsitz in allen drei zivilen Gremien hat der *Generalsekretär* inne (seit 2009 *Anders Fogh Rasmussen*), der die laufenden Geschäfte führt und der

Alte und neue NATO-Strategie

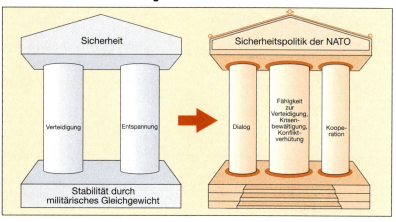

Quelle: Stephan Kurz-Gieseler (Hg.), Sozialkunde. Politik in der Sekundarstufe II, Schöningh, Paderborn 2007, S. 497

3. Organe kollektiver Sicherheit: Die Vereinten Nationen und die NATO

(Aus: DUDEN Politik. Basiswissen Schule, hrsg. von R. Rytlewski, Berlin/Mannheim 2004, S. 343)

umfangreichen Organisation mit dem Generalsekretariat als Exekutivorgan der Allianz vorsteht; der Generalsekretär ist traditionell ein Europäer. Der Sitz des international zusammengesetzten Generalsekretariats, des aus zivilen Mitarbeitern bestehenden Internationalen Stabs sowie des gesamten NATO-Hauptquartiers, in dem auch die nationalen Delegationen ansässig sind, ist Brüssel. [...]
Oberstes militärisches Organ ist der *Militärausschuss* (engl. *Military Council, MC*). Er umfasst die Stabschefs derjenigen Mitgliedstaaten, die an der militärischen Struktur des Bündnisses beteiligt sind (Vorsitzender seit 2008: Admiral *Giampaolo Di Paola*); Island entsendet einen zivilen Beamten in den Ausschuss.
Der Militärausschuss berät den Nordatlantikrat, den Generalsekretär sowie DPC und NPG im Hinblick auf die militärischen Implikationen der strategischen Ausrichtung, der Ausstattungsplanung sowie möglicher Handlungsoptionen im Einsatzfall. Unterstützt wird der Militärausschuss, der permanent auf der Ebene von Drei-Sterne-Generälen vertreten ist, vom *Internationalen Militärischen Stab* (engl. *International Military Staff, IMS*). Dieser arbeitet auf Weisung des Militärausschusses Pläne aus, dient als Bindeglied zu den Kommandobereichen und führt Beschlüsse im militärischen Bereich durch.
Die obersten militärischen Kommandobereiche bestehen nach einer Reihe von Umstrukturierungen seit 2003 nur noch aus dem *Alliierten Kommando Operationen* (engl. *Allied Command Operations, ACO*), mit Sitz des Hauptquartiers in Mons, Belgien (*Supreme Headquarter Allied Powers Europe, SHAPE*), das für alle militärischen Operationen der NATO zuständig ist, sowie dem *Alliierten Kommando Transformation* (*Allied Command Transformation, ACT*), mit Sitz in Norfolk, USA, das die Ausrichtung des Bündnisses auf die künftigen militärischen Anforderungen sicherstellen soll. *Oberster Befehlshaber der NATO-Streitkräfte* (*Supreme Allied Commander Europe, SACEUR*) mit Sitz bei SHAPE ist traditionell ein US-Amerikaner, der zugleich als Oberkommandierender der US-Streitkräfte in Europa fungiert.

o.V., „Nato", © wissenmedia Verlag, www.wissen.de [05.05.2010]

Aufgaben

1 Klären Sie den Begriff „Primat der Politik" im Rahmen der Entsendung von Truppen in Krisengebiete.

2 Zeigen Sie ausgehend vom Text, dass die NATO – anders als in der Öffentlichkeit wahrgenommen – ein politisches Organ ist. Ziehen Sie dazu auch das Schaubild heran.

3 Erstellen Sie eine tabellarische Übersicht über die Aufgaben des NATO-Generalsekretärs und des Militärausschusses und recherchieren Sie, wer momentan die höchsten militärischen Positionen besetzt.

M 26 Kosovo – Als die NATO erstmals Krieg führte

Erstmals in ihrer Geschichte nahmen Einheiten der Bundeswehr vor zehn Jahren an einem Krieg teil. Damit sollte ein Völkermord der Serben an den Kosovaren verhindert werden. Ein UN-Mandat gab es für den Einsatz aber nicht. Das Bombardement der NATO dauerte 79 Tage. Als der Allianz-Oberbefehlshaber, US-General Wesley Clark, später gefragt wird, wie viele Ziele zerstört wurden, antwortete er kurz und knapp: „Genügend." Auch zehn Jahre nach dem Luftkrieg gegen die serbischen Streitkräfte, der am 24. März 1999 begann, gibt es keine NATO-Zahlen über getroffene Ziele. Und genaue Zahlen über zivile Opfer gibt es laut NATO auch nicht. Wichtig sei nur, dass das politische Ziel erreicht worden sei: die Verhinderung einer vom serbischen Regierungschef Slobodan Milosevic angeordneten „ethnischen Säuberung" des Kosovos von seiner albanischen Bevölkerung. „Eine gerechte und notwendige Aktion" nannte NATO-Generalsekretär Lord Robertson die erste große Kriegshandlung, an der sich praktisch alle der damals 19 NATO-Mitglieder beteiligten und die unter Verantwortung seines Amtsvorgängers Javier Solana – heute EU-Chefdiplomat – ablief. 300 000 Kosovaren seien bereits Ende 1998 auf der Flucht vor den serbischen Truppen gewesen. Der NATO-Einsatz habe eine humanitäre Katastrophe verhindert: „Die schlimmste ethnische Säuberung, die wir während eines halben Jahrhunderts in Europa gesehen haben, wurde gestoppt und rückgängig gemacht." In der NATO-Zentrale in Brüssel wird der Luftkrieg [...] als wichtiger Erfolg gesehen. Die albanische Bevölkerung des Kosovos sei geschützt, der fast zeitgleich als Kriegsverbrecher angeklagte Milosevic zur Kapitulation gezwungen worden. Zugleich sei das Bündnis im Gegensatz zu Milosevics Hoffnungen und Erwartungen nicht auseinandergebrochen: Die gemeinsame Front gegen Serbien sei fest geblieben. Und vor allem gegenüber Russland – damals waltete noch Boris Jelzin als Präsident – habe die NATO gezeigt, dass sie auch militärisch ernst zu nehmen sei. „Hätte man es besser machen können?", lautet der Titel einer Seite auf der offiziellen Internetseite der NATO. Denn auch dort ist klar, dass eine Reihe von Fragen durchaus umstritten ist. Ob die Luftangriffe auch ohne UN-Mandat überhaupt zulässig gewesen seien, gehört dazu. Juristen streiten sich, ob es sich wirklich um einen Völkermord gehandelt habe, der eine Intervention rechtfertigen könne.

Die NATO-Chefs selbst zweifeln nicht an der Rechtmäßigkeit. Sie verweisen auch darauf, dass während des gesamten Luftkriegs kein einziger NATO-Soldat im Kampf getötet wurde. Kritiker des Vorgehens meinen hingegen, dies sei nur möglich gewesen, weil die NATO keine Bodentruppen eingesetzt, sich auf Bombardierungen aus großer Höhe beschränkt und damit zivile Opfer in Kauf genommen habe. Die NATO widerspricht vehement: Die Ziele seien genau ausgewählt worden, um Zivilopfer zu vermeiden. „Aber es war unvermeidlich, dass Fehler passieren und dass Waffensysteme manchmal nicht korrekt funktionieren." Das Bündnis beruft sich auf eine Schätzung von „Human Rights Watch", wonach es 90 „Zwischenfälle mit Ziviltoten" gegeben habe – das sei weniger als ein Prozent der Bombenflüge. Und dass die NATO nicht voreingenommen

Die NATO-Luftangriffe vor zehn Jahren auf Brücken und Raffinerien in Novi Sad im Norden Serbiens führten zu enormen Schäden. Die Menschen konnten die Donau nur noch dicht gedrängt auf Booten überqueren.

Das Dorf Planeja an der Grenze zu Albanien westlich der Stadt Prizren im Süden Kosovos wurde im Sommer 1999 stark bombardiert.

gegen Serben sei, zeige schon, dass die von der NATO geführte Kosovo-Truppe KFOR nach dem Luftkrieg die Serben vor Vergeltung durch Kosovo-Albaner geschützt habe. Die Frage, was Milosevic zur Kapitulation zwang, wird bis heute diskutiert. Die NATO sieht den Abzug aus dem Kosovo als Folge der zunehmenden Zerstörungen in Serbien, der ständigen Verstärkung der Luftangriffe und des drohenden Einsatzes von Bodentruppen sowie einer politischen Wende Jelzins, die in Serbien als russischer „Verrat" empfunden wurde. Zbigniew Brzezinski, einst Sicherheitsberater von US-Präsident Jimmy Carter, meint, Jelzin und Milosevic hätten sich verkalkuliert: Eigentlich habe Moskau zumindest Teile des Kosovos für Serbien sichern wollen, sei daran aber von der NATO gehindert worden. Wie auch immer: Gedenk- oder Feierveranstaltungen sind bei der NATO nicht geplant.

Dieter Ebeling/dpa, „Kosovo – Als die NATO erstmals Krieg führte", www.rhein-zeitung.de, 24.03.2009 [03.11.2009]

Die NATO im Legitimationsdilemma Gerhard Mester/CCC, www.c5.net

→ **Völkerrecht**
V 3 – V 5 › S. 65 ff.

Aufgaben

1 Erarbeiten Sie aus dem Text die Argumente für und wider den NATO-Einsatz im Kosovo.

2 Interpretieren Sie die Karikatur und setzen Sie sie anschließend in Bezug zum Text M 26.

3 Erläutern Sie, inwiefern der Kosovokrieg einen entscheidenden Einschnitt in der Geschichte der NATO und der Bundeswehr darstellt.

4 Zivile Todesopfer werden von den Militärs gerne als „Kollateralschäden" bezeichnet. Setzen Sie sich, ausgehend vom Text, kritisch mit der von der NATO im Kosovokrieg geführten Argumentation zu zivilen Opfern auseinander.

M 27 Der Bündnisfall

Anders als es sich die Gründungsväter der NATO 1949 vorstellten, löst nicht die Kriegstreiberei anderer Staaten den ersten „Bündnisfall" aus, sondern der Wahnsinn einer zahlenmäßig eher kleinen Organisation von Terroristen. Und Adressat des Beistands sind nicht die kleinen Staaten, die in der NATO den Schutz der USA finden, sondern die Führungsmacht des Bündnisses selbst.
Das nordatlantische Bündnis stellt nach den Terroranschlägen vom 11. September 2001 förmlich fest, der kollektive Verteidigungsfall sei eingetreten: „Die im Washingtoner Vertrag enthaltene Verpflichtung zur gemeinsamen Selbstverteidigung wurde eingegangen unter Umständen, die sich sehr von den heutigen unterscheiden; aber sie bleibt heute nicht weniger gültig und nicht weniger wichtig, in einer Welt, die der Geißel des internationalen Terrorismus ausgesetzt ist."

Ground Zero

→ Kap. 4 › S. 43 ff.

Der damalige Bundeskanzler Gerhard Schröder (SPD) spricht von „uneingeschränkter Solidarität mit den USA" und „Deutschlands neuer Verantwortung auch an weltweiten Militäreinsätzen". Am 7. November 2001 beantragt die Bundesregierung beim Bundestag die Zustimmung zum Einsatz der Bundeswehr in Afghanistan. Die Abstimmung verknüpft Schröder mit einer Vertrauensfrage, um eine eigene Parlamentsmehrheit zu erhalten. Der von den USA geführte Luftkrieg in Afghanistan findet schließlich jedoch nicht im Rahmen der NATO statt, obwohl die USA offiziell die Unterstützung der Bündnispartner nach Artikel 5 des NATO-Vertrags fordern. Nach Ende des Krieges wird aber eine Internationale Schutztruppe für Afghanistan (ISAF) eingerichtet, die die afghanische Übergangsregierung unterstützen soll. Die NATO übernimmt die Führung der ISAF-Mission im August 2003. Der NATO-Einsatz am Hindukusch wird zur gefährlichsten Operation in der Geschichte des Bündnisses und damit zu einer großen Belastungsprobe.

Christina Otten, „Angst vor Kommunisten, Kampf gegen Terroristen", www.focus.de, 01.04.2009 [03.11.2009]

M 28 Artikel 5 NATO-Vertrag

Die Parteien vereinbaren, dass ein bewaffneter Angriff gegen eine oder mehrere von ihnen in Europa oder Nordamerika als ein Angriff gegen sie alle angesehen wird; sie vereinbaren daher, dass im Falle eines solchen bewaffneten Angriffs jede von ihnen in Ausübung des in Artikel 51 der Satzung der Vereinten Nationen [vgl. S. 66] anerkannten Rechts der individuellen oder kollektiven Selbstverteidigung der Partei oder den Parteien, die angegriffen werden, Beistand leistet, indem jede von ihnen unverzüglich für sich und im Zusammenwirken mit den anderen Parteien die Maßnahmen, einschließlich der Anwendung von Waffengewalt, trifft, die sie für erforderlich erachtet, um die Sicherheit des nordatlantischen Gebiets wiederherzustellen und zu erhalten.
Vor jedem bewaffneten Angriff und allen daraufhin getroffenen Gegenmaßnahmen ist unverzüglich dem Sicherheitsrat Mitteilung zu machen. Die Maßnahmen sind einzustellen, sobald der Sicherheitsrat diejenigen Schritte unternommen hat, die notwendig sind, um den internationalen Frieden und die internationale Sicherheit wiederherzustellen und zu erhalten.

Aufgaben

1 Nach den Terrorangriffen vom 11. September wurde zum ersten Mal der sog. Bündnisfall ausgerufen. Erarbeiten Sie aus dem Text, welche Schritte Deutschlands, der USA und der NATO daraus resultierten.

2 Erörtern Sie, ob die Ausrufung des Bündnisfalls nach Artikel 5 des NATO-Vertrags angebracht war.

M 29 Die NATO – im diplomatischen Dilemma

Europa kann durchatmen. Russland hat Wort gehalten und seine Truppen aus dem georgischen Kerngebiet abgezogen. Nun beginnt die mühsame Arbeit an einer politischen Lösung des Konflikts, der ja über Georgien, und genau besehen, auch über den Kaukasus hinausreicht. Es geht um die Ausbalancierung der Sicherheitspolitik in Europa, nachdem Moskau nicht mehr gewillt ist, ein weiteres Vorrücken der NATO an seine Grenzen widerspruchslos hinzunehmen.
Da niemand in Europa eine kalte, geschweige denn heiße Konfrontation mit Russland will, ist der vom französischen Präsidenten und gegenwärtigen EU-Ratsvorsitzenden Nicolas Sarkozy eingeschlagene Weg der einzig vernünftige, weil einzig gangbare. Die Abspaltung Südossetiens und Abchasiens von Georgien ist nicht akzeptabel.
Aber wer sich nicht im Gegeneinander eingraben will, der muss von den Fakten ausgehen, die der Krieg geschaffen

hat. Mit der Vermittlung des Waffenstillstands und seiner Überwachung durch eigene Beobachter haben die Europäer sich in eine Position
20 gebracht, die sie in die Lage versetzt, die nun beginnenden Verhandlungen mit Moskau wesentlich gestalten zu können. Diese Gespräche werden schwierig, sie sind aber nicht aussichtslos.
25 Der russische Präsident Dmitrij Medwedjew hat gerade seinen Vorschlag wiederholt und präzisiert, wie er sich eine neue Sicherheitsarchitektur für Europa vorstellt. Man sollte ihn beim Wort nehmen. Moskau hat Gesprächsbedarf,
30 weil es seine Sicherheitsinteressen vernachlässigt sieht. Wie ernst es Russland mit einer friedlichen und partnerschaftlichen Lösung meint, wird nur über Verhandlungen zu erfahren sein.

Klaus Stuttmann/CCC, www.c5.net

Die Europäer haben dabei freilich ein Problem. Die NATO hat sich im Georgien-
35 Konflikt verrannt. Den Gesprächsfaden mit Moskau zu zerreißen, war genauso dumm, wie die demonstrative Einladung an den georgischen Verteidigungsminister zum aktuellen NATO-Treffen in Budapest unsinnig ist. Das Bündnis hat es geschafft, sich durch eine fast blinde Solidarität mit Tiflis aus dem diplomatischen Spiel zu bringen. Das ist schon schlimm genug. Schlimmer aber ist, dass
40 innerhalb der NATO ein neuer Konflikt mit Russland heranwächst.
Im Frühjahr hatten die NATO-Staaten bei ihrem Gipfeltreffen den Georgiern die Mitgliedschaft im Bündnis zugesagt, aber auf Druck Deutschlands und Frankreichs auf einen Beitrittstermin verzichtet. Es sollte nur alle halbe Jahre geprüft werden, ob Georgien reif für den nächsten Schritt Richtung Mitgliedschaft wäre.
45 Was vor dem Georgienkrieg als salomonische Lösung des Streits zwischen Freunden und Skeptikern einer Annäherung an die NATO galt, provoziert nun ein gewaltiges politisches Dilemma.
Geben die Außenminister der Allianz bei ihrem Treffen im Dezember dem Drängen vieler osteuropäischer Staaten sowie der USA nach und nehmen die Georgier
50 in den „Aktionsplan für die Mitgliedschaft" auf, dann muss Moskau das als Affront verstehen. Weist die NATO das georgische Begehren aber zurück, dann setzt sie sich dem Vorwurf aus, vor Russland zu kuschen. Vorerst schweigen die Bündnispartner, weil sie nicht wissen, was sie Georgien antworten sollen.
Doch Schweigen hilft nicht, und es geht auch nicht darum, den Georgiern einen
55 Gefallen zu tun oder vor den Russen in die Knie zu gehen. Wer ein ernsthaftes Gespräch zwischen der EU, den USA und Russland über eine stabile Sicherheitsarchitektur will, der muss beim Status quo bleiben. Jeder Schritt in eine neue NATO-Erweiterungsrunde wäre einer in die falsche Richtung. Sarkozy hat Medwedjews Vorschlag aufgegriffen und will im nächsten Jahr mit den Verhandlungen
60 beginnen. Georgien muss deshalb offen gesagt werden, dass sein Wunsch nach einem Bündnis-Beitritt jetzt nicht, wenn überhaupt jemals, erfüllt werden kann. Es wäre gut, wenn die NATO dazu wenigstens nun den Mut aufbrächte.

Martin Winter, „Bittere Wahrheit für Georgien", www.sueddeutsche.de, 10.10.2008 [03.11.2009]

Aufgaben

1 Erarbeiten Sie aus dem Text das diplomatische Dilemma der NATO im Zuge des russisch-georgischen Konflikts 2008.

2 Beschreiben und interpretieren Sie vor diesem Hintergrund die Karikatur aus M 29.

3 Erörtern Sie, ob die geografische Erweiterung der NATO zu einem Ende gekommen ist.

M 30 Eine NATO für das 21. Jahrhundert

Sechs Jahrzehnten ständigen Wandels zum Trotz, bleibt die ursprüngliche dreifache Aufgabe der NATO bestehen: die gemeinsame Verteidigung ihrer Mitglieder zu sichern, die transatlantische Bindung zu institutionalisieren und einen Sicherheitsschirm zu spannen, unter dem die europäischen Länder ihre gemeinsamen Interessen besser bündeln können als bilateral. Jedoch ist jedes dieser Elemente heute infrage gestellt.

In den vergangenen Jahrzehnten ist die Allianz ihrer Aufgabe durch Anpassungen an die sich wandelnden Umstände gerecht geworden. Das derzeitige Strategiekonzept der NATO wurde jedoch 1999 beschlossen und ist in erschreckender Weise überholt. Es ist äußerst wichtig, einen Konsens über eine neue Langzeitstrategie zu erzielen. [...]

Vor allem anderen braucht die NATO ein neues Gleichgewicht zwischen Einsätzen auf eigenem Territorium und draußen in der Welt. In den letzten 15 Jahren folgte die Allianz dem Leitspruch „out of area or out of business". Heute operiert die NATO außerhalb des eigenen Gebiets und ist auch „im Geschäft". Sie muss aber auch auf eigenem Territorium arbeiten, oder sie bekommt Schwierigkeiten. Zu Hause muss die NATO die Abschreckungskraft und die Verteidigungsbereitschaft erhalten – und zwar zur Stärkung der gesellschaftlichen Widerstandskraft gegen Bedrohungen des transatlantischen Gebiets. Außerdem muss das Bündnis zu einem Europa beitragen, das in Einigkeit, Freiheit und Frieden leben kann.

Die Verpflichtung der NATO zu einer gemeinsamen Verteidigung ist das Herz der Allianz. Eine NATO, die sich ständig vergrößert, ohne in der Lage zu sein, das erweiterte Gebiet des Pakts zu verteidigen, läuft Gefahr, ein inhaltsleeres Bündnis zu werden. [...]

Zugleich sollten die Führer der Allianz die Bedeutung ihrer Verpflichtung, „die Sicherheit des Territoriums der NATO zu garantieren", im Licht der neuen Herausforderungen überdenken, denen unsere Gesellschaften sich heute gegenübersehen. Was haben Hacker, Energiekartelle und Al Qaida miteinander gemein? Sie sind Netzwerke, die andere Netzwerke missbrauchen – die miteinander verbundenen, verletzlichen Lebensadern und Schnittstellen, die die freie Mobilität von Menschen und den Austausch von Ideen, Energie, Geld, Waren und Dienstleistungen bedingen, und das komplexe System gegenseitiger Abhängigkeit, auf das freie Gesellschaften sich stützen. Unsere totale Abhängigkeit von diesen Netzwerken, zusammen mit ihrer Anfälligkeit für Störmanöver von katastrophalem Ausmaß, machen sie zu so verlockenden Zielscheiben. Im 21. Jahrhundert müssen wir nicht nur unser Territorium verteidigen, sondern auch das System unserer Verbindungen. [...] Unser oberstes Ziel sollte ein abwehrfähiges transatlantisches Territorium der Freiheit, Sicherheit und Gerechtigkeit sein, das das richtige Gleichgewicht zwischen Mobilität und bürgerlichen Freiheiten auf der einen und gesellschaftlicher Sicherheit auf der anderen Seite findet. Bilaterale Anstrengungen und die Zusammenarbeit von USA und EU stehen an erster Stelle. Aber die NATO muss ebenfalls eine Funktion übernehmen.

Die dritte Aufgabe der NATO auf eigenem Territorium besteht darin, einen Beitrag zu den übergreifenden transatlantischen Bemühungen um die Konsolidierung des demokratischen Wandels in einem Europa zu leisten, das noch nicht ganz einig, frei und befriedet ist. Heute stellt sich die Lage anders dar als unmittelbar nach dem Ende des Kalten Krieges oder zu der Zeit, als neue Mitglieder in

Wohin führt der Weg der NATO?

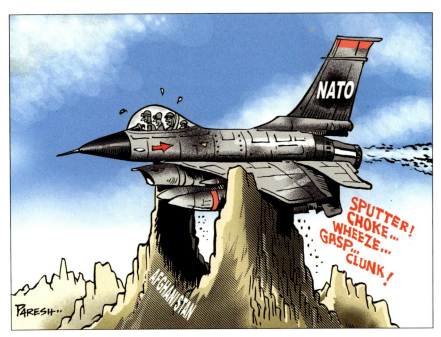

Paresh/CWS NYTS

die NATO aufgenommen wurden. Dennoch sollten die Bündnispartner darauf bedacht sein, die Tür nicht vor den Völkern eines größeren Europas zuzuschlagen, und zugleich daran arbeiten, Bedingungen zu schaffen, unter denen die heute strittigen und schwierigen Fragen der Integration zukünftig vielversprechender angegangen werden können. Die Bedrohungen der Bündnissicherheit haben ihren Ursprung nicht unbedingt auf dem Territorium, das durch den Nordatlantikpakt abgedeckt ist. Viele sind nicht militärischer und asymmetrischer Natur. Dennoch können sie eine direkte Gefahr für unsere Bürgerinnen und Bürger und unsere Gesellschaften darstellen. Diese Bedrohungslage bedeutet, dass die NATO drei Hauptaufgaben in der Welt hat: Krisenprävention und Krisenintervention, wobei humanitäre und Katastrophenhilfe eingeschlossen ist; Durchführung von Stabilisierungs- und Wiederaufbauoperationen; Verbesserung der eigenen Fähigkeiten, effektiv mit Partnern zusammenzuarbeiten, seien dies Staaten, internationale Regierungsorganisationen oder Nichtregierungsorganisationen.

Diese Aufgaben zeigen, wie wichtig es ist, einen „umfassenden Ansatz" zu entwickeln – nämlich den koordinierten Einsatz militärischer und ziviler Kräfte auf der ganzen Bandbreite der vorhandenen Institutionen. Die Unterstützung der NATO für die Afrikanische Union in Darfur oder die Zusammenarbeit von EU und NATO auf dem Balkan könnten als Beispiele für das globale Engagement dienen, auf das sich die Allianz besser einstellen muss. [...]

Diese Herausforderungen zwingen uns, unsere gegenseitige Verpflichtung von der kollektiven Verteidigung auf die kollektive Sicherheit auszudehnen, unsere Schlüsselinstitutionen und -mechanismen neu zu organisieren und mit unseren Partnern besser zusammenzuarbeiten. Auf dieser Agenda ist die NATO unabdingbar, jedoch nicht ausreichend. Wir brauchen daher eine Wiederbelebung der Zusammenarbeit von USA und EU, einen neuen Abschnitt gegenseitiger Unterstützung. Die UN, die OSZE, internationale Finanzinstitutionen und andere Mechanismen müssen neue Partnerschaften schaffen.

Institutionen können jedoch Entschlossenheit und politischen Willen nicht ersetzen. Die Visionen einer effektiveren Partnerschaft werden rein theoretisch bleiben, wenn die Bündnispartner es nicht schaffen, den Terrorismus und die Unruhen im afghanisch-pakistanischen Grenzgebiet zu bekämpfen. Die Bedrohungen aus dieser Region stellen derzeit die akuteste Bedrohung der europäischen und nordamerikanischen Sicherheit dar. Afghanistan ist für das Bündnis zur Feuerprobe geworden. Die Glaubwürdigkeit der NATO steht auf dem Spiel.

Um in dieser neuen Weltlage zu bestehen, müssen Europäer und Amerikaner ihre Partnerschaft eher in Begriffen gemeinsamer Sicherheit als in solchen gemeinsamer Verteidigung definieren, sowohl auf eigenem Gebiet wie auswärts. Das wird das Bündnis zur Flexibilität zwingen. Je nach der jeweiligen Situation könnte die NATO dazu aufgefordert sein, eine Führungsrolle zu übernehmen, unterstützend zu wirken oder sich einfach nur in einen größeren Zusammenhang einzugliedern. Doch die NATO allein, so kampfstark sie auch sein mag, kann nicht die ganze Bandbreite der anstehenden Aufgaben angehen. Sie muss sich in die Lage versetzen, besser mit anderen zusammenzuarbeiten. [...]

Daniel Hamilton, „Eine NATO für das 21. Jahrhundert", www.boell.de, 02.03.2009 [03.11.2009]

Daniel Hamilton ist Richard von Weizsäcker-Professor und Direktor des Center for Transatlantic Relations (CTR) an der Paul H. Nitze School of Advanced International Studies der John Hopkins University.

Aufgaben

1 *Erarbeiten Sie aus dem Text, welche Herausforderungen der Autor für die NATO sieht.*

2 *Analysieren Sie die Karikatur aus M 30 und erläutern Sie, inwieweit sie die momentane Situation der NATO – nicht nur in Afghanistan – versinnbildlicht.*

3 *Beurteilen Sie ausgehend vom Text, ob die neuen Aufgaben und die damit verbundene Neuausrichtung die NATO eher schwächen oder eher stärken werden.*

4. Afghanistan – Möglichkeiten und Grenzen multinationaler Kooperation

„Koalition der Willigen" oder „Koalition der Fähigen" – das sind zwei vieldiskutierte Konzepte, mit denen seitens der USA auf die Anschläge vom 11. September reagiert wurde. Aber ist das Schmieden solcher Koalitionen, oft unter Umgehung der Vereinten Nationen, schon multinationale Zusammenarbeit? In gewisser Weise sicherlich. Eine Auseinandersetzung mit dem Thema muss jedoch weiter greifen, darf nicht nur oder in erster Linie nationalstaatlich definiert sein. Dass multinationale Kooperation mehr bedeutet, und was es im Einzelnen bedeuten kann, soll im folgenden Kapitel am Beispiel des Afghanistankrieges gezeigt werden. Neben den Möglichkeiten zeigen sich dabei schnell auch die Grenzen einer solchen Zusammenarbeit, vor allem vor dem Hintergrund ständig wechselnder Mächtekonstellationen und ständig neuer Herausforderungen. Wie mögliche Antworten aussehen könnten und wie diese theoretisch untermauert sind, soll im zweiten Teil des Kapitels in den Blickpunkt gerückt werden.

M 31 Herausforderung Afghanistan – ein kurzer Überblick über die Geschichte des Konflikts

Konflikt und Krieg in Afghanistan begannen mit der Saur-Revolution am 27. April 1978, einem Staatsstreich durch afghanische Kommunisten. Als sie das Land ins Chaos stürzten, schickte die sowjetische Führung Ende Dezember 1979 Truppen ins Land. Die bereits seit Sommer 1979 von den USA ausgerüsteten
5 Mujaheddin-Gruppen gingen zum Widerstandskampf über, der immer mehr zu einem „Stellvertreterkrieg" der Supermächte im Kalten Krieg wurde. Mit den Genfer Verträgen vom April 1988 wurde der sowjetische Truppenrückzug eingeleitet, doch konnte das kommunistische Regime in Kabul erst im April 1992 von den Mujaheddin entmachtet
10 werden. Diese rieben sich danach in internen Machtrivalitäten auf und lösten einen Bürgerkrieg aus. Um das Chaos zu beenden, dehnten die von Pakistan unterstützten Taliban ihre Macht allmählich aus und nahmen Kabul ein. Ihre wachsende Radikalisierung unter
15 dem Einfluss von Osama bin Ladens Al Qaida trieb sie in die internationale Isolation. Nach den Anschlägen vom 11. September 2001 wurde das Taliban-Regime in einem kurzen Luftkrieg von den USA zerschlagen. Am 5. Dezember 2001 leitete das Petersberger Abkom-
20 men den Bonner Prozess ein. Dieser führte mit den Präsidentschaftswahlen im Oktober 2004, den Parlamentswahlen am 18. September 2005 und der Konstituierung des afghanischen Parlaments am 19. Dezember 2005 zur Schaffung der institutionellen Vorausset-
25 zungen für die Wiedererrichtung eines handlungsfähigen afghanischen Staates.

Citha D. Maaß, „Afghanistan", in: www.bpb.de, 07.03.2008 [01.11.2009]

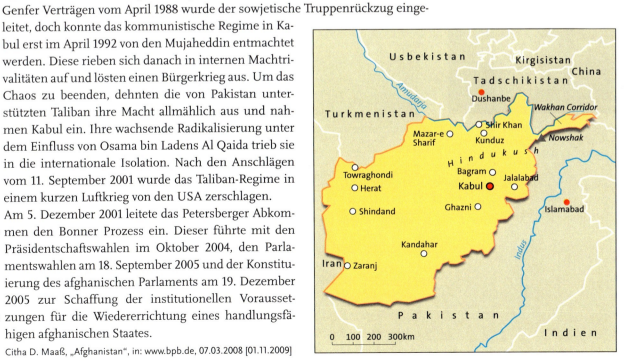

M 32 Afghanistan – Daten und Fakten

Ländername	Islamische Republik Afghanistan
Lage	Zentralasien, grenzend an Turkmenistan, Tadschikistan, Usbekistan (im Norden), China und Pakistan (im Osten und Süden), Iran (im Westen)
Fläche	652 000 qkm
Hauptstadt	Kabul (3,5 Millionen Einwohner, geschätzt)
Bevölkerung	33 Millionen Einwohner (geschätzt 2008), Geburtenrate 4,6 Prozent
Landessprachen	Paschtu, Dari, zahlreiche weitere Sprachen
Religionszugehörigkeit	Muslime (99 Prozent, davon 84 Prozent Sunniten und 15 Prozent Schiiten), Sonstige weniger als 1 Prozent
Nationaltag	19. August (Unabhängigkeitstag)
Unabhängigkeit	08. August 1919 (von Großbritannien; Vertrag von Rawalpindi)
Regierungsform	Republik, Präsidialsystem mit 2 Vizepräsidenten
Staatsoberhaupt und Regierungschef	Hamid Karzai
Parlament	Das Parlament („Nationalversammlung") besteht aus zwei Kammern: Volksvertretung („Wolesi Jirga") mit 249 Abgeordneten (für 5 Jahre gewählt) und Ältestenrat („Meshrano Jirga") mit 102 Abgeordneten, die zu je einem Drittel von den Provinzräten (für vier Jahre), den Bezirksräten (für drei Jahre) und dem Präsidenten (für fünf Jahre) gewählt beziehungsweise ernannt werden.
Lebenserwartung	44,2 Jahre (2008)
Alphabetisierungsrate	rund 40 Prozent der männlichen und 15 Prozent der weiblichen Bevölkerung

Quelle: Presse- und Informationsamt der Bundesregierung, www.bundesregierung.de [03.11.2009]

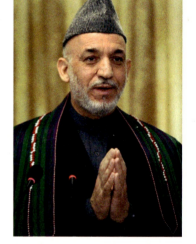

Präsident Karzai im Gespräch mit Journalisten nach seiner Wiederwahl (03.11.2009)

M 33 Aktuelle Konfliktsituation

Anfang 2008, im siebten Jahr der internationalen Befriedungsbemühungen, schwanken die Prognosen über die Konfliktentwicklung zwischen verhaltenem Optimismus und der Befürchtung einer weiteren Verschlechterung. Die Einschätzung geht dahin, dass es bereits als Erfolg zu werten sei, wenn die kritische Lage zu Beginn des nächsten Winters 2008/09 auf dem derzeitigen Stand gehalten werden könnte. Seit Frühjahr 2006 hat sich die Sicherheitslage kontinuierlich verschlechtert. Die fragile Stabilisierung, die während des „Bonner Pro-

4. Afghanistan – Möglichkeiten und Grenzen multinationaler Kooperation

zesses" (2002–2005) erreicht wurde, ist gefährdet. Zugleich belasten die negativen Rahmenbedingungen in den zentralen Bereichen Sicherheit, Regierungsführung und Entwicklung den Beginn der zweiten Phase des Wiederaufbaus („Afghanistan Compact"), auf die sich die internationale Gemeinschaft für die Jahre 2006–2010 geeinigt hatte.

Der „Compact" wurde am 31.1.2006 auf der internationalen Afghanistan-Konferenz in London unterzeichnet und sieht als Leitlinie die „afghanische Eigenverantwortung" (Afghan Ownership) vor. Da jedoch die schwache afghanische Regierung unter Präsident Hamid Karzai nicht aus eigener Kraft für Sicherheit sorgen kann, drängen die USA und die Führung der NATO immer stärker auf eine weitere Aufstockung der internationalen Militärpräsenz. Damit sollen die notwendigen Sicherheitsvorkehrungen für die Wiederankurbelung des ins Stocken geratenen Aufbaus geschaffen werden. Dies erscheint notwendig, um eine minimale Sicherheit zu ermöglichen, die ihrerseits Voraussetzung für eine wirtschaftliche Entwicklung ist. Eine Aufstockung der Militärpräsenz könnte aber auch zur Folge haben, dass die derzeit noch positive Haltung gegenüber internationalen Soldaten in Ablehnung umschlägt.

Durch militärische Absicherung einen politischen Raum zu schaffen, damit die schwachen staatlichen Institutionen allmählich funktionsfähig gemacht und wirtschaftliche Aktivitäten ermutigt werden, war die Begründung für die NATO, im Oktober 2006 die vierte und letzte Phase der Erweiterung ihrer Präsenz im Osten des Landes zu starten. In diesem Rahmen war das Mandat der NATO-geführten „International Security Assistance Force" (ISAF) auf das gesamte Land ausgedehnt worden.

Ihr sind inzwischen insgesamt 25 „Provinzwiederaufbauteams" (PRTs) und über 40 000 internationale Soldaten aus 40 Staaten unterstellt. Zuvor hatte Deutschland das ISAF-Regionalkommando Nord (1.6.2006) übernommen, während eine Führung des Regionalkommandos Süd (31.7.2006) von den dortigen Truppenstellern Großbritannien, Kanada, Niederlande und USA in Rotation beschlossen wurde. Damit trat die ISAF insbesondere im Süden und Osten ein schweres Erbe an, das die dort seit Ende 2001 kämpfenden US-geführten „Koalitionstruppen" hinterlassen haben. Im Rahmen des von der US-Regierung erklärten weltweiten Krieges gegen den Terrorismus wurden mit der Operation Enduring

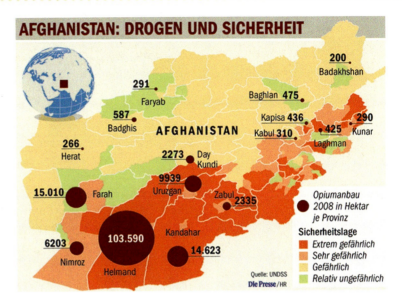

INFO

Februar 2008: Das erste deutsche zivile Beratungsteam (Provincial Advisory Team – PAT) nimmt seine Tätigkeit auf.
Juni 2008: Vorstellung der nationalen afghanischen Entwicklungsstrategie (ANDS) in Paris
März 2009: Vorstellung einer neuen US-Strategie auf der Afghanistan-Konferenz in Den Haag zum Wiederaufbau
Kernelemente: Aufstockung um 17 000 Soldaten sowie weitere 4 000 Militärausbilder; Bekämpfung von Al Qaida auch in Pakistan (2,2 Mrd. Euro Militärhilfe für die nächsten Jahre); Wiederaufbau-Maßnahmen mit Agrarspezialisten, Lehrern, Ingenieuren, Juristen; Dialogbereitschaft mit gemäßigten Taliban; Bekämpfung des Drogenschmuggels (mithilfe des Iran), Angebot an Alternativen
August 2009: Neuwahl des Präsidenten; Karzai wird nach langem Hin und Her in seinem Amt bestätigt

INFO

PRTs: Provincial Reconstruction Teams, s. auch Info auf S. 57

Freedom/OEF Einheiten und Kämpfer von Taliban und Al Qaida bekämpft. Aufgrund der steigenden Zahl ziviler Opfer wurden die OEF-Truppen zunehmend als „Besatzungsmacht" angesehen. Die alarmierende Gesamtlage ist u. a. dadurch zu erklären, dass es der Regierung unter Präsident Karzai – entgegen den internationalen und NATO-Erwartungen – weiterhin nicht gelungen ist, die im Zuge des Bonner Prozesses geschaffenen staatlichen Institutionen funktionsfähig zu machen. Die Regierung erwies sich als zu schwach, ihre Amtsgewalt in alle Landesteile auszudehnen. Zusätzlich wurde Karzais Glaubwürdigkeit in der Bevölkerung dadurch diskreditiert, dass er glaubt, auf die Unterstützung durch den Krieg belasteter oder korrupter regionaler Machthaber angewiesen zu sein. Er berief sie in hohe Ämter und stärkte so ihre Fähigkeit, den nationalen Einigungs-, Befriedungs- und Entwicklungsprozess zu hintertreiben. Die Bevölkerung ist wegen des schleppenden Wiederaufbaus und der enttäuschenden Resultate bei der Armutsbekämpfung frustriert. Sie macht dafür sowohl die Regierung als auch die internationale Gemeinschaft verantwortlich. Letztere hatte unterschätzt, wie sehr das Land durch den langen Krieg zerstört war und wie wenige einheimische Arbeitskräfte nach kurzen Schulungen in die Lage versetzt werden konnten, Wirtschaft und Verwaltung selbst wiederaufzubauen.

Die zunehmende Unsicherheit im Land und die seit Ende 2005 rapide zunehmenden Anschläge haben je nach Region unterschiedliche Ursachen. Im Norden und Westen sind dies hauptsächlich gewaltsame Auseinandersetzungen zwischen lokalen Rivalen oder zwischen diesen und der Kabuler Regierung. Im Süden und Osten kommt das Erstarken aufständischer Gruppen – sog. oppositionelle militante Kräfte (OMK) – hinzu. Dazu gehören Neo-Taliban, Drogenbarone, auf Autonomie bedachte Stammesälteste und Teile der bitterarmen Bevölkerung, die unter dem harten Vorgehen der OEF-Truppen gelitten haben. Da traditionell enge Stammesbeziehungen über die pakistanische Grenze hinweg bestehen, finden die OMK dort Unterstützung und Rückzugsmöglichkeiten. Eine wichtige Rolle spielen die mächtigen Drogenringe.

Sie tragen zur Eskalation der Spannungen bei und schwächen die staatlichen Institutionen. Ihre Macht wurde durch eine neuerliche Rekordernte im Mohnanbau und die damit verbundenen Mehreinnahmen aus dem Drogenhandel 2007 noch gestärkt.

Citha D. Maaß, „Afghanistan", in: www.bpb.de, 07.03.2008 [01.11.2009]

Mohnernte in Afghanistan

INFO
„87 % der weltweiten Opiumproduktion und 63 % des weltweiten Mohnanbaus entfallen auf Afghanistan."

Nach: NATO Brief, Ausgabe Frühjahr 2006

Aufgaben

1 *Erstellen Sie eine Übersicht über den Verlauf und die Beteiligten des Afghanistan-Konflikts.*

2 *Erarbeiten Sie Konfliktfelder, die eine Befriedung Afghanistans verhindern bzw. erschweren. Ziehen Sie dazu auch M 31 und M 32 heran.*

M 34 Die VN-Resolution 1386/2001

Der Sicherheitsrat hat am 20. Dezember [2001] den sechsmonatigen Einsatz der sogenannten Internationalen Sicherheits-Unterstützungstruppe (ISAF) beschlossen, um die afghanische Übergangsregierung beim Erhalt der Sicherheit in Kabul und den benachbarten Regionen zu unterstützen. Er begrüßte das Angebot Großbritanniens, die Führung und Organisation einer solchen Truppe zuerst zu übernehmen.

Der Sicherheitsrat hat die Resolution 1386 (2001) einstimmig angenommen. Er hat die Mitgliedstaaten gebeten, Personal, Ausstattung und anderes Material für die Truppe bereitzustellen und die aktiv beteiligten Staaten ermächtigt, alle nötigen Schritte zu unternehmen, um das Mandat zu erfüllen. Die Resolution enthält zudem die Aufforderung an die Truppe, bei der Umsetzung des Mandats eng mit der Übergangsregierung zusammenzuarbeiten sowie mit dem Sonderbeauftragten des UNO-Generalsekretärs, Lakhdar Brahimi.

Ferner ruft der Sicherheitsrat alle afghanischen Bürger auf, mit der Truppe und allen relevanten zwischenstaatlichen und nicht staatlichen Organisationen zu kooperieren. Er ermutigt die Nachbarstaaten und die anderen Mitgliedstaaten, die Truppe bestmöglich zu unterstützen, zum Beispiel durch Überfluggenehmigungen und Transiterleichterungen.

Die Resolution betont, dass die Kosten für die Truppe von den betroffenen und beteiligten Mitgliedstaaten getragen werden. Der UNO-Generalsekretär wird um die Einrichtung eines Treuhandfonds gebeten, durch den das Geld an die betroffenen Staaten oder operierenden Organe fließen kann. Die Mitgliedstaaten werden aufgerufen, zu diesem Fonds beizutragen.

AG Friedensforschung an der Uni Kassel, „UNO-Resolution 1386 (2001): Internationale Schutztruppe für Afghanistan beschlossen", www.uni-kassel.de [03.11.2009]

> **INFO**
> Auf www.einsatz.bundeswehr.de finden sich alle VN-Resolutionen und die Anträge der Bundesregierung zum Afghanistaneinsatz.
> www.bmvg.de: Bundesministerium der Verteidigung

M 35 Die Antwort der Staatengemeinschaft – Rechtliche Rahmenbedingungen der International Security Assistance Force (ISAF)

Die International Security Assistance Force (ISAF) beruht auf einer Folge von auf Kapitel VII der UN-Charta gestützten Resolutionen des UN-Sicherheitsrates. Der Einsatz geht auf die Resolution 1386 der Vereinten Nationen vom 20. Dezember 2001 zurück.

Seit 2002 beteiligt sich die Bundeswehr am ISAF-Einsatz. Das notwendige Mandat zur Beteiligung der Bundeswehr am ISAF-Einsatz hat der Deutsche Bundestag auf Basis der UN-Resolution 1386 (2001) erstmalig am 22. Dezember 2001 erteilt. Am 8. Januar 2002 wurden die ersten deutschen Vorauskräfte nach Afghanistan entsandt. Seit Oktober 2006 steht auch Südafghanistan unter ISAF-Mandat. Dies bedeutet, dass die Bundeswehr im Bedarfsfall auf Anfrage der NATO auch bei Einsätzen in Südafghanistan eingesetzt werden kann. Am 12. Oktober 2007 hat der Bundestag mit großer Mehrheit für die Verlängerung des Bundeswehreinsatzes in Afghanistan um ein weiteres Jahr gestimmt. Festgelegt ist eine personelle Obergrenze von 3 500 Soldaten. Eine weitere Ausweitung des ISAF-Mandats erfolgte am 09. März 2007 mit dem Tornado-Einsatz-Beschluss. Sechs bis acht Aufklärungsflugzeuge sollen bei der Luftaufklärung und bei der Luftüberwachung mitwirken und so den Soldaten der ISAF-Truppe und der Bevölkerung zusätzlichen Schutz bieten. Der Tornado-Einsatz-Beschluss bleibt allerdings politisch heftig umstritten.

D. Hecht, in: Politik betrifft uns, Nr. 2/2008, Die Bundeswehr in Afghanistan, Verlag Bergmoser und Höller, S. 9

M 36 Amerikas Kampf gegen den Terrorismus: Operation Enduring Freedom (OEF)

→ **Rolle der Bundeswehr**
› S. 50 ff.

Operation Enduring Freedom (OEF) wurde in Reaktion auf die terroristischen Angriffe auf die USA im September 2001 geschaffen. Auftrag der Operation ist die Bekämpfung des Terrorismus. Die USA führen die Mission, an der etwa 20 Nationen beteiligt sind. Sie umfasst nicht nur Einsätze in Afghanistan, sondern auch die Sicherung von Seewegen, wie am Horn von Afrika.
OEF beruht auf Artikel 51 der Charta der VN, der das Recht zur individuellen und kollektiven Selbstverteidigung garantiert. In seiner Resolution vom 12. September 2001 hat der Sicherheitsrat der Vereinten Nationen die terroristischen Angriffe mit einem Verweis auf das Selbstverteidigungsrecht verurteilt. Die NATO stellte daraufhin den Bündnisfall gemäß Artikel 5 [s. M 28, S. 38] fest.
Die Bekämpfung des internationalen Terrorismus muss in einem Gesamtansatz mit politischen, entwicklungspolitischen, polizeilichen und weiteren Mitteln geführt werden. Die deutsche Beteiligung an OEF ist ein militärischer Beitrag hierzu. Das Marinekontingent umfasst dabei See- und See-Luft-Streitkräfte in einer Stärke bis zu 800 Mann. Deutschland beteiligt sich an OEF vorwiegend mit der Sicherung der Seewege am Horn von Afrika.

Auswärtiges Amt, „Operation Enduring Freedom", www.auswaertiges-amt.de, 13.11.2008 [03.11.2009]

INFO

Der Bundestag hat erstmals am 16. November 2001 eine **Beteiligung der Bundeswehr** beschlossen. Das Mandat wird jährlich erneuert. Am 15. November 2007 hat der Deutsche Bundestag beschlossen, das Mandat für die deutsche Beteiligung am Anti-Terror-Kampf um ein Jahr bis November 2008 zu verlängern. Am 13. November hat der Deutsche Bundestag entschieden, dass Deutschland sich weiterhin an der Anti-Terror-Mission beteiligt. Das Mandat ist bis zum 15. Dezember 2009 verlängert worden. Allerdings wird auf eine weitere Bereitstellung von Kräften für Afghanistan im Rahmen von OEF verzichtet.

Auswärtiges Amt, „Operation Enduring Freedom", www.auswaertiges-amt.de, 13.11.2008 [03.11.2009]

M 37 Aktueller Problemaufriss – die Grenzen zwischen ISAF und OEF verwischen

Wo verläuft die Grenze zwischen den Aufgaben der ISAF und der US-geführten Enduring-Freedom-Mission in Afghanistan? Ein Unterschied ist für die Bevölkerung schon lange nicht mehr erkennbar – wie noch zu Beginn der Missionen vor einigen Jahren.
Früher war alles viel einfacher. Vor fünf Jahren fiel es niemandem schwer, den Unterschied zwischen der Schutztruppe ISAF und der US-geführten Anti-Terror-Koalition „Operation Enduring Freedom", kurz OEF, zu erklären. Die ISAF war auf die Hauptstadt Kabul beschränkt, unterstützte afghanische Sicherheitskräfte, half beim Wiederaufbau – friedlich und freundlich. Die OEF-Truppen waren überall in Afghanistan für die teils blutige Jagd nach Taliban- und vor allem Al-Qaida-Kämpfern zuständig.
Doch im Lauf der Jahre wurde die Trennung immer unschärfer. Die ISAF weitete sich in alle Regionen aus und ist vor allem im Süden des Landes mittlerweile in ebenso massive Kämpfe verstrickt wie die Anti-Terror-Koalition. Für die meisten Afghanen ist die Grenze nicht mehr erkennbar, meint Ursula Koch-Laugwitz, Leiterin der Friedrich-Ebert-Stiftung in Kabul. „Eine Unterscheidung über Mandatsinhalte, Überschneidungen oder auch Grenzen von Mandaten verstehen hier noch weniger Leute als vielleicht in Deutschland sachkundig darüber Auskunft geben könnten."

4. Afghanistan – Möglichkeiten und Grenzen multinationaler Kooperation

ISAF-Soldaten in Kabul

Eigentlich sei der Unterschied ganz klar, meint der General Bruno Kasdorf. Er ist Chef des Stabes im ISAF-Hauptquartier in Kabul und ranghöchster deutscher Militär in Afghanistan. Kasdorf erklärt die Mandate so: OEF sei gegen Terroristen gerichtet, ISAF richtet sich gegen Aufständische. „Die Taliban sind ja nach dieser Definition Aufständische und Umstürzler. Das sind diejenigen, mit denen wir vor allen Dingen zu tun haben."

In der Theorie klingt das klar, doch die Praxis sieht anders aus. Denn da hat es auch die US-geführte Anti-Terror-Koalition ständig mit den Taliban zu tun. Nicht nur wenn OEF-Soldaten angegriffen werden, sondern auch bei gezielten Operationen. So gingen Koalitionstruppen im Mai 2007 aufgrund von Geheimdienstinformationen gegen Taliban in Kabul vor, Ende April griffen sie ein Taliban-Haus in Khost an und töteten mit einem Luftangriff einen Taliban-Führer in Laghman – nur drei von zahlreichen Beispielen. General Kasdorf kann dennoch nicht erkennen, dass die Grenze zwischen den Mandaten verschwimmt. „Es gibt eine klare Trennung. Wir wissen ganz genau, wo die Trennlinie verläuft. Und wir haben auch eindeutige Mandate. Von daher sehe ich die Gefahr eigentlich weniger. Ich sehe die Gefahr durchaus in der öffentlichen Wahrnehmung, weil es schwierig ist zu unterscheiden, wenn zwei unterschiedliche Kräfte im gleichen Operationsgebiet tätig werden. Das ist nicht so einfach."

Besonders problematisch ist das, wenn es bei Militäroperationen Ziviltote gibt, wie es in den vergangenen Monaten zunehmend vorkam. Meist waren sie Folge von Operationen der US-Anti-Terror-Koalition. Doch die Empörung richtet sich immer wieder auch gegen die NATO-geführte ISAF. „Immer wenn es darum geht, über zivile Verluste zu sprechen, dann schadet es auch dem Image der Truppe. Und zwar unabhängig davon, ob es jetzt OEF oder ISAF war, da viele gar nicht unterscheiden, unter welcher Operation das stattgefunden hat. Deshalb – und da sind wir auch mit OEF einig – wird alles unternommen, um Kollateralschäden möglichst zu vermeiden", so General Kasdorf.

Christoph Heinzle, „Grenzen zwischen ISAF und OEF verwischen", www.tagesschau.de, 24.05.2007 [03.11.2009]

Aufgaben

1 Zeigen Sie am Beispiel von OEF und ISAF Schwierigkeiten auf, die der multinationale Einsatz in Afghanistan mit sich bringt.

2 Erarbeiten Sie aus den Materialien die Möglichkeiten multinationaler Zusammenarbeit in internationalen Krisen.

3 Beurteilen Sie die Erfolgschancen multinationaler Kooperation in Afghanistan anhand der Ergebnisse aus M 37.

4 Die OEF ist nach Meinung führender Politiker weltweit integraler Bestandteil im Krieg gegen den Terror. Zeigen Sie an weiteren Einsatzgebieten der OEF (z. B. Somalia, DR Kongo) Form und Möglichkeiten multinationaler Kooperation in internationalen Krisen.

5 „Um die Köpfe und Herzen der Afghanen und damit auch den Frieden zu gewinnen, müssen wir die Lebensverhältnisse der afghanischen Bevölkerung verbessern." (NATO-Generalsekretär Rasmussen bei seiner Antrittspressekonferenz am 03.08.2009 in Brüssel) Erörtern Sie die Aussage Generalsekretär Rasmussens vor dem Hintergrund der aktuellen Situation in Afghanistan.

→ **Vernetzte Sicherheit**
› S. 56 f.

M 38 Afghanistan-Einsatz von nationalem Interesse – Rolle der Bundeswehr

„Wir verstehen unser Engagement in Afghanistan als eine Aufgabe von besonderem nationalen Interesse", so heißt es im Kapitel V des Koalitionsvertrages zwischen den Regierungsparteien CDU, CSU und FDP. Auf 134 Seiten legen die Partner unter der Überschrift „Wachstum. Bildung. Zusammenhalt" ihre Ziele für die 17. Legislaturperiode fest. Hier finden sich auch die Schwerpunkte für die Ausrichtung der deutschen Sicherheits- und Verteidigungspolitik sowie die Grundsätze für eine leistungsstarke und moderne Bundeswehr.

„Sicherer Frieden – Durch Partnerschaft und Verantwortung in Europa und der Welt" – so lautet der Titel von Kapitel V, das in acht Unterkapitel gegliedert ist. Das deutsche Engagement im Land am Hindukusch steht dabei besonders im Fokus. Auf einer in Kürze stattfindenden internationalen Konferenz soll zusammen mit den Verbündeten und Vertretern Afghanistans die gemeinsame Strategie auf eine neue Grundlage gestellt werden.
Am Konzept der Vernetzten Sicherheit werde auch zukünftig festgehalten: Zentrale Bedeutung hat der zivile Aufbau und eine zielgerichtete Fortsetzung der entwicklungspolitischen Maßnahmen, heißt es hier weiter. Die Verantwortung soll schrittweise an die Autoritäten des Landes übergeben werden.
Das wiederum stellt bereits bekannte Erwartungen an Afghanistan: So müsse die afghanische Regierung ihrer Verpflichtung zu einer guten Regierungsführung, zum Schutz der Menschenrechte, zur Bekämpfung der Drogen-Kriminalität sowie der Korruption nachkommen.

Heike Pauli, „Afghanistan-Einsatz von nationalem Interesse", www.bmvg.de, 04.11.2009 [11.01.2010]

Aufgaben

1 Fassen Sie die Ausrichtung der Bundeswehr aus dem Koalitionsvertrag kurz zusammen.

2 Recherchieren Sie, wie viele Bundeswehrkräfte sich momentan im Auslandseinsatz befinden, und erörtern Sie, bei welchen dieser Einsätze man von Kriegseinsätzen sprechen kann.

„Die Sicherheit Deutschlands wird auch am Hindukusch verteidigt."
Ex-Verteidigungsminister Peter Struck, 2003

M 39 Prinzipien deutscher Sicherheitspolitik

Oberstes Ziel deutscher Sicherheitspolitik ist es, die Bürgerinnen und Bürger zu schützen. Dazu greift Deutschland auf die bestehenden internationalen Einrichtungen wie NATO und Europäische Union (EU) zurück.
Deutsche Sicherheitspolitik ist umfassend angelegt. Sie berücksichtigt politische, ökonomische, ökologische, gesellschaftliche und kulturelle Bedingungen und Entwicklungen. Internationale Sicherheit kann daher nicht vorrangig mit

militärischen Mitteln erreicht werden. Allerdings sind für eine wirksame Sicherheitspolitik die politische Bereitschaft und die Fähigkeit notwendig, Freiheit und Menschenrechte notfalls auch mit militärischen Mitteln zu schützen.
Gemeinsam mit seinen Verbündeten und Partnern der NATO und EU gilt es, Krisen und Konflikte zu verhüten. Die transatlantische Partnerschaft bleibt Grundlage deutscher Sicherheit. Eine breit angelegte, kooperative und wirksame Sicherheits- und Verteidigungspolitik der EU stärkt den Raum Europa.
Deutschland beteiligt sich aktiv an der Arbeit der Vereinten Nationen (VN) und der Organisation für Sicherheit und Zusammenarbeit in Europa (OSZE). Das dient nicht nur der eigenen Sicherheit. Deutschland will damit bewirken, dass der Achtung der Menschenrechte und des Völkerrechts weltweit Geltung verschafft wird. Demokratie, wirtschaftlicher Fortschritt und soziale Entwicklung sollen gestärkt werden.

Bundesregierung (Hg.), „Prinzipien deutscher Sicherheitspolitik", www.bundesregierung.de [05.11.2009]

M 40 Die Bundeswehr – Rechtliche Grundlagen

Artikel 24 Absatz 2 des Grundgesetzes ist die verfassungsrechtliche Grundlage für Auslandseinsätze:
„Der Bund kann sich zur Wahrung des Friedens einem System gegenseitiger kollektiver Sicherheit einordnen; er wird hierbei in die Beschränkungen seiner Hoheitsrechte einwilligen, die eine friedliche und dauerhafte Ordnung in Europa und zwischen den Völkern der Welt herbeiführen und sichern."
Dies bekräftigte das Bundesverfassungsgericht in seiner Entscheidung vom 12. Juli 1994 [s. M 41]. Mit dem Beitritt Deutschlands zu den UN und zur NATO wurde auch eine Verwendung der Bundeswehr bei Einsätzen im Rahmen und nach den Regeln von UN und NATO möglich. Die Bundesregierung ist verpflichtet, grundsätzlich vor dem Einsatz die konstitutive Zustimmung des Bundestages einzuholen.
Nach Artikel 87a des Grundgesetzes stellt der Bund Streitkräfte zur Verteidigung auf. Im heutigen Verständnis soll die Bundeswehr allerdings nicht mehr nur die Landesgrenzen gegen einen konventionellen Angriff sichern. Sie soll auch internationale Konflikte und Krisen verhüten und bewältigen sowie gesicherte Zustände aufrechterhalten. Dementsprechend lässt sich Verteidigung geografisch nicht mehr eingrenzen. [...]
Artikel 87b Grundgesetz legt fest: Die Verwaltungsaufgaben der Bundeswehr nimmt eine von den Streitkräften unabhängige Verwaltung wahr. Diese ist für den personellen und materiellen Bedarf der Streitkräfte verantwortlich. [...]

Bundesregierung (Hg.), „Die Bundeswehr – Rechtliche Grundlagen", www.bundesregierung.de [05.11.2009]

Aufgaben

1 Ordnen Sie die sicherheitspolitischen Richtlinien Deutschlands in das Konzept der multinationalen Zusammenarbeit ein.

2 Erarbeiten Sie die Voraussetzungen für die Mitwirkung der Bundeswehr an internationalen Einsätzen (M 40).

3 Informieren Sie sich über aktuelle Entscheidungen der Bundesregierung zum Einsatz der Bundeswehr.

M 41 Urteil des Bundesverfassungsgerichts vom 12.07.1994

Am 12. Juli 1994 hat das Bundesverfassungsgericht den Weg für weltweite Einsätze der Bundeswehr frei gemacht. Diese „out of area"-Entscheidung markiert das Ende einer jahrelangen Diskussion über die verfassungsrechtlichen Grundlagen für Auslandseinsätze. Es hat juristisch die von der CDU/CSU/FDP-Bundesregierung längst geschaffenen Fakten nachträglich sanktioniert.

Vorausgegangen waren Klagen der FDP- und SPD-Bundestagsfraktionen gegen die Beteiligung der Bundeswehr an AWACS-Überwachungsflügen über das ehemalige Jugoslawien zur Durchsetzung eines Flugverbots über Bosnien. Darüber hinaus klagte die SPD gegen die militärische Beteiligung zur Durchsetzung eines Embargos gegen Rest-Jugoslawien durch Schiffe der Marine sowie gegen den Somalia-Einsatz. Über die vier Klagen entschied das Bundesverfassungsgericht zusammenhängend.

Das Bundesverfassungsgericht hat festgestellt, dass die Bundeswehr im Rahmen von „Systemen gegenseitiger kollektiver Sicherheit" (zu der sie neben den Vereinten Nationen entgegen der herrschenden Meinung auch die Nato zählt) eingesetzt werden darf. Der Bundestag muss Einsätzen „bewaffneter Streitkräfte" grundsätzlich zustimmen, und zwar vor den Beginn des Einsatzes. Liege „Gefahr im Verzug" vor, könne auf ein vorheriges Mandat verzichtet werden, der Bundestag muss aber nachträglich über einen solchen Einsatz entscheiden.

Arbeitsstelle Frieden und Abrüstung, „Urteil Bundesverfassungsgericht vom 12.07.1994", www.asfrab.de [09.05.2010]

M 42 Wie Soldaten und Soldatinnen der Bundeswehr in Afghanistan der Sicherheit Deutschlands dienen

Bundesverteidigungsminister zu Guttenberg: „In Teilen Afghanistans gibt es fraglos kriegsähnliche Zustände." (03.11.2009)

Seit Dezember 2001 ist die Bundeswehr – gestützt auf ein breites Mandat des Bundestages – in Afghanistan präsent. Im Rahmen der International Security Assistance Force (ISAF) unterstützt sie die afghanische Regierung bei Herstellung und Wahrung der inneren Sicherheit, solange einheimische Kräfte dazu noch nicht vollständig in der Lage sind. Außerdem wirkt sie beim Wiederaufbau des Landes mit. Hintergrund: Afghanistan war bis zum Eingreifen der Staatengemeinschaft Operationsbasis und Trainingslager des internationalen Terrorismus. Die Anschläge des 11. Septembers 2001 wurden dort geplant und vorbereitet. Das militärische und zivile Engagement Deutschlands in Afghanistan dient somit der deutschen Sicherheit.

Im Rahmen der ISAF ist die Bundeswehr vor allem für die Nordregion (RC North) des Landes verantwortlich. Dort stellt sie unter anderem militärische Aufklärungskapazitäten, gewährleistet die Versorgung und betreibt den Flughafen

von Mazar-e Sharif. Außerdem leitet Deutschland zwei der fünf regionalen Wiederaufbauteams in der Region in Kunduz und Feyzabad. Dem Ansatz der Vernetzten Sicherheit folgend, ziehen in den sogenannten PRT (Provincial Reconstruction Teams) zivile und militärische Akteure an einem Strang. Kräfte der Bundeswehr bilden zudem seit Juni 2008 die Quick Reaction Force als schnelle Eingreiftruppe des Kommandeurs der Nordregion. Schließlich leistet auch die Bundeswehr ihren Beitrag zum Aufbau der afghanischen Armee und der einheimischen Polizei.

Frank Bötel, „Einsatz am Hindukusch", www.bundeswehr.de, 30.06.2009 [11.01.2010]

Aufgaben

1 *Bei aller Würdigung des Afghanistan-Einsatzes der Bundeswehr wird von Verbündeten doch immer wieder das geringe militärische Engagement bemängelt. Setzen Sie sich, ausgehend von den Texten, kritisch mit diesem Vorwurf auseinander.*

2 *Führen Sie ein Streitgespräch zwischen Befürwortern und Gegnern des Afghanistan-Einsatzes. (s. Methode WebQuest, S. 60ff.).*

→ Methode WebQuest
› S. 60 ff.

M 43 Neue Lage erfordert neue Konzepte – Bedrohungen internationaler Sicherheit unter neuen Vorzeichen

Auf dem klassischen Feld der [internationalen, d. h. zwischenstaatlichen] Sicherheitspolitik, welche ursprünglich die nationale und territoriale Integrität von Staaten garantieren sollte, hat sich in den vergangenen fünfzehn Jahren ein drastischer Paradigmenwechsel vollzogen: [...] Die heutigen Erweiterungen des Sicherheitsverständnisses basieren auf einem Wandel von internationalen Normen und Handlungsmaximen, der Impulse aus verschiedenen Phasen seit dem Ende des Zweiten Weltkrieges bezogen hat. [...]

Die Abschreckungssicherheit, welche die immense grenzüberschreitende Zerstörungskraft der Atomwaffen im Zaum halten sollte, basierte auf einem klaren Gegeneinander der Ost-West-Kontrahenten [...] – bis in den 1980er-Jahren eine erste Erweiterung klassischer Sicherheitspolitik politikrelevant wurde. [...]

Der Gedanke der „Gemeinsamen Sicherheit" öffnete den Blick für die jenseits der militärischen Konfrontation aufscheinenden Interessenidentitäten, wie es Egon Bahr als einer ihrer Architekten auf den Punkt brachte: „Es gibt nicht mehr Sicherheit gegen den möglichen Feind, sondern es gibt nur noch Sicherheit mit ihm zusammen." [...] Zwischen 1980 und 1987 formulierten drei hochrangig besetzte internationale Kommissionen erstmals explizit eine erweiterte Vision von Sicherheit (Brandt-, Palme-, Brundtland-Report): [...] Mit der Zusammenschau der Unsicherheitsfaktoren Armut, Rüstung und Umwelt hoffte man, einen Nord-Süd-Dialog über gleichberechtigte Entwicklungschancen in Gang zu bringen. [...]

Das Ende des Kalten Krieges [gab dann aber] auch den Startschuss [...] für die Suche nach einer neuen Legitimation des Militärs. Heerscharen von Strategen und die Gipfeltreffen der NATO in den 1990er-Jahren beschäftigten sich mit einer Erweiterung der Aufgaben der Streitkräfte, also der klassischen militärische Sicherheitsinstrumente.

→ V 20 › S. 87 f.

Sicherheitskonzepte		
„Traditionelle" Sicherheitspolitik	„Erweiterte Sicherheit"	„Menschliche Sicherheit"
• Schutz von Staaten vor militärischen Bedrohungen durch andere Staaten	• Schutz der „reichen Welt" vor militärischen und nicht militärischen („neuen") Gefährdungen, die in Krisenregionen entstehen können	• Beseitigung der Ursachen aller Gefährdungen menschlicher Existenz für alle Menschen
• Handlungsebene: Staaten	• Handlungsebene: Staaten	• Handlungsebenen: Individuen, Gruppen, Gemeinschaften
• Militärische Sicherheitsstrategien dominieren: Aufrüstung zur Abschreckung und Kriegsführung	• Militärische Sicherheitsstrategien durch zivile ergänzt: Umrüstung für vielfältige „neue" (militärische) Szenarien	• Zivile Sicherheitsstrategien dominieren: Abrüstung, Verlagerung von Ressourcen vom militärischen zum zivilen Bereich

Institut für Friedenspädagogik Tübingen (Hg.), Friedensgutachten 2004 – didaktisch, Tübingen 2004, S. 15

In der EU markierten der Vertrag von Maastricht (1991) und die Petersberger Erklärung (1992) den Beginn einer gemeinsamen Außen- und Sicherheitspolitik (GASP), in der „humanitäre Aktionen", „Evakuierungsmaßnahmen", „friedenserhaltende Maßnahmen" und „friedenserzwingende Einsätze" in einem Aufgabenkatalog zusammengefasst wurden. [In der Bundesrepublik ermöglicht] das umstrittene Bundesverfassungsgerichtsurteil von 1994 [...] seither „humanitäre" Bundeswehreinsätze jenseits des NATO-Gebietes (out of area).

Auch die akademische Debatte einschließlich der deutschen Friedens- und Konfliktforschung kreiste um den „weiten" und „engen" Sicherheitsbegriff und gebar u. a. die Ideen einer „Weltinnenpolitik" und Global Governance als zivile Konzepte bzw. Instrumente der Friedenssicherung. Diese Debatten fanden ihren Niederschlag in den VN, dort vor allem in deren Entwicklungsprogramm (UNDP – United Nations Development Programme), in dessen Report 1994 erstmals der Begriff „Menschliche Sicherheit" verwendet wird [...]

Menschliche Sicherheit verlagerte die Perspektive nicht nur vom Staat auf das Individuum, sondern zielte auch auf eine neue internationale Ressourcenverteilung weg von den immensen Rüstungskosten hin zu den entwicklungspolitischen Aufwendungen für Bildung, Gesundheit und Armutsbekämpfung. Der freundliche Begriff [...] [war dabei] auch eine Kampfansage gegenüber dem dominanten Hardware-Sektor des Militärs.

Nach dem 11. September 2001 droht [allerdings] eine zentrale Erkenntnis der Human-Security-Diskussion der 1990er-Jahre verloren zu gehen: Die wenigsten globalen Sicherheitsrisiken sind durch militärische Maßnahmen zu beseitigen oder auch nur im Zaum zu halten. Der militärisch dominierte Anti-Terror-Kampf hat [seither] viele zivile Bedrohungen und Risiken von der Agenda verdrängt bzw. überlagert, die Sicherheitsanalysen verfälscht und in erheblichem Maße potenzielle Ressourcen für zivile Sicherheitsvorsorge absorbiert.

Corinna Hauswedell, Das große Versprechen: „Erweiterte Sicherheit", in: Friedensgutachten 2006, Münster 2006, Auszüge S. 63–69

Aufgaben

1 G Zeichnen Sie die Entwicklung internationaler Sicherheitspolitik seit 1945 nach.

2 G Erläutern Sie die im Schaubild dargestellten Sicherheitskonzepte und ordnen Sie sie bestimmten Zeiträumen zu.

3 Erörtern Sie die Stärken und Schwächen der jeweiligen Konzeption.

4 Erklären Sie, was man unter dem „erweiterten" Sicherheitsbegriff versteht. Arbeiten Sie auch mit M 44.

M 44 Der erweiterte Sicherheitsbegriff

Sicherheitspolitik wurde lange Zeit als eine vorwiegend militärische Angelegenheit verstanden. Diese eindimensionale Sicht der Dinge ist überholt. Das gilt in ganz besonderer Weise für Deutschland, das heute ausnahmslos von verbünde-

4. Afghanistan – Möglichkeiten und Grenzen multinationaler Kooperation

Quelle: Wochenschau Sek. II, Ausgabe 3/4 Mai-August 2009 „Sicherheitspolitik", S. 119, Autor: Hans-Joachim Reeb
*MVW = Massenvernichtungswaffen

ten bzw. befreundeten Staaten umgeben ist. Gefahren für Stabilität und Sicherheit haben die unterschiedlichsten Ursachen, die mitunter weit jenseits der deutschen Grenzen liegen und keineswegs immer militärischen Ursprungs sind. Seit dem Ende des Ost-West-Konflikts und befördert durch die Prozesse der Globalisierung ist deshalb von einer „erweiterten Sicherheitspolitik" die Rede.

Die grenzüberschreitenden und oft sogar globalen Auswirkungen vieler Entwicklungen schränken die staatliche Handlungsfreiheit zunehmend ein. Ein breites Spektrum von Sicherheitsinteressen kann weniger denn je im Alleingang wahrgenommen werden. Wirtschaftliche, soziale, ökologische sowie menschenrechtliche Aspekte sind zum festen Bestandteil eines umfassenden Sicherheitsbegriffs und zum Thema der unterschiedlichsten Institutionen und Politikfelder geworden. Oft sind es zudem Fernsehbilder, durch die das Elend und die Katastrophen in vielen Teilen der Welt – seit 1990 sind etwa vier Millionen Menschen in Kriegen umgekommen – auf die außenpolitische Agenda der Staaten gelangen. Ohne die modernen Möglichkeiten der Nachrichtenübermittlung blieben Hungersnöte und Menschenrechtsverletzungen oft lokale oder regionale Ereignisse.

Die Reihe der Themen, um die es dabei geht, ist nahezu unbegrenzt: Die Umweltpolitik in China, das Ausmaß von Aids in Afrika, die Sicherheit nuklearer Anlagen in Russland, das Management zunehmend knapper Wasserressourcen, Korruption, die Missachtung von Menschen- und Bürgerrechten und die Armut in vielen Staaten sowie die Aktivitäten länderübergreifender Verbrecherbanden beeinflussen direkt oder auch indirekt die Lebensbedingungen von Millionen von Menschen auch dann, wenn sie weder in den betroffenen Regionen und Staaten leben noch an ihren Entscheidungen beteiligt sind.

Bundeszentrale für politische Bildung (Hg.), „Globalisierung", Informationen zur politischen Bildung Nr. 280, 3. Quartal 2003, S. 41

→ **Globalisierung**
› S. 204 ff.

Aufgaben

1 Erarbeiten Sie aus dem Text die Notwendigkeit des Konzeptes der erweiterten Sicherheit zur Bekämpfung aktueller Herausforderungen.

2 Erläutern Sie das Schaubild zum erweiterten Sicherheitsbegriff und wenden Sie es auf aktuelle Gefährdungen internationaler Sicherheit an.

M 45 Das Konzept der Vernetzten Sicherheit

Vernetzte Sicherheit – ein Schlagwort, das in der letzten Zeit immer häufiger genannt und genutzt wird. In der internationalen Gemeinschaft wird der Terminus „Comprehensive Approach" (CA) gebraucht. Vernetzte Sicherheit (VS) steht für einen umfassenden Sicherheitsansatz, der alle zivilen und militärischen Möglichkeiten zum Erhalt der nationalen/internationalen Sicherheit und zur Lösung von Krisen und Konflikten zusammenbinden will. Gerade im Zusammenhang mit dem Einsatz der internationalen Gemeinschaft in Afghanistan, aber auch in anderen Konflikten, ist die Forderung nach einem vernetzten Vorgehen dringlicher vorgebracht worden. Besonders die deutsche Politik hat diesem sicherheitspolitischen Vorgehen seit einigen Jahren Nachdruck verliehen. Mit einem „Musterprojekt" zu den Provincial Reconstruction Teams (PRT) im ISAF-Einsatz in Afghanistan, mit eindringlichen Forderungen auf NATO-Ratssitzungen, zivile Aufbaumaßnahmen dort zu stärken und mit militärischen Maßnahmen zu verknüpfen, sowie mit einer Vielzahl von Statements und Veröffentlichungen zum Thema hat sich die Bundesrepublik Deutschland – zumindest vordergründig – zum Vorreiter gemacht. [...] Diese Frage [Warum vernetzte Sicherheit?] dürfte eigentlich nicht gestellt werden, ist doch die Sicherheit von Staaten seit jeher nicht allein durch militärische Maßnahmen ermöglicht worden. Oft standen natürlich militärische Planungen und Handlungen im Vordergrund – auch wegen ihrer enormen möglichen oder tatsächlichen Auswirkungen auf die Staaten und deren Bevölkerung. Ohne zivile Unterstützung und zumindest begleitende, häufig aber auch vorrangige zivile Maßnahmen zur Krisen- und Konfliktbewältigung aber wären militärische Operationen weitgehend isoliert und wenig erfolgreich gewesen. [...] Allerdings hat es nach dem Ende des Ost-West-Konflikts eine neue sicherheitspolitische Lage in der Welt gegeben, die die bisherige starre und damit durchaus berechenbare Konfrontationslage zwischen dem Warschauer Pakt und der NATO aufgelöst und neue, freie und häufig weniger kontrollierbare Kräfte in den sicherheitspolitischen Raum freigesetzt hat. Gefährdungen nicht militärischer Gewalt gewannen an Bedeutung. Neue weltweite Abhängigkeiten und Bedrohungen wurden nunmehr bewusster und zumindest gefühlsmäßig stärker empfunden. Insbesondere wurde die Anfälligkeit der industrialisierten Staaten mit ihrer ausgeprägten Vernetzung von Infrastruktur aller Art, von Wirtschaft und staatlichem sowie persönlichem Leben auch gegen auf den ersten Blick geringere Bedrohungen deutlicher. Die Globalisierung und die Revolutionierung sowie weltweite Verknüpfung der Information haben die Menschen und Staaten enger zusammenrücken lassen, auch hinsichtlich möglicher Bedrohungen. [...] Die Gefahr der Weiterverbreitung von Massenvernichtungswaffen ist groß und in Verknüpfung mit dem in dem letzten Jahrzehnt massiv aufgewachsenen internationalen Terrorismus die größte und direkteste Gefahr für die westliche Welt.

© Kostas Koufogiorgos 2009

Jede dieser Bedrohungen ist gefährlich genug, wenn sie aber in Kombination auftreten, wird die eigene sicherheitspolitische Lage massiv betroffen. Die Ge-
50 fährdungen sind also vielseitig und vielschichtig, Überschneidungen von innerer und äußerer Sicherheit sind dabei der Normalfall. Die Bundesrepublik Deutschland setzt als extrem vernetzte Industrie- und Informationsgesellschaft mit sehr hoher Exportabhängigkeit auf die frühzeitige Eingrenzung dieser Bedrohungen dort, wo sie entstehen, und in enger Zusammenarbeit mit der inter-
55 nationalen Gemeinschaft.

Diesen komplexen Gefährdungen kann nicht eindimensional, schon gar nicht allein mit militärischen Mitteln begegnet werden. Vielfältige, zumeist voneinander abhängige Maßnahmen sind erforderlich, um Krisenbewältigung und Konfliktverhütung zu gewährleisten. Die Fähigkeiten unterschiedlicher Akteure zu-
60 sammenzubinden im Sinne einer bestmöglichen Zielerreichung und bei geringst möglichen Reibungsverlusten zum Nutzen der betroffenen Staaten und der Bevölkerung, kann der Nutzen der Vernetzten Sicherheit sein.

Dietmar Klos, „Vernetzte Sicherheit in Deutschland", www.europaeische-sicherheit.de, 04.10.2009 [11.01.2010]

> **INFO**
> Die Hauptaufgabe der **Regionalen Wiederaufbauteams** (Provincial Reconstruction Teams – PRT) besteht darin, mit den afghanischen Sicherheitskräften und Behörden vor Ort ein stabiles und sicheres Umfeld zu schaffen. Auftrag der Bundeswehr hierbei ist, für die Sicherheit im Rahmen dieser Arbeit zu sorgen. Hierfür sind die Soldatinnen und Soldaten täglich außerhalb der Feldlager im Land präsent – und können sich dabei auf ihre Reservekräfte verlassen. Seit 2004 beteiligt sich die Bundeswehr an den Regionalen Wiederaufbauteams in Kunduz und in Feyzabad im Norden Afghanistans.

Aufgaben

1 G Zeichnen Sie die historische Entwicklung des Begriffes „Vernetzte Sicherheit" nach.

2 Erarbeiten Sie aus dem Text, warum „Vernetzte Sicherheit" in einer globalisierten Welt eine immer wichtigere Rolle spielt.

3 Recherchieren Sie, welche zivilen Organisationen derzeit am Aufbau in Afghanistan beteiligt sind, und stellen Sie im Kurs deren Engagement dar.

4 Erörtern Sie das Konzept der „Vernetzten Sicherheit" vor dem Hintergrund der Karikatur.

M 46   Endlich eine Wende zum Besseren?

„Wir haben zur Kenntnis genommen, dass das Militär alleine das Problem nicht lösen kann." (US-Präsident Obama am 03.04.2009)

Ivo Daalder, als neuer US-NATO-Botschafter Barack Obamas Mann in Brüssel, erläuterte Fachleuten und Politikern (Anfang Juli 2009), wie es weitergehen soll
5 mit der ISAF in Afghanistan, beim „größten und gefährlichsten Einsatz in der Geschichte der NATO". Die Schlüsselworte standen etwas versteckt auf Seite 7 seines Redemanuskripts: [...] „Dennoch können und sollten Europa und Deutschland mehr tun." [...] Eine Woche zuvor erst waren drei deutsche Soldaten bei einem Einsatz in Nordafghanistan umgekommen, als sie sich unter heftigem
10 Beschuss mit ihrem Panzerfahrzeug zu retten versuchten. Dem Verteidigungsminister stand ein schwerer Gang ins thüringische Bad Salzungen bevor – zur Beerdigung der drei Gefallenen. Und prompt kamen dann auch schon die neuesten Meinungsumfragen heraus: Kaum noch ein Drittel der Deutschen unterstützt jenen Einsatz, den die Regierung partout nicht unseren „Krieg" in Afgha-
15 nistan nennen will.

Aber je öfter man bestreitet, dass Deutschland Krieg führt, umso mehr setzt sich beim Publikum der fatale Eindruck von Überforderung und Verleugnung fest. Zumal wenn die Bundeswehr sich gleichzeitig gezwungen sieht, die Einsatzregeln für die Soldaten zu lockern [...]. Die Soldaten werden eine überarbeitete „Taschenkarte" bekommen. Diese kurze Anweisung [...] gibt ihnen Orientierung über ihre Befugnisse in Gefahrensituationen. [...] Die Deutschen werden [...] künftig offensiver vorgehen dürfen, wie von der Truppe lange schon gewünscht. Das heißt womöglich: Mehr Gefechte, mehr Verletzte, mehr Tote.

Da hat es gerade noch gefehlt, dass Obamas NATO-Mann ausgerechnet jetzt den Druck erhöht. [Aber] Obama war ja nicht zuletzt aufgrund des außenpolitischen Versprechens gewählt worden, den „falschen Krieg" im Irak zu beenden und den „richtigen Krieg" in Afghanistan zu gewinnen – und zwar mithilfe (seiner) europäischen Freunde [...].

Bei Union und SPD trifft man vor allem auf zwei Reaktionen: Haben die Amerikaner vergessen, dass [...] wir unsere Mandatsobergrenze auf 4 500 Mann erhöht haben und ständig mehr Soldaten schicken? [...]

Die Amerikaner suchen – nun mit einer Groß-Offensive in Süd-Afghanistan – die Wende um jeden Preis in dem bald achtjährigen Krieg. 4000 Marines sind [...] dabei, die Provinz Helmand unter Kontrolle zu bringen – eine Hochburg der Taliban und zugleich das wichtigste Drogenanbaugebiet des Landes. [...] Was am Hindukusch passiert, ist nun auf Gedeih und Verderb „Obama's war" (Washington Post). [...]

Der afghanische Präsident Hamid Karzai (l.), US-Präsident Obama und der Präsident Pakistans, Asif Ali Zardari (r.), anlässlich von Beratungen zur Sicherheitskooperation in Washington am 6. Mai 2009. Auf Druck der Amerikaner führte Pakistan im Frühjahr 2009 erstmals eine durchgreifende militärische Großoffensive gegen die Hochburgen der Taliban auf seinem Territorium (vornehmlich im Swat-Tal) durch, die jahrelang einen destabilisierenden Einfluss auf die gesamte Region ausübten.

4. Afghanistan – Möglichkeiten und Grenzen multinationaler Kooperation

Der Strategiewechsel der Amerikaner unter Obama wurde in Berlin mit Genugtuung aufgenommen. [...] Jahrelang hatte man die amerikanische Überbetonung des Militärischen kritisiert und das deutsche Konzept der „Vernetzten Sicherheit" dagegengehalten, in dem die Betonung auf dem zivilen Aufbau liegt. Das wird nun unterlaufen, indem die Kritisierten sich reuig zeigen: Jawohl, ihr hattet recht. Wir haben erstens [im Irak] einen falschen Krieg geführt und zweitens den richtigen Krieg (in Afghanistan) auf die falsche Weise. [...] (Aber) wenn wir mit der Reue durch sind – so die neue amerikanische Logik –, würden wir uns gerne mit euch zusammensetzen und überlegen, wie wir den richtigen Krieg doch noch gewinnen können. Wir haben übrigens nicht viel Zeit. Nicht mehr als zwölf bis achtzehn Monate. [...]

Die bittere Wahrheit ist allerdings, wie [...] einflussreiche Außenpolitiker der Koalition hinter vorgehaltener Hand bereitwillig eingestehen, dass auch Deutschland und Europa [...] „schmählich versagt" haben. Deutschlands etwa 40 permanente Ausbilder und 100 zusätzliche Trainer haben seit 2002 circa 25 000 Polizisten gecoacht. Nicht schlecht, aber viel zu wenig. Der Versuch, seit 2007 die Polizeiausbildung zu europäisieren, wurde vollends ein Fiasko.

Von den versprochenen 400 Trainern kam nur rund die Hälfte. Man zerstritt sich über die Finanzierung und die Richtlinien. Währenddessen hat Obama nun 1 500 zusätzliche Trainer in Marsch gesetzt. [...]

Ein nüchterner Blick auf die Zahlen zeigt, dass Amerika auch in der zivilen Aufbauarbeit viel mehr tut als die Europäer. Die Bundesregierung stellte 2008 140 Millionen Euro für den Aufbau bereit. Die USA kamen im gleichen Jahr bereits auf 5,6 Milliarden Dollar. [...] Selbst wenn man (die Mittel für die Ausbildung afghanischer Sicherheitskräfte) abzieht, bleibt die beschämende Tatsache, dass Amerika fast 15-mal so viel in den zivilen Aufbau Afghanistans investiert wie Deutschland. Und für 2009 hat Obama den Beitrag kurzerhand abermals verdoppelt – auf geplante 10,3 Milliarden. Zum Vergleich: Die Europäische Union ist stolz darauf, für die Zeit zwischen 2007 bis 2010 insgesamt 700 Millionen Euro bereitzustellen.

Dieses wachsende Ungleichgewicht führt dazu, dass das deutsche Mantra langsam unglaubwürdig wirkt, man stehe zur „Vernetzten Sicherheit" und werde – nun aber wirklich! – die „zivile Komponente" stärken.

Jörg Lau, „Warum Deutschland in Afghanistan mehr tun muss", www.zeit.de, 08.07.2009 [10.07.2009]

Aufgaben

1. Erläutern Sie den Zusammenhang zwischen der einleitenden Aussage Obamas und dem Konzept der erweiterten Sicherheit.

2. Erarbeiten Sie aus dem Text die Rolle Deutschlands und der EU in diesem Konflikt und leiten Sie daraus Gründe für die Dominanz von NATO und den USA in militärischen Auseinandersetzungen ab.

3. Erörtern Sie ausgehend von Obamas Statement die Rolle ziviler Akteure in internationalen Konflikten (vgl. Kap. Entwicklungspolitik).

WebQuest

... denn nur Surfen im Internet bringt nichts

WebQuests sind auf Fragen basierende Rechercheprojekte, bei denen Teile oder alle Informationen aus Internetangeboten stammen. Die Fragen werden durch eine fest vorgegebene Struktur unterstützt. Diese Struktur vermeidet, dass Lernende plan- und ziellos und ohne qualitativ befriedigendes Ergebnis im Internet recherchieren, wie dies beim unterrichtlichen Einsatz des World Wide Webs oft der Fall ist. Ziel ist eine selbstständige Aneignung und Aufbereitung von Wissen. Die Rolle des Lehrenden ist bei diesem Verfahren die eines unterstützenden Moderators und erfolgt auf inhaltlicher, organisatorischer, sozialer und kommunikativer Ebene. Dieses entdeckungsorientierte und schüleraktivierende Verfahren eignet sich vor allem als Methode für zeitlich überschaubare Internetprojekte auf Basis eines Sachthemas bzw. einer komplexen Fragestellung.

I. Struktur/Arbeitsschritte

1. Normalerweise beginnt ein WebQuest mit einer für die Lerner authentischen Fragestellung, Problemsituation usw., die idealerweise die Lernenden so motiviert, dass sie sich aus eigenem Interesse der Thematik widmen und ggf. einen Lösungsansatz finden wollen. (**Einführung, Thema**)

2. Hieran schließt sich die Aufgabenstellung an, deren Komplexität vom Thema und vor allem von der Zielgruppe abhängt. Die Aufgaben werden in der Regel in Gruppen bearbeitet. (**Aufgaben**)

3. Für die Bearbeitung der Aufgabenstellung ist eine Materialienaufstellung vorhanden, in der neben Links ins Internet auch auf weitere Materialien (Bücher, lokal vorhandene Software usw.) hingewiesen wird. (**Materialien**)

4. Die anschließende Prozessbeschreibung soll den Lernenden konkrete Handlungshilfen/Unterstützung für die Lösung der Aufgabenstellung geben. (**Prozess**)

5. Am Ende des WebQuests sollen die Lernenden die Möglichkeit erhalten, den Lernprozess kritisch zu reflektieren und zu bewerten. Hierzu kann auch eine Bewertung durch den Lehrenden herangezogen werden. (**Evaluation**)

6. Zum WebQuest gehört auch die Präsentation der einzelnen (Gruppen-)Ergebnisse in adäquater Form – beispielsweise als Internet- bzw. PowerPoint-Präsentation oder als Worddokument. (**Präsentation**)

Quellen: http://www.sowi-online.de/methoden/lexikon/webquests-meeh.htm,
http://www.webquests.de/eilige.html

II. Vorbereitung

1. Bilden Sie Arbeitsgruppen mit drei bis fünf Personen.

2. Lesen Sie gemeinsam (!) die Aufgabe. Beachten Sie bitte, dass die beschriebene Aufgabe einen Arbeitsprozess darstellt. Wir raten Ihnen, die unter Quellen angegebenen Internetressourcen zu sichten und die interessanten Fakten und Argumente herauszuziehen.

3. Teilen Sie die Aufgabe nach Ihrer eigenen Wahl auf. Zum Beispiel können Sie Gruppenmitglieder beauftragen, die Quellen zu einem Teilaspekt des Problems zu recherchieren. Sie sollten Ihre Gruppengespräche sehr intensiv führen, damit jedes Mitglied die Besonderheiten der einzelnen Internetquellen verinnerlichen kann!

4. Bestimmen Sie einen Sprecher Ihrer Gruppe. Dieser ist der Ansprechpartner Ihres Lehrers und hat die Aufgabe, die Kommunikation zwischen der Gruppe und dem Lehrer zu führen (z. B. wenn Sie Hilfe benötigen, wenn Sie Fragen haben etc.).

5. Treffen Sie sich zu Arbeitssitzungen mit Ihrer Gruppe (je nach Organisation durch Ihren Lehrer im Unterricht oder außerhalb der Schule), um Ihre Zwischenergebnisse zusammenzutragen. Am Ende wird nur EIN Gruppenergebnis akzeptiert.

6. Fertigen Sie bitte eine Präsentation (z. B. als PowerPoint-Präsentation) über Ihren Arbeitsprozess und die wichtigen Ergebnisse an, die dann im Unterricht präsentiert und diskutiert wird. Stellen Sie dabei auch Ihre Vorgehensweise, Schwierigkeiten und Besonderheiten dar.

Nach: edu-Consult, „Nachwachsende Rohstoffe und Klimaschutz", http://idg.geographie.uni-frankfurt.de/nawaro1/einleitung.htm [11.01.2010]

III. Konkretes Beispiel: Afghanistan und die NATO

1. Thema: Soll/Muss sich die NATO/Bundeswehr aus Afghanistan zurückziehen?

2. Mögliche Aufgabenstellungen

Gruppe 1: Geben Sie einen Überblick über die aktuelle Sicherheitslage der Bundeswehrsoldaten in Afghanistan.

Gruppe 2: Stellen Sie die Positionen der Parteien im Deutschen Bundestag zum Afghanistan-Einsatz dar.

Gruppe 3: Recherchieren Sie, welche Interessen der Westen (USA/NATO/D) mit dem Afghanistan-Einsatz verfolgt.

Gruppe 4: Soll der Afghanistan-Einsatz am Ende des Jahres verlängert werden? Sammeln Sie Argumente für und gegen eine Verlängerung.

Gruppe 5: Die Rolle der Bundeswehr nach dem Angriff auf die Tanklastzüge im September 2009 – Werten Sie aktuelle Umfragen zu diesem Thema aus.

Gruppe 6: Recherchieren Sie, was die VN und die (I)NGOs beim Wiederaufbau Afghanistans leisten können.

Anm.: Denkbar wäre auch eine Aufteilung der Gruppen nach verschiedenen „Rollen".

© DiG/TRIALON 2007

3. Material
Als guter Einstieg zu den jeweiligen Themen sind die folgenden Adressen empfehlenswert:
www.bpb.de/themen/IJWP94.0,0,Hintergrund_aktuell.html; die folgende Liste kann nur eine Auswahl möglicher Adressen und Hinweise bieten.

Weitere wertvolle Informationen u. a. hier:

Internationale Institutionen und Plattformen
www.nato.int
www.whitehouse.gov
www.usa.gov
www.osce.org
www.un.org
http://unama.unmissions.org

Deutsche Institutionen
www.bundesregierung.de
www.bundestag.de
www.auswaertiges-amt.de
www.bvmg.de
www.bundeswehr.de

Websites der Parteien

Presse
www.faz.de
www.sueddeutsche.de
www.spiegel-online.de
www.taz.de
www.welt.de
www.zeit.de
www.ard.de
www.phoenix.de
www.ntv.de
www.zdf.de

Politikwissenschaft
www.bpb.de
www.das-parlament.de
www.swp-berlin.org
www.uni-kassel.de/fb5/frieden/regionen/Afghanistan

IV. Vorschlag für eine Evaluation

Die Phasen 4–6 (Prozess, Präsentation und Evaluation) sind individuell von den Lerngruppen zu erbringen (s. Punkt II.) bzw. auf sie abzustellen. Hier ein Vorschlag für eine Evaluation:

	Könner	Experten
Teamarbeit	Sie haben immer gut zusammengearbeitet.	Sie haben wie ein Redaktionsteam zusammengearbeitet und sich gegenseitig in der Gruppe geholfen.
Text	Ihr Artikel ist etwas kurz geraten, enthält aber fast alle wichtigen Informationen.	Anhand Ihres Artikels wird der Bezug zum Thema deutlich. Alle relevanten Aspekte werden in Ihrem Artikel angesprochen und klar dargestellt. Die nach Ihrem Artikel zu ziehenden Schlüsse sind anhand von Argumenten begründet.
Präsentation	Sie haben in Ihrer Präsentation die wichtigsten Informationen erklärt.	Ihr Artikel und Ihre Präsentation passten sehr gut zusammen. Es wurde deutlich, dass Sie wirklich zu Experten für die Fragestellung geworden sind.

Nach: edu-Consult, „Nachwachsende Rohstoffe und Klimaschutz", http://idg.geographie.uni-frankfurt.de/nawaro1/bewertung.htm [11.01.2010]

5. Die Bedeutung des Völkerrechts

Wie lässt sich Völkerrecht definieren oder zumindest so eingrenzen, dass es greifbar wird? Diese Problematik steht spätestens seit der Zeit im Raum, als sich die Völker Europas zu Staaten zusammenschlossen und der Niederländer Hugo Grotius, einer der Väter des modernen Völkerrechts, Anfang des 17. Jahrhunderts damit begann, völkerrechtliche Grundsätze aufzustellen und zu veröffentlichen.
Die Frage nach dem Völkerrecht steht deshalb auch am Anfang des folgenden Kapitels. Nach einer Einführung in die Grundsätze werden Sie sich dann mit konkreten Ausformungen des Völkerrechts auseinandersetzen.
Im Zuge des amerikanischen Feldzugs gegen den Irak rückte das Völkerrecht wieder in den Fokus der Weltöffentlichkeit, als es zu beurteilen galt, inwieweit das amerikanische Vorgehen im Einklang mit geltendem Völkerrecht steht. Folglich wird diese Frage auch im vorliegenden Kapitel zu beurteilen sein. Den Abschluss der Einheit bildet schließlich die Beschäftigung mit dem Internationalen Strafgerichtshof, der als rechtsprechende Instanz in den schwierigen Angelegenheiten des Völkerrechts fungiert.

V 1 Völkerrecht – Eine Einführung

Die Themen des Völkerrechts sind die großen Themen unserer Zeit. Das NATO-Bombardement in Serbien im Jahr 1999, der terroristische Angriff auf das World Trade Center im Jahr 2001, bekannt unter dem Kürzel „Nine-Eleven", der Einmarsch amerikanischer Truppen im Irak im Jahr 2003, die militärische Auseinandersetzung um Ossetien und Abchasien zwischen Georgien und Russland im Jahr 2008 – wann immer das Völkerrecht in den Mittelpunkt der politischen Diskussion rückt, geht es um viel: um Krieg oder Frieden, Völkermord, humanitäre Intervention, Flucht und Vertreibung, um die Abwehr tödlicher Bedrohungen durch den internationalen Terrorismus, um die Bestrafung von Kriegsverbrechen und Verbrechen gegen die Menschlichkeit. Wird zu den Waffen gegriffen, ist die juristische Wertung, welcher Staat im Recht oder im Unrecht ist, wichtig, in der Rückschau oftmals wichtiger als der Waffengang selbst. Aber gerade, wenn das Völkerrecht im Rampenlicht steht und klare Antworten, Schuldzuweisungen und Schwarz-Weiß-Bilder verlangt werden, ist es nicht selten dem Vorwurf ausgesetzt, keine klaren Lösungen aufzeigen zu können. Und selbst dann, wenn eindeutige Brüche des Völkerrechts festgestellt werden, muss immer wieder das Recht dem Unrecht weichen, setzen sich Rücksichtslosigkeit und Stärke durch. So muss es nicht überraschen, dass dem Völkerrecht häufig der Rechtscharakter abgesprochen und es als „rhetorisches Stilmittel in der politischen

Die Verhandlungen zum Westfälischen Frieden, 1648

Aufgaben

1 *Erarbeiten Sie aus dem Text die Notwendigkeit eines Völkerrechts.*

2 *Stellen Sie anhand von V 1 und V 2 die Schwierigkeit dar, eine Definition von Völkerrecht vorzunehmen.*

3 *Problematisieren Sie die Aussage des Textes, dass dem Völkerrecht häufig der Rechtscharakter abgesprochen wird.*

Auseinandersetzung" diskreditiert wird. Dabei wird aber übersehen, dass völkerrechtliche Normen auch sehr alltägliche Fragen regeln, etwa, ob ein Visum für die Einreise in einen anderen Staat erforderlich ist, in welcher Weise ein Schüleraustauschprogramm durchgeführt werden kann oder ob ein Frachtschiff mit Gefahrgut auf Rhein oder Donau fahren darf. Die Vielzahl der Regelungen des Völkerrechts wird in der täglichen Praxis ohne Wenn und Aber eingehalten. Nur manchmal, wenn Politik und Recht untrennbar ineinandergreifen, wird es schwierig. „Fast alle Nationen halten fast alle Prinzipien des Völkerrechts und fast alle Verpflichtungen fast immer ein", schreibt der amerikanische Völkerrechtler Louis Henkin – eine Feststellung, die man je nach optimistischer oder pessimistischer Grundeinstellung als tröstend oder entmutigend ansehen mag. Jedenfalls ist Völkerrecht nicht einfach ein Teilgebiet des Rechts wie Handels-, Straf- oder Zivilrecht, es ist etwas Besonderes.

A. Nußberger, Das Völkerrecht, C. H. Beck Wissen, München 2009, S. 7f.

V 2 Die Bedeutung des Völkerrechts

Als Völkerrecht bezeichnet man die Rechtsnormen, die das Verhältnis von Völkerrechtssubjekten (Staaten, internationale Organisationen) zueinander regeln. Es handelt sich, genau genommen, nicht um „Völker"-Recht, sondern, da es die Beziehungen der Staaten betrifft, um zwischenstaatliches Recht. Die Besonder-

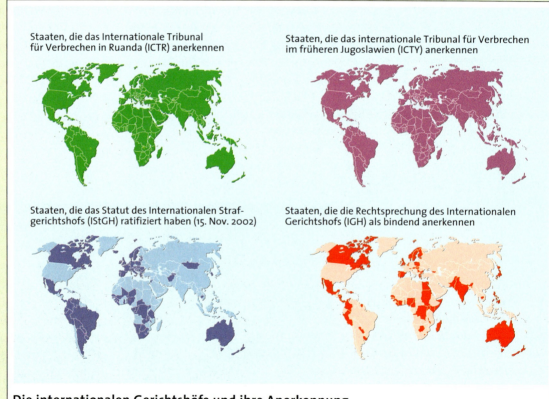

Die internationalen Gerichtshöfe und ihre Anerkennung
©2007, Le Monde diplomatique, Berlin
Quelle: Le Monde diplomatique

heit und damit zugleich die Schwäche des Völkerrechts besteht darin, dass es in seiner Wirksamkeit von der Anerkennung durch die betroffenen Staaten abhängt; es fehlt eine zentrale Durchsetzungsmacht.

Rechtsquellen des Völkerrechts sind das **Völkervertragsrecht**, das **Völkergewohnheitsrecht** und hilfsweise die **allgemeinen Rechtsgrundsätze** (vgl. Art. 38 Abs. 1 des Statuts des Internationalen Gerichtshofs). Völkervertragsrecht entsteht durch übereinstimmende Willenserklärungen von mindestens zwei Völkerrechtssubjekten; je nach Anzahl der Beteiligten unterscheidet man zwischen **bilateralen** (zweiseitigen) und **multilateralen** (mehrseitigen) Verträgen. Das ungeschriebene **Völkergewohnheitsrecht** setzt, vergleichbar dem innerstaatlichen Gewohnheitsrecht, langjährige von der Rechtsüberzeugung der beteiligten Staaten getragene Übung voraus. Die allgemeinen Rechtsgrundsätze sind grundlegende, von den staatlichen Rechtsordnungen allgemein anerkannte Rechtsprinzipien, wie z. B. Treu und Glauben. Angesichts der Unsicherheit über Existenz und Inhalt völkerrechtlicher Normen, gerade auf dem Gebiet des Völkergewohnheitsrechts, kommt den Bemühungen, das Völkerrecht durch den Abschluss multilateraler Verträge schrittweise zu kodifizieren, also in einem einheitlichen Regelwerk zusammenzufassen, große Bedeutung zu. Das gilt etwa für die Haager Konventionen von 1907, deren wichtigste, die Haager Landkriegsordnung, Fragen des Kriegsführungsrechts und des Besatzungsrechts im Krieg regelt. Zu nennen sind ferner die auf Initiative des Internationalen Komitees vom Roten Kreuz zustande gekommenen Genfer Konventionen von 1949, die im Sinne eines **humanitären Völkerrechts** über die Haager Landkriegsordnung weit hinausgehen. Sie enthalten Regelungen hinsichtlich der Verwundeten, Kranken und Kriegsgefangenen und befassen sich vor allem mit dem Schutz der Zivilpersonen in Kriegszeiten. In den Zusammenhang des humanitären Völkerrechts gehört auch die UNO-Konvention gegen Folter und andere grausame, unmenschliche oder erniedrigende Behandlung oder Strafe vom 10. Dezember 1984. Eine der bedeutendsten Kodifikationen des Völkerrechts bildet die Wiener Vertragsrechtskonvention vom 23. Mai 1969 mit einheitlichen Regeln für Abschluss, Inkrafttreten, Auslegung, Anwendung und Beendigung völkerrechtlicher Vereinbarungen.

Hermann Avenarius, Die Rechtsordnung der Bundesrepublik Deutschland, Bundeszentrale für politische Bildung, 3. Aufl., Bonn 2001, S. 67 f.

→ **int. Strafgerichtshof** V6/V7 › S. 69 f.

Aufgaben

1 Konkretisieren Sie die Begriffe Völkervertragsrecht und Völkergewohnheitsrecht anhand von Beispielen.

2 Ermitteln Sie völkerrechtliche Verpflichtungen, die Deutschland in den letzten Jahren eingegangen ist (z. B. unter http://de.wikipedia.org/wiki/Deutschlands_völkerrechtliche_Verträge).

3 Erarbeiten Sie aus dem Schaubild grundsätzliche Aussagen zur Geltung des Völkerrechts.

V 3   Epochenwechsel im Völkerrecht?

Es ist nicht zu übersehen, dass die jüngsten großen Kriege der USA und der NATO wie Hebammen bei der Geburt der neuen Interventionskonzepte gewirkt haben. So steht der Krieg gegen Jugoslawien zur Verhinderung einer „Menschenrechtskatastrophe" im Kosovo 1999 für die Wiederbelebung der alten Figur der „humanitären Intervention" [vgl. V 5]. Der Krieg gegen die Taliban in Afghanistan als Krieg gegen den Terrorismus treibt die Ausdehnung der Selbstverteidigung über Art. 51 UNO-Charta hinaus, und der Krieg gegen den Irak zur Verhinderung der Entwicklung und des Einsatzes von Massenvernichtungsmitteln präsentiert sich als die Probe aufs Exempel des neuen Präventiv- bzw. Präemptivkonzepts der Selbstverteidigung. Auch die zwar nicht neue, aber doch neu definierte Erscheinung zerfallener Staaten (failed states), deren innere und äu-

→ **M 26 › S. 36 f.**

> **INFO**
>
> **Art. 51 der Charta der Vereinten Nationen**
> Diese Charta beeinträchtigt im Falle eines bewaffneten Angriffs gegen ein Mitglied der Vereinten Nationen keineswegs das naturgegebene Recht zur individuellen oder kollektiven Selbstverteidigung, bis der Sicherheitsrat die zur Wahrung des Weltfriedens und der internationalen Sicherheit erforderlichen Maßnahmen getroffen hat. Maßnahmen, die ein Mitglied in Ausübung dieses Selbstverteidigungsrechts trifft, sind dem Sicherheitsrat sofort anzuzeigen; sie berühren in keiner Weise dessen auf dieser Charta beruhenden Befugnis und Pflicht, jederzeit Maßnahmen zu treffen, die er zur Wahrung oder Wiederherstellung des Weltfriedens und der internationalen Sicherheit für erforderlich hält.
>
> „Charta der Vereinten Nationen", www.lpb-bw.de [21.07.2009]

ßere Souveränität durch permanente Wirren, Bürgerkrieg, Naturkatastrophen und politisches Chaos faktisch verloren gegangen ist, hat die Schwelle des Interventionsverbots drastisch gesenkt und die Diskussion um eine Interventionspflicht angeregt. Wenden wir uns den völkerrechtlichen Begründungsversuchen dieser neuen Interventionskonzepte zu und lassen wir auch hier die unterschiedlichen und sich z. T. heftig widersprechenden Einschätzungen ihrer politischen und faktischen Grundlagen auf sich beruhen. Nehmen wir also im Falle der Bombardierung Jugoslawiens die offizielle Begründung für erwiesen an, eine humanitäre Katastrophe im Kosovo zu verhindern, so ließ erst der offenkundige Verstoß gegen die UNO-Charta und die Begründungsnot die NATO-Regierungen auf eine alte Figur des kolonialen Völkerrechts der Vor-Charta-Ära als Rechtfertigung zurückgreifen: die sogenannte humanitäre Intervention. Zwar haben die USA bei ihren Interventionen in Lateinamerika (Grenada 1983, Nicaragua 1984, Panama 1989) immer wieder auf diese Rechtfertigung zurückzugreifen versucht, sie haben jedoch dabei nirgendwo Zustimmung oder Gefolgschaft finden können. Abgesehen von den politischen Konsequenzen einer derartigen Doktrin, die nur als Vorwand für den Missbrauch einer Intervention dient, widerspricht die „humanitäre" Intervention dem System und der Dogmatik der UNO-Charta. [...]

Dennoch haben sich einige durchaus prominente Vertreter ihres Faches zu dem problematischen Spagat verführen lassen, die Illegalität der Kriege zwar einzugestehen, sie jedoch als moralisch legitim zu rechtfertigen. Es ist nicht klar, ob ihnen bewusst ist, dass sie mit diesem „moralistischen Positivismus" vor allem den NATO-Staaten die Tür zu noch weiter gehenden Interventionen öffnen, die diese in ihrer neuen NATO-Strategie von 1999 schon benannt haben und die bis zur militärischen Intervention bei der Blockade lebenswichtiger Ressourcen gehen – nach dem einfachen Motto: illegal, aber legitim. Es mag allerdings auch in ihrer Intention liegen, die Verbindlichkeit des Gewaltverbots zu schwächen. Denn wo die Grenzen zwischen Recht und Moralphilosophie verschwimmen, ist letztlich jeder Aggressionskrieg zu begründen.

Norman Paech, „Epochenwechsel im Völkerrecht? Über die Auswirkungen der jüngsten Kriege auf das UNO-Friedenssystem", in: Aus Politik und Zeitgeschichte B 43/2004, www.bpb.de [15.12.2009]

V 4 Zur Diskussion gestellt: Invasion im Irak – Verstoß gegen das Völkerrecht?

In einem Interview des britischen Senders BBC sagte [der damalige UN-Generalsekretär] Annan am Mittwoch, 16.09.2004, der Irakkrieg habe gegen die UN-Charta verstoßen. Die Entscheidung, gegen den Irak vorzugehen, hätte vom Sicherheitsrat und nicht einseitig von den USA getroffen werden müssen. Die internationale Gemeinschaft habe eine „schmerzliche Lektion" lernen müssen. Annan sagte zum Krieg: „Ich habe angedeutet, dass er aus unserer Sicht nicht mit der UN-Charta vereinbar und unter diesem Gesichtspunkt illegal war." Annan hatte am 10. März 2003 kurz vor der Invasion eine ähnliche Bemerkung gemacht. Die USA und Großbritannien hatten einen Resolutionsentwurf vor dem Sicherheitsrat zurückgezogen, nachdem klar geworden war, dass er keine Zustimmung finden würde. Unter anderem hatte Frankreich ein Veto angedroht.

HB, „Kofi Annan nennt Irak-Krieg ‚illegal'", in: Handelsblatt, 16.09.2004

Aufgaben

1 Erläutern Sie mithilfe des Textes V 3, warum von einem Epochenwechsel beim Völkerrecht gesprochen werden kann.

2 Stellen Sie dar, wie der Text V 3 die Ablehnung humanitärer Interventionen begründet.

3 Erörtern Sie, ob es trotz der im Text V 3 genannten Einwände eine „moralische" Begründung von humanitären Interventionen geben kann, vielleicht sogar eine „Interventionspflicht" (Z. 14f.).

4 Beurteilen Sie die Position Kofi Annans zu Interventionen.

V 5 Humanitäre Intervention

Wenn am Himmel Kampfflugzeuge auftauchen und Bomben abwerfen, wird es den Bewohnern der betroffenen Städte – ganz gleich, ob diese Belgrad oder Gori heißen – zynisch erscheinen, wenn man ihnen sagt, es sei kein Krieg erklärt worden, vielmehr handele es sich um eine humanitäre Intervention. Aus der
5 Perspektive des Einzelnen ist Krieg immer Krieg. Dennoch ist es zu rechtfertigen, tatenlos zuzusehen, wenn in einem Land schwerste Menschenrechtsverbrechen begangen, Menschen etwa wegen ihrer Sprache, Religion oder ethnischen Herkunft ermordet oder gefoltert werden? Ist hier in einer globalisierten Welt nicht ein Eingreifen geboten, und dies selbst dann, wenn auch Unschuldige in
10 Mitleidenschaft gezogen werden? Nicht umsonst haben sich die Fälle, in denen niemand bereit war zu handeln, tief in das Gewissen der Menschheit eingegraben: Ruanda, Darfur …
Auf der Grundlage des geltenden Völkerrechts ist es aber schwer, Argumente für die Rechtmäßigkeit einer humanitären Intervention zu finden, wenn kein Man-
15 dat des Sicherheitsrats vorliegt. Und daran fehlt es in allen strittigen Fällen, sei es, weil mindestens ein ständiges Mitglied des Sicherheitsrats sein Veto eingelegt hat wie etwa im Fall von Darfur, in dem China und Russland ihre Zustimmung zu einer militärischen Aktion verweigerten, sei es, weil es – wie im Fall des Kosovo – aufgrund von Meinungsverschiedenheiten überhaupt nicht zur Ab-
20 stimmung im Sicherheitsrat kam.
Ein möglicher Begründungsansatz für das Recht auf eine humanitäre Intervention ist, das in der UN-Charta enthaltene Gewaltverbot nicht um-
25 fassend, sondern eingeschränkt zu interpretieren. Wörtlich heißt es, dass „jede gegen die territoriale Unversehrtheit oder die politische Unabhängigkeit eines Staates gerichtete
30 oder sonst mit den Zielen der Vereinten Nationen unvereinbare Androhung oder Anwendung von Gewalt" zu unterlassen ist. Eine humanitäre Intervention, so lässt sich argumen-

> **INFO**
> **Darfur:** Im März 2005 beauftragte erstmals der UN-Sicherheitsrat das Weltgericht, Verbrechen gegen die Menschlichkeit zu verfolgen: Der ICC soll Massaker an Zivilisten und die Vertreibung von weit über 1 Mio. Menschen untersuchen, für die Regierungstruppen, Rebellengruppen und die Janjawid-Reitermilizen 2003/04 in der Provinz Darfur im Norden des Sudan verantwortlich gemacht werden. Die UN überreichte dem ICC eine Liste mit 51 Namen mutmaßlicher Kriegsverbrecher. Wer die Verdächtigen verhaften und ausliefern könnte, blieb unklar, u. a. weil die sudanesische Regierung im Gegensatz zu den beiden wichtigsten Rebellengruppen die Zusammenarbeit mit dem ICC verweigerte.
> Harenberg Aktuell 2006, Meyers Lexikonverlag, Mannheim 2005, S. 401

Dieser Mann hat in einem Massengrab in Darfur nach eigenen Angaben die Überreste von 25 Dorfbewohnern gefunden.

tieren, sei aber „selbstlos", diene dem Schutz der Menschenrechte und sei damit gerade nicht verboten. Dies ist eine juristische Spitzfindigkeit, mit der im Grunde das in der Charta angelegte formalisierte Kriegsverhütungsrecht untergraben wird. Zumeist wird die Zulässigkeit der humanitären Intervention daher auf ein neues Völkergewohnheitsrecht gestützt, das sich – entgegen dem expliziten Wortlaut der UN-Charta – gebildet habe, wobei als Bezugspunkt insbesondere der NATO-Einsatz im Kosovo genommen wird. Allerdings ist dies aus mehreren Gründen nicht haltbar. Zum einen hat eine Reihe von Staaten – am lautesten und deutlichsten Russland – den Kosovo-Einsatz für rechtswidrig erklärt, und auch die in der Gruppe 77 zusammengeschlossenen Entwicklungsländer haben ausdrücklich betont, dass sie eine humanitäre Intervention ablehnen. [...] Zum anderen ist die humanitäre Intervention im Kosovo bisher ein Einzelfall geblieben und daher auch eine entsprechende Staatenpraxis nicht nachweisbar. [...] Selbst die Befürworter der humanitären Intervention sehen die Gefahr, dass sie zu einer „Art Blankovollmacht für einen menschenrechtlichen Imperialismus" werden könne.

Trotzdem hat das Europäische Parlament in einer Entschließung aus dem Jahr 1994 die humanitäre Intervention unter engen Voraussetzungen für zulässig erklärt. So müsse es sich zum einen um eine „außerordentliche und äußerst ernsthafte humanitäre Notsituation in einem Staat handeln, dessen Machthaber auf andere Weise als mit militärischen Mitteln nicht zur Vernunft zu bringen sind". Zum anderen müssten alle anderen Lösungsversuche ausgeschöpft und erfolglos geblieben sein und insbesondere der UN-Apparat nicht in der Lage sein, rechtzeitig zu reagieren. Schließlich dürfe die Interventionsmacht kein besonderes Eigeninteresse haben; die Gewaltanwendung müsse angemessen und zeitlich begrenzt sein. Damit aber wendet sich das Europäische Parlament von dem in der UN-Charta enthaltenen Verständnis des Kriegführungsrechts ab und propagiert erneut den „gerechten Krieg".

A. Nußberger, Das Völkerrecht, C. H. Beck Wissen, München 2009, S. 71 ff.

Luis Murschetz/CCC, www.c5.net

Aufgaben

1 *Erarbeiten Sie aus dem Text die völkerrechtlichen Probleme, eine humanitäre Intervention zu rechtfertigen.*

2 *Stellen Sie das Interesse der EU an humanitären Interventionen dar.*

3 *Erläutern Sie, inwiefern humanitäre Interventionen die Gefahr in sich bergen, eine „Art Blankovollmacht für den menschlichen Imperialismus" (Z. 49) zu sein.*

4 *Analysieren Sie die Karikatur zur Rolle der VN im Sudan.*

V 6 Die Welt der internationalen Gerichtsbarkeit

Die internationalen Gerichtshöfe
©2007, Le Monde diplomatique, Berlin
Quelle: Le Monde diplomatique

Aufgabe

Informieren Sie sich über die verschiedenen internationalen Gerichtshöfe und recherchieren Sie, welche konkreten Verfahren an den verschiedenen Standorten momentan anhängig sind.

V 7 Der Internationale Strafgerichtshof (ICC – International Criminal Court) – eine entscheidende Weiterentwicklung des Völkerrechts

Nürnberg – Tokio – Den Haag – Arusha: All dies sind Stationen auf dem Weg zu einem auf Dauer eingerichteten internationalen Strafgerichtshof. Die ersten 18 Richter wurden im Jahr 2003 feierlich vereidigt, nachdem im Jahr 1998 das der Arbeit des Gerichtshofs zugrunde liegende Rom-Statut mit 120 Jastimmen bei
5 sieben Neinstimmen und 21 Enthaltungen auf der UN-Bevollmächtigtenkonferenz angenommen worden und im Jahr 2002 nach der Hinterlegung der 60. Ratifikationsurkunde in Kraft getreten war. Der Gerichtshof ist ein eigenständiges, nicht in die Vereinten Nationen eingegliedertes und nicht als Sonderorganisation ausgeformtes Organ, das sogar Völkerrechtspersönlichkeit besitzt. Auch
10 insofern ist der Gerichtshof ein Novum im Völkerrecht.
Im Statut des Gerichtshofs finden sich Regelungen zu all jenen Fragen, bei denen in früheren Verfahren noch weitgehend Rechtsunsicherheit bestanden hat.

Logo des ICC

Horst Haitzinger/CCC, www.c5.net

Weltpolizist kontra Weltstrafgericht

Nunmehr sind die Grundsätze *nullum crimen sine lege* und *nulla poena sine lege* sowie das Analogie- und das Rückwirkungsverbot explizit festgelegt; Regelungen finden sich insbesondere auch zu Täterschaft und Teilnahme, Ausschluss der Immunität und Unverjährbarkeit der Verbrechen. Darüber hinaus sind die bereits in den Vorläufergerichten bekannten Verbrechenstatbestände Völkermord, Verbrechen gegen die Menschlichkeit und Kriegsverbrechen kodifiziert.

Der Gerichtshof kann [allerdings] nur tätig werden, wenn der „Täterstaat" oder der „Tatortstaat" das Abkommen ratifiziert hat. Verurteilt werden können deshalb nur Staatsangehörige von Konventionsstaaten sowie Dritte, wenn sie in einem Konventionsstaat ein entsprechendes Verbrechen begangen haben. Eine wahrhaft universelle Jurisdiktion ist daher ausgeschlossen, solange viele und vor allem besonders wichtige Staaten wie die USA, China, Russland und Israel die Konvention nicht ratifiziert haben.

Die Geschichte des Internationalen Strafgerichtshofs lässt aber nicht nur aufhorchen, weil das Völkerrecht hier mit Nachdruck und in Höchstgeschwindigkeit weiterentwickelt wird, sondern auch wegen der offen dagegen betriebenen Obstruktionspolitik der Vereinigten Staaten. [...]

Nichtsdestoweniger, für das Völkerrecht war die zur Jahrtausendwende in diesem Bereich forcierte Entwicklung ein Quantensprung. [...] Verbote, die jedem einsichtig, aber abstrakt waren, werden nunmehr strafrechtlich sanktioniert. Es ist nicht mehr nur der Staat, sondern auch der Einzelne, der in der Verantwortung steht. Das Völkerrecht hat mehr Bodenhaftung bekommen.

A. Nußberger, Das Völkerrecht, C. H. Beck Wissen, München 2009, S. 114 ff.

Aufgaben

1 Interpretieren Sie die Karikatur. Ziehen Sie dabei auch die Übersicht aus V 2 heran.

2 Klären Sie den Begriff der „Völkerrechtspersönlichkeit" (Z. 9).

3 Erarbeiten Sie aus dem Text die Stationen, die zur Entstehung des Internationalen Strafgerichtshofs führten, und beurteilen Sie, inwieweit es sich bei der Einrichtung des Internationalen Strafgerichtshofs um eine Weiterentwicklung des Völkerrechts handelt.

6. Entwicklungspolitik und Friedenssicherung – Chancen und Grenzen

Willy Brandt prägte einst den Satz: Ohne Entwicklung gibt es keinen Frieden, ohne Frieden keine Entwicklung. Im Zeitalter der Globalisierung ist dieser Satz sicherlich weiterhin gültig und vielleicht sogar wichtiger als zum Zeitpunkt seiner Prägung. Deshalb werden wir uns im folgenden Kapitel mit den Chancen, aber auch den Grenzen der Entwicklungspolitik im Rahmen einer internationalen Sicherheitsarchitektur befassen. In der Europäischen Union genauso wie in der Bundesrepublik ist der Sicherheitsaspekt im vergangenen Jahrzehnt immer stärker in den Fokus des Interesses gerückt. Immer häufiger wird die Demokratisierung und Stabilisierung von gefährdeten Regionen betont als Voraussetzung für die nationale und internationale Sicherheit. Welchen Beitrag kann bzw. muss die Entwicklungspolitik in diesem Zusammenhang leisten? Ist Entwicklungspolitik, die bekanntermaßen mit geringen finanziellen Ressourcen ausgestattet ist, da nicht schnell an ihren Grenzen angelangt? Wird der Sicherheitsaspekt in diesem Zusammenhang – vielleicht sogar aus Kalkül – hier nicht überwertet?
Auf diese und ähnliche Fragen sollen im Folgenden Antworten gesucht werden.

V 8 Entwicklungspolitik als Krisenprävention

1996 hat der damalige Entwicklungshilfeminister Carl-Dieter Spranger unter dem Eindruck der Gewaltausbrüche in Ruanda und Somalia einen seinerzeit noch recht neuen Gedanken ausgeführt. In einem Aufsatz für die Zeitschrift „Internationale Politik" charakterisierte er auch die Krisenprävention als Aufgabe der Entwicklungspolitik.
„Militärische Mittel allein sind kaum geeignet, bewaffneten Konflikten [...] zu begegnen. [...] Deshalb ist ein Zusammenwirken von Entwicklungs-, Außen- und Sicherheitspolitik gefordert, wenn der Eskalation von Konflikten zu Krisen vorgebeugt werden soll", schrieb Spranger. Und weiter stellte er fest: „In einer grundsätzlich noch friedlichen Situation kann Entwicklungszusammenarbeit geeignet sein, potenzielle Konfliktfelder aufzugreifen und zu entschärfen und somit eine Zuspitzung von Krisen zu vermeiden."
Krisenprävention wird heute einmütig als „Querschnittsthema der Entwicklungszusammenarbeit" betrachtet. Entwicklungszusammenarbeit gilt auch unter sicherheitspolitischer Perspektive als Instrument des Stabilitätstransfers. Die Erfahrungen der 90er-Jahre, besonders aber das Aufkommen des internationalen Terrorismus haben der westlichen Welt klargemacht, dass Entwicklungsdefizite, Armut, Hunger, Krankheiten, staatlicher Zusammenbruch und Migration eine Destabilisierung zur Folge haben können, die unter den Bedingungen der Globalisierung auch vor den Industrienationen nicht mehr haltmacht. Statt des „Endes der Geschichte", das viele nach dem Ende des Ost-West-Konflikts und des atomaren Sicherheitsdilemmas erwartet hatten, ist die Welt heute unübersichtlicher geworden. [...]
Das 20. Jahrhundert ging mit einer Welle der Gewalt zu Ende. Somalia, Ruanda und Jugoslawien sind zu Synonymen für Staatszerfall und Völkermord gewor-

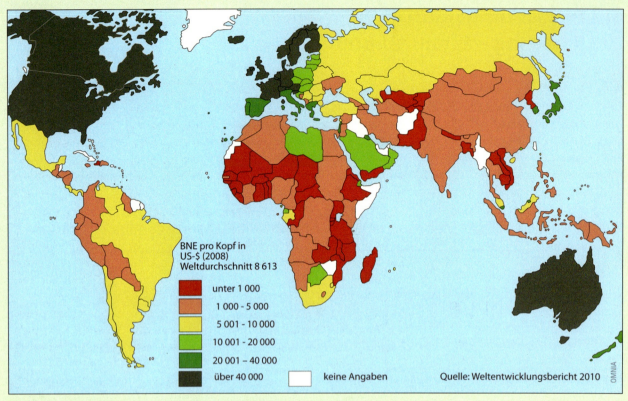

Aus: K. Engelhard (Hg.), Welt im Wandel, Omnia, Stuttgart 2008, S. 25

Aufgaben

1 Fassen Sie den Vortrag von Peter Weiß thesenartig zusammen.

2 Vergleichen Sie die Thesen mit der Karte und überprüfen Sie die Stichhaltigkeit der Thesen.

3 Erläutern Sie den Neuansatz in der Entwicklungszusammenarbeit, den der Text fordert.

den. Auch in anderen Teilen der Welt kam es zu neuen Gewaltausbrüchen. Jede dieser Auseinandersetzungen ist heute aber auch globales Risiko.
Was die Physik mit ihrer Chaostheorie schon zutreffend erkannt hat, beginnt die Politik erst zu verstehen: In der Welt von heute kann es eben auch für uns in Europa Folgen haben, wenn der sprichwörtliche Sack Reis in China umfällt. Wir können uns Ignoranz gegenüber fernen Problemen nicht mehr leisten. Örtlich begrenzte Konflikte können sich etwa durch Flüchtlingsströme mühelos auf eine ganze Region ausweiten und wirken in einer dicht vernetzten Welt weit über ihren Entstehungsraum hinaus. Zusammengebrochene Staaten sind Basis und Rekrutierungsfeld für Extremisten und Terroristen. Die Machtaneignung durch sogenannte „Warlords" erhöht die Unsicherheit und sorgt für einen Verlust an Stabilität, der wiederum die weltweite Nachfrage nach Massenvernichtungswaffen schürt. [...]
Es liegen inzwischen große Mengen empirischer Daten vor, die einen engen Zusammenhang zwischen mangelnder Entwicklung und Krisenneigung einer Region beschreiben. Auf den Punkt gebracht besagen sie: Armut führt mit hoher Wahrscheinlichkeit zu Krieg und Gewalt. Krieg wiederum wirkt in fast allen Fällen armutsverschärfend. Kriege verhindern sinnvolle Entwicklungsarbeit oder machen bereits Erreichtes wieder zunichte. [...]
Wir sehen: Sicherheit und Entwicklung bedingen sich wechselseitig. Die Entwicklungspolitik muss daher im Zusammenspiel mit der Außen-, Sicherheits- und Wirtschaftspolitik einen angemessenen Platz erhalten. [...]

Referat von Peter Weiß, MdB, zum Seminar „Krisenherde der Weltpolitik", 12. März 2005, Studienhaus Wiesneck

V 9a Die Reaktion: Die Millenniums-Entwicklungsziele der Vereinten Nationen – Forderungen für eine nachhaltige Entwicklungspolitik

Die acht Millenniums-Entwicklungsziele der UN

Ziel 1: Beseitigung der extremen Armut und des Hungers
Zielvorgabe 1: Zwischen 1990 und 2015 den Anteil der Menschen halbieren, deren Einkommen weniger als 1 Dollar pro Tag beträgt
Zielvorgabe 2: Zwischen 1990 und 2015 den Anteil der Menschen halbieren, die Hunger leiden

Ziel 2: Verwirklichung der allgemeinen Primarschulbildung
Zielvorgabe 3: Bis zum Jahr 2015 sicherstellen, dass Kinder in der ganzen Welt, Jungen wie Mädchen, eine Primarschulbildung vollständig abschließen können

Ziel 3: Förderung der Gleichstellung der Geschlechter und Stärkung der Rolle der Frauen
Zielvorgabe 4: Das Geschlechtergefälle in der Primar- und Sekundarschulbildung beseitigen, vorzugsweise bis 2005 und auf allen Bildungsebenen bis spätestens 2015

Ziel 4: Senkung der Kindersterblichkeit
Zielvorgabe 5: Zwischen 1990 und 2015 die Sterblichkeitsrate von Kindern unter fünf Jahren um zwei Drittel senken

Ziel 5: Verbesserung der Gesundheit von Müttern
Zielvorgabe 6: Zwischen 1990 und 2015 die Müttersterblichkeitsrate um drei Viertel senken

Ziel 6: Bekämpfung von HIV/Aids, Malaria und anderen Krankheiten
Zielvorgabe 7: Bis 2015 die Ausbreitung von HIV/Aids zum Stillstand bringen und allmählich umkehren
Zielvorgabe 8: Bis 2015 die Ausbreitung von Malaria und anderen schweren Krankheiten zum Stillstand bringen und allmählich umkehren

Ziel 7: Sicherung der ökologischen Nachhaltigkeit
Zielvorgabe 9: Die Grundsätze der nachhaltigen Entwicklung in einzelstaatliche Politiken und Programme einbauen und den Verlust von Umweltressourcen umkehren
Zielvorgabe 10: Bis 2015 den Anteil der Menschen um die Hälfte senken, die keinen nachhaltigen Zugang zu hygienischem Trinkwasser haben
Zielvorgabe 11: Bis 2020 eine erhebliche Verbesserung der Lebensbedingungen von mindestens 100 Millionen Slumbewohnen herbeiführen

Ziel 8: Aufbau einer weltweiten Entwicklungspartnerschaft
Zielvorgabe 12: Ein offenes, regelgestütztes, berechenbares und nicht diskriminierendes Handels- und Finanzsystem weiterentwickeln (dies umfasst die Verpflichtung auf gute Regierungs- und Verwaltungsführung, Entwicklung und Armutsreduzierung sowohl auf nationaler als auch auf internationaler Ebene)
Zielvorgabe 13: Den besonderen Bedürfnissen der am wenigsten entwickelten Länder Rechnung tragen (umfasst einen zoll- und quotenfreien Zugang für die Exportgüter der am wenigsten entwickelten Länder, ein verstärktes Schuldenerleichterungsprogramm für die hoch verschuldeten armen Länder und die Streichung der bilateralen öffentlichen Schulden sowie die Gewährung großzügigerer öffentlicher Entwicklungshilfe für Länder, die zur Armutsminderung entschlossen sind)
Zielvorgabe 14: Den besonderen Bedürfnissen der Binnen- und kleinen Inselentwicklungsländer Rechnung tragen
Zielvorgabe 15: Die Schuldenprobleme der Entwicklungsländer durch Maßnahmen auf nationaler und internationaler Ebene umfassend angehen und so die Schulden langfristig tragbar werden lassen
Zielvorgabe 16: In Zusammenarbeit mit den Entwicklungsländern Strategien zur Beschaffung menschenwürdiger und produktiver Arbeit für junge Menschen erarbeiten und umsetzen
Zielvorgabe 17: In Zusammenarbeit mit den Pharmaunternehmen erschwingliche unentbehrliche Arzneimittel in den Entwicklungsländern verfügbar machen
Zielvorgabe 18: In Zusammenarbeit mit dem Privatsektor dafür sorgen, dass die Vorteile der neuen Technologien, insbesondere der Informations- und Kommunikationstechnologien, genutzt werden können

Quelle: Karl Engelhard (Hg.), Welt im Wandel, Omnia, Stuttgart 2008, S. 88

V 9b Der Stand der Dinge bei Ziel 1, 2008

Ziele und Zielvor-gaben	Afrika		Asien				Ozeanien	Latein-amerika & Karibik	Gemeinschaft Unabhängiger Staaten	
	Nordafrika	südlich der Sahara	Ostasien	Südost-asien	Südasien	Westasien			Europa	Asien
Ziel 1 Beseitigung der extremen Armut und des Hungers										
Extreme Armut halbieren	niedrige Armut	sehr hohe Armut	mäßige Armut	mäßige Armut	sehr hohe Armut	niedrige Armut	–	mäßige Armut	niedrige Armut	niedrige Armut
Produktive, menschen-würdige Beschäfti-gung	hohe Defizite bei menschen-würdiger Arbeit (Jugendli-che und Frauen, mäßige Produktivi-tät)	sehr hohe Defizite bei menschen-würdiger Arbeit (Frauen), sehr niedrige Produktivi-tät	hohe Defizite bei menschen-würdiger Arbeit (Jugendli-che), mäßige Produktivi-tät	hohe Defizite bei menschen-würdiger Arbeit (Frauen), niedrige Produktivi-tät	sehr hohe Defizite bei menschen-würdiger Arbeit (Jugendli-che), niedrige Produktivi-tät	sehr hohe Defizite bei menschen-würdiger Arbeit (Frauen), mäßige Produktivi-tät	sehr hohe Defizite bei menschen-würdiger Arbeit (Jugendli-che und Frauen), sehr niedrige Produktivi-tät	geringe Defizite bei menschen-würdiger Arbeit (Frauen), mäßige Produktivi-tät	geringe Defizite bei menschen-würdiger Arbeit, mäßige Produktivi-tät	geringe Defizite bei menschen-würdiger Arbeit (Jugendli-che), mäßige Produktivi-tät
Hunger halbieren	sehr geringer Hunger	sehr verbreiteter Hunger	mäßiger Hunger	mäßiger Hunger	sehr verbreiteter Hunger	mäßiger Hunger	mäßiger Hunger	mäßiger Hunger	sehr geringer Hunger	sehr verbreiteter Hunger

Die vorstehende Matrix umfasst zwei Informationsebenen. Der Text in jedem Kasten beschreibt den gegenwärtigen Erfüllungsstand jeder Zielvorgabe. Die Farben zeigen die Fortschritte bei der Umsetzung der Zielvorgabe entsprechend der nachstehenden Legende.
- ■ Zielvorgabe erreicht oder beinahe erreicht
- ■ Zielvorgabe kann erreicht werden, wenn sich die derzeitigen Trends fortsetzen
- ■ Zielvorgabe wird nicht erreicht werden, wenn sich die derzeitigen Trends fortsetzen
- ■ Stillstand oder Rückschritte
- ■ Fehlende oder unzureichende Daten

* Die verfügbaren Müttersterblichkeitsdaten lassen keine Trendanalyse zu. Die zuständigen Organisationen haben die Fortschritte anhand von Ersatzindikatoren bewertet.

Quelle: www.un.org/Depts/german/millennium/mdg_report_2008_progress_chart_german.pdf

V 10 Entwicklungshilfe ist Friedenspolitik – der Ansatz Deutschlands

Die Milleniumserklärung der Vereinten Nationen verdeutlicht: Entwicklung und Frieden sind untrennbar miteinander verbunden. Im Kampf gegen Armut, Gewalt und Unrecht ist es Aufgabe der Entwicklungspolitik, die Partnerländer bei der Friedensentwicklung zu unterstützen: durch Krisenprävention, Konflikt-bearbeitung und Friedensförderung.

Die deutsche Entwicklungszusammenarbeit hilft, strukturelle Ursachen von Konflikten zu reduzieren und eine Kriseneskalation frühzeitig zu verhindern. Sie unterstützt staatliche und gesellschaftliche Akteure bei der gewaltfreien Kon-fliktbearbeitung. Und sie trägt dazu bei, nach Beendigung von bewaffneten Kon-flikten Frieden zu fördern und einen Rückfall in die Gewalt zu verhindern. Das entwicklungspolitische Handeln der Bundesrepublik berücksichtigt die Erfah-rung, dass Wandel und Entwicklung fast immer zu Interessensunterschieden führen und daraus Konflikte entstehen. Ziel ist es nicht, solche gesellschaft-lichen Konflikte pauschal zu vermeiden, sondern zu verhindern, dass sie gewalt-sam ausgetragen werden und dadurch zu Krisensituationen führen. In der Entwicklungszusammenarbeit wird daher statt von Konfliktprävention meist von Krisenprävention gesprochen.

Zum Selbstverständnis der deutschen Entwicklungspolitik gehört auch, dass sie Bemühungen zur Friedensentwicklung in den Partnerländern lediglich fördern und eigenverantwortlich handelnde Menschen unterstützen kann. Entwicklungszusammenarbeit selbst kann keine Konflikte von außen lösen oder die Friedenserhaltung sicherstellen.

Bei der Kooperation mit den Partnerländern ist es bereits gelungen, die bilaterale Entwicklungszusammenarbeit stärker konfliktsensibel auszurichten. Darüber hinaus wurde mit sehr vielen Partnerländern vereinbart, schwerpunktmäßig in Bereichen wie gute Regierungsführung und Friedensentwicklung zusammenzuarbeiten. Derzeit werden rund 30 Prozent der bilateralen staatlichen Entwicklungszusammenarbeit im Umfeld von Krisen und Konflikten eingesetzt. Einige Partnerländer wie Kolumbien, Sri Lanka und Guatemala haben jeweils einen Sektorschwerpunkt „Krisenprävention und Konfliktbearbeitung" erarbeitet, viele weitere haben das Thema als Querschnittsaufgabe in den sektoralen Ansätzen verankert.

Bundesministerium für wirtschaftliche Zusammenarbeit und Entwicklung (Hg.), „Friedensentwicklung – eine Aufgabe der Entwicklungspolitik", www.bmz.de [11.01.2010]

Aufgaben

1 G Recherchieren Sie, wie sich die Entwicklungspolitik seit den 1960er-Jahren entwickelte, und setzen Sie Ihre Ergebnisse in Bezug zur in V 8 geforderten Neuausrichtung.

2 Erarbeiten Sie aus V 10 die Zielsetzung deutscher Entwicklungshilfepolitik.

3 Beschreiben Sie den Verlauf der deutschen Official Development Assistance (ODA)-Quote. Erwägen Sie Gründe für den enormen Rückgang der ODA nach 1990.

4 Vergleichen Sie die Millenniumsziele der VN (V 9a) mit den aufgestellten Forderungen aus V 8.

5 Analysieren Sie V 9b) und ziehen Sie erste Schlussfolgerungen hinsichtlich der Umsetzung der Ziele.

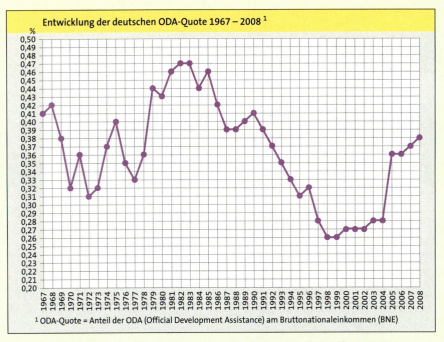

Quelle: www.bmz.de/de/zahlen/imDetail/Deutsche_ODA_Quote_1967–2008.pdf [12.05.2010]

V 11 Keine Sicherheit ohne pro-aktive Entwicklungspolitik – der Ansatz der EU

Im Dezember 2003 formulierte die Europäische Union erstmals eine gemeinsame Sicherheitsstrategie. Sie geht auf einen Entwurf des Hohen Vertreters der Gemeinsamen Außen- und Sicherheitspolitik (GASP), Javier Solana, zurück.

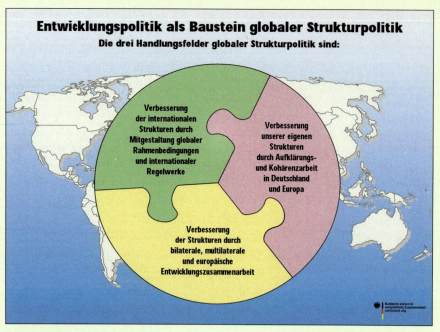

Quelle: www.bmz.de

Drei zentrale Bedrohungen werden in der Sicherheitsstrategie ausdrücklich definiert:
- erstens ein extrem gewaltbereiter, transnational vernetzter und meist mit religiösem Fundamentalismus einhergehender Terrorismus, der sich auch gegen Europa richtet,
- zweitens die Verbreitung von Massenvernichtungswaffen, die sowohl zu neuen Rüstungswettläufen in strategisch wichtigen Regionen, aber auch zu der bedrohlichen Kombination von Proliferation und Terrorismus führen könnte, sowie
- drittens das Scheitern staatlicher Systeme in vielen Weltregionen, da sich in staats- und rechtsfreien Räumen terroristische Aktivitäten sowie Menschen-, Drogen- und Waffenhandel organisieren lassen.

Unsicherheit und Gewalteskalationen können aus dieser Perspektive komplexe ökonomische, machtpolitische, soziokulturelle und ökologische Ursachen haben. Zukunftsfähige Sicherheitspolitik ist daher auch nicht nur eine Frage militärischer Kapazitäten, sondern basiert auf der Fähigkeit, politische wie sozioökonomische Krisen, die in Gewalt umzuschlagen drohen, möglichst früh mit zivilen und militärischen Instrumenten zu entschärfen. [...]

Der Entwicklungspolitik kommt in diesem Kontext eine große Bedeutung zu. Krisenprävention, die Stabilisierung schwacher Gesellschaften und der Wiederaufbau von Institutionen in Post-Konfliktsituationen gehören seit Langem zu ihren Aufgaben. Die sicherheitspolitische Relevanz wurde allerdings erst im Anschluss an den 11. September 2001 sukzessive deutlich. Die Entwicklungspolitik muss nun ihren Erfahrungsschatz pro-aktiv in die Gestaltung der europäischen Außenbeziehungen einbringen und sollte zu diesem Zweck eine Strategie zur Flankierung des „Solana-Konzeptes" formulieren. [...] Vier Gründe sprechen für eine intensivere Einmischung der europäischen Entwicklungspolitik in die Diskussion über die zukünftige Sicherheitspolitik. Es geht darum,

- die Konkretisierung, Weiterentwicklung und Umsetzung der Solana-Strategie nicht allein den „klassischen" sicherheitspolitischen Akteuren zu überlassen,
- die eigenen Stärken und potenziellen Beiträge zur Befriedung von Krisenländern und -regionen auch jenseits der eigenen Community sichtbar zu machen,
- die großen konzeptionellen, personellen und finanziellen Herausforderungen, die sich aus den Überlappungen der Aufgabenbereiche von Sicherheits- und Entwicklungspolitik sowie der Verzahnung ziviler und militärischer Instrumente zur Einhegung von Konflikten ergeben, rasch anzugehen und
- zu verhindern, dass die Entwicklungspolitik im Kontext der durch den transnationalen Terrorismus geprägten internationalen Politik auf ihre Beiträge zur Sicherheitspolitik reduziert wird. [...]

Jörg Faust, Dirk Messner, „Keine Sicherheit ohne pro-aktive Entwicklungspolitik", E + Z, Zeitschrift für Entwicklung und Zusammenarbeit 11/2004, www.inwent.org [11.01.2010]

Aufgaben

1 Stellen Sie Herausforderungen und Ziele der EU-Sicherheitspolitik gegenüber.

2 Vergleichen Sie die Ziele für Deutschland aus dem Schaubild mit denen der EU.

3 Erläutern Sie die Notwendigkeit einer Intensivierung der Entwicklungspolitik.

4 Stellen Sie dar, inwieweit man heute Entwicklungspolitik neu und weiter fassen muss als vor der Jahrtausendwende.

5 Erörtern Sie die Problematik, die dem letztgenannten Grund innewohnt.

V 12 Überforderte Entwicklungspolitik – Veränderungen nach dem 11. September

Es schien, als ob der Schock des 11. Septembers das soziale Weltgewissen weckte und die Einsicht beförderte, dass nur eine gerechtere Welt den Nährboden des internationalen Terrorismus austrocknen könnte. Alle politischen Parteien forderten eilfertig eine massive Aufstockung des Entwicklungsetats. Gleichzeitig überforderten sie die Entwicklungspolitik durch eine ständige Erweiterung ihres Aufgabenkatalogs, vor allem dann, wenn sie auf den engeren Bereich der ODA verengt wird. Viele der wohlfeilen Ratschläge beruhen auf allzu hohen Erwartungen und Fehleinschätzungen ihrer Möglichkeiten. Die Entwicklungspolitik soll mit einer Mittelausstattung, die kaum den Umfang des Agrarhaushalts der Europäischen Union erreicht,
- weltweit die Massenarmut überwinden;
- als präventive Sicherheitspolitik den Frieden sichern;
- den Planeten durch die Förderung von nachhaltiger Entwicklung vor dem ökologischen Kollaps bewahren;
- die Wohlstandsinseln vor Elends- und Umweltflüchtlingen aus den Armuts- und Krisenregionen schützen;
- weltweit der Marktwirtschaft, der Demokratie, „good governance" und den Menschenrechten zum Durchbruch verhelfen;
- sozialpolitisch auffangen, was die Globalisierung an Humankosten verursacht.

→ **Entwicklungsziele**
V 9a › S. 73

Die Weltbank setzte der internationalen Entwicklungspolitik in ihrem Weltentwicklungsbericht 2003 die folgenden drei Kernziele für ein „Management planetarischer Risiken": Verringerung der Armut, Abmilderung des Klimawandels und Bewahrung der biologischen Vielfalt. [...]

Der 11. September rückte jedoch die Funktion der Krisenprävention in den Vordergrund und diese Aufgaben in den Hintergrund. Wie zu Zeiten des Kalten Krieges drohen auch jetzt wieder geostrategische Interessen, die Allianzen mit autokratischen Regimen schmieden, friedenspolitische Einsichten überrollen und die Menschenrechte mit einem „Anti-Terror-Rabatt" behandeln.

Die Gretchenfrage war und ist, mit welchen Zielsetzungen und Instrumenten die Entwicklungspolitik zur Krisenprävention beitragen kann. Sie erwies sich bisher als ziemlich unfähig, die Vielzahl der in den Neunzigerjahren aufbrechenden Bürgerkriege zu verhindern, weil sie mit ihren geringen Mitteln nicht leisten konnte, was die Diplomatie nicht zu leisten vermochte. Die EU und der DAC (Development Assistance Committee der OECD) entwickelten schon in den Neunzigerjahren umfassende Konzepte, die nach dem 11. September an Aktualität und Dringlichkeit gewannen. In ihrem Mittelpunkt stand die Erkenntnis, dass Armut das Schlüsselproblem vieler Krisen und gewaltförmiger Konflikte bildet und deshalb die Armutsbekämpfung Priorität bekommen muss, die sie bisher – trotz aller rechtfertigenden Rhetorik – nicht hatte.

Der 11. September führte wie in einem Brennglas die Verwundbarkeit der globalen Infrastrukturen vor Augen. Er nahm den Inseln des Wohlstands und Friedens die Illusion, dass sich die Krisen der Welt in sicherer Entfernung zusammenbrauen, und er konkretisierte das, was der Soziologe Ulrich Beck „globale Risikogesellschaft" nennt. Die Globalisierung rückt der OECD-Welt auch Fehlentwicklungen an der weltpolitischen Peripherie näher. Die immer intensivere Verflechtung der Bedingungen von Sicherheit verdeutlicht, dass Sicherheit nur als globale Sicherheit gewährleistet werden kann.

Franz Nuscheler, „Überforderte Entwicklungspolitik", in: Internationale Politik, Ausgabe 11/2002

Karikatur: Much

Aufgaben

1 Erläutern Sie die Karikatur vor dem Hintergrund entwicklungspolitischen Engagements.

2 Zeigen Sie ausgehend vom Text das Verhältnis zwischen Anspruch und Wirklichkeit in der Entwicklungspolitik.

3 Stellen Sie die Rolle des 11. Septembers bei der Neuausrichtung der Entwicklungspolitik dar.

V 13 Die Weltbank – Finanzier der Entwicklungsländer?

Die Weltbank (offizieller Name: International Bank for Reconstruction and Development – IBRD) ist die wichtigste internationale Finanzorganisation in der Entwicklungspolitik. Organisatorisch hat sie sich in fünf Institutionen ausdifferenziert, sodass auch von der Weltbankgruppe gesprochen wird. Zu ihr gehören:
- die eigentliche Weltbank als „Mutter";
- die Internationale Entwicklungsorganisation (International Development Association – IDA), die wichtigste Finanzorganisation für günstige Entwicklungskredite an die ärmsten Länder;
- die Internationale Finanz-Kooperation (International Finance Corporation – IFC), die private Unternehmen in Entwicklungsländern mit Krediten und zeitlich befristeten Unternehmensbeteiligungen fördert;
- die Multilaterale Investitions-Garantie-Agentur (Multilateral Investment Guarantee Agency – MIGA), die privatwirtschaftliche Investitionen in den weniger entwickelten Ländern fördert, indem sie Versicherungen gegen nicht kommerzielle Risiken, wie Bürgerkriege oder Enteignungen, anbietet;
- das Internationale Zentrum für die Beilegung von Investitionsstreitigkeiten (International Centre for Settlement of Investment Disputes – ICSID), das bei Streitigkeiten zwischen ausländischen Investoren und den Regierungen von Entwicklungsländern zu vermitteln versucht.

Die letzten drei Organisationen mit ihrer Ausrichtung auf private Unternehmen und Direktinvestitionen haben seit dem Ende des Ost-West-Konflikts und mit der zunehmenden Globalisierung an Bedeutung gewonnen. Die Weltbank finanziert ihre Kredite an Entwicklungsländer vor allem über die Aufnahme eigener Darlehen an den globalen Kapitalmärkten. Da die Mitgliedsländer für die Anleihen der Weltbank bürgen und sie hohes Ansehen genießt, sind die Zinssätze für sie niedriger, als wenn Entwicklungsländer direkt Geld auf den Kapitalmärkten aufzunehmen versuchten.

→ Globalisierung
V3 › S. 233 ff.

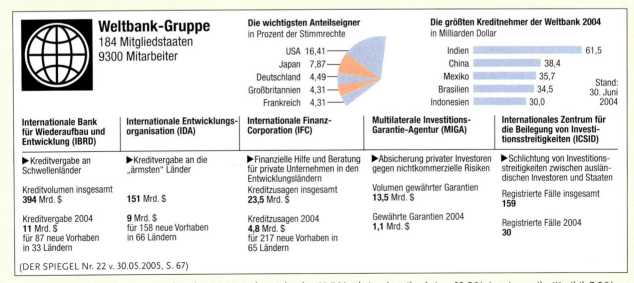

(DER SPIEGEL Nr. 22 v. 30.05.2005, S. 67)

Insgesamt betragen die Stimmrechte der OECD-Industrieländer 62,7 %; übrige Anteile: Asien: 13,5 %, Lateinameika/Karibik 7,5 %, Afrika 6,9 %, Naher Osten 6,6 %, Osteuropa 2,2 %.

Dennoch muss auch die Weltbank von ihren Kunden – den Entwicklungsländern – marktnahe Zinsen verlangen, die für viele von ihnen jedoch zu hoch sind.
Die Gruppe der einkommensschwächsten Entwicklungsländer erhält daher von der IDA Kredite zu subventionierten Bedingungen (Standard-Laufzeit 35 bis 40 Jahre, zehn Freijahre ohne Rückzahlung, zinslos, aber eine Bearbeitungsgebühr von 0,75 Prozent pro Jahr). Die Subventionen erbringen die Geberländer unter den Mitgliedern durch Zahlungen in einen Fonds, der regelmäßig wiederaufgestockt werden muss.
Weltbank- und IDA-Kredite sind an Bedingungen gekoppelt. Damit hat die Weltbank die Möglichkeit, auf die Regierungen der Entwicklungsländer und deren Entwicklungspolitik Einfluss zu nehmen. Sie hat dies auch zunehmend genutzt, indem sie verstärkt von der Projekt- zur Programmfinanzierung übergegangen ist und so die Gesamtpolitik der Entwicklungsländer beeinflusst, zum Beispiel durch Strukturanpassungsdarlehen und Orientierung auf good governance. [...]
Die entwicklungspolitische Strategie der Weltbank wurde von Entwicklungsländern, zivilgesellschaftlichen Organisationen in den Industrieländern und seitens der Wissenschaft aber immer wieder scharf kritisiert. Ein zentraler Vorwurf lautet, die Weltbank sei eine westlich dominierte Organisation. Tatsächlich verfügen Weltbank und IWF abweichend von der Regel in internationalen Organisationen über ein gewichtetes Stimmrecht. Abgesehen von einem Anteil gleicher Basisstimmen für jedes Land richtet sich das Stimmengewicht eines Mitgliedsstaates überwiegend nach dem von ihm zu leistenden Finanzbeitrag (Quote). Nur die fünf stimmenstärksten Mitglieder – darunter Deutschland – haben das Recht auf einen eigenen Direktor im Exekutivdirektorium.
Aufgrund des gewichteten Stimmrechts verfügen die westlichen Industrieländer über eine deutliche Mehrheit in IWF und Weltbank. Dies hat auch zu der Tradition beigetragen, dass der Präsident der Weltbank bisher immer ein US-Amerikaner, der geschäftsführende Direktor des IWF bisher immer ein Europäer war.
Die Entwicklungsländer fordern vor diesem Hintergrund zunehmend eine „Demokratisierung", womit sie ein stärkeres Mitspracherecht meinen.
Die Kritik gerade auch von entwicklungspolitisch engagierten NROs hat dazu geführt, dass Weltbank wie IWF auf größere Transparenz ihrer Organisation wie ihrer Aktivitäten achten und sich mit Kritikern im Rahmen gemeinsamer Tagungen verstärkt auseinandersetzen.

Bundeszentrale für poltische Bildung (Hg.), „Die Weltbank – Finanzier der Entwicklungsländer?", Informationen zur politischen Bildung Nr. 286, Entwicklung und Entwicklungspolitik, 1. Quartal 2005, S. 38 f.

Aufgaben

1 *Erarbeiten Sie am Beispiel der Weltbank, wie Entwicklungspolitik betrieben wird.*

2 *Beurteilen Sie, ob eine rein monetäre Unterstützung der Entwicklungsländer ausreicht, um die angestrebten Ziele zu erreichen.*

3 *Setzen Sie sich kritisch mit dem vor allem von Entwicklungsländern geäußerten Vorwurf auseinander, „die Weltbank sei eine westlich dominierte Organisation" (Z. 45).*

V 14 Wie geht es weiter mit der Entwicklungspolitik?

[...] Auf die Frage, wie es mit der Entwicklungspolitik weitergehen soll, müssen Antworten darauf gefunden werden, welche Herausforderungen sich ihr unter den Bedingungen der Globalisierung sowie der weltwirtschaftlichen
5 und weltpolitischen Strukturveränderungen stellen und wie die Industrieländer in diesem Kontext ihre Interessen definieren. Es hängt wesentlich von der Perzeption und Gewichtung dieser Interessen ab, welche Prioritäten die nationale und internationale Entwicklungspolitik setzt. Sie
10 soll die folgenden säkularen Herkulesaufgaben bewältigen. Es gilt
- nach den strategischen Vorgaben der acht Millennium-Entwicklungsziele das Armutsproblem als entwicklungspolitisches Schlüsselproblem zu entschärfen; [...]
15 - sozialpolitisch aufzufangen, was die Globalisierung an Humankosten verursacht, und gleichzeitig die „Fußkranken der Weltwirtschaft" durch die Förderung der systemischen Wettbewerbsfähigkeit zur Teilhabe an den Chancen der Globalisierung zu befähigen;
20 - durch die Verbesserung der Lebensbedingungen dort, wo der Migrationsdruck entsteht, die Wohlstandsinseln der Welt vor Elends- und Umweltflüchtlingen aus den Armuts- und Krisenregionen zu schützen;
- durch eine Verzahnung von Entwicklungs- und Um-
25 weltpolitik, [...] der Verschärfung von Umweltkrisen (Desertifikation, Bodenerosion, Wassermangel), den bedrohlichen Folgen des Klimawandels vorzubeugen und dem Leitbild einer globalen nachhaltigen Entwicklung zum Durchbruch zu verhelfen;
30 - als präventive Sicherheitspolitik, die zunächst in das Konzept der „erweiterten Sicherheit" und inzwischen in ein ausgefeiltes Konzept der zivilen Krisenprävention eingebunden wurde, der Vermehrung und Brutalisierung von Verteilungskonflikten um verknappende Ressourcen sowie dem Zerfall von Staaten vorzubeugen;
35 - schließlich auch noch weltweit die Entwicklung hin zu Marktwirtschaft, Demokratie, Herrschaft des Rechts und der universellen Geltung der politischen und sozialen Menschenrechte zu fördern. Es ist ziemlich offensichtlich, dass die Entwicklungspolitik diese großen Aufgaben einer umfassenden Weltverbesserung auch dann nicht bewältigen könnte, wenn die ihr zur Verfügung
40 gestellten finanziellen Mittel tatsächlich das magische „UN-Ziel" von 0,7 Prozent des Bruttonationaleinkommens (BNE) der reichen Staaten erreichen und die vom „Spiegel" gerühmten privaten „Retter der Welt" (wie Bill Gates, Warren Buffet und George Soros) ihre milliardenschweren Schatullen noch weiter öffnen würden.

Franz Nuscheler, „Wie geht es weiter mit der Entwicklungspolitik?", in: Bundeszentrale für Politische Bildung (Hg.), Aus Politik und Zeitgeschichte, Nr. 48/2007

Erik Liebermann/CCC, www.c5.net

Aufgaben

1 Interpretieren Sie die Karikatur.

2 Fassen Sie zusammen, welche Probleme der Text für eine wirksame Entwicklungszusammenarbeit sieht.

3 Erläutern Sie, inwiefern man in diesem Zusammenhang von einer Überforderung der Entwicklungspolitik sprechen muss. Ziehen Sie auch V 12 heran.

V 15 Einsatz der EU für Frieden und Sicherheit

Militärausgaben OECD 2006

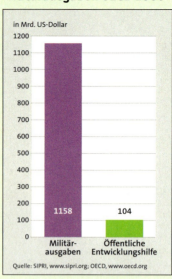

Aus: K. Engelhard (Hg.), Welt im Wandel, Omnia, Stuttgart 2008, S. 196

Geberländer im Vergleich 2008[1]

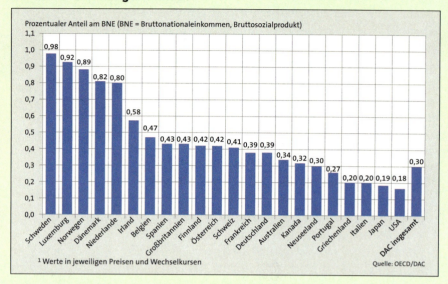

[1] Werte in jeweiligen Preisen und Wechselkursen

Seit Anbruch des neuen Jahrtausends richten sich die Entwicklungs-, Außen- und Sicherheitspolitik der EU auf Konfliktprävention, zivile Krisenbewältigung, Demokratie, Menschenrechtsschutz, Partnerschaften auf der Grundlage von Gleichheit und Eigenverantwortung sowie Partizipation der Zivilgesellschaft. Wir erkennen den Einsatz der EU für Frieden und Sicherheit auf der Grundlage des Bezugsystems der menschlichen Sicherheit an. Es mangelt jedoch noch an Kohärenz und an der Umsetzung der politischen Handlungskonzepte. Die politische Praxis, beispielsweise in der Migrationspolitik, zeigt, dass die EU ein eurozentrisches, defensives Sicherheitskonzept verfolgt, statt die Probleme präventiv, kohärent und integrativ anzugehen. Wir begrüßen, dass die EU die Existenz gescheiterter und scheiternder Staaten als Gefahr für die Sicherheit der Bevölkerung dieser Staaten und für Europa anerkennt. Wir können jedoch nicht erkennen, dass die EU konsequent die Faktoren in der EU-Politik und der Praxis von Unternehmen in Europa bekämpft, die zum Scheitern von Regierungen in Afrika beitragen.

In EU-Dokumenten wird ignoriert, dass auch die Politik und Praxis innerhalb der EU und ihrer Mitgliedstaaten Ursachen gewaltsamer Konflikte in Afrika sind oder indirekt damit zusammenhängen.

So steht zum Beispiel die EU-Handelspolitik oft im Widerspruch zu den Zielen der nachhaltigen Entwicklung in Afrika und der Armutsbekämpfung. Die Muster des Energie- und Ressourcenverbrauchs in Europa sowie das Streben, Zugang zu Ressourcen zu erhalten und diesen zu sichern, erzeugen Konflikte. Die Mitgliedstaaten der Europäischen Union zählen zu den größten Produzenten von Klein- und Leichtwaffen.

Verband Entwicklungspolitik deutscher Nichtregierungsorganisationen e. V. (VENRO), Afrikas Perspektive – Europas Politik. Entwicklungspolitisches Manifest zur deutschen EU-Ratspräsidentschaft 2007; zitiert nach: K. Engelhard, Welt im Wandel, Omnia, Stuttgart 2008, S. 189

Aufgaben

1 Erarbeiten Sie aus dem Text positive Ansätze und Grenzen der EU-Entwicklungspolitik.

2 Erläutern Sie die beiden Schaubilder hinsichtlich der Relevanz der Ziele der EU-Entwicklungspolitik und ziehen Sie Rückschlüsse auf deren Umsetzung.

3 Erörtern Sie, inwieweit Entwicklungspolitik tatsächlich aktive Sicherheitspolitik bedeutet.

7. Zusatzmaterial

V 16 Die VN als Weltpolizei?

Zeichnung: Felix Mussil

Aufgaben

1. Beschreiben und interpretieren Sie die nebenstehende Karikatur.

2. G Recherchieren Sie zu den in der Karikatur angeführten Konflikten und stellen Sie dem Kurs die Hintergründe und die Rolle der VN in diesen Konflikten dar.

3. Einige dieser Konflikte sind immer noch oder wieder auf der Agenda der internationalen Politik. Beurteilen Sie vor diesem Hintergrund die Möglichkeiten und Grenzen der VN hinsichtlich Konfliktvermeidung und „peace building".

V 17 Reform der Vereinten Nationen

Das in Art. 2, Ziff. 7 der VN-Charta [s. Info] verankerte Souveränitätsprinzip besagt, dass aus der Charta „eine Befugnis der VN zum Eingreifen in Angelegenheiten, die ihrem Wesen nach zur inneren Zuständigkeit eines Staates gehören, oder eine Verpflichtung der Mitglieder, solche Angelegenheiten einer Regelung
5 aufgrund dieser Charta zu unterwerfen, nicht abgeleitet werden" kann. Die einzige Ausnahme dieses Grundsatzes bilden Zwangsmaßnahmen des Sicherheitsrates nach Kap. VII der VN-Charta. Angesichts der zunächst sehr weiten Auslegung des Begriffs „innere Angelegenheiten" hieß das, dass sich die Zuständigkeit der Weltorganisation bei Maßnahmen kollektiver Sicherheit in der Regel auf in-
10 ternationale Konflikte beschränkte, während ihr ein Eingreifen in interne Konflikte untersagt bzw. nur in jenen Fällen erlaubt ist, von denen eine Bedrohung der internationalen Sicherheit ausgeht. Berücksichtigt man, dass es sich bei 183 der insgesamt 220 Kriege [vgl. V 19], die es weltweit zwischen 1945 und 2007 gab, um interne Konflikte handelte, so wird deutlich, warum – allein schon aus recht-
15 lichen Gründen – die Weltorganisation so häufig zu Untätigkeit verdammt war und noch immer ist. Berücksichtigt man ferner, dass es unterhalb dessen, was mit dem Begriff „Bürgerkrieg" umschrieben wird, zahlreiche spontane und systematische Übergriffe von Regierungen und Regimen gegen Teile der Bevölkerungen ihrer eigenen Länder gibt, etwa gegen ethnische und religiöse Minder-
20 heiten, bei denen die Weltorganisation nicht eingreifen darf (und häufig auch

INFO
UN-Charta (Auszüge)
Die Organisation und ihre Mitglieder handeln im Verfolg der in Artikel 1 dargelegten Ziele nach folgenden Grundsätzen:
Artikel 2
(1) Die Organisation beruht auf dem Grundsatz der souveränen Gleichheit aller ihrer Mitglieder. [...]
(3) Alle Mitglieder legen ihre internationalen Streitigkeiten durch friedliche Mittel so bei, dass der Weltfriede, die internationale Sicherheit und die Gerechtigkeit nicht gefährdet werden.
(4) Alle Mitglieder unterlassen in ihren internationalen Beziehungen jede gegen die territoriale Unversehrtheit oder die politische Unabhängigkeit eines Staates gerichtete oder sonst mit den Zielen der Vereinten Nationen unvereinbare Androhung oder Anwendung von Gewalt. [...]
(7) Aus dieser Charta kann eine Befugnis der Vereinten Nationen zum Eingreifen in Angelegenheiten, die ihrem Wesen nach zur inneren Zuständigkeit eines Staates gehören, oder eine Verpflichtung der Mitglieder, solche Angelegenheiten einer Regelung auf Grund dieser Charta zu unterwerfen, nicht abgeleitet werden; die Anwendung von Zwangsmaßnahmen nach Kapitel VII wird durch diesen Grundsatz nicht berührt.

INFO
UN-Charta (Auszüge)
Artikel 27
(1) Jedes Mitglied des Sicherheitsrats hat eine Stimme.
(2) Beschlüsse des Sicherheitsrats über Verfahrensfragen bedürfen der Zustimmung von neun Mitgliedern.
(3) Beschlüsse des Sicherheitsrats über alle sonstigen Fragen bedürfen der Zustimmung von neun Mitgliedern einschließlich sämtlicher ständigen Mitglieder, jedoch mit der Maßgabe, dass sich bei Beschlüssen auf Grund des Kapitels VI und des Artikels 52 Absatz 3 die Streitparteien der Stimme enthalten.

gar nicht eingreifen will), gegen Oppositionelle und Dissidenten, die diskriminiert, drangsaliert oder gar massakriert werden, so wird der Kreis der Angelegenheiten um vieles größer.
Eine Verbesserung könnte eine weitere Auslegung des Souveränitätsprinzips bringen. Doch eine solche stößt bei der Mehrzahl der Staaten auf zähen Widerstand – bei den Groß- und Mittelmächten, die sich in ihrer Handlungsfähigkeit nicht einschränken lassen wollen, sowieso, aber auch bei den vielen kleinen Staaten, insbesondere bei den Ländern des Südens, die im Souveränitätsprinzip einen Schutz vor Eingriffen und Bevormundungen größerer Staaten sehen. Dennoch: Zu den großen Aufgaben einer Charta-Reform würde auch die Entwicklung und Einbringung eines zeitgemäßen Verständnisses von Souveränität gehören, und korrespondierend dazu die Entwicklung von Verfahren, die einen Missbrauch verhindern. [...] Dabei geht es nicht um die Aufweichung oder Aufhebung des Souveränitätsprinzips, sondern lediglich um eine Ausgestaltung, die auch den Völkern und Menschen mehr Sicherheit bringt. Als einen wichtigen Schritt auf dem Weg zu einem solchen sach- und zeitgemäßen Souveränitätsbegriff ist es zu bewerten, dass die Sondergeneralversammlung im September 2005 der Empfehlung der Hochrangigen Gruppe und des Generalsekretärs folgte und das Prinzip „*Responsibility to Protect*" ausdrücklich anerkannte und zugleich feststellte, dass die Generalversammlung die Diskussion über dieses Konzept fortsetzen soll. Allerdings zeigt die Reaktion auf die Situation in Darfur und in Birma, dass es mit dem Verantwortungsgefühl der Staaten noch immer nicht weit her ist.

Während sich die Forderung nach einer völkerrechtlichen Neugestaltung des Souveränitätsprinzips bislang eher auf die Generalsekretäre der VN beschränkte sowie auf Stimmen aus der Zivilgesellschaft, ist die Kritik an dem zweiten problematischen Strukturelement – dem in Art. 27, Ziff. 3 der Charta enthaltenen Vetorecht der ständigen Mitglieder des Sicherheitsrates – nicht nur erheblich breiter, sondern dauert zudem auch seit Gründung der VN an. Im Kern läuft dieses Recht darauf hinaus, dass jedes ständige Mitglied Beschlüsse des Sicherheitsrates durch ein Veto verhindern kann, und zwar ohne Angabe von Gründen. In der Praxis heißt das, dass alle Konflikte, in denen Interessen eines ständigen Mitgliedes oder die seiner Verbündeten involvierte sind, einer Regelung durch den Sicherheitsrat entzogen werden können und de facto auch entzogen wurden und noch immer werden. Dabei bilden die tatsächlich eingelegten Vetos nur die Spitze des Eisberges. Denn zahlreiche Streitfälle werden erst gar nicht zur Abstimmung vorgelegt, wenn schon im Vorfeld absehbar ist, dass ein solches Veto droht. Prominentestes Beispiel der jüngsten Vergangenheit war der Verzicht Washingtons auf die Einbringung eines weiteren Resolutionsentwurfes zur Autorisierung des geplanten Angriffes auf den Irak, nachdem Frankreich und Russland für diesen Fall ein Veto angekündigt hatten. Umgekehrt verzichteten die Kriegsgegner auf eine formelle Verurteilung der USA durch den Sicherheitsrat, da ein solcher Antrag an einem Veto Washingtons und Londons gescheitert wäre. Das heißt: Ständige Ratsmitglieder können selbst gegen das Grundprinzip der Charta, das Gewaltverbot, verstoßen, ohne dass dies durch den Sicherheitsrat verhindert oder auch nur verurteilt werden kann.

Die Kritik am Vetorecht ist ebenso verbreitet wie berechtigt. Allerdings wird dabei meist übersehen, dass das Vetorecht das kleinere von zwei Übeln darstellt. So gehört – die Geschichte des Völkerbundes hat dies gezeigt – zu den Voraussetzungen für das Funktionieren eines Systems kollektiver Sicherheit die Beteiligung aller Großmächte. Deren zentrale Bedingung war jedoch 1945 die Zubilligung eines Vetorechts; ohne dieses wären weder die Sowjetunion noch die USA den VN beigetreten. Und ohne diese beiden Mächte hätte es vermutlich keine Weltorganisation gegeben. An dieser Einstellung hat sich, wie die Reformdebatte der vergangenen Jahre bestätigte, bis heute nichts geändert. Wie das Souveränitätsprinzip, so ist auch das Vetorecht von konstitutiver Bedeutung und steht deshalb – wie jenes – auch bei der Reform der Weltorganisation letztlich nicht zur Disposition. Doch ebenso wie eine behutsame Neugestaltung des Souveränitätsprinzips ist auch eine Modifizierung des Vetorechts denkbar und auch zumutbar. So könnte man sich etwa darauf einigen, dass ein Veto nur in Fällen von Maßnahmen nach Kap. VII der Charta eingelegt werden darf oder ein einzelnes eingelegtes Veto eine Entschließung des Sicherheitsrates dann nicht verhindern kann, wenn diese die erforderliche Mehrheit erreicht hat.

Während die Kritik am Vetorecht der ständigen Mitglieder schon seit 1945 andauert, ist die Kritik an einem anderen Punkt – dem der Zusammensetzung des Rates – seit den 1990er-Jahren des vergangenen Jahrhunderts ins Zentrum von Auseinandersetzungen und Reforminitiativen getreten. So wurde und wird zurecht darauf hingewiesen, dass der Rat in seiner derzeitigen Zusammensetzung eher das internationale Machtgefüge von 1945 als das von 2005 widerspiegelt und dass er, was die ständigen Mitglieder anbelangt, von den Industriestaaten des Nordens dominiert wird, während die Länder des Südens mit der Volksrepublik China als einziger Vertreterin deutlich unterrepräsentiert sind, obwohl sie inzwischen die weitaus überwiegende Mehrheit der Mit-

V 18 Vorschläge zur Reform des Sicherheitsrats

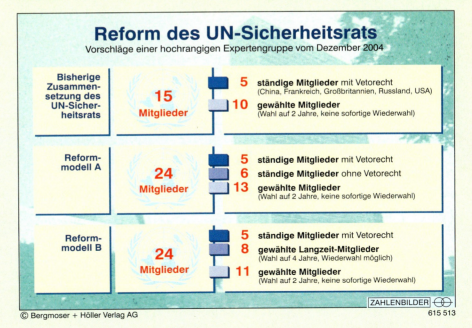

gliedstaaten der VN stellen. Unzureichende Repräsentativität des Rates drohe jedoch auf die Dauer seine Autorität sowie die Legitimität seiner Entscheidungen zu unterminieren. Während die Schlüssigkeit dieser Argumentation außer Frage steht und auch von keinem Land infrage gestellt wird, scheiterte eine Erweiterung des Rates in der Praxis immer wieder an mehreren Tatbeständen:

- So wird zum einen darauf hingewiesen, dass der Sicherheitsrat seiner „Hauptverantwortung" für die Wahrung des Friedens nur durch ein in Art. 24 gebotenes „schnelles und wirksames Handeln" gerecht werden kann, was der Größe des Rates Grenzen setzt. Dass Repräsentativität und Funktionalität in einem schwierigen Spannungsverhältnis stehen, ist unbestritten, und dieses Spannungsverhältnis dürfte im Falle einer Erweiterung des Sicherheitsrates wohl nur durch eine zusätzliche Reform der Entscheidungsmechanismen des Rates aufzulösen sein.
- Ein zweiter Tatbestand betrifft tief greifende Divergenzen über die Art der Mitgliedschaften im Rat, das heißt über die Frage, ob im Rahmen einer Erweiterung sowohl die Zahl der ständigen Mitglieder wie auch die der nicht ständigen Mitglieder erhöht werden sollte, bzw. ob eine neue Kategorie ständiger Mitglieder geschaffen werden sollte, nämlich solcher ohne Vetorecht.
- Ein dritter Punkt betrifft die Frage, welche Länder den Status ständiger Mitglieder – sei es nun mit oder ohne Vetorecht – erhalten sollten. Tief greifende Unstimmigkeiten in der Frage bestehen, wie die Debatten im Herbst 2005 erneut bestätigten, nicht nur zwischen den Entwicklungsländern, sondern auch zwischen den Industriestaaten, aber auch zwischen den ständigen Ratsmitgliedern. So lehnte etwa die Volksrepublik China die von den USA favorisierte Aufnahme Japans in den Kreis der ständigen Mitglieder offen und vehement ab, obwohl Japan als zweitgrößter Beitragszahler zum VN-Haushalt, aufgrund seiner Wirtschaftsleistung, aber auch aufgrund seiner personellen und finanziellen Beiträge zu den Blauhelm-Missionen alle wichtigen Kriterien für einen ständigen Sitz erfüllt. Auch hier zeigt sich wieder eine kaum nachvollziehbare Überdehnung des Vetorechts.

Peter J. Opitz, „Das VN-System kollektiver Sicherheit", in: Bayerische Landeszentrale für politische Bildungsarbeit (Hg.), Internationale Politik als Überlebensstrategie, 1. Aufl., München 2009, S. 217 ff.

Aufgaben

1 Erarbeiten Sie aus V 17 die Problemstellungen, die die VN momentan in ihrer Handlungsfähigkeit beschränken.

2 Stellen Sie die einzelnen Reformvorschläge dar und erwägen Sie, wie Sie strukturelle Probleme der VN lösen könnten.

3 Erörtern Sie auf der Basis von V 18, ob Deutschland einen Sitz im Sicherheitsrat erhalten sollte.

4 Erstellen Sie ein Werbeplakat für die VN, das auf die Leistungen der Organisation verweist.

V 19 Konflikt-Barometer 2008: „Die Welt ist unfriedlicher geworden"

In diesem Jahr hat es weltweit mehr Kriege gegeben als 2007. Das Institut für Internationale Konfliktforschung hofft nun auf die Diplomatie des künftigen US-Präsidenten Obama.

„Die Welt ist unfriedlicher geworden." Diese Bilanz zieht das Heidelberger Institut für Internationale Konfliktforschung (HIIK). Es präsentierte am Montag seinen „Conflict Barometer 2008". Demnach hat es in diesem Jahr weltweit mehr Kriege und gewaltsame Auseinandersetzungen als 2007 gegeben.

Das Institut zählt neun Kriege in diesem Jahr, im Vorjahr waren es sechs. Mit dem Konflikt zwischen Russland und Georgien kehrte der Krieg auch nach Europa zurück. „Wir sind wieder auf dem Stand, den wir vor vier, fünf Jahren hatten, nachdem es im vergangenen Jahr fast sensationell friedlich war", sagte die Herausgeberin des Konfliktbarometers, Lotta Mayer.

Die Wahl von Barack Obama zum Präsidenten der USA steigert aus Mayers Sicht jedoch die Chancen für eine friedlichere Welt. „Er wird wohl insgesamt einen diplomatischeren Weg gehen als sein Vorgänger." Dennoch würden die Konflikte in der Welt noch lange Zeit von der Politik der USA unter George W. Bush beeinflusst, der im Kampf gegen den Terrorismus zu häufig auf Gewalt gesetzt habe. „Das kann man nicht einfach aus der Welt schaffen", sagte Mayer. Zu den Kriegen wird auch die Offensive der türkischen Armee gegen die verbotene kurdische Arbeiterpartei PKK gezählt. Bei dem einwöchigen Kampf im Februar im Nordirak wurden 240 PKK-Anhänger getötet. Kriege registrierten die Wissenschaftler außerdem in Somalia, in der afrikanischen Krisenregion Darfur (Sudan), im Tschad, in Pakistan, Sri Lanka, Afghanistan und im Irak.

Bei den „begrenzten Kriegen" gab es eine Zunahme von 26 auf 30. Konflikte dieser Kategorie zeichnen sich durch organisierte und wiederholte Gewalt über eine längere Dauer aus. Im Südkaukasus gab es neben dem Fünf-Tage-Krieg zwischen Russland und Georgien Anfang August auch zwei „begrenzte Kriege" um die abtrünnigen Gebiete Abchasien und Südossetien. Ein weiterer „begrenzter Krieg" wird in Europa nach Einschätzung der Forscher in Inguschetien geführt. In der Nachbarrepublik Tschetscheniens kämpfen Islamisten gewaltsam für einen Gottesstaat.

Insgesamt zählten die Politikwissenschaftler 345 Konflikte weltweit, darunter 39 „hochgewaltsame Auseinandersetzungen" und 95 gewaltsame Krisen, in denen sporadisch Gewalt eingesetzt wird.

Ag., „Konfliktbarometer 2008: ‚Die Welt ist unfriedlicher geworden'", www.diepresse.com, 15.08.2008 [11.01.2010]

V 20 NATO einig über Afghanistan-Strategie – Abschlusserklärung in Straßburg

Die Allianz stellt sich geschlossen hinter Obamas neue Afghanistan-Strategie. Außerdem wird die Arbeit des NATO-Russland-Rats wieder aufgenommen – die Tür für neue Mitglieder soll offen bleiben. Die NATO-Staaten haben sich geschlossen hinter das neue US-Konzept für Afghanistan gestellt. „Wir haben uns auf eine Strategie geeinigt", sagte Bundeskanzlerin Angela Merkel zum Abschluss des Gipfels in Straßburg. Mit dem Plan von Präsident Barack Obama werde „unser Konzept der vernetzten Sicherheit zu 100 Prozent umgesetzt".

Laut NATO-Generalsekretär Jaap de Hoop Scheffer haben mehr als zehn Staaten weitere Militärbeiträge angeboten. Die Anzahl der zusätzlichen Soldaten beläuft sich nach Angaben des Weißen Hauses auf 5 000. De Hoop Scheffer sagte: „Wenn es um Afghanistan geht, kommt die Allianz ihren Verpflichtungen nach."

Obama hat die Entsendung von 21 000 zusätzlichen Soldaten und Militärausbilder an den Hindukusch angekündigt. Zugleich will er

Sarkozy, de Hoop Scheffer und Merkel bei ihrer Abschlusspressekonferenz

den zivilen Wiederaufbau stärken und Nachbarstaaten wie Pakistan und Iran in die Lösung des Konfliktes einbeziehen. Merkel hob hervor, dass sich Deutschland mit zusätzlichen 600 Soldaten an der Sicherung der Präsidentenwahl im Sommer in Afghanistan beteiligen werde. Dies hatte Verteidigungsminister Jung bereits im Februar angekündigt. Der Sprecher des Weißen Hauses, Robert Gibbs, sagte, 900 weitere Soldaten würden von Großbritannien bereitgestellt, 600 von Spanien. Die zusätzlichen Truppen würden in erster Linie afghanische Polizisten ausbilden und die Präsidentschaftswahlen im August absichern.

In der Gipfel-Erklärung zu Afghanistan heißt es, die NATO-Staaten teilten die Einschätzung, dass zur Stabilisierung des Landes am Hindukusch die zivilen und militärischen Anstrengungen besser austariert werden müssten. Entscheidend sei, dass die Verantwortung für die Sicherheit Afghanistans dem Land selbst übertragen werde. Außerdem könne die Mission nur erfolgreich sein, wenn auch die afghanischen Nachbarn einbezogen würden. Die Probleme Afghanistans und Pakistans seien miteinander verwoben.

Den Schwerpunkt ihres Engagements legt die NATO auf die Ausbildung und Ausrüstung der einheimischen Sicherheitskräfte. Als Ziel wurde die Zahl von 134000 auszubildenden afghanischen Soldaten genannt. Die NATO bekennt sich zwar zu einem langfristigen Engagement am Hindukusch, betont jedoch: „Je mehr die afghanischen Fähigkeiten zunehmen, desto mehr wird sich unser Anteil an der Bereitstellung von Sicherheit auf die Anleitung und Ausbildung konzentrieren."

AP/dpa/ihe/mati, „NATO einig über Afghanistan-Strategie", www.sueddeutsche.de, 04.04.2009 [11.01.2010]

Aufgaben

1 Erläutern Sie, inwieweit die Afghanistan-Strategie der NATO eine Reaktion auf die veränderte Weltlage darstellen könnte.

2 Recherchieren Sie ausgehend vom Text die Position der Obama-Administration zur Rolle der NATO und zum Konflikt in Afghanistan.

3 Beurteilen Sie die Chancen für die Stabilisierung Afghanistans nach dem vorliegenden Konzept.

4 Beurteilen Sie den Einsatz der NATO-Truppen, also auch der Bundeswehr, in Afghanistan.

V 21 Die Zukunft der NATO – Auf dem Weg zum Weltpolizisten?

Die NATO befindet sich in einer Zwitterstellung: Sie ist noch immer Verteidigungsbündnis (System kollektiver Verteidigung), sie ist aber zunehmend auch zum Instrument internationaler Krisenbeherrschung geworden (System kollektiver Sicherheit). Den politischen Strukturveränderungen wurde einerseits mit der Schaffung neuer Mechanismen begegnet, wie etwa dem Euro-Atlantischen Partnerschaftsrat oder auch der Europäisierung. Der Fortbestand als bedeutsame internationale Organisation im gewandelten internationalen Umfeld wurde andererseits durch eine geradezu als radikal zu bezeichnende innere Reform gesichert, bei welcher der Funktionswandel vom Verteidigungsbündnis zum System kollektiver Sicherheit im Vordergrund stand. Das Ziel war nun nicht mehr, die NATO zu haben, um sie nicht einsetzen zu müssen, sondern vielmehr die NATO zu verändern, um sie einsetzen zu können.

Zentrale Fragen sind jedoch für die Allianz noch nicht beantwortet: Stimmen die Allianzmitglieder hinsichtlich der Einschätzung der sicherheitspolitischen Probleme überein? Werden die Bedrohungen in gleicher Weise wahrgenommen? Was bedeutet die Veränderung des sicherheitspolitischen Umfeldes für die Kohäsion im Bündnis? Wie weit reicht der Mitgliedschaftsradius der Allianz, und wann ist die inneratlantische Kohäsions- und die russische Toleranzgrenze erreicht?

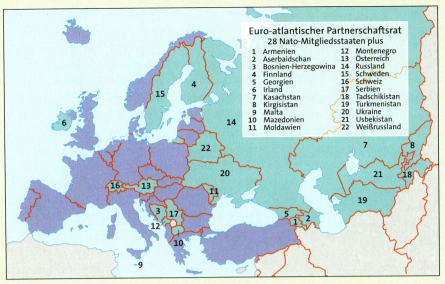

Quelle: www.db.niss.gov.ua

Denn trotz der wichtigen klassischen und der nicht weniger wichtigen neuen Aufgaben befindet sich die NATO in einem Dilemma. Der Außendruck, der vier Jahrzehnte lang wichtiges Bindeglied zwischen den Mitgliedstaaten war, ist weggefallen, und die Ausweitung des Aktionsradius des Bündnisses – welche die Allianz noch nicht zum Weltpolizisten, sehr wohl aber zu einem globalen Ordnungsfaktor macht – stellt bei jedem Einsatz eine enorme Herausforderung für die strategische Konsensbildung dar. Diese Entwicklung könnte dazu führen, dass bei sinkender unmittelbarer Bedrohung die Nutzung der Allianz als wichtigster sicherheits- und verteidigungspolitischer Bezugspunkt oder gar die Mitgliedschaft in der NATO von den Mitgliedstaaten nicht länger als sinnvoll bzw. erforderlich angesehen werden.

Der Rollenfindungsprozess der NATO im neuen sicherheitspolitischen Umfeld ist zwar weit vorangeschritten, aber alles andere als abgeschlossen. Die weitere Entwicklung der NATO hängt wesentlich von der Ausbildung der Interessenlage ihrer Mitglieder ab, insbesondere der Haltung der USA. Vermutlich werden sich in künftigen internationalen Krisen ganz verschiedene Koalitionen bilden; die Rolle und die Bedeutung der NATO dürften sich nach deren Brauchbarkeit bei der Koalitionsbildung wie auch nach der Verfügbarkeit ihrer Ressourcen bemessen. Die Allianz wird somit einen Standort im vierfachen Spannungsfeld zwischen einem „kollektivem Verteidigungsbündnis", einem „Clearing House für globale Interventionseinsätze", einem „Werkzeugkasten für amerikanische Ad-hoc-Koalitionen" sowie einem „System kollektiver Sicherheit" finden müssen.

Die Fliehkräfte und unterschiedlichen Sichtweisen zwischen den Mitgliedstaaten sind enorm. Ähnlich wie zu Zeiten des Harmel-Berichts im Jahr 1967 stünde anlässlich des 60-jährigen Bestehens der Allianz im April 2009 eine Richtungsdebatte auf der Tagesordnung, welche die Mitgliedstaaten bisher allerdings noch nicht in der gebotenen Offenheit führen möchten. Zwar haben die 26 Mitglieder im

Aufgaben

1 Beschreiben Sie das Dilemma der NATO, von dem der Text spricht.

2 Erläutern Sie, inwieweit es spätestens mit Beginn der Osterweiterung zu einer Europäisierung der NATO gekommen ist. Ziehen Sie dabei auch die Karte heran.

3 Erwägen Sie Antworten auf die im Text gestellten Fragen (Z. 19ff.).

4 Erläutern Sie, wo Sie die NATO innerhalb der im Text genannten Positionen (Z. 48ff.) verorten.

5 Erörtern Sie, ob die NATO in einer globalisierten und multipolaren Welt als Weltpolizist gesehen werden kann.

November 2006 auf ihrem Gipfeltreffen in Riga die Comprehensive Political Guidance verabschiedet, eine Leitlinie, welche die Richtung für die Transformation der NATO vorgeben soll. Diese bezieht sich aber – was bei einem Militärbündnis nicht überraschen sollte – vorwiegend auf die Frage der militärischen Fähigkeiten. Eine Neufassung des strategischen Konzepts aus dem Jahr 1999 steht hingegen aus.

Wichtige strategische Richtungsentscheidungen wie etwa die Frage nach der Rolle der Europäer im Bündnis, den politischen Rahmenbedingungen und der Wirksamkeit von Militäreinsätzen und dem Umgang mit Terrorismus und Massenvernichtungswaffen, aber auch das Verhältnis zu Russland stellen sich heute anders dar als noch vor zehn Jahren. Daher dürfte die Debatte über ein neues strategisches Konzept der Allianz nach dem Jubiläumsgipfel an Fahrt gewinnen. Inwieweit die unterschiedlichen Ansichten über die Reichweite und die Aufgaben der Allianz in einen neuen Konsens überführt werden können, hängt maßgeblich davon ab, ob sich die Mitglieder in ihrer Bedrohungswahrnehmung und der Einschätzung sicherheitspolitischer Probleme einander annähern.

Anhänger der neorealistischen Theorie der internationalen Politik prognostizierten nach dem Epochenwechsel 1989/90, dass die NATO ein *disappearing thing* und es nur eine Frage der Zeit sei, wie lange sie noch als bedeutsame Sicherheitsinstitution erhalten bleibe. Angesichts dieser Erwartung hat die Allianz erstaunliche Anpassungsfähigkeit gezeigt: Sie hat neue Aufgaben gesucht und auch gefunden. Auch wenn die Konturen der künftigen NATO heute allenfalls in Umrissen erkennbar und die Schwierigkeiten enorm sind: Die Erfahrungen aus sechs Jahrzehnten sprechen dafür, dass die Allianz gute Chancen hat, auch in den kommenden Jahrzehnten relevant zu bleiben.

Johannes Varwick, „Auf dem Weg zum Weltpolizisten?", in: Bundeszentrale für politische Bildung (Hg.), Aus Politik und Zeitgeschichte, APuZ 15–16/2009

→ Sicherheitskonzepte
› S. 53 ff.

V 22 Regionale Akteure – die Organisation für Sicherheit und Zusammenarbeit in Europa (OSZE)

Die Organisation für Sicherheit und Zusammenarbeit in Europa (OSZE) ist eine gesamteuropäische Sicherheitsorganisation, deren 56 Teilnehmerstaaten einen geografischen Bereich abdecken, der sich von Vancouver bis Wladiwostok erstreckt. Die als regionale Abmachung im Sinne von Kapitel VIII der Charta der Vereinten Nationen anerkannte OSZE ist eines der Hauptinstrumente für Frühwarnung, Konfliktverhütung, Krisenmanagement und Konfliktnachsorge in ihrem Gebiet. Die OSZE verfolgt einen einheitlichen Sicherheitsansatz, der umfassend und kooperativ zugleich ist – umfassend, weil er drei Dimensionen der Sicherheit berücksichtigt – die politisch-militärische, die ökonomisch/ökologische und die menschliche. Sie befasst sich daher mit einer großen Bandbreite sicherheitsbezogener Fragen wie Rüstungskontrolle, vertrauens- und sicherheitsbildende Maßnahmen, Men-

schenrechte, nationale Minderheiten, Demokratisierung, Strategien für die Polizeiarbeit, Terrorismusbekämpfung sowie Wirtschafts- und Umweltbelange; und
20 kooperativ, da alle 56 Staaten gleichberechtigt sind. Die nach dem Konsensprinzip gefassten Beschlüsse sind politisch, jedoch nicht rechtlich bindend.
Im Vergleich zu anderen Organisationen nimmt die OSZE unter den europäischen Sicherheitsinstitutionen eine einzigartige Stellung ein, die sie mehreren Faktoren verdankt: ihrem breit gespannten euroatlantischen und eurasischen
25 Teilnehmerkreis, ihrem kooperativen und umfassenden Sicherheitsbegriff, ihren Konfliktverhütungsinstrumenten, ihrer fest verankerten Tradition des offenen Dialogs und der Konsensfindung, ihrem ausgedehnten operativen Netz von Feldmissionen sowie der hoch entwickelten Form der Zusammenarbeit mit anderen internationalen Organisationen.

OSZE (Hg.), „Was ist die OSZE?", www.osce.org, 20.12.2006 [12.07.2007]

Aufgaben

1 Stellen Sie die im Text genannten Aufgaben- und Einsatzbereiche der OSZE in einem Schaubild dar.

2 Zeigen Sie die im letzten Abschnitt genannten Vorzüge der OSZE exemplarisch an einem aktuellen Beispiel.

V 23 Organisation und Struktur der OSZE

Die Wahlbeobachtungsmissionen der OSZE sind ein typisches Beispiel für den Einsatz einer Organisation, die Sicherheitspolitik betreibt, ohne über Waffen zu verfügen. Spezialisiert ist sie in erster Linie auf die Verhältnisse in Staaten. Seit einigen Jahren stehen auch transnationale Probleme wie zum Beispiel terrori-
5 stische Gefahren auf ihrer Tagesordnung. [...]
Entscheidungen können nur getroffen werden, wenn alle Teilnehmerstaaten zustimmen (Konsensprinzip). Auch ist die OSZE – anders als der UN-Sicherheitsrat – nicht legitimiert, die Anwendung von Gewalt, also auch den Einsatz von Waffen, zu genehmigen. Ihr Sicherheitsverständnis beruht auf Zusammenar-
10 beit und schließt die Anwendung von Zwangsmaßnahmen aus (Kooperative Sicherheit). Diese 1975 vereinbarten Verfahrensgrundsätze sind nach wie vor gültig. Sie erlauben es jedem Teilnehmerstaat, dann „Nein" zu sagen, wenn ein Vorhaben der OSZE seinen Interessen zuwiderläuft.
In den Jahren des Ost-West-Konflikts erlangten unter diesen restriktiven Bedin-
15 gungen vor allem Vereinbarungen über vertrauens- und sicherheitsbildende Maßnahmen eine besondere Bedeutung. Ihr Ziel war es, etwa durch die wechselseitige Beobachtung von Manövern die Spannungen zwischen
20 den Blöcken abzubauen. Diese Brückenfunktion der OSZE hat sich mit dem Ende des Ost-West-Konflikts erübrigt.
Daher stellt sich nun die Frage, welche Rolle die 56 OSZE-Staaten (alle
25 europäische Staaten sowie die USA und Kanada) der in Wien beheimateten Organisation noch einräumen wollen.
Von Beginn an war für die OSZE die
30 Gewährleistung der Menschenrechte und der bürgerlichen Grundfreiheiten ein sicherheitspolitisches Thema. Da-

Der amtierende Generalsekretär der OSZE, M. P. de Brichambaut (Frankreich)

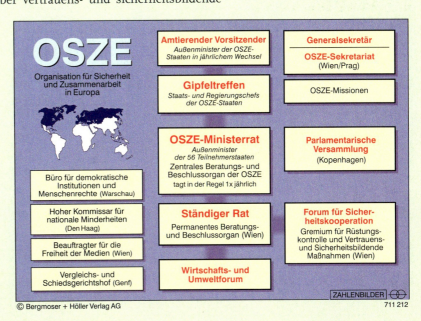

ran konnte sie nach dem Ende der Bipolarität nahtlos anknüpfen. Zunächst wurden die Verhältnisse in Staaten zu einem Schwerpunkt ihrer Arbeit. Eine Vielzahl weiterer Themen – Bekämpfung des Menschenschmuggels, Abwehr von Rassismus und Antisemitismus sowie Maßnahmen gegen die Diskriminierung von Sinti und Roma – kamen hinzu. Seit den Terroranschlägen auf die USA am 11. September 2001 ist zudem die Terrorismusbekämpfung ein wichtiges Anliegen der OSZE. Vor dem Hintergrund der andauernden Kriege, vor allem in Afrika, wurde außerdem der Transfer von Kleinwaffen in Krisenstaaten zu einem immer dringlicheren Problem. In all diesen Bereichen geht es darum, für alle Teilnehmerstaaten der OSZE verpflichtende Normen und Standards zu entwickeln. [...]
Auf einen sehr allgemeinen Nenner gebracht, ist die OSZE eine Dienstleistungsorganisation zur Verhütung von Konflikten, zur Konfliktnachsorge und zur Unterstützung beim Aufbau staatlicher Organe. Gewaltsame Auseinandersetzungen in Staaten und ihre Ausweitung auf andere Länder zu verhindern, gelingt leider nur in wenigen Fällen. Erfolge auf diesem Gebiet nachzuweisen, ist zudem schwierig, da erfolgreiche Konfliktverhütung naturgemäß sehr viel schwerer zu belegen ist, als dies bei gescheiterten Versuchen der Fall ist. Oft lässt sich nicht ausmachen, in welchem Maße die OSZE dazu beigetragen hat, Auseinandersetzungen zu entschärfen, die eine breitere Öffentlichkeit so oft gar nicht erst wahrgenommen hat. Ein Krieg, der vermieden werden konnte, ist eben keine Schlagzeile wert. [...]

Bernard von Plate, „Sicherheitspolitik ohne Waffen – OSZE und Europarat", in: Bundeszentrale für politische Bildung (Hg.), Informationen zur politischen Bildung Nr. 291, 2. Quartal 2006, S. 62 f.

Aufgaben

1 G *Der Vorläufer der OSZE – die KSZE – war ein Kind des Kalten Krieges. Recherchieren Sie ausgehend vom Text über die Anfänge der KSZE im Kalten Krieg und stellen Sie die Hauptergebnisse der Schlussakte von Helsinki (1975) im Kurs vor.*

2 *Fassen Sie die Verfahrensgrundsätze der OSZE zusammen und erörtern Sie, inwieweit diese Grundsätze Chance oder Problem für die OSZE-Arbeit darstellen.*

3 *Problematisieren Sie den im Text angesprochenen Aspekt der Außendarstellung der OSZE.*

4 *Erörtern Sie, ausgehend vom Text, inwieweit die OSZE durch ihre Neuausrichtung nach dem Ende der Bipolarität immer häufiger in Konkurrenz zur Arbeit der NATO und der Vereinten Nationen tritt.*

V 24 Russland droht mit OSZE-Austritt

Russland ist unzufrieden mit der Organisation für Sicherheit und Zusammenarbeit in Europa (OSZE). So unzufrieden, dass die Drohung im Raum steht, dass Russland die Organisation verlassen könnte. Die OSZE habe zwei Möglichkeiten, warnte Russlands Außenminister Sergej Lawrow die Chefdiplomaten anderer Mitgliedstaaten auf der Tagung der Organisation in Brüssel: Entweder die OSZE nehme eine „Kurskorrektur" vor oder sie gründe sich als „humanitärer Club" neu.

Lawrow kritisierte in Brüssel die „menschliche Dimension", damit meinte er die Menschenrechte. Entweder die OSZE kümmere sich weniger um die Menschenrechte und mehr um den Kampf gegen den Terrorismus und den Drogenschmuggel. Oder sie beschränke sich eben auf die humanitären Themen. Dann aber würden einige Mitglieder über einen weiteren Verbleib in der OSZE nachdenken. „Menschliche Dimension" und „humanitärer Club", berichteten russische Journalisten, die dabei waren, hätten aus dem Munde Lawrows geklungen, als sei „von etwas Anstößigem die Rede".

Unterschiedliche Auffassungen über demokratische Mindeststandards sind denn auch schon seit Längerem der Hauptstreitpunkt zwischen Moskau und den westlichen OSZE-Mitgliedern. Dazu kommen handfeste Differenzen zum Abkommen über konventionelle Streitkräfte in Europa (KSE), das 1999 den neuen Realitäten nach dem Ende der Blockkonfrontation angepasst, bisher jedoch von einer Reihe von Staaten nicht ratifiziert wurde. Der Grund: Moskaus Weigerung, seine militärische Präsenz im abtrünnigen Transnistrien zu beenden, wie dies Moldawien verlangt und die schleppende Räumung der letzten russischen Basen in Georgien. [...]

Moskau dagegen stößt sauer auf, dass der Westen mit von der OSZE finanzierten Programmen auf dem Gebiet der ehemaligen UdSSR angeblich nur den Einfluss Russlands auf dessen Ex-Vasallen zurückdrängen will.

Ein dritter Streitpunkt ist der von Kasachstan für 2009 angestrebte OSZE-Vorsitz. Moskau sieht sich offenbar gleich mit an den Schandpfahl gezerrt, wenn Washington dem Land Demokratiedefizite vorhält und die Ambitionen der Kasachen für verfrüht erklärt. Die Entscheidung wurde schließlich vertagt.

Russland, warnte andererseits Alexej Arbatow, der Leiter des Zentrums für internationale Sicherheit bei der Russischen Akademie der Wissenschaften und einer der prominentesten Politologen, sei gut beraten, in Sachen OSZE keine Brücken hinter sich abzubrechen. Anders als in der NATO oder der Europäischen Union, wo Moskau lediglich auf eine privilegierte Partnerschaft pochen kann, sei Russland in der OSZE gleichberechtigtes Mitglied. Die sich daraus ergebenden Chancen habe Moskau bisher jedoch nicht genutzt. Mehr noch: Durch viele Entscheidungen, sagte Arbatow in einem Interview für den russischen Dienst von Radio Liberty, habe der Kreml die Mehrheit der OSZE-Mitglieder gegen sich aufgebracht. Auch weil Moskau zu verstehen gibt, dass es sich dabei „nicht um Kinderkrankheiten einer Übergangsgesellschaft handelt, sondern um die bewusste Entscheidung für einen russischen Sonderweg".

Elke Windisch, „Russland droht mit OSZE-Austritt", www.tagesspiegel.de, 08.12.2006 [11.01.2010]

Georgische Truppen am 8. August 2008 nahe der südossetischen Hauptstadt Zchinwali: OSZE-Hinweise belasten Tiflis.

Aufgaben

1 Fassen Sie die Kernpunkte des Konflikts zwischen Russland und der OSZE mit eigenen Worten zusammen.

2 Erläutern Sie auf der Basis Ihres Hintergrundwissens, warum gerade die humanitären Themen der OSZE-Arbeit russischen Interessen entgegenstehen.

3 Erwägen Sie, ausgehend vom Text, warum Russland in den Beziehungen zum Westen einen „Sonderweg" eingeschlagen hat.

V 25 Ein neues Helsinki für die OSZE?

Der Fünftagekrieg in Georgien spiegelt eine manifeste Krise des Systems kooperativer Sicherheit in Europa wider. Europäische Union und NATO tun sich schwer, diese Krise zu bewältigen, stehen sie doch zunehmend im Dissens mit dem Schlüsselakteur Russland. Vor diesem Hintergrund hat eine Reihe von Po-

litikern die OSZE wieder ins Spiel gebracht. EU-Ratspräsident Nicolas Sarkozy schlug jüngst in Evian einen OSZE-Gipfel für 2009 vor und fand dafür offene Ohren beim russischen Präsidenten Medwedew. Die Erfolgsaussichten dieses Vorstoßes kann man durchaus skeptisch bewerten. Schließlich erwies sich die OSZE in den letzten Jahren ihrerseits als Streitgegenstand zwischen Russland und den westlichen Staaten [vgl. V 24]. Dennoch bietet die OSZE heute den einzig verbliebenen institutionellen Rahmen für eine Wiederbelebung des europäischen Sicherheitsdialogs. Bei Kernthemen wie der Regelung von Regionalkonflikten könnten, den politischen Willen vorausgesetzt, bereits auf dem OSZE-Ministerratstreffen in Helsinki wichtige Fortschritte erzielt werden.

Der Fünftagekrieg zwischen Russland und Georgien im August stellte für sich genommen nur ein Ereignis von lokaler Bedeutung dar, das kaum an den Grundfesten der Weltpolitik hätte rütteln können. Weltpolitisches Gewicht erhielt die Georgienkrise, weil sie die seit Jahren latent vorhandenen Spannungen zwischen Russland und den transatlantischen Partnern weiter verschärfte und tiefer liegende Bruchstellen multilateraler Sicherheitspolitik schlagartig zutage förderte. Das System kooperativer Sicherheit, wie es nach dem Ende des Kalten Krieges konzipiert wurde, befindet sich in einer tiefen Krise, die sich in einer Reihe von Streitpunkten niederschlägt, insbesondere bei Bemühungen um eine konsensuale Regelung offener Regionalkonflikte und bei Fragen der Rüstungskontrolle. Dadurch ist auch der konzeptionelle Kern europäischer Sicherheitspolitik – kooperative multilaterale Entscheidungen, Vermeidung unilateralen Handelns – schwer in Mitleidenschaft gezogen worden und einer deutlich ausgeprägten Asymmetrie politischer Perzeptionen in Russland und in westlichen Ländern gewichen. Was der einen Seite als recht und billig und als defensive Reaktion erscheint, wird von der anderen jeweils als aggressives Verhalten begriffen. Die Lage ist nicht mehr stabil, Potenzial für weitere Eskalation ist reichlich vorhanden.

Angesichts dessen hat man sowohl in Russland als auch in westlichen Staaten erkannt, dass der multilaterale europäische Sicherheitsdialog wiederbelebt werden muss: So betonte der russische Präsident Medwedew im Oktober 2008 in Evian: „Die Ereignisse im Kaukasus haben nur bekräftigt, wie absolut richtig das Konzept eines neuen europäischen Sicherheitsvertrages heute ist. Er würde uns jede Möglichkeit geben, ein integriertes und solides System umfassender Sicherheit zu schaffen. Dieses System sollte für alle Staaten gleich sein, ohne jemanden zu isolieren und ohne Zonen mit unterschiedlichen Niveaus von Sicherheit." Sein französischer Kollege Sarkozy wertete diesen Vorschlag durchaus positiv und nahm Medwedew beim Wort, indem er mit der Organisation für Sicherheit und Zusammenarbeit in Europa (OSZE) eine von vielen Kommentatoren totgeglaubte europäische Sicherheitsinstitution wieder ins Spiel brachte.

Solveig Richter, Wolfgang Zellner, „Ein neues Helsinki für die OSZE?", SWP-Aktuell 2008/A 81; www.swp-berlin.org, 02.12.2008 [11.01.2010]

Aufgaben

1 Zeigen Sie an der Georgienkrise, dass die OSZE immer noch wichtig für ein gemeinsames europäisches Sicherheitskonzept ist.

2 Erarbeiten Sie aus dem Text, wie die OSZE helfen könnte, die Krise im System der kooperativen Sicherheit, die nicht zuletzt eine Krise der russisch-amerikanischen Beziehungen ist, zu überwinden.

3 Verfolgen Sie die Berichterstattung in den Medien über einen Zeitraum von 14 Tagen und erstellen Sie auf dieser Grundlage ein Dossier über Spannungen oder konfliktreiche Meinungsverschiedenheiten zwischen Russland und weiteren Staaten.

Internationale Politik

Krieg und Frieden

Krieg ist nicht einfach zu definieren, weil sich das Verständnis von seiner Legitimität und Funktion über die Jahrtausende stark gewandelt hat. Eine bekannte Definition ist die des preußischen Generals Carl von Clausewitz (1780–1831): „Der Krieg ist eine bloße Fortsetzung der Politik mit anderen Mitteln." In der Regel verwendet man qualitative und quantitative Definitionen von Krieg. Qualitativ gesehen ist Krieg ein mit Waffengewalt ausgetragener Machtkonflikt zwischen unterschiedlichen Akteuren (sog. Völkerrechtssubjekten wie Staaten, Bündnissen, Bevölkerungsgruppen) zur gewaltsamen Durchsetzung politischer, wirtschaftlicher, ideologischer oder militärischer Interessen. Quantitativ gesehen handelt es sich um gewaltsame Massenkonflikte, bei denen in der Regel mindestens auf einer Seite reguläre Streitkräfte beteiligt sind, ein Mindestmaß an zentraler Organisation des Kriegsgeschehens vorhanden ist und dies sich durch eine mindeste Kontinuität und planmäßige Strategie auszeichnet.

Eine mögliche Einteilung von Kriegen hat die Hamburger Arbeitsgemeinschaft für Kriegsursachenforschung (AKUF) vorgenommen (s. S. 13).

Bei Kriegen gerade moderner Ausprägung spielt immer mehr der Aspekt der Asymmetrie der Kombattanten eine entscheidende Rolle (z. B. Armee gegen Terrornetzwerk). Besteht wie im angeführten Beispiel ein Ungleichgewicht der Kräfte, spricht man von **asymmetrischen Kriegen**.

Und wie lässt sich **Frieden** definieren? In der Wissenschaft wird unterschieden zwischen einem engen Friedensbegriff als Abwesenheit von Gewalt und Konflikten und einem weiten Friedensbegriff als Fehlen von physischer sowie von struktureller und kultureller Gewalt. Strukturelle Gewalt (J. Galtung) meint hier unter anderem die Verletzung von menschlicher Würde bzw. von menschlichen Grundbedürfnissen. Das kann zum Beispiel in Form von ethnischer Unterdrückung ohne gleichzeitige Anwendung physischer Gewalt geschehen. Friede als Zustand des Nicht-Krieges wird auch als **negativer Friede** bezeichnet. **Positiver Friede** meint – je nach Standpunkt unterschiedlich – zusätzlich das Vorhandensein von Demokratie, von Gerechtigkeit, die Herrschaft des Rechts und die Möglichkeit zur persönlichen Freiheit. Der Friedensforscher Dieter Senghaas sieht Frieden nicht als Zustand, sondern als eine dauernde Aufgabe an. Hierfür verwendet er den Begriff der **Zivilisation**, die sich zum Beispiel in Rechtsstaatlichkeit, demokratischer Partizipation und sozialer Gerechtigkeit spiegele (s. S. 17 f.; zivilisatorisches Hexagon).

Organe kollektiver Sicherheit: VN – NATO – OSZE

Die **Vereinten Nationen** – VN (auch United Nations [Organization] – UN/UNO) wurden als multilaterale Organisation am 26.06.1945 auf der UN-Konferenz von San Francisco von 50 Staaten gegründet. Die VN haben zurzeit 192 Mitglieder, darunter die Bundesrepublik Deutschland, die zusammen mit der damaligen DDR der Organisation 1973 beitrat. Damit gehören ihnen – mit Ausnahme der Vatikanstadt und solchen Gebieten, die international nicht generell als eigenständige Staaten anerkannt werden (Kosovo, Taiwan, Westsahara) – alle Länder der Erde an. Das Hauptziel der Organisation ist die Wahrung des Weltfriedens und die Vermeidung bzw. friedliche Beilegung von Konflikten. Diese Vorgehensweise basiert auf der Charta der Vereinten Nationen, die als völkerrechtliches Dokument ebenfalls 1945 in Kraft trat.

Die VN sind weltweit die einzige Institution, welche die universelle Gültigkeit ihrer Ziele und Grundsätze für sich in Anspruch nehmen kann. Im Mittelpunkt ihres Selbstverständnisses steht dabei das unantastbare Souveränitätsrecht des einzelnen Staates, ein Recht, das im Laufe der Geschichte der VN immer wieder zu Problemen bei der Durchführung von Resolutionen führte und nicht zuletzt deshalb in den letzten Jahren auch immer wieder Gegenstand von Reformüberlegungen war. Auch Konsens- und Kompromisssuche macht die konkrete Bearbeitung von Konflikten und die politische Praxis oft schwierig und langsam.

Im Zentrum dieser politischen Praxis steht der **Generalsekretär** der VN, der vor allem durch seine Präsenz und Autorität versucht, Konflikte im Vorfeld zu entschärfen. Der **Sicherheitsrat** gilt u. a. wegen seiner Sanktionsmöglichkeiten und seines Rechts auf Mandatierung als machtvollstes Organ, ist aber ebenfalls Gegenstand von Reformbestrebungen, vor allem wegen des nach wie vor als problematisch empfundenen Vetorechts der fünf ständigen Mitglieder. Ziel aller Reformbestrebungen ist eine bessere Handlungsfähigkeit der Institution.

Die **NATO**, mit Sitz in Brüssel, wurde 1949 als internationale Organisation zur politischen und militärischen Verteidigung von den USA, Kanada und zehn europäischen Staaten gegründet. Nach dem Beitritt weiterer Staaten, darunter auch Deutschland (1955), wurde die NATO in den Neunzigerjahren mit der Aufnahme von zehn europäischen Staaten, die ehemals dem Warschauer Pakt angehört hatten, nach Osten erweitert. Die Mitglieder der NATO verpflichten sich untereinander zum friedlichen Interessensausgleich, zur Konsultation bei außenpolitischen und militärischen Bedrohungen und dazu, sich **gegenseitig Beistand** zu gewähren (Artikel 5 des NATO-Vertrags von 1949). Dieser Artikel wurde nach den Terroranschlägen von New York zum ersten und bisher einzigen Mal in der Geschichte des Bündnisses aktiviert, womit die Terroranschläge als bewaffneter Angriff nicht nur auf die USA, sondern auf das gesamte Bündnis gewertet wurden.

Allerdings entscheidet jedes Mitglied über seine Art des Beistandes ohne Automatismus, souverän und im Einzelfall. Deutschland sicherte in diesem Zusammenhang den USA vollständige Unterstützung zu. Darüber hinaus verfolgt die NATO **wirtschaftliche, kulturelle und politische Ziele**, sofern sie dem gemeinsamen Nutzen der Mitgliedstaaten dienen. Dementsprechend gilt es zivile und militärische Institutionen innerhalb der NATO-Organisation zu unterscheiden.

Die **Organisation für Sicherheit und Zusammenarbeit in Europa (OSZE)** ist mit 56 Mitgliedsstaaten die weltweit größte regionale Organisation für Zusammenarbeit in Sicherheitsfragen. Sie ist eine tragende Säule europäischer Sicherheitsarchitektur und übernimmt wichtige Aufgaben des Menschenrechtsschutzes, der Demokratieförderung und Krisenprävention in Europa. Vor allem während des Kalten Krieges war die OSZE (gegründet als KSZE) ein unentbehrliches Forum der Kommunikation und Abrüstungsbemühungen zwischen Ost und West. Heute steht sie aber nicht mehr so sehr im Fokus des Interesses der Weltöffentlichkeit wie die beiden oben genannten Organisationen. Das liegt neben der Überwindung des Ost-West-Gegensatzes zum einen an der Tatsache, dass die OSZE-Länder häufig auch Mitglieder in den oben genannten Organisationen sind und es damit zu Kompetenzüberschneidungen kommen muss. Zum anderen liegt es daran, dass die OSZE in Europa mit der deutlich öffentlichkeitswirksameren Europäischen Union (EU) in Konkurrenz steht. Daneben ist die Arbeit der OSZE eher wenig öffentlichkeitswirksam und rückt nur in akuten Krisen (Georgienkrieg 2008) oder bei der Entsendung von Wahlbeobachtern zur Überwachung der Wahlen in Georgien (Präsidentschaftswahl 2008), Weißrussland (Präsidentschaftswahl 2008) oder Moldawien (Parlamentswahl 2009), aber auch in die USA (Präsidentschaftswahl 2008) oder Deutschland (Bundestagswahl 2009), um nur einigen Beispiele aus jüngerer Vergangenheit zu nennen, kurzzeitig ins Rampenlicht.

In einer globalisierten Welt spielt **internationale Zusammenarbeit** eine immer wichtigere Rolle – nicht nur auf wirtschaftlichem Gebiet, sondern und vor allem auch in den Bereichen Sicherheit und Konfliktprävention. Die Folgen des internationalen Terrorismus und von schwacher und zerfallender Staatlichkeit stellen die Völker dieser Erde vor immer neue Probleme, die einzelne Staaten und selbst die internationalen Organisationen für sich genommen nicht mehr bewältigen können. Am Beispiel Afghanistans wurde in diesem Band versucht, diese Problematik zu veranschaulichen. Der Blick auf die beiden laufenden Operationen **(ISAF; OEF)** zeigt die Schwierigkeiten dieser Zusammenarbeit, die vor allem in einer unzureichenden Differenzierung der Aufträge und Ziele liegt, zum anderen aber auch in der Problematik der **asymmetrischen Kriegsführung**.

Multinationale Kooperation

Daneben rücken auch immer mehr die Akteure einer **Zivilgesellschaft** in den Vordergrund. Hier sind vor allem die weltweit tätigen **Nichtregierungsorganisationen (INGOs/NGOs)** in ihrer Ausrichtung und Arbeitsweise von Bedeutung. Darauf wird an mehreren Stellen in diesem Buch verwiesen. Vor allem die **militärisch-zivile Zusammenarbeit** wie auch der **Wiederaufbau** zerstörter (Infra-)Struktur gehört zu ihren vorrangigen Aufgaben.

Aufgabe 1

Rolle der Vereinten Nationen

Brigitte Schneider/CCC, www.c5.net

Rolle der UN?

- Erläutern Sie, welche Rolle der VN in der internationalen Politik in der Karikatur zugeschrieben wird.
- Überprüfen Sie am Kosovokonflikt, ob die hier angedeutete Rolle der Wirklichkeit entspricht.
- Diskutieren Sie die Einrichtung von VN-Kampftruppen.

Aufgabe 2

Möglichkeiten und Chancen multinationaler Zusammenarbeit

- Erarbeiten Sie aus der Vorlage das Idealbild multinationaler Zusammenarbeit.
- Zeigen Sie, ausgehend von Ihren Ergebnissen, die Schwierigkeiten, diese Idealvorstellung in der Realität umzusetzen.
- Verfassen Sie ein Plädoyer für die Stärkung der Rolle der Vereinten Nationen im Rahmen der internationalen Konfliktlösung.

Nach: K. Engelhard (Hg.), Welt im Wandel, Omnia, Stuttgart 2008, S. 179

- Erarbeiten Sie anhand der gemachten Aussagen die Grundproblematik von Entwicklungshilfe.
- Entkräften Sie mithilfe der Materialien aus dem entsprechenden Abschnitt des vorliegenden Buches die negativen Aussagen in dem Schaubild.

Aufgabe 3

Entwicklungszusammenarbeit als Instrument der Krisenprävention

Tomicek/CCC, www.c5.net

- Erläutern Sie die in der Karikatur dargestellte Bedrohung des Friedens.
- Erklären Sie, auf welche konkrete politische Maßnahme des US-Präsidenten Obama diese Karikatur ausgerichtet ist.
- Interpretieren Sie die Karikatur unter dem Gesichtspunkt der Diskrepanz zwischen Wunsch und Wirklichkeit.

Aufgabe 4

Bedrohungen von Frieden und Sicherheit

Aspekte und Perspektiven des europäischen Einigungsprozesses

Europa – noch nicht abschließend definiert – ein „work in progress"
(Gemälde von Jörg Frank)

Die EU – Was ist das eigentlich?

Was ist der aktuelle Stand, wie kam es dazu, wie geht es weiter?

Wie funktioniert die EU?

Welche Reformen sind nötig, welche Perspektiven gibt es?

Sind wir auf dem Weg zu den Vereinigten Staaten von Europa?

1. Europäische Integration

Die Erfahrungen des 2. Weltkrieges, der Europa in Schutt und Asche legte, ließen ein Friedensprojekt entstehen, das wohl einmalig ist. Aus Feinden wurden im Laufe der letzten Jahrzehnte Freunde und Partner. Im folgenden Kapitel soll dieser Weg der europäischen Integration bis zum heutigen Stand kurz nachgezeichnet und ein Blick in die Zukunft gewagt werden. Darüber hinaus wird exemplarisch gezeigt, was es konkret heißt, dass wir alle Bürger des heutigen politischen Gebildes EU sind, und was denn diese EU überhaupt ist.

1.1 Die EU – Was ist das eigentlich?

M 1 Hymne, Geld, Feiertag, Flagge, Gesetze … trotzdem kein Staat?!

a) Die Flagge der Union stellt einen Kreis von zwölf goldenen Sternen auf blauem Hintergrund dar. Er steht für Einheit, Solidarität und Harmonie zwischen den Völkern Europas. Die Zahl der Sterne hat nichts mit der Anzahl der Mitgliedstaaten zu tun. Der Zwölferkreis ist vielmehr Sinnbild der Vollständigkeit. Bei Erweiterungen bleibt die Flagge der Europäischen Union deshalb unverändert.

Nach: Klaus Löffler (Hg.), Europa 2005, Europäisches Parlament – Informationsbüro für Deutschland, Berlin 2005

b) Die Hymne der Union entstammt der „Ode an die Freude" aus der Neunten Symphonie von Ludwig van Beethoven. Sie verknüpft das Freudenthema („Freude schöner Götterfunken") mit dem Solidaritätsgedanken: „Alle Menschen werden Brüder." Sie stellt somit einen Aufruf an die Menschen dar, Grenzen zu überwinden und sich zusammenzuschließen. Seit 1986 gilt sie offiziell als Hymne für die Europäische Union.

Nach: Klaus Löffler (Hg.), Europa 2005, Europäisches Parlament – Informationsbüro für Deutschland, Berlin 2005

c) Die gemeinsame Währung der EU ist seit 2002 der Euro. Die Tore, Fenster und Brücken als Symbole der Banknoten vermitteln den Aufbruch in das neue vereinigte Europa.

Nach: Klaus Löffler (Hg.), Europa 2005, Europäisches Parlament – Informationsbüro für Deutschland, Berlin 2005

d) Die Devise der Union lautet: In Vielfalt geeint. Die Union baut politisch und wirtschaftlich zwar auf einem gemeinsamen kulturellen Erbe auf, wahrt aber den Reichtum ihrer kulturellen und sprachlichen Vielfalt.

Nach: Klaus Löffler (Hg.), Europa 2005, Europäisches Parlament – Informationsbüro für Deutschland, Berlin 2005

M 2 Die EU – ein politisches System „sui generis"

Staat, Superstaat, Bundesstaat, Staatenbund, Staatenverbund – die Liste der Etiketten, mit denen man die EU versehen hat, ist lang. Kurz ist hingegen die Auswahl an Bezeichnungen, die ihr halbwegs gerecht werden. Leichter als die Antwort auf
5 die Frage, was die EU ist, fällt jedenfalls die Antwort auf die Frage, was sie nicht ist: Sie ist kein Staat und somit auch kein Superstaat oder Bundesstaat. Das letztlich undefinierbare sowie unvergleichbare Gebilde supra- und internationaler Kooperation bewegt sich im Endeffekt in einem Graubereich
10 zwischen zwei Polen: einem Staatenbund und einem Staatenverbund. Schließlich ist die EU einerseits „ein freiwilliger Zusammenschluss souveräner Staaten", die aber andererseits ihre Souveränität bzw. ihre Hoheitsrechte zum Teil auf die EU übertragen haben. Dabei wird deutlich, dass poli-
15 tische Herrschaft nicht mehr ein Monopol eines Staates und Staatsgewalt nicht mehr ein Monopol einer nationalen Regierung ist. Die EU übt Staatsgewalt aus (so ist sie in bestimmten Bereichen in der Lage, für die Mitgliedsländer und damit die Unionsbürger verbindliche Entscheidungen zu
20 treffen), ohne selbst ein Staat zu sein. [...]
Die gegenwärtige politische Architektur der EU, nach der Vertreter der nationalen Exekutive den wichtigsten Teil der supranationalen Legislative bilden, reicht bis in die Anfangsjahre der EU und damit bis zur Europäischen Gemeinschaft
25 für Kohle und Stahl (EGKS) zurück. Seither haben sich im Wesentlichen nur zwei Dinge geändert: die Kompetenzen des Europäischen Parlaments und die Mehrheitsentscheide des Rats. Beide wurden im Laufe der Zeit sukzessive ausgedehnt.

Gerd Strohmeier, „Die EU zwischen Legitimität und Effektivität", in: Aus Politik und Zeitgeschichte (APuZ) 10/2007, S. 24

Aufgaben

1. Fassen Sie die Kernpunkte des Textes M 2 zusammen.
2. Skizzieren Sie Merkmale eines Nationalstaates und begründen Sie, warum die EU kein Staat ist.
3. Diskutieren Sie die Tatsache, dass nationale Exekutive supranationale Legislative bildet, vor dem Hintergrund der Forderung nach Gewaltenteilung.

INFO

sui generis (lat.) = eigener Gestalt
supranational (lat.) = übernational, überstaatlich
Mit diesem Adjektiv werden Organisationen, Zusammenschlüsse oder Vereinbarungen versehen, die durch völkerrechtliche Verträge begründet und deren Entscheidungen und Regelungen für die einzelnen Mitglieder (Staaten, Nationen) übergeordnet und verbindlich sind. So steht etwa das Recht der EU als s. Recht über dem der einzelnen Mitgliedstaaten; bestimmte Entscheidungen s. Institutionen der EU sind für alle EU-Staaten und die gesamte EU-Bevölkerung bindend. Im Gegensatz dazu haben bspw. Entscheidungen internationaler Organisationen nur dann bindende Wirkung, wenn sie von den Mitgliedern ausdrücklich anerkannt werden.

Klaus Schubert/Martina Klein, Das Politiklexikon, 4., aktual. Aufl., Dietz, Bonn 2006

INFO

Das BVerfG hat für die EU aufgrund ihrer Mischform den Begriff „Staatenverbund" geprägt.
BVerfGE 89, 155

Bundesstaat
Die Souveränität ist zwischen dem Zentralstaat (Bund) und den Gliedstaaten (Bundesländern) geteilt – nach außen (völkerrechtlich) ist nur der Zentralstaat souverän
Beispiele: Bundesrepublik Deutschland, USA

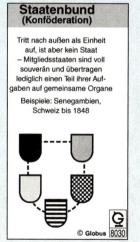

Staatenbund (Konföderation)
Tritt nach außen als Einheit auf, ist aber kein Staat – Mitgliedsstaaten sind voll souverän und übertragen lediglich einen Teil ihrer Aufgaben auf gemeinsame Organe
Beispiele: Senegambien, Schweiz bis 1848

1.2 Europa – Was geht mich das an?

M 3 Europa betrifft uns alle ... ganz konkret

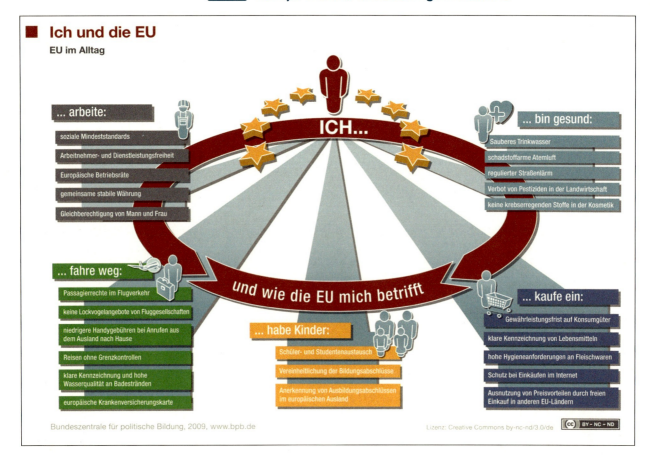

Aufgaben

1 Erörtern Sie, wo die aufgeführten Maßnahmen Sie konkret betreffen.

2 Zeigen Sie für die einzelnen Punkte, ob eine nationale Lösung möglich oder besser gewesen wäre.

→ V 1, V 2 › S. 164 ff.

M 4 Jugend ohne Grenzen

Die Freizügigkeit wird übrigens nicht nur von Arbeitskräften in Anspruch genommen, sondern auch von Touristen, Rentnern – und Auszubildenden. Es gibt ein spezielles EU-Programm namens Leonardo da Vinci (im Rahmen des EU-Bildungsprogramms Lebenslanges Lernen), das die Ausbildung über europäische Grenzen hinweg mit Geld und organisatorischer Unterstützung fördert. Über 8000 junge Leute aus Deutschland machen davon jedes Jahr Gebrauch und absolvieren einen Teil ihrer Lehre in einem anderen Land. Das Programm arbeitet mit Unternehmen und Institutionen zusammen. So entstehen Projekte, für die sich junge Leute (Auszubildende, junge Arbeitnehmer, aber auch junge Arbeitslose) bewerben können. Es kostet vielleicht am Anfang etwas Überwindung, sich auf ein solches Projekt in einem anderen Land einzulassen. Aber die Erfahrungen, die die Jugendlichen machen, sind sehr positiv. Auch bei Studenten wird die Mobilität gefördert. Hierfür gibt es das Erasmus-Programm. Es bietet Studierenden die finanzielle und organisatorische Unterstützung eines Auslandsaufenthaltes an einer europäischen Partnerhochschule. Durch ein europäisches Punktesystem ist sichergestellt, dass die Leistungen im Ausland auch auf das Studium zu Hause angerechnet werden. Auslandssemester sind also auch in dieser Hinsicht nicht „verloren".

Nach: Eckart D. Stratenschulte, „Ausbildung und Studium im EU-Ausland", in: Europa. Das Wissensmagazin für Jugendliche, hg. v. Aktion Europa und der Bundeszentrale für Politische Bildung, Bonn o. J., S. 8

M 6 Wie steht die Jugend zu Europa?

Nach wie vor verbinden Jugendliche mit Europa vorrangig positive Elemente. Neben der Freizügigkeit, also der Möglichkeit, europaweit reisen, studieren oder auch arbeiten zu können, sowie der damit verbundenen kulturellen Vielfalt, wird ein vereintes Europa ebenfalls als Garant für Frieden und für mehr Mitsprachemöglichkeiten in der Welt betrachtet. Kritisiert wird hingegen vor allem die Bürokratie und Geldverschwendung. Im Vergleich zur letzten Shell Jugendstudie ist die damalige „Europa-Euphorie" inzwischen allerdings einer etwas realistischeren Betrachtungsweise gewichen. Die fernere Perspektive, dass sich die europäischen Länder längerfristig zu einem einheitlichen Nationalstaat zusammenschließen sollen, befürworten nur noch 32 % der Jugendlichen, im Vergleich zu 49 % im Jahr 2002. Für einen möglichen Beitritt der Türkei zur Europäischen Union (EU) sprechen sich nur 19 % der Jugendlichen aus. 61 % lehnen dies momentan ab und 20 % haben hierzu keine Meinung. Auf der „In und Out"-Skala hat Europa seine Platzierung bei den Jugendlichen hingegen in etwa halten können. 60 % bezeichnen Europa im Vergleich zu 62 % im Jahr 2002 nach wie vor als „in".

Shell Jugendstudie 2006, www.shell.de [05.11.2009]

M 5 Langweilig ...?

Zeichnung © Chappatte in „Le Temps", Geneva – www.globecartoon.com

Aufgaben

1 Stellen Sie dar, was Sie persönlich mit der EU verbinden.

2 Erläutern Sie vor dem Hintergrund der positiven Einstellung gegenüber Europa die regelmäßig geringe Beteiligung bei den Wahlen zum Europäischen Parlament.

3 Beschreiben und interpretieren Sie die Karikatur M 5.

1.3 Europäischer Integrationsprozess – historische Entwicklung, aktueller Stand, gegenwärtige Herausforderungen

M 7 Europa – ein „work in progress"

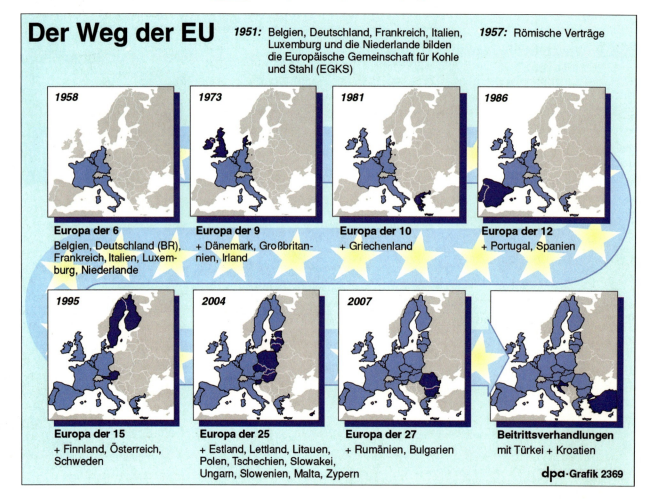

M 8 Der Vertrag von Maastricht – die Geburtsstunde der EU

Am 9. Dezember 1991 trafen die Staats- und Regierungschefs der damals zwölf EG-Staaten im Kongresszentrum der niederländischen Stadt Maastricht zusammen, um letzte Hand an ein Vertragswerk zu legen, das die bis dahin bedeutendste und umfassendste Fortentwicklung des europäischen Einigungsprozesses beinhalten sollte. [...] Zwei Monate später, am 7. Februar 1992, unterzeichneten am selben Ort die Außen- und Finanzminister der Zwölf den sprachlich überarbeiteten Text des „Vertrages über die Europäische Union", kurz Maastricht-Vertrag oder Unionsvertrag genannt, der in Wahrheit aus vier Verträgen besteht. [...] Um den Aufbau der Union bildhaft zu charakterisieren, spricht man von einer Tempelkonstruktion, bestehend aus drei Säulen und einem gemeinsamen Dach. Die Europäische Union als übergreifender Dachverband ruht auf den drei Säulen Europäische Gemeinschaften, Gemeinsame Außen- und Sicherheitspolitik (GASP) sowie Zusammenarbeit in der Innen- und Rechtspolitik. [...] Rechtlich gesehen ist der EU-Vertrag ein sogenannter Mantelvertrag, der die Verträge über die drei bereits bestehenden Europäischen Gemeinschaften sowie neu geschaffene Regelungen für zwei neue Bereiche der europäischen Zusammenarbeit umschließt: zum einen in der [mittleren] Säule den weiterentwickelten EWG-Vertrag unter Einschluss der Bestimmungen über die Einführung einer Wirtschafts- und Währungsunion, jetzt EG-Vertrag, sowie die leicht veränderten Verträge über die Montanunion und Euratom, zum anderen in den Säulen eins und drei Bestimmungen über die Zusammenarbeit in den Bereichen Außen- und Sicherheitspolitik bzw. Innen- und Rechtspolitik. Die einzelnen Teile des Vertrages sind durch seinen einheitlichen institutionellen Rahmen, also gemeinsame Institutionen bzw. Organe, sowie durch einen übergreifenden Ziel- und Prinzipienkatalog miteinander verklammert.

Mark Fritzler/Günther Unser, Die Europäische Union, Bonn 1998, S. 27, 28;

M 9 Zeittafel

1950: Schuman-Plan als Grundstein für eine Europäische Union. Auf Vorschlag der französischen Regierung wird der rüstungs- und kriegswichtige Bereich der Kohle- und Stahlproduktion einer Hohen Behörde unterstellt. Die Solidarität der Produktion soll aus Feinden Partner machen. Der 9. Mai ist seitdem der „Europatag".

Der französische Außenminister Robert Schuman (1886–1963)

1952: Gründung der Europäischen Gemeinschaft für Kohle und Stahl (EGKS) zur gemeinsamen Kontrolle über diesen rüstungswichtigen Bereich

1958: Gründung der Europäischen Wirtschaftsgemeinschaft (EWG) und der Europäischen Atomgemeinschaft (EURATOM) als sog. Römische Verträge

Unterzeichnung der Römischen Verträge 1957

1958: Gründung des Europäischen Gerichtshofs (EuGH) zur Sicherung und Wahrung des Rechts im gemeinschaftlichen Integrationsprozess

1962: Einführung Gemeinsame Agrarpolitik (GAP) zur Schaffung eines gemeinsamen Marktes für Agrarerzeugnisse und der finanziellen Solidarität in diesem Bereich (mithilfe der Einrichtung eines Fonds)

Europäische Union

Gemeinsame Außen- und Sicherheitspolitik (GASP)	Europäische Gemeinschaften (EG, Euratom)		Polizeiliche und Justizielle Zusammenarbeit
Politikbereiche:	**Politikbereiche:**		**Politikbereiche:**
• Außenpolitik: Koordination der nationalen Politiken, Erhaltung des Friedens, Förderung von Demokratie und Menschenrechten durch gemeinsame Strategien, Standpunkte und Aktionen • Sicherheitspolitik: schrittweise Festlegung einer gemeinsamen Verteidigungspolitik, rüstungspolitische Zusammenarbeit, Krisenbewältigung	• Zollunion und Binnenmarkt • Wettbewerbspolitik • Visa-, Asyl- und Einwanderungspolitik • justizielle Zusammenarbeit in Zivilsachen • Wirtschafts- und Währungsunion • Agrarpolitik • Handelspolitik	• Sozial- und Beschäftigungspolitik • Bildung und Kultur • Gesundheitswesen • Verbraucherschutz • Regionalpolitik, wirtschaftlicher und sozialer Zusammenhalt • Forschung • Umwelt	• Justizielle Zusammenarbeit in Strafsachen (Eurojust) • Polizeiliche Zusammenarbeit (Europol)
Regierungszusammenarbeit (intergouvernemental)	Gemeinschaftspolitik (supranational)		Regierungszusammenarbeit (intergouvernemental)
	Gemeinschaftsverträge: EGV, EuratomV		
Vertrag über die Europäische Union (EUV)			

Grafik nach: Dietmar Herz, Die Europäische Union, München 2002, S. 70

108 Aspekte und Perspektiven des europäischen Einigungsprozesses

1967: Fusion zur EG
Die Europäischen Gemeinschaften (EGKS, EWG, EURATOM) fusionieren zur Europäischen Gemeinschaft (EG) und verfügen nun über gemeinsame Organe. Der Fusionsvertrag wurde 1965 unterzeichnet.

1973: Norderweiterung

1979: Einrichtung des Europäischen Währungssystems (EWS)
auf der Grundlage einer europäischen Währungseinheit (ECU)

1979: Wahl Europa-Parlament
Die erste Direktwahl des 410 Mitglieder umfassenden Europa-Parlaments findet statt.

1981: Erste Süderweiterung

1986: Zweite Süderweiterung

1987: Einheitliche Europäische Akte (EEA)
als umfassender Änderungsvertrag der Römischen Verträge. Die EEA sieht die schrittweise Vollendung des gemeinsamen Binnenmarktes bis Ende 1992 vor. Außerdem werden die Aufgabenbereiche und die Befugnisse der Gemeinschaft erneuert und die Entscheidungsstrukturen reformiert.

1993: Vertrag von Maastricht
Im Rahmen des Vertrages wird die europäische Wirtschaftsgemeinschaft um eine politische Dimension erweitert. Er schafft die Europäische Union (EU).

1995: Erweiterung
Die Länder Österreich, Schweden und Finnland treten der EU bei.

1995: Schengener Abkommen
Das 1985 unterzeichnete Schengener Abkommen (Schengen = Ort in Luxemburg) tritt zwischen Deutschland, Frankreich, Belgien, Niederlande, Luxemburg, Portugal und Spanien in Kraft. Das Übereinkommen regelt u. a. die Durchführung und die Voraussetzungen, unter denen der freie Personenverkehr gewährleistet wird. Später treten diesem Übereinkommen weitere Länder bei.

1998: Gründung der Europäischen Zentralbank (EZB)
Die EZB (Sitz: Frankfurt a. M.) setzt die stabilitätsorientierte Geldpolitik für das Euro-Währungsgebiet um. Sie bildet gemeinsam mit den nationalen Zentralbanken das „Europäische System der Zentralbanken (ESZB)".

M 10 Die Vollendung des Binnenmarktes

Die vier Freiheiten im Binnenmarkt

Freier Personenverkehr
- Wegfall der Kontrollen an den Binnengrenzen
- Harmonisierung der Asyl- und Zuwanderungspolitik
- Freizügigkeit für Arbeitnehmer, Niederlassungs- und Aufenthaltsrecht für EU-Bürger

Freier Dienstleistungsverkehr
- Niederlassungsrecht; Offenheit für grenzüberschreitende Dienstleistungen
- Liberalisierung der Bank- und Versicherungsdienstleistungen
- Öffnung der Transport-, Post-, Telekommunikations-, Energiemärkte

Freier Warenverkehr
- Wegfall der Grenzkontrollen
- Keine Zölle oder mengenmäßigen Beschränkungen
- Harmonisierung oder gegenseitige Anerkennung von Normen und Vorschriften
- Steuerharmonisierung

Freier Kapitalverkehr
- Freizügigkeit für den Zahlungsverkehr und den Kapitalverkehr (Investitionen und Anlagen) in der EU und nach außen
- Integration der Finanzmärkte
- Liberalisierung des Wertpapierverkehrs

© Bergmoser + Höller Verlag AG   ZAHLENBILDER 715 320

Anm.: Zum europäischen Binnenmarkt gehören neben den 27 Mitgliedsländern auch die drei EFTA-Länder Island, Norwegen und Liechtenstein (EFTA = Europäische Freihandelszone).

M 11 Neben offenen Grenzen – Zusammenarbeit in Innen- und Rechtspolitik: Das Schengen-Abkommen

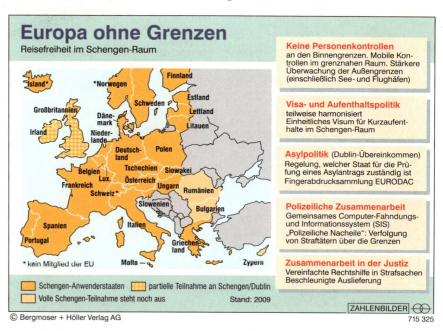

Anm.: Für Zypern, Rumänien und Bulgarien gelten Übergangsfristen. Großbritannien und Irland machen bei „Schengen" nicht mit, dafür aber die Nicht-EU-Länder Schweiz, Liechtenstein, Norwegen und Island.

1. Europäische Integration

Aufgaben

1. **G** Stellen Sie die Motive der europäischen Einigung dar und arbeiten Sie die historische Dimension dieses Prozesses heraus.

2. **G** Zeichnen Sie den europäischen Einigungsprozess bis zum Vertrag von Maastricht nach.

3. Zeigen Sie anhand M 9 wesentliche Phasen des Einigungsprozesses auf.

4. Stellen Sie in einer Übersicht wirtschaftliche Chancen und soziale Risiken des Binnenmarktes für den Bürger und für die Unternehmen zusammen.

5. Erörtern Sie wesentliche Vorteile eines Europas ohne Grenzen gemäß den Aspekten des Schengen-Abkommens (s. M 11).

M 12 Die EU nach dem Scheitern der Verfassung

Der 2003 in Kraft getretene Vertrag von Nizza war der Versuch, die notwendigen Anpassungen gerade noch rechtzeitig vor der großen 2004er-Beitrittsrunde mit ihren zehn neuen Mitgliedstaaten zu beschließen. Die Reform gilt aber gemeinhin als gescheitert, was vor allem dem Verfahren der Regierungskonferenz zugeschrieben wurde: Es hatte dazu geführt, dass auf der Konferenz von Nizza (2000) nur jene Bestimmungen geändert worden waren, die unausweichlich angepasst werden mussten; alles darüber hinaus fiel dem Verhaken der Regierungen in ihre nationalen Interessen zum Opfer.

Als Ausweg aus der Reformkrise rief der Europäische Rat im Dezember 2001 eine parlamentarische Versammlung, den Europäischen Konvent, ins Leben, der zwischen 2002 und 2003 eine umfassende Neugründung der EU auf Grundlage eines einheitlichen Verfassungsvertrags erarbeitete. Obwohl die notwendige Regierungskonferenz in 2004 noch Änderungen vornahm, galt der „Vertrag über eine Verfassung für Europa" unter politischen Beobachtern als „großer Wurf". Nicht nur die öffentlichen Arbeitssitzungen, sondern auch die Bezeichnung Verfassung, die staatsanalogen Symbole und die transparente Sprache wurden als besonders bürgernah gefeiert.

Kernanliegen war die Steigerung der Effizienz der EU durch eine Reform ihrer Organe sowie die Einrichtung eines gemeinsamen Außenministers. Die doppelte Mehrheit – sie berücksichtigt bei Abstimmungen neben der einfachen Mehrheit der Mitgliedsländer auch den demografischen Faktor – sollte Europa darüber hinaus „erweiterungsfest" machen, indem sie bei zukünftigen Erweiterungen langen Verhandlungen über neue Stimmengewichtungen im Rat vorbaut.

Die gescheiterten Referenden in Frankreich und den Niederlanden im Jahr 2005 haben das Inkrafttreten des Verfassungsvertrags verhindert. Die konsequente Ausschaltung aller staatlicher Symbolik unter Beibehaltung aller institutioneller Reformen durch die Verhandlungsführung der deutschen Bundesregierung Anfang 2007 hat es jedoch ermöglicht, eine Regierungskonferenz unter portugiesischer Präsidentschaft einzuberufen, die rasch einen Reformvertrag zu den bestehenden Verträgen vorlegen konnte.

Obwohl das Verfahren wenig transparent war und das Ergebnis wenig bürgernah ausfiel, könnte eine grundlegende Reform damit jedoch gerettet sein.

Markus W. Behne, „Was ist aus der Verfassung geworden?", in: Praxis Politik. Wie funktioniert Europa?, Heft 3/2008, S. 9

1999: Vertrag von Amsterdam
Mit dem 1997 unterzeichneten Vertrag wurden die Grundlagen der Union nach der Einheitlichen Europäischen Akte und dem Vertrag von Maastricht ein weiteres Mal grundlegend verändert. Der Vertrag von Amsterdam beschäftigt sich insbesondere mit folgenden Schwerpunkten: Beschäftigungspolitik, Vertiefung der GASP, Verbesserung der Zusammenarbeit in Justiz und Inneres, Schaffung der Grundlagen der Erweiterung.

1999: Agenda 2000
Das Reformpaket „Agenda 2000" wird beschlossen; es beschäftigt sich schwerpunktmäßig mit folgenden Bereichen: z. B. neue Regionalpolitik, Festlegung des Finanzrahmens bis 2006.

1999: Wirtschafts- und Währungsunion (WWU)
Die Wirtschafts- und Währungsunion tritt in Kraft. Der Euro wird in elf (später mit Griechenland zwölf) EU-Staaten zunächst als Buchgeld eingeführt.

2001: Unterzeichnung Vertrag von Nizza
Der Vertrag von Nizza (in Kraft seit Feb. 2003) umfasst den Entwurf einer europäischen Grundrechtscharta. Die Europäische Union wird in vier Kernbereichen auf die Erweiterung vorbereitet: Größe und Zusammensetzung der Kommission, Stimmgewichtung im Rat, Ausweitung der Abstimmung mit qualifizierter Mehrheit und Verstärkung der Zusammenarbeit.

2002: Euro-Einführung
Seit dem 1. Januar 2002 ist der Euro (außer in Dänemark, Schweden, Großbritannien) als Bargeld in Verwendung.

2003: Der Konvent präsentiert den Verfassungsentwurf
Der Konvent zur Zukunft Europas unter Vorsitz von Valéry Giscard d'Estaing legt im Rahmen der Tagung des Europäischen Rates von Thessaloniki einen „Entwurf für eine Verfassung für Europa" vor. Am 4. Oktober wird in Rom im Rahmen einer Sondertagung des Europäischen Rates die Regierungskonferenz zur endgültigen Ausarbeitung einer Europäischen Verfassung eröffnet.

2004: Historische Erweiterung
Am 1. Mai 2004 treten 10 neue Staaten aus Süd-, Mittel- und Osteuropa der Europäischen Union bei. Dies stellt die bisher größte und umfassendste Erweiterungswelle dar und bedeutet die endgültige Überwindung der früheren Teilung Europas durch den Eisernen Vorhang.

2007: Berliner Erklärung
Im März 2007 erneuern die EU-Staats- und Regierungschefs in der „Berliner Erklärung" zum 50-Jahr-Jubiläum der Unterzeichnung der Römischen Verträge ihr Bekenntnis zum Erfolgs- und Friedensprojekt der EU. Sie bekennen sich auch zu verbindlichen Klimaschutzzielen, zur Erweiterung und zum Bemühen um Konsens bei einem künftigen EU-Reformvertrag.

2007: Erweiterung um zusätzliche zwei Staaten
Bulgarien und Rumänien treten bei. Die EU setzt sich somit aktuell aus 27 Mitgliedstaaten zusammen.

2007: Einigung auf Reformvertrag von Lissabon
Im Oktober 2007 einigen sich die EU-Mitgliedstaaten auf den Reformvertrag von Lissabon, der die Union nach dem gescheiterten Verfassungsvertrag demokratischer, effizienter und transparenter gestalten soll.

> **TIPP**
>
> Alles rund um den Vertrag von Lissabon unter: http://europa.eu/lisbon_treaty/index_de.htm

M 13 Pragmatismus

Zeichnung: Heiko Sakurai (20.10.2007)

M 14 Die Verfassung ist tot, es lebe die Reform?

Im Dezember 2007 unterzeichneten die 27 Staats- und Regierungschefs der EU den Vertrag von Lissabon, mit dem die Institutionen reformiert werden sollen. […]

Die wichtigsten Veränderungen sind: Der Vorsitz im Europäischen Rat, also bei den Staats- und Regierungschefs, wechselt nicht mehr alle sechs Monate. Es wird vielmehr für jeweils zweieinhalb Jahre ein(e) Präsident(in) gewählt, der bzw. die den Vorsitz führt. Dadurch soll die Arbeit des Europäischen Rates mehr Kontinuität erhalten.

Die Entscheidungen im Ministerrat fallen ab 2014 mit einer doppelten Mehrheit. Das bedeutet: Jedem Beschluss muss die Mehrheit der Staaten zustimmen, die auch die Mehrheit der Bevölkerung vertritt. Bei der Ermittlung der Mehrheit der Staaten hat Deutschland genauso eine Stimme wie Malta. Das berücksichtigt die Interessen der kleinen Staaten. Bei der Ermittlung der Mehrheit der Bevölkerung erhalten die großen Staaten wie Deutschland mehr Gewicht. Von 2014 bis 2017 wird es für dieses Entscheidungsverfahren noch Übergangsregeln geben.

Die Außenpolitik der EU wird von einem oder einer Hohen Beauftragten für die Außen- und Sicherheitspolitik koordiniert, der oder die auch Mitglied der Europäischen Kommission ist. Im Ministerrat der Außenminister führt er bzw. sie den Vorsitz. Es entsteht ein Europäischer Auswärtiger Dienst, der dem oder der Hohen Beauftragten zugeordnet ist. So soll eine klar konturierte Außenpolitik erreicht werden.

Das Europäische Parlament erhält mehr Rechte, sodass es in Zukunft in fast allen Fragen (außer der Außenpolitik) gleichberechtigt neben dem Ministerrat mitentscheidet. So soll die Vertretung der Bürgerinnen und Bürger stärkeren Einfluss haben.

Eckart D. Stratenschulte, „Der Vertrag von Lissabon", in: Europa. Das Wissensmagazin für Jugendliche, hg. v. Aktion Europa und der Bundeszentrale für Politische Bildung, Bonn o. J., S. 20

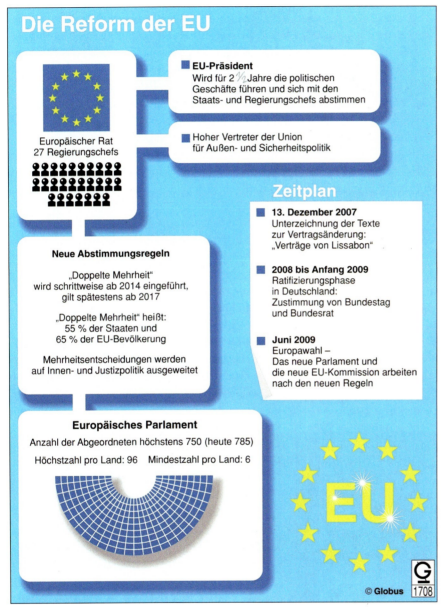

Anm.: Durch das negative irische Referendum und die Entscheidung des BVerfG verzögerte sich der Zeitplan.

Aufgaben

1 Recherchieren Sie Kritikpunkte an dem Verfassungsentwurf, die letztlich zu seinem Scheitern führten, und nehmen Sie Stellung dazu.

2 Beschreiben und interpretieren Sie die Karikatur in M 13.

3 Erläutern Sie, wo durch den Vertrag von Lissabon Fortschritte bei der Entbürokratisierung und Dezentralisierung gemacht wurden und wo noch Handlungsbedarf besteht.

M 15 Vertrag von Lissabon – mehr Effizienz, Demokratie und Transparenz

Durch den Vertrag von Lissabon wird die Europäische Union institutionell reformiert. Das Ziel des Vertrages ist es, die EU demokratischer, transparenter und effizienter zu machen. Der Vertrag tritt am 1. Dezember 2009 in Kraft.

Schon vor der Erweiterung der Europäischen Union von 12 auf 15 Mitglieder Mitte der 1990er-Jahre war klar, dass die EU sich einer institutionellen Reform unterziehen muss, um auch mit einer größeren Mitgliederzahl handlungsfähig zu bleiben. Da institutionelle Fragen jedoch Machtfragen sind, ist es weder durch den Vertrag von Amsterdam (1999 in Kraft getreten) noch durch den Vertrag von Nizza (seit 2003 gültig) gelungen, das Institutionengefüge der EU zu modernisieren. Ein weiterer Versuch, der Verfassungsvertrag, scheiterte im Jahr 2005 an negativen Referenden in den Niederlanden und in Frankreich. Der Lissabonner Vertrag ist nun der vierte Versuch, diese Aufgabe zu bewältigen. Auch seine Ratifizierung hat sich nicht einfach gestaltet, vor allem nachdem die Iren in einem ersten Referendum 2008 den Vertrag abgelehnt hatten. Mittlerweile ist ihre Zustimmung in einer zweiten Volksabstimmung erteilt worden, sodass jetzt alle Staaten den Vertrag gebilligt haben.

In Deutschland war der Lissabonner Vertrag Gegenstand mehrerer Verfassungsklagen, die im Juni 2009 vom Bundesverfassungsgericht entschieden wurden. Das höchste deutsche Gericht hat den Vertrag für verfassungsgemäß erklärt, gleichzeitig aber die Machtverteilung zwischen Bundestag und Bundesregierung kritisiert und mehr Mitsprache für das Parlament gefordert. Dem wurde durch eine Veränderung der Begleitgesetze zur Ratifizierung entsprochen. Durch den Lissabonner Vertrag vergrößert sich der Einfluss des Europäischen Parlaments, das (außer auf dem Feld der Außenpolitik) zu einem neben dem Rat der Europäischen Union gleichberechtigten Gesetzgeber wird (sog. Mitentscheidung). Auch die nationalen Parlamente erhalten mehr Einfluss. Sie werden früher über Vorschläge der Europäischen Kommission informiert und können diese schon während des Gesetzgebungsverfahrens zurückweisen, wenn sie den Grundsatz der Subsidiarität verletzt sehen.

Entscheidungen im Rat der Europäischen Union werden ab 2014 bzw. nach dem Auslaufen von Übergangsregelungen ab 2017 mit doppelter Mehrheit getroffen. Das bedeutet, dass jede Entscheidung der Zustimmung einer Mehrheit der Staaten (55 Prozent) bedarf, die gleichzeitig eine Mehrheit der Bevölkerung von 65 Prozent repräsentieren müssen.

Erstmals wird ein Europäisches Bürgerbegehren eingeführt, mit dem 1 Mio. Menschen aus verschiedenen Mitgliedstaaten die Europäische Kommission zwingen können, sich mit einem Thema zu beschäftigen und einen Rechtsakt vorzuschlagen. Die Kompetenzen zwischen EU und Mitgliedstaaten werden klarer und nachvollziehbarer geteilt. Sitzungen des Rates der Europäischen Union werden öf-

Das sind die Gesichter Europas: Belgiens Regierungschef Herman Van Rompuy (62) wird neuer EU-Kommissionspräsident. Neue Außenministerin der EU: die britische Handelskommissarin Catherine Ashton (53)

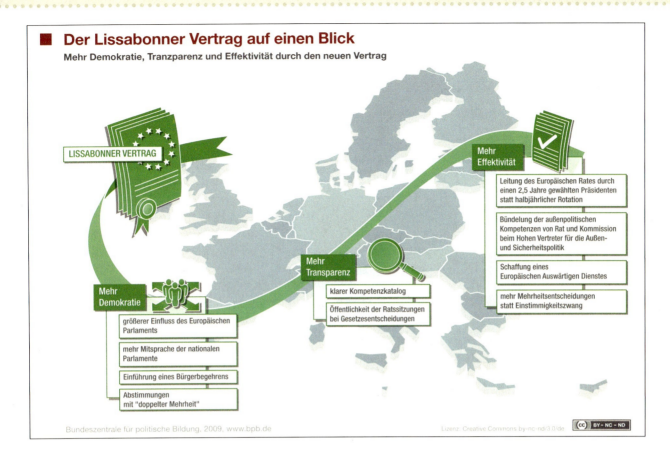

fentlich sein, wenn der Rat gesetzliche Regelungen beschließt. Die halbjährliche Rotation der Präsidentschaft wird auf der Ebene der Staats- und Regierungschefs („Europäischer Rat") sowie der Außenminister abgeschafft. Der Europäische Rat wählt für 2 1/2 Jahre eine Präsidentin oder einen Präsidenten. Den Vorsitz im Außenministerrat führt der Hohe Vertreter für die Außen- und Sicherheitspolitik, der zugleich Vizepräsident der Europäischen Kommission sein und über einen eigenen Europäischen Auswärtigen Dienst verfügen wird.
Die Zahl der Politikbereiche, in denen die Mitglieder des Rates Mehrheitsentscheidungen treffen und nicht einstimmig entscheiden, wird ausgeweitet.

Bundeszentrale für politische Bildung (Hg.), „Der Lissabonner Vertrag auf einen Blick", www.bpb.de [05.01.2010]

M 16 Der Lissabon-Vertrag kommt. Aber was bringt er eigentlich?

Nun ist auch der letzte Rebell eingeknickt. Gestern unterzeichnete der tschechische Präsident Vaclav Klaus den Lissabon-Vertrag für die EU. Das Reformwerk kann jetzt am 1. Dezember in Kraft treten. Es ist keine kleine Schraubendrehung, die der Vertrag an der europäischen Integration vornimmt. Es ist ein qualitativer Schritt. So viel Macht haben Staaten noch nie auf eine supranationale Instanz verschoben.
Der Lissabon-Vertrag werde Europa effizienter *und* demokratischer machen, lautet die Brüsseler Werbeparole. Effizienter macht er die EU-Gesetzgebung sicher-

"... mach' mir mal ein Kompliment zu meinen jüngsten Schönheits-OP's!"

© Götz Wiedenroth

Aufgaben

1 Stellen Sie dar, welche Änderungen der Vertrag von Lissabon mit sich bringt.

2 Der Vertrag von Lissabon soll mehr Effizienz, Demokratie und Transparenz schaffen. Arbeiten Sie an den Vertragsinhalten (M 15) heraus, wie diese Ziele umgesetzt werden sollen.

3 Fassen Sie die Kritikpunkte am Reformvertrag (M 16) zusammen.

4 Beschreiben und interpretieren Sie die Karikatur in M 16.

5 Verfassen Sie einen Kommentar mit dem Titel „Der Vertrag von Lissabon – Reform oder Reförmchen?".

lich. Die größte Neuerung besteht grob gesagt darin, dass die 27 EU-Mitgliedsländer sämtliche Politikbereiche mit Ausnahme der Außen- und Steuerpolitik einer Mehrheitsentscheidung im Ministerrat unterwerfen. Das bedeutet, dass künftig Staaten für andere Staaten Gesetze machen können. Und zwar in Feldern, die bisher streng der nationalen Souveränität vorbehalten waren. Das hat es in der Menschheitsgeschichte noch nicht gegeben. [...] Wird dieser Machtzuwachs durch einen Zuwachs an demokratischer Kontrolle ausgeglichen? Formal ja, denn das Europa-Parlament erhielt auf den sensiblen Gebieten Mitbestimmungsrechte. Die Frage lautet aber, ob das Europa-Parlament dieselbe demokratische Kontrollqualität besitzt wie etwa der Bundestag. Davon kann keine Rede sein.

Das Europa-Parlament wählt und kontrolliert keine Regierung. Seine Mitglieder kommen aus 27 Staaten, sie sind also nicht *einer* Öffentlichkeit und einer Wählergemeinschaft verantwortlich, sondern de facto nur der jeweils ihren. Im Europa-Parlament finden sich die nationalen Parteien zudem zu europäischen Bündelfraktionen zusammen. In ihnen werden die gewohnten nationalen Parteienprofile und -positionen oft verwischt. Die *checks and balances*, wie sie aus der nationalen Demokratie gewohnt sind, funktionieren im Europa-Parlament also nur sehr begrenzt. Die zweite große Neuerung des Lissabon-Vertrages soll darin bestehen, dass die EU mehr Gewicht und mehr Gesicht auf der Weltbühne erlangt. Dafür sollen ein permanenter EU-Ratspräsident sowie ein EU-Außenminister mitsamt einem 6000 Mann starken diplomatischen Dienst sorgen. Bisher ist allerdings nicht klar, wie sich die Kompetenzen zwischen diesen beiden Top Jobs genau voneinander abgrenzen sollen. Zudem zögern die großen Mitgliedstaaten, dem neuen Europäischen Auswärtigen Dienst nennenswerte Kompetenzen zu übertragen.

Das Wichtigste am Lissabon-Vertrag dürfte letztlich nicht das sein, was er Europa bringt. Sondern das, was Europa durch ihn verliert. Es verliert die Ausrede, sich zunächst einmal an Haupt und Gliedern straffen zu müssen, bevor es schlagkräftiger in der Welt wirken kann. Die Zeit der Vertragsdebatten ist endgültig vorüber. Die Europäische Union muss jetzt zeigen, was sie kann – und vor allem *will*. [...]

Jochen Bittner, „Der Lissabon-Vertrag kommt. Aber was bringt er eigentlich?", http://blog.zeit.de, 04.11.2009 [05.01.2010]

2. Die politische Organisation der EU

Kommission, verschiedene Räte, Parlament, Gerichtshof, Ausschüsse ... das alles klingt zunächst verwirrend. Und zugegeben, die institutionelle Architektur eines so einzigartigen politischen Gebildes wie der EU zu durchschauen, ist nicht einfach. Dabei wird unser aller Zusammenleben im wirtschaftlichen, sozialen und politischen Bereich in zunehmendem Maß durch verbindliche Entscheidungen der EU geregelt. Schauen wir uns also an, wer hierbei wofür zuständig ist.

M 17 Das Zusammenspiel der Institutionen im Entscheidungsprozess

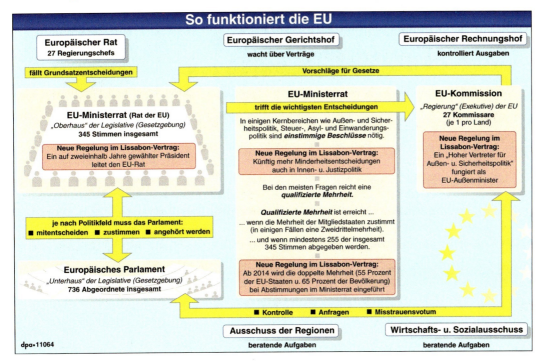

Aufgaben

1 Veranschaulichen Sie den Weg des Entscheidungsprozesses an einem einfachen Beispiel.

2 Vergleichen Sie das Zusammenspiel der europäischen Institutionen mit dem der deutschen beim Gesetzgebungsprozess und beurteilen Sie die jeweilige Bedeutung des Parlaments.

3 Zeigen Sie anhand des Schaubildes Schwierigkeiten und Probleme des europäischen Institutionengefüges auf und formulieren Sie daraus Fragestellungen für die folgende Arbeit.

4 Diskutieren Sie, ob der oben skizzierte Weg dem Grundgedanken der föderalen Grundstruktur der EU entspricht.

M 18 Der Europäische Rat – Impulse und Leitlinien für Europa

Der „Gipfel der Harmonie"

Die EU will mit fünf Milliarden Euro Energieprojekte und schnelle Internetverbindungen fördern. Darauf einigten sich laut EU-Kommissionspräsident Barroso die Staats- und Regierungschefs bei ihrem Gipfeltreffen. Da es bereits weitere Einigungen gibt, ist in Brüssel bereits von einem „Gipfel der Harmonie" die Rede. [...]

Irmtraud Richardson, „Der ‚Gipfel der Harmonie'", in: www.tagesschau.de, 20.03.2009 [05.11.2009]

Einigung auf Fünf-Milliarden-Euro-Paket

INFO

Der **Europäische Rat** ist im EU-Vertrag verankert. Er ist kein Organ der EG und nicht direkt an der Gesetzgebung beteiligt, sondern gibt die für die Entwicklung der europäischen Intergration erforderlichen Impulse und legt die allgemeinen politischen Zielvorstellungen fest.

TIPP

http://europa.eu/european-council/index_de.htm

Bis zu viermal im Jahr treten die Staats- und Regierungschefs der Mitgliedstaaten mit dem Präsidenten der Europäischen Kommission als Europäischer Rat zusammen. Bei diesen Gipfeltreffen werden die Leitlinien der EU-Politik festgelegt und Fragen, die auf unterer Ebene (d. h. von den Ministern bei einer normalen Ministerratstagung) nicht geregelt werden konnten, gelöst. Da die Verhandlungen des Europäischen Rates von großer Bedeutung sind, stehen sie im Mittelpunkt der Medienberichterstattung.

Gekürzt und aktualisiert nach: Melanie Piepenschneider, „Vertragsgrundlagen und Entscheidungsverfahren", in: Informationen zur Politischen Bildung, Heft 279, Europäische Union, www.bpb.de, Bonn 2006 [05.11.2009]

Aufgaben

1. Recherchieren Sie (s. Tipp), welche Leitlinien der Europäische Rat in den letzten Jahren festgelegt hat und welche Impulse für den Integrationsprozess von ihm ausgingen.

2. Durch den Vertrag von Lissabon verfügt die EU faktisch über zwei Führungsgremien, den Europäischen Rat und den Präsidenten der EU. Erwägen Sie, ausgehend von den Kompetenzen beider Gremien, welche Schwierigkeiten bei der Zusammenarbeit entstehen können.

M 19 Die wichtigsten Organe und ihre Zuständigkeiten – die Europäische Kommission

Die Kommission ist das supranationale Organ der EU schlechthin: Sie gilt als „Motor" der europäischen Integration. Durch ihr exklusives Initiativrecht für europäische Rechtsakte bringt sie die Entwicklung der europäischen Rechtsgemeinschaft voran.

2. Die politische Organisation der EU

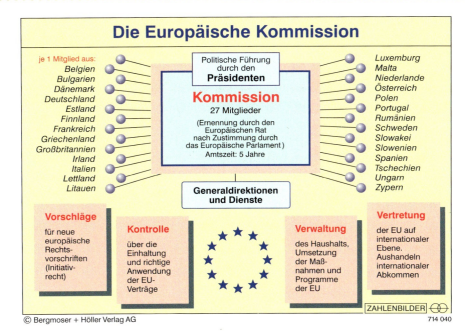

José Manuel Barroso steht als Präsident der Europäischen Kommission an der Spitze des Exekutivorgans der EU.

Die Kommission hat ihren „Sitz" in Brüssel (Belgien), aber sie verfügt auch über Büros in Luxemburg, über Vertretungen in allen EU-Staaten und Delegationen in vielen Hauptstädten weltweit.

INFO

Häufig wird die Kommission in der Öffentlichkeit mit dem negativ besetzten Begriff **„Brüsseler Bürokratie"** gleichgesetzt, die fernab und für die Menschen nicht durchschaubar agiert. Dieses Unbehagen speist sich unter anderem aus der auf den ersten Blick hohen Zahl von rund 25 000 Kommissionsbeamten. Ein Vergleich mit den Mitgliedstaaten relativiert diesen Eindruck: So umfasst zum Beispiel das Personal der Stadtverwaltung Frankfurt/M. 27 000 Personen.

5 Die Europäische Kommission achtet auf die Anwendung der europäischen Verträge und Rechtsakte, und sie vertritt die Interessen der EG/EU, wie sie im europäischen Vertragswerk festgelegt sind, gegenüber den Partikularinteressen der Mitgliedstaaten. Die 27 Mitglieder der Kommission üben ihre Tätigkeit in voller Unabhängigkeit zum allgemeinen Wohl der Gemeinschaft aus. Sie dürfen ins-
10 besondere Anweisungen von Dritten (einer Regierung oder einer anderen Stelle) weder anfordern noch entgegennehmen. Der Kommissionspräsident kann mit Billigung des Kollegiums ein Mitglied zum Rücktritt veranlassen.

Die Kommission hat das Vorschlagsmonopol für Rechtsakte, über welche die beiden Beschlussfassungsorgane – das Europäische Parlament und der Rat der
15 EU – entscheiden. Bei der Erstellung eines Vorschlags kann die Kommission nicht an den Interessen der Mitgliedstaaten vorbei agieren; sie muss – schon um den Erfolg des eigenen Vorschlags so gut wie möglich zu sichern – im Vorfeld in Abstimmungsprozessen mit den Regierungen und deren Beamten versuchen,

Aspekte und Perspektiven des europäischen Einigungsprozesses

> **TIPP**
> http://ec.europa.eu/index_de.htm
> http://ec.europa.eu/deutschland/commission/index_de.htm

denkbare nationale Widerstände zu antizipieren und damit eine möglichst konsensfähige Initiative zu formulieren.
Ebenso erarbeitet die Kommission den Vorentwurf des EU-Haushaltsplanes und Entwürfe für internationale Verträge, die dem Rat zur Entscheidung vorgelegt werden. Die Kommission wird aufgrund ihrer Rolle als Vertreterin der Interessen der Gemeinschaft in der Öffentlichkeit und den Medien sprachlich oft mit der EU gleichgesetzt und dann auch für Gesetze, die der Rat der EU zusammen mit dem EP verabschiedet, verantwortlich gemacht.

Gekürzt und aktualisiert nach: Melanie Piepenschneider, „Vertragsgrundlagen und Entscheidungsverfahren", in: Informationen zur Politischen Bildung, Heft 279, Europäische Union, www.bpb.de, Bonn 2006 [05.11.2009]

Aufgaben

1 *Erarbeiten Sie aus dem Text die Aufgaben der EU-Kommission und erörtern Sie, inwieweit die Kommission im Sinne der Gewaltenteilungslehre als typische Exekutive angesehen werden kann.*

2 *Ermitteln Sie, welche Länder/Kommissare für welche Fachbereiche in Europa zuständig sind, und stellen Sie das jeweilige Wirken der Kommissare dem Kurs vor.*

3 *Recherchieren Sie aktuelle Gesetzesinitiativen der Kommission (s. Tipp).*

M 20 Die wichtigsten Organe und ihre Zuständigkeiten – das Europäische Parlament

Das Europäische Parlament (EP) ist das zweite „supranationale" und zugleich das wohl am meisten unterschätzte Organ der EU. Es wird in der Öffentlichkeit immer noch als machtlos und mit wenig Kompetenzen ausgestattet angesehen. Dabei hat das EP weitreichende Befugnisse, die fast alle klassischen Funktionen eines Parlaments umfassen. Das Europäische Parlament besteht aus 736 Abgeordneten, aufgeteilt nach vertraglich festgelegten nationalen Kontingenten. Die Wahl der Parlamentarier erfolgt seit 1979 direkt durch die Bürgerinnen und Bürger der EU für fünf Jahre und auf der Basis von nationalen Wahlgesetzen.

Das EP verfügt nicht über ein direktes Initiativrecht für Legislativakte, dieses ist der Kommission vorbehalten – damit fehlt dem EP ein Instrument nationaler Parlamente. Die EU hat zwar in einigen Punkten Staatsqualität erreicht, aber ist eben doch kein Staat, und somit gestaltet sich die Übertragbarkeit klassischer parlamentarischer Funktionen auf das EP schwierig. Zudem kennt die EU bisher die strikte Gewaltentrennung zwischen „Legislative" und „Exekutive" nicht. Es gibt keine „Regierung", welche sich auf parlamentarische Mehrheiten im EP

Das europäische Parlament in Straßburg

stützt, dort wird nicht zwischen Regierungs- und Oppositionsfraktion unterschieden. Viele Beschlüsse des Europäischen Parlaments müssen mit absoluter Mehrheit gefasst werden. Also arbeiten die großen Fraktionen in weiten Bereichen zusammen, um Entscheidungen durchzusetzen. Die direkte Übertragung nationaler parlamentarischer Leitbilder auf das Europäische Parlament ist wegen der Eigenheiten des EU-Systems („sui generis") problematisch.

Gekürzt und aktualisiert nach: Melanie Piepenschneider, „Vertragsgrundlagen und Entscheidungsverfahren", in: Informationen zur Politischen Bildung, Heft 279, Europäische Union, www.bpb.de, Bonn 2006 [05.11.2009]

> **TIPP**
> www.europarl.de
> www.europarl.europa.eu

Jerzy Buzek wurde am 14. Juli 2009 zum Präsidenten des Europäischen Parlaments gewählt und wird dieses Amt zweieinhalb Jahre innehaben (bis Januar 2012).

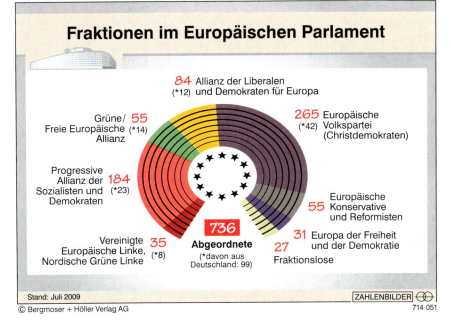

Aufgaben

1 Arbeiten Sie die Kompetenzen des Europäischen Parlaments heraus und vergleichen Sie sie mit denen des deutschen Bundestags.

2 🅖 Informieren Sie sich über die im europäischen Einigungsprozess sukzessive Kompetenzerweiterung des europäischen Parlaments.

3 Erläutern Sie die These: „... und somit gestaltet sich die Übertragbarkeit klassischer parlamentarischer Funktionen auf das EP schwierig". (Z. 16ff.)

M 21 Die wichtigsten Organe und ihre Zuständigkeiten – der Rat der EU

TIPP
www.consilium.europa.eu

Der Rat der Europäischen Union wird gemeinhin auch als Ministerrat oder einfach nur als Rat bezeichnet.

Der Rat der EU setzt sich aus je einem Vertreter auf Ministerebene pro Mitgliedsland zusammen, der für die Regierungen verbindlich handeln kann. Damit ist der Rat eine Institution, die nicht wie die anderen beiden Organe der EU über eine relativ ausgeprägte personelle Kontinuität verfügt. Den Vorsitz hat der Minister des Landes inne, das die Ratspräsidentschaft für ein halbes Jahr ausübt. Der Generalsekretär des Rates der EU ist in Personalunion der „Hohe Vertreter für die GASP". Der Sitz des Rates ist in Brüssel; die Sitzungen finden in Brüssel und Luxemburg oder an einem Ort im Land der Präsidentschaft statt. Grundsätzlich hat der Rat folgende Aufgaben, in denen sich die Funktionen einer Exekutive und eines Legislativorgans mischen:

- Rechtssetzung,
- Be- und Ernennungsrechte in Bezug auf die Kommission, den Generalsekretär des Rates und den Hohen Vertreter für die GASP,
- Koordinierungsbefugnis im Bereich der Wirtschafts- und Beschäftigungspolitik,
- Erteilung von Mandaten an die Kommission zur Aushandlung von Abkommen mit Drittstaaten und internationalen Organisationen sowie deren Abschluss,
- Aufstellung des Entwurfes für den Haushaltsplan,
- Festlegung der Reihenfolge der Ratspräsidentschaft.

Der wichtigste Rat ist der für „Allgemeine Angelegenheiten und Außenbeziehungen", das heißt der Rat der Außenminister, der unter anderem für die Koordinierung der Ratssitzungen, die Vor- und Nachbereitung der Europäischen Gipfel sowie für die Durchführung sämtlicher außenpolitischer Maßnahmen (GASP, ESVP, Außenhandel, Entwicklungszusammenarbeit, humanitäre Hilfe) zuständig ist. Auf der Grundlage eines vom Europäischen Rat entwickelten mehrjährigen Strategieprogramms wird in der Formation „Allgemeine Angelegenheiten und Außenbeziehungen" ein operatives Jahresprogramm für den Rat festgelegt.

Neben dem Europäischen Parlament ist der Rat das zentrale Entscheidungsorgan der EG. Der Rat nimmt im politischen System der EU eine Zwitterrolle ein: Einerseits ist er Organ der EG und als dieses entscheidet er für die Gemeinschaft. Auf der anderen Seite werden in ihm die nationalen Interessen der Mitgliedstaaten artikuliert und durchzusetzen versucht. In dem Bemühen, diese beiden Anforderungen auszutarieren, strebt der Rat in der Regel eine Konsensentscheidung an. Die Konsenssuche wird nur dann aufgegeben, wenn nach einer langen Verhandlungszeit ein oder zwei Mitgliedstaaten auf ihrem abweichenden Standpunkt beharren – meist auch, um gegenüber ihrer nationalen Öffentlichkeit als überstimmte Minderheit auftreten zu können. Dies ist häufig dann der Fall, wenn Mitgliedstaaten im Kern dem Vorhaben zustimmen, aber es im nationalen Kontext nicht durchsetzen können. Durch die Europäisierung des Vorhabens kann meist im „Umweg" über die EU Entsprechendes doch noch realisiert werden.

Gekürzt und aktualisiert nach: Melanie Piepenschneider, „Vertragsgrundlagen und Entscheidungsverfahren", in: Informationen zur Politischen Bildung, Heft 279, Europäische Union, www.bpb.de, Bonn 2006 [05.11.2009]

2. Die politische Organisation der EU 121

M 22 EU Machtkampf

Ganz schön stark geworden!

Gerhard Mester/CCC, www.c5.net

Aufgaben

1 Der Text M 21 schreibt dem Rat eine „Zwitterrolle" (Z. 25) zu. Erläutern Sie, was damit gemeint ist.

2 Stellen Sie ausgehend von M 22 die Probleme im Machtgefüge der EU-Organe dar.

3 Erörtern Sie die Problematik, dass die nationale Exekutive (Minister) in Europa die Legislative nutzt, um Interessen durchzusetzen, die sie im nationalen Kontext nicht durchsetzen kann (Z. 35ff.).

3. Europäisierung des Rechts

Berlin hat zwar keine Seilbahn, aber ein Seilbahn-Gesetz. Brüssel sei Dank. Zugegeben, der Paragrafendschungel in Europa treibt manchmal seltsame Blüten, aber eines wird deutlich: Europa wächst zusammen, wird ein zunehmend einheitlicher Rechtsraum. Wie aber wird in der EU Recht gesetzt? Welche Institutionen sind wie beteiligt? Welche unterschiedlichen Verfahren gibt es dabei? Wie hoch ist der Grad der Verbindlichkeit einzelner Rechtsakte für die Mitglieder der EU? Im Folgenden soll an einem konkreten Beispiel dargestellt werden, wie das Zusammenspiel der Organe funktioniert und welchen Einfluss nationale Parlamente überhaupt noch besitzen.

3.1 Zusammenwirken der Organe in der Rechtsetzung

M 23 Unterschiedliche Verfahren der Rechtsetzung

In der EU gibt es bislang keine einheitliche Verfahrensordnung. Die verschiedenen Formen (hier die wichtigsten) werden unterschieden nach dem Grad der parlamentarischen Mitwirkung:
- Im *„Verfahren der Zusammenarbeit"* kann das Parlament der Kommission Änderungsvorschläge unterbreiten;
- im *„Zustimmungsverfahren"* muss es z. B. internationale Abkommen sowie Vorschläge für EU-Erweiterungen billigen;
- das *„Mitentscheidungsverfahren"* weist ihm in bestimmten Fragen sogar eine gleichwertige Stellung neben dem Rat der EU zu. Das EP übt durch die Mitwirkung am Haushalt einen beträchtlichen Einfluss auf die Politik der EU aus. Mit einer Zweidrittelmehrheit kann das EP über ein Misstrauensvotum den Rücktritt der Kommission erzwingen.

Nach: Bundeszentrale für politische Bildung, www.bpb.de [10.11.2009]

> **INFO**
> Daneben gibt es noch das sog. **Konsultationsverfahren**, ein reines Anhörungsverfahren, das jedoch von geringer Bedeutung ist.

Aufgaben

1 *Informieren Sie sich auf der Internetseite des EP, welche konkreten Politikbereiche nach welcher Verfahrensordnung geregelt werden.*

2 *Erwägen Sie Gründe für die unterschiedliche Verfahrensordnung.*

3 *Nehmen Sie zu dieser Regelung kritisch Stellung.*

3. Europäisierung des Rechts   123

M 24 Mitentscheidungsverfahren im Überblick

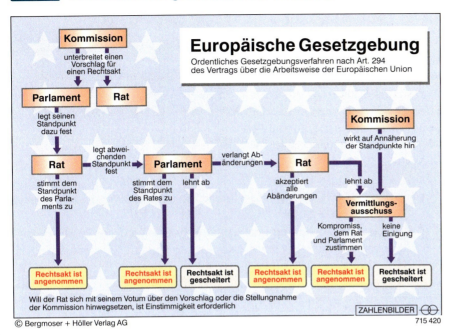

Aufgaben

1 Arbeiten Sie aus der Grafik heraus, wodurch ein Rechtsakt scheitern kann. Zeigen Sie dabei Parallelen und Unterschiede mit dem Gesetzgebungsprozess in Deutschland.

2 Erläutern Sie Vor- und Nachteile eines solchen Entscheidungsverfahrens.

3 Stellen Sie heraus, an welchen Stellen und auf welche Art nationale Parlamente/Regierungen Einfluss auf die Gesetzgebung ausüben können.

3.2 CO_2-Verordnung für Neuwagen – ein Beispiel zur EU-Gesetzgebung (Mitentscheidungsverfahren)

M 25 CO_2-Offensive der Kommission

Ziel des Vorschlags ist es, durch die Vorschrift, dass der Durchschnitt der spezifischen CO_2-Emissionen neuer Personenkraftwagen in der Gemeinschaft ab 2012 130 g/km nicht überschreiten darf, das reibungslose Funktionieren des Binnenmarktes für Personenkraftwagen zu gewährleisten.
5 Die Kernpunkte des Vorschlags sind folgende:
- Der Vorschlag gilt für Fahrzeuge der Kategorie M1 (Personenkraftwagen).
- Der Vorschlag sieht Zielvorgaben für die spezifischen CO_2-Emissionen neuer Personenkraftwagen in der Gemeinschaft in Abhängigkeit von ihrer Masse vor.
- Der Vorschlag sieht verbindliche Zielvorgaben für die spezifischen CO_2-Emissionen vor, die Personenkraftwagen ab 2012 erfüllen müssen. Die Zielvorgaben gelten für die durchschnittlichen spezifischen CO_2-Emissionen in g/km der neuen Personenwagen jedes Herstellers, die in jedem Kalenderjahr in der EU zugelassen werden. Hersteller können einen Pool bilden, um die Ziele zu erfüllen. Bilden zwei oder mehr Hersteller einen Pool, so werden sie bei der Beurteilung, ob die Ziele erfüllt werden, wie ein Hersteller behandelt.
15
- Die Mitgliedstaaten werden verpflichtet, Daten über die in ihrem Hoheitsgebiet neu zugelassenen Personenkraftwagen zu erfassen und der Kommission zu übermitteln, damit diese beurteilen kann, ob die Zielvorgaben eingehalten werden.

> **INFO**
> Eine historische Einigung beim **Klimaschutz** erzielte der Europäische Rat auf seiner Frühjahrstagung im März 2007: Die EU verpflichtete sich u. a., die Treibhausgasemissionen um 20 Prozent unter den Wert von 1990 zu senken (und will damit die Vorgaben des Kyoto-Protokolls übertreffen). Die hier vorliegende Erarbeitung einer CO_2-Verordnung für Neuwagen war Teil eines auf dieser Basis geschnürten Klimapaketes.

Aufgaben

1 Fassen Sie die Vorgeschichte und die Inhalte der ins Gesetzgebungsverfahren eingebrachten Verordnung zusammen.

2 Recherchieren Sie aktuelle Gesetzgebungsinitiativen der Kommission und stellen Sie mögliche Probleme der unterschiedlichen Zuständigkeit auf EU-Ebene dar. Gehen Sie dabei auch auf die Rolle entsprechender nationaler Interessen ein.

- Kann ein Hersteller seine CO_2-Zielvorgabe nicht erfüllen, so muss er ab 2012 für jedes Kalenderjahr eine Abgabe wegen Emissionsüberschreitung zahlen. Die Überschreitungsabgabe ergibt sich aus der Multiplikation der Zielüberschreitung in Gramm CO_2/km mit der Zahl der neu zugelassenen Fahrzeuge und der in dem betreffenden Jahr geltenden Emissionsüberschreitungsabgabe. Die Überschreitungsabgabe beträgt 20 EUR für Emissionen im Jahr 2012, 35 EUR für Emissionen im Jahr 2013, 60 EUR für Emissionen im Jahr 2014 und 95 EUR für Emissionen im Jahr 2015 und danach.
- Die in der Verordnung aufgestellten Ziele basieren auf den besten zurzeit verfügbaren Kenntnissen, insbesondere in Bezug auf die voraussichtliche Entwicklung der autonomen Gewichtszunahme der Fahrzeugflotte bis 2012.

Dreckschleuder Auto

Kommission der Europäischen Gemeinschaften, Vorschlag für eine Verordnung des Europäischen Parlaments und des Rates zur Festsetzung von Emissionsnormen für neue Personenkraftwagen im Rahmen des Gesamtkonzepts der Gemeinschaft zur Verringerung der CO_2-Emissionen von Personenkraftwagen und leichten Nutzfahrzeugen, http://eur-lex.europa.eu, 19.12.2007, S. 7 f., [10.11.2009]

M 26 Ringen in den parlamentarischen Ausschüssen

Der federführende Umweltausschuss des Europäischen Parlaments hat den Kompromissvorschlag des Industrieausschusses bezüglich der CO_2-Richtlinie für Neuwagen vom 3. September 2008 abgelehnt und sich für die Beibehaltung der Vorschläge des Entwurfs des Berichterstatters Guido Sacconi vom 8. Mai 2008 ausgesprochen.

So beharrte der Umweltausschuss auf den ursprünglichen Empfehlungen der Kommission von 120 g CO_2/km bis 2012 sowie auf noch ehrgeizigeren Langzeitzielen von 95 g CO_2/km, die bis zum Jahr 2020 zu erreichen sind. Das Ziel von 120 g CO_2/kg soll durch eine Kombination aus Emissionsminderungen erreicht werden, die sich zum einen aus Verbesserungen der Motorentechnologie, zum anderen aus sonstigen technologischen Innovationen zusammensetzen. Bis zur Grenze von 130 g CO_2/km sollen Verbesserungen in der Motorentechnologie bemessen werden, weitere 10 g CO_2/km Einsparung können schließlich durch andere technologische Innovationen erzielt werden. Im Jahr 2020 soll diese Unterscheidung hinfällig werden. Anklang fand der Vorschlag, für umweltfreundliche Innovationen besondere Gutschriften zu vergeben, wie beispielsweise für effiziente Scheinwerfertechnologie. Jedoch sollen für solche Technologiegutschriften nicht mehr als 75 % der tatsächlichen CO_2-Reduktionen gewährleistet werden.

Des Weiteren haben die Abgeordneten den Vorschlag zum Strafenkatalog der Kommission über-

Gutes Auto – schlechtes Auto

nommen. Danach müssen Autohersteller, deren Flottendurchschnitt die Emissionsobergrenze überschreitet, ab 2012 20 Euro je Gramm abtreten, bis 2015 soll diese Summe auf 95 Euro ansteigen. Diese Abgaben für Emissionsüberschreitungen sollen nach Vorstellung der Parlamentarier des Umweltausschusses sowohl als Einnahmen in den EU-Haushalt fließen als auch zur Unterstützung der technologischen Innovation dienen. Nach dem Vorschlag des Industrieausschusses wäre die Senkung der durchschnittlichen CO_2-Emissionen von Neufahrzeugen abgeschwächt worden und hätte den Herstellern eine zusätzliche Schonfrist von drei Jahren zur Umsetzung der Emissionsminderungen gewährt. Doch der Umweltausschuss stimmte mit 46 zu 19 Stimmen gegen diesen Vorschlag und damit für die Vorlage des Berichterstatters Sacconi. Dieser hatte sich auch für die baldige Streichung des Gewichts und die Einführung der Standfläche als Funktionsparameter im weiteren Verhandlungsprozess ausgesprochen. Diese sollte der Verhinderung eines Vorteils für besonders schwere PKWs dienen.

Institut für Europäische Politik, EU Energy Policy Monitoring, http://energy.iep-berlin.de, 25.09.2008 [10.11.2009]

M 27 Verhandlungen im Ministerrat – Annäherung bei den nationalen Positionen

Im Vorfeld der französischen Präsidentschaft haben sich Deutschland und Frankreich auf zahlreichen bilateralen Treffen bemüht, bestehende Differenzen auszuräumen und sich insbesondere über zentrale Punkte des Verordnungsvorschlags vom Dezember 2007 zur Reduzierung der CO_2-Emissionen bei Personenkraftwagen zu verständigen. Während man sich in einigen Punkten rasch einigen konnte, waren andere, wie die Strafzahlungen bei nicht ausreichender Reduzierung, die Anrechnung von CO_2-mindernden Techniken auf das Abbauziel und die Vorstellungen über einen weiteren Abbau über 2020 hinaus (sog. Langfristziel), lange Zeit offen. Die deutschen Automobilhersteller, die über einen hohen Marktanteil im mittleren bis oberen Marktsegment verfügen, sahen sich durch die Kommissionsvorschläge gegenüber den französischen Herstellern, die besonders stark im Kleinwagenbereich vertreten sind, benachteiligt. Für Irritationen sorgte auch die Einführung eines Bonus-Malus-Systems bei der Kfz-Steuer auf der Grundlage des CO_2-Ausstoßes im Januar 2008 in Frankreich.

Auf dem deutsch-französischen Ministerrat Anfang Juni gelang schließlich eine Verständigung in allen Kernfragen. Damit ist eine Verabschiedung der Verordnung unter französischer Präsidentschaft in greifbare Nähe gerückt. Sie setzt allerdings eine Einigung im Rat auch mit anderen Pkw-Herstellungsländern sowie mit dem Europäischen Parlament voraus, das seine Position erst im Herbst des Jahres verabschieden wird.

Bundesministerium für Wirtschaft und Technologie, Schlaglichter der Wirtschaftspolitik. Monatsbericht Oktober 2008, www.bmwi.de, 01.10.2008 [10.11.2009]

M 28

Versuch, im Ministerrat einen Kompromiss zu finden

Gerhard Mester/CCC, www.c5.net

M 29 ... und nun gleiches Recht für alle

Im Dezember 2008 haben sich Rat und Parlament auf eine Verordnung zur Minderung der CO_2-Emissionen bei neuen PKW geeinigt; am 23. April 2009 wurde die Verordnung auch formell verabschiedet. Die Verordnung schafft einen verbindlichen Rechtsrahmen und gibt der Autoindustrie Planungssicherheit. Besonders wichtig ist, dass bis 2020 der CO_2-Ausstoß auf durchschnittlich 95 g/km gesenkt werden soll. Die europäischen Vorgaben werden langfristig die Wettbewerbsfähigkeit der deutschen Automobilindustrie steigern helfen, denn die Zukunft gehört effizienten Fahrzeugen – in Europa wie weltweit. Gegenüber dem ursprünglichen Kommissionsvorschlag enthält die Verordnung eine Reihe von Verbesserungen, die u. a. mittel- bis langfristig zu einer verstärkten Minderung der CO_2-Emissionen führen werden.

Die EU-Verordnung zur Verminderung der CO_2-Emissionen von Personenkraftwagen, www.bmu.de [10.11.2009]

Aufgaben

1 Fassen Sie das Handeln der am Gesetzgebungsprozess beteiligten Akteure zusammen und ordnen Sie es den jeweiligen Schritten im Verfahrensablauf (M 24) zu.

2 Interpretieren Sie die Karikatur M 28.

3 Diskutieren Sie die Effizienz und Kompromissfähigkeit der EU am Beispiel der CO_2-Richtlinie.

M 30 EU droht Bundesregierung mit Klage

Deutschland verschleppt die Umsetzung einer europäischen Richtlinie zum Nichtraucherschutz. Nun will die EU-Kommission Berlin dazu zwingen. Die Bundesregierung wehrt sich.

Rauchen gilt als häufigste vermeidbare Todesursache in der Europäischen Union. Schätzungsweise 650 000 Menschen sterben jährlich an den Folgen von Tabakkonsum. Um Jugendliche und Nichtraucher besser zu schützen, will die EU ein generelles Werbeverbot für Zigaretten durchsetzen. Eine entsprechende Richtlinie hätte seit August vergangenen Jahres auch in Deutschland umgesetzt werden müssen. Doch die Bundesregierung sträubt sich dagegen.

Dabei sind die Vorschriften zur Umsetzung von Richtlinienvorgaben des Europa-Parlamentes eindeutig: Das Parlament schreibt ein Regulierungsziel auf europäischer Ebene vor, den Mitgliedstaaten bleibt es überlassen, diese Vorgaben in nationales Recht umzusetzen. Bleiben entsprechende Gesetze aus, kann die EU Sanktionen verhängen. Und eben diese will EU-Gesundheitskommissar Markos Kyprianou nun vor dem Europäischen Gerichtshof durchsetzen.

In einem Interview mit der *Berliner Zeitung* sagte Kyprianou, er wolle den Fall „unverzüglich" vor den Gerichtshof bringen.

Was schon für Kino- und Fernsehreklame gilt, sollte die vom Mai 2003 datierende Richtlinie auch in Printprodukten und im Internet durchsetzen: Ein faktisches Werbeverbot für Tabakprodukte. Neben der Sorge um die „öffentliche Gesundheit" treibt die EU vor allem die mangelnde Chancengleichheit auf dem Binnenmarkt um. Ziel der Richtlinie ist darum die „Angleichung der Rechts- und Verwaltungsvorschriften der Mitgliedstaaten über die Werbung für Tabakerzeugnisse und ihre Verkaufsförderung", um so den grenzüberschreitenden Handel mit Medienprodukten zu erleichtern – zumindest auf dem Papier.

Das Anliegen der EU war von der Bundesregierung allerdings bereits im Jahr 2000 torpediert worden. Die Tabakwerberichtlinie, so ihre Argumentation, drehe sich im Wesentlichen gar nicht um den freien Handel mit Zeitungen und Zeitschriften, sondern um Gesundheitspolitik. Und die falle nicht in die Kompetenz der EU.

o. V., „EU droht Bundesregierung mit Klage", www.zeit.de, 12.04.2006 [10.11.2009]

Tabakwerbeverbot: EU-Richter ließen deutsche Argumente nicht gelten.

INFO

Europäische Rechtsakte:
Richtlinien sind Weisungen an die EU-Staaten, nationale Gesetze oder Vorschriften zu ändern oder neu zu erlassen, um ein verbindliches Ziel in einer vorgegebenen Zeit zu erreichen.
Verordnungen sind in der gesamten EU direkt gültige und verbindliche „Gesetze", die über dem nationalen Recht stehen.
Beschlüsse sind Rechtsakte, die Einzelfälle verbindlich regeln.
Ein großer Teil der in Deutschland erlassenen Gesetze beruht auf der Umsetzung von EU-Richtlinien. Für die Bevölkerung ist es somit meist schwer erkennbar, wie viel Einfluss die Europäische Union gerade auf nationale Gesetze hat.

Nach: Marco Eipper, Tobias Fischer, Elisabeth Wagner, „Die Union heute", www.rossleben2001.werner-knoben.de [11.01.2010]

Aufgaben

1. *Unterscheiden Sie die beschriebenen Rechtsakte.*
2. *Erklären Sie, welche Probleme eine solch uneinheitliche Rechtsetzung mit sich bringt.*
3. *Zeigen Sie Durchsetzungsmöglichkeiten der EU zu den Rechtsakten auf.*

3.3 Prinzip der Subsidiarität – oder: Wo soll was entschieden werden?

M 31 Das strukturelle Problem: Die EU als „Mehrebenensystem"

Das Problem der Kompetenzverteilung zwischen der EU und den nationalen Regierungen, die unterschiedlichen Formen der europäischen Gesetze (Richtlinien, Verordnungen) und die begrenzte Wirksamkeit des Subsidiaritätsprinzips machen zweierlei deutlich:
- Das politische System der EU ist in einen dynamischen politischen (von unterschiedlichen politischen Zielvorstellungen und Interessen geprägten) Prozess eingebunden und unterliegt daher der ständigen Entwicklung und Veränderungen.
- „Europäische" und „nationale" Politik lassen sich nicht voneinander trennen; EU-Politik stellt sich als „Mehrebenensystem" dar (s. Grafik), das nicht nur durch die nationale und die „supranationale" (ihrerseits durch die zentralen EU-Institutionen strukturierte) Ebene, sondern auch durch die „subnationale" (im Bundesstaat Deutschland durch die Bundesländer besonders ausgeprägte) Ebene – und daneben durch den politischen Einfluss von nationalen und internationalen Interessenverbänden und Nichtregierungsorganisationen (NRO) – vielfältig strukturiert ist.

Franz Josef Floren (Hg.), Wirtschaft, Gesellschaft, Politik, Band II, Schöningh, Paderborn 2006, S. 389

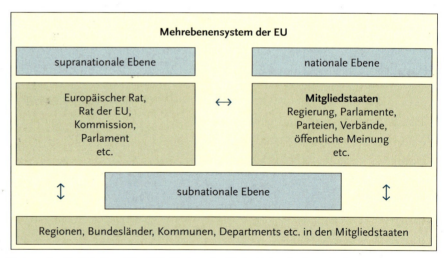

Wochenschau II, Nr. 5, Sept./Okt. 2004, Wochenschau Verlag, Schwalbach 2004, S. 190

In der politikwissenschaftlichen Diskussion wird seit geraumer Zeit der Begriff „multi-level-governance" verwendet, was mit „Regieren in einem Mehrebenensystem" übersetzt werden könnte. Dem Begriff liegt die Vorstellung von der Europäischen Union als einem politischen System zugrunde, welches als Mehrebenensystem näher bezeichnet wird. Als solche unterschiedlichen Ebenen werden zum einen Gebietskörperschaften verstanden, also etwa Kommunen, Regionen, Nationalstaaten und die „supranationale" Ebene mit Brüssel als Zentrum. Ebenen können aber auch als *ineinandergreifende Handlungssysteme* verstanden und konzipiert werden. Zum Begriff des Mehrebenensystems gehört die Verflechtung politischer Prozesse auf verschiedenen Ebenen, die miteinander verknüpft und voneinander abhängig sind. In diesem Mehrebenensystem agieren und interagieren eine Vielzahl staatlicher und nicht staatlicher Akteure, die auf diesen verschiedenen Ebenen angesiedelt sind.

Wolfgang W. Mickel/Jan Bergmann, Handlexikon der Europäischen Union, Omnia Verlag, Stuttgart, 3. Aufl. 2005, S. 412

Aufgabe

Erklären Sie, was mit dem „Mehrebenensystem der EU" gemeint ist, und erläutern Sie, inwiefern dieses System ein strukturelles Problem darstellt.

M 32 Zuständigkeiten in der EU

In der Europäischen Union und bei den Mitgliedstaaten unterscheidet man drei Arten von Zuständigkeiten: solche, die völlig in der Kompetenz der EU liegen, solche, die den ausschließlichen Wirkungsbereich der Mitgliedstaaten darstellen, und Zuständigkeiten, die EU und Mitgliedstaaten sich teilen.

Grundsätzlich gilt in der Europäischen Union, dass die Institutionen der EU, also die Europäische Kommission, der Rat oder auch das Europäische Parlament, sich nicht selbst Zuständigkeiten zuschreiben können. Die EU kann nur die Aufgaben übernehmen, die ihr von den Mitgliedstaaten zugeteilt werden. Zudem gilt in der Europäischen Union der Grundsatz der Subsidiarität. Das bedeutet, dass der EU eine Kompetenz nur übertragen werden kann, wenn ersichtlich ist, dass das Problem auf europäischer Ebene besser zu lösen ist als auf nationaler (oder regionaler). Der Lissabonner Vertrag verstärkt den Subsidiaritätsgedanken noch und gibt den nationalen Parlamenten ein vorfristiges Einspruchsrecht, falls sie die Kompetenzordnung zu ihren Lasten verletzt sehen. In seinem Urteil zum Lissabonner Vertrag hat das Bundesverfassungsgericht im Juni 2009 einige Kompetenzen definiert, die in nationaler Obhut bleiben müssen – gleichzeitig und vor allem allerdings festgestellt, dass die von ihm gezogenen Grenzen durch den Lissabonner Vertrag nicht verletzt werden.

Die ausschließlichen Zuständigkeiten der EU ergeben sich aus dem Binnenmarkt, der ja auch eine Zollunion einschließt. Es ist leicht nachvollziehbar, dass in einem einheitlichen Binnenmarkt, in dem Waren, Dienstleistungen, Kapital und Arbeit freizügig sind, nicht unterschiedliche Zölle für einzelne Mitgliedstaaten gelten können. Auch der Außenhandel und die Sicherung des Wettbewerbs im Binnenmarkt sind zwangsläufig eine Zuständigkeit der Europäischen Union. Dies gilt zudem für die Währungspolitik, soweit sie sich auf die Gemeinschaftswährung Euro bezieht. Die Staaten, die sich zu „Euroland" zusammengeschlossen haben, gaben damit auch ihre währungspolitische Souveränität auf und haben die Entscheidungsgewalt auf die Europäische Zentralbank übertragen.

Der Verbraucherschutz ist ebenfalls ein Teil des Binnenmarktes. Soweit es sich um grenzüberschreitende Produkte handelt, kann nur die EU regelnd eingreifen. Generell ist die Grenzüberschreitung die Voraussetzung für die Begründung einer Kompetenz der EU. Ob in Gaststätten geraucht werden darf, wird

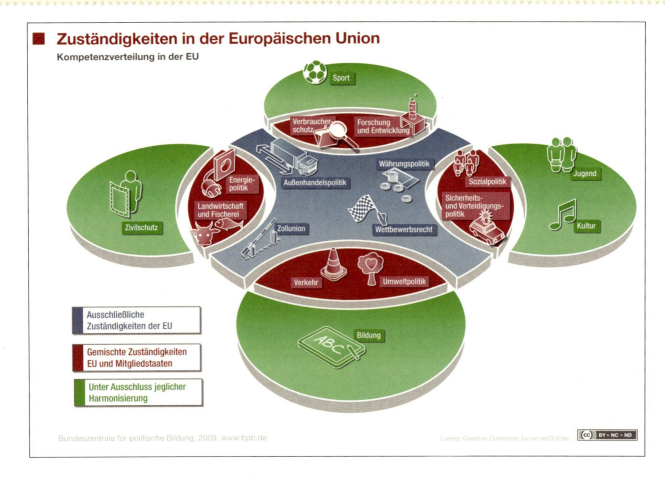

national entschieden, deutsche Raucher würden ja in Österreich niemanden beeinträchtigen. Ein Tabakwerbeverbot in Print- und elektronischen Medien ist allerdings europäisch verhängt worden, da die Zeitungen und Sendungen die Binnengrenzen leicht überschreiten und somit Einfluss im Nachbarland ausüben. Eine Reihe von Kompetenzen werden zum Teil von der EU, zum anderen Teil vom Mitgliedstaat wahrgenommen. Im Allgemeinen werden in diesen Fällen auf europäischer Ebene bestimmte Mindeststandards beschlossen, die in den Mitgliedstaaten eingehalten werden müssen. Alles Weitere wird national geregelt.

Bildung und Kultur bleiben eine nationale Domäne, das gilt auch für den Sport. Allerdings hat der Europäische Gerichtshof 1995 entschieden, dass Fußballprofis nach Vertragsablauf ablösefrei sein müssen. Die Richter haben damit aber nicht in den Sport eingreifen wollen, sondern die Rechte der Fußballprofis als Beschäftigte geschützt. Sie sahen deren Freizügigkeit eingeschränkt, wenn ihre Vereine trotz Vertragsablaufs eine hohe Ablösesumme von anderen Clubs verlangen.

Bundeszentrale für politische Bildung, Zuständigkeiten in der Europäischen Union, www.bpb.de [10.11.2009]

M 33 Das Subsidiaritätsprinzip – eine Lösung des Kompetenzproblems?

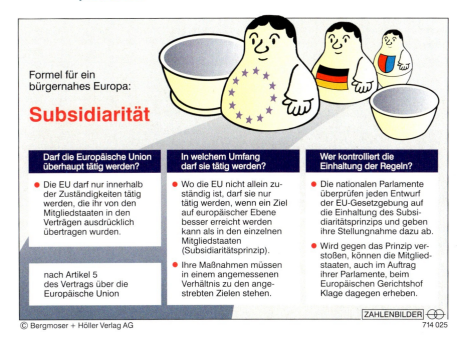

Aufgaben

1. Erläutern Sie ausgehend vom Schaubild M 32 die Kompetenzverteilung zwischen EU und Mitgliedstaaten.

2. Beurteilen Sie vor dem Hintergrund der Ergebnisse aus Aufgabe 1 Chancen und Schwierigkeiten der Schaffung eines einheitlichen europäischen Rechtsraums.

3. Stellen Sie mit eigenen Worten das Prinzip der Subsidiarität dar und wägen Sie ab, ob dieses Prinzip eine Lösungsmöglichkeit für das Kompetenzproblem in der EU darstellt (M 32 und M 33).

4. Perspektiven der EU

Erinnern Sie sich an das Gemälde der Auftaktseite: Europa als „work in progress". Fragen wir uns, welche Perspektiven es für eine Weiterentwicklung der EU gibt. Soll sie weitere Mitglieder aufnehmen und so noch weiter wachsen – oder wäre das eine Überlastung? Soll eine Vertiefung der Politik erfolgen – vielleicht bis hin zu den Vereinigten Staaten von Europa? Oder sollte die EU bei so vielen Mitgliedern nicht sogar in verschiedenen Geschwindigkeiten voranschreiten? Perspektiven für den weiteren Weg der EU gibt es also genug.

4.1 Perspektive Erweiterung: Europa = 27 plus X?

M 34 Stabilität und Frieden – Argumente für einen Beitritt

Der Begriff „EU-Erweiterung" wirkt leicht missverständlich, denn tatsächlich sind es die neuen Mitgliedstaaten, die der EU mit deren Zustimmung beitreten, um mit der Hilfe und Unterstützung der alten Mitgliedstaaten an dem Erfolgsmodell EU mit seinen Werten – Demokratie, Rechtsstaat, Schutz der Menschenrechte und der Minderheiten – teilhaben zu können.

Politische Gründe
Ziel der Europäischen Union ist es, Frieden und Freiheit, Sicherheit und politische Stabilität sowie wirtschaftlichen Wohlstand dauerhaft in Europa zu garantieren. Die Gründe für die Erweiterung der Europäischen Union liegen darin, als „Stabilitätsanker" weiteren Staaten Europas zur Seite zu stehen und damit diesen Staaten die Möglichkeit zu geben, an dem Erfolgsmodell der europäischen Integration durch vollständige Übernahme des Acquis teilzunehmen. Die Bürger aller Mitgliedstaaten erhalten dadurch erweiterte Möglichkeit, auch jenseits ihrer vertrauten nationalen Grenzen in einem größeren Raum ohne Binnengrenzen zu leben, zu arbeiten und zu wirtschaften. Durch den Fall des Eisernen Vorhangs 1989/90 sahen sich die europäischen Staaten in Ost und West vor die Herausforderung gestellt, ihr Verhältnis zueinander völlig neu zu bestimmen. Beide Seiten ergriffen die darin liegende Chance, die Teilung Europas endgültig zu überwinden. Die EU entschied sich dafür, den Ländern in Mittel- und Osteuropa die Perspektive eines Beitritts anzubieten, und diese Länder waren bereit, die enormen Reformanstrengungen auf sich zu nehmen, die zur Verwirklichung dieser Perspektive erforderlich waren.

Wirtschaftliche Gründe
Nach dem Beitritt Bulgariens und Rumäniens ist die Europäische Union zu einem der größten einheitlichen Wirtschaftsräume der Welt mit rund 480 Millionen Einwohnern zusammengewachsen. Hohes Wirtschaftswachstum in den Beitrittsländern, neue Märkte und wachsende Konkurrenz kommen allen zugute. Die Verwirklichung des freien Waren- und Kapitalverkehrs unterstützt auch das Wachstum der deutschen Wirtschaft und schafft bzw. sichert Arbeitsplätze in Deutschland. Besonders deutsche Unternehmen nutzen die Gelegenheit zur Investition in den neuen Mitgliedstaaten. Durch die Erweiterung gelingt es der EU,

---

INFO

Als **„acquis communautaire"** (gemeinschaftlicher Besitzstand) bezeichnet man den Gesamtbestand an Rechten und Pflichten, der für die Mitgliedstaaten der EU verbindlich ist. Er besteht aus dem Primärrecht der Verträge, dem Sekundärrecht, den von den EG-Organen erlassenen Rechtsakten, den Entscheidungen des Europäischen Gerichtshofes (EuGH), Erklärungen, Entschließungen und bestimmten Abkommen.

Hatice Urganci/Bernd Arts, „Acquis communautaire", www.europa-reden.de, 03/2003 [15.12.2009]

durch die Globalisierung bedingte Verlagerungsprozesse innerhalb der Grenzen der EU zu halten. Dies schafft Arbeitsplätze und Investitionen in den neuen Mitgliedstaaten, die ihrerseits Arbeitsplätze in den alten Mitgliedstaaten sichern – die sonst möglicherweise in Länder außerhalb der EU abwandern könnten. Da in den neuen Mitgliedstaaten das EU-Recht vollständig umgesetzt wird, sind Rahmenbedingungen vorgegeben, die Investitionen und Arbeitnehmer schützen und einen hohen Sicherheits-, Produktions- und Umweltstandard gewährleisten.

Ein vereintes Europa als *„global player"*

Die Europäische Union bereitet sich auch mit ihrer Erweiterung auf ihre künftige Rolle in der Welt des 21. Jahrhunderts vor. Erst wenn Europa zusammengewachsen ist, kann es seine Interessen in der Welt der Globalisierung angemessen vertreten. Erst das vereinte Europa wird auch seine internationalen wirtschaftlichen und politischen Aufgaben wahrnehmen können und nicht länger vor allem mit sich und den Narben seiner Vergangenheit beschäftigt sein.

Auswärtiges Amt (Hg.), „Europa wird größer – Eine Übersicht", www.auswaertigesamt.de, 07.04.2009 [15.12.2009]

M 35 „Die Erweiterungspolitik stößt an ihre Grenzen"

Die Strategie der Erweiterung der Europäischen Union um neue Mitglieder beginnt, zunehmend an ihre Grenzen zu stoßen. Zum einen sind die finanziellen und politischen Kapazitäten der EU begrenzt, sie kann nicht immer weitere Staaten durch finanzielle Förderung und politische Stabilisierung auf das Niveau der Beitrittsreife heben. Zum anderen bedeutet die Aufnahme neuer Mitglieder immer auch eine Erschwerung der Entscheidungsfindung und eine Belastung der innergemeinschaftlichen Grundlagen des Zusammenlebens. Zur Reform der Entscheidungsverfahren und der Ausgabenpolitiken wurden außerordentlich langwierige Verhandlungen notwendig, die Konflikte in der Gemeinschaft aufbrechen ließen und von einigen Politikern zur innenpolitischen Profilierung benutzt wurden. Die Bereitschaft der Bevölkerungen der jetzigen Mitgliedstaaten zu einer signifikanten Umverteilung von Wohlstand oder zur Berücksichtigung von außen- und sicherheitspolitischen Problemen neu beitretender Mitgliedstaaten ist bereits bei der jetzigen Ost-Erweiterung prekär. Bei geografisch und kulturell noch weiter entfernten Staaten würde sie vermutlich überstrapaziert. Auch die Frage, wie die schon heute problematische demokratische Legitimation und die Entscheidungseffizienz europäischer Politik in einem solchen System gewahrt werden können, ist offen. Die Schlussfolgerung lautet, dass die EU mit dem Dilemma eines Auseinanderfallens faktischer Interdependenz und der geografischen Reichweite der europäischen Integration dauerhaft wird leben müssen. Regionale Stabilisierungspolitik und politische Dialoge sind Mittel zur Milderung des Dilemmas, auflösen können sie es nicht.

Beate Kohler-Koch/Thomas Conzelmann/Michele Knodt, Europäische Integration – Europäisches Regieren, VS Verlag für Sozialwissenschaften, Wiesbaden 2004, S. 316

Aufgaben

1 Erarbeiten Sie aus dem Text M 34 die Notwendigkeit der Erweiterung und Gründe für die Attraktivität der EU.

2 Fassen Sie zusammen, wo die Autoren von M 35 die Grenzen und Probleme der Erweiterungspolitik sehen.

3 In der Frage einer möglichen Erweiterung über die derzeit 27 Staaten hinaus sehen die Autoren die EU in dem grundsätzlichen „Dilemma eines Auseinanderfallens faktischer Interdependenz und der geografischen Reichweite der europäischen Integration" (Z. 19f.). Erklären Sie, was damit gemeint ist.

M 36 Beitrittsvoraussetzungen – die „Kopenhagener Kriterien"

Der Europäische Rat hat im Juni 1993 in den sogenannten „Kopenhagener Kriterien" die Anforderungen an die Beitrittsländer konkretisiert. Diese verlangen von den Beitrittsländern:
- **politisches Kriterium:** „institutionelle Stabilität als Garantie für demokratische und rechtsstaatliche Ordnung, für die Wahrung der Menschenrechte sowie die Achtung und den Schutz von Minderheiten";
- **wirtschaftliches Kriterium:** „eine funktionsfähige Marktwirtschaft sowie die Fähigkeit, dem Wettbewerbsdruck und den Marktkräften innerhalb der EU standzuhalten";
- **Acquis-Kriterium:** „die Fähigkeit, alle Pflichten der Mitgliedschaft – d. h. das gesamte Recht sowie die Politik der EU (den sogenannten ‚Acquis communautaire') – zu übernehmen sowie das Einverständnis mit den Zielen der Politischen Union und der Wirtschafts- und Währungsunion."

Der Europäische Rat legte dabei im Dezember 1997 fest, dass die Einhaltung der politischen Kriterien von Kopenhagen Voraussetzung bereits für die Aufnahme von Verhandlungen ist, während die wirtschaftlichen Kriterien sowie die Fähigkeit, die sich aus dem Beitritt ergebenden Verpflichtungen zu erfüllen („Acquis-Kriterium"), „aus einer zukunftsorientierten, dynamischen Sicht heraus" zu beurteilen sind.

Zum Aspekt der Integrationsfähigkeit gilt zusätzlich, dass die Fähigkeit der Union, neue Mitglieder aufzunehmen, dabei jedoch die Stoßkraft der europäischen Integration zu erhalten, ebenfalls einen sowohl für die Union als auch für die Beitrittskandidaten wichtigen Gesichtspunkt darstellt. Diese Integrationsfähigkeit der EU wird bei steigender Mitgliederzahl in der EU immer wichtiger und ist daher in den Verhandlungsrahmen für die Türkei und für Kroatien sowie in den Schlussfolgerungen des Europäischen Rates vom 15./16.06.2006 besonders herausgestellt worden.

Auswärtiges Amt (Hg.), „Die Kopenhagener Kriterien", www.auswaertiges-amt.de, 07.04.2009 [19.05.2010]

M 37 Beitrittsverfahren und -prinzipien

Erfüllt ein Beitrittskandidat die grundlegenden politischen Voraussetzungen, wird der Beitrittsprozess eingeleitet.
Der Europäische Rat hat 1997 in Luxemburg dafür folgende Prinzipien beschlossen:
- Alle Kandidaten gehen mit den gleichen Rechten und Voraussetzungen in den Prozess hinein („differenzieren, ohne zu diskriminieren").
- Die Verhandlungen werden individuell geführt und können mit jedem Kandidaten zu unterschiedlichen Zeitpunkten begonnen und abgeschlossen werden. Kandidaten, die später mit den Verhandlungen beginnen, können ggf. früher zum Abschluss kommen („Überholspur").
- Vor Beginn der Verhandlungen nimmt die Kommission für jedes Land eine Bewertung im Vergleich zur EU vor („*Screening*"), danach wird der gemeinschaftliche Besitzstand kapitelweise nach einem festen Verhandlungsplan („*road map*") auf Beitrittskonferenzen abgearbeitet. Bei den Ergebnissen sind Übergangsregelungen möglich, sollen aber möglichst vermieden werden.

Sind schließlich die Voraussetzungen für einen Beitritt erfüllt, entscheiden die Europäischen Institutionen und die Parlamente der Mitgliedstaaten und der infrage kommenden Beitrittsländer in einem langen Ratifikationsprozess über das Inkrafttreten des Beitritts.

Stephan Kurz-Gieseler et al., „Voraussetzungen und Verfahren des EU-Beitritts", in: ders. (Hg.), Sozialkunde. Politik in der Sekundarstufe II, Schöningh, Paderborn 2008, S. 536 f.

Aufgaben

1 Erwägen Sie Gründe, warum die politischen Kriterien zwingende Voraussetzung für einen Beitritt zur EU sind, während die anderen Kriterien „aus einer zukunftsorientierten, dynamischen Sicht heraus" zu beurteilen sind (M 36).

2 Nehmen Sie Stellung zu dieser Regelung.

3 Zeigen Sie den Ablauf von erfolgreichen Beitrittsverhandlungen an einem geeigneten Beispiel und legen Sie dabei offen, welche Rolle die Beitrittskriterien und -prinzipien spielten.

4 Erörtern Sie Ihre eigene Ansicht zu der Frage „Europa = 27 + X – Chance oder Überlastung?".

M 38 Der Türkei-Streit

Von der Autorin Elke Heidenreich bis zum Fußballtrainer Christoph Daum – was Prominente über einen möglichen EU-Beitritt der Türkei sagen.

Elke Heidenreich, Autorin:

„Am Bosporus fängt der asiatische Kontinent an, oder? Warum sollte der nun auch noch in die EU? Warum soll ein Land in die EU, dessen Väter immer noch Töchter zwangsverheiraten, dessen Frauen immer noch der sogenannten Familienehre wegen umgebracht werden, auch wenn man sie vergewaltigt hat? In dessen Gefängnissen und Rechtsprechung es nicht nach den Menschenrechten zugeht? Außerdem glaube ich nicht an die Säkularisierung des Islam. Das wird kämpferischer, nicht toleranter. Und schließlich: Weshalb will man die Türkei eigentlich in der EU haben? Sind es strategisch-militärische Gründe? Andere fallen mir nicht ein."

Professor Norbert Walter, Chefvolkswirt der Deutschen Bank:

„Die Türkei sollte Mitglied der EU werden. Das Land ist ein säkularer Staat mit Demokratie und Pluralismus in der muslimischen Welt. Der Beitritt hätte Modellcharakter: Er würde zeigen, wie Abendland und Morgenland zusammenkommen könnte. Daneben gibt es gerade für Deutschland noch ein ökonomisches Argument. Unsere Bevölkerung wird immer älter, wir werden in Zukunft dringend junge Arbeitskräfte brauchen."

Wilhelm Hankel, Professor für Währungs- und Entwicklungspolitik an der Universität Frankfurt:

„Die EU ist schon jetzt überdehnt. Mit Aufnahme der Türkei machen wir die Gemeinschaft vollends kaputt, ohne den Türken zu helfen. Ich kenne das Land als Entwicklungshelfer und -berater. Der mit dem Beitritt wachsende Konkurrenzdruck aus dem Westen vergrößert noch die Probleme dort, der Subventionsbedarf würde zum Fass ohne Boden. Dass unsere raren Arbeitsplätze mit Ausländern besetzt werden, macht unsere Lage auch nicht besser. Die EU schuldet der Türkei eine ehrliche Antwort: Das Land ist nicht beitrittsfähig, noch würde ihm der Beitritt nützen. Der gemeinsame Markt ist kein Wohltätigkeitsverein."

Wulf Schönbohm, Leiter der Konrad-Adenauer-Stiftung in Ankara:
„Wenn die EU der Türkei jetzt kein Datum nennt, führt das in der Türkei zu einem politischen Schock und einem Stopp der Reformen. Mit der Türkei wird die EU zum Global Player."

Heinrich August Winkler, Historiker:
„Die Geostrategen verwechseln geografische Größe und politische Kraft. Ihr Großeuropa wäre zwar räumlich eindrucksvoll, aber infolge Überdehnung politisch nicht handlungsfähig – ein Koloss auf tönernen Füßen."

Barbara Lochbihler, Generalsekretärin Amnesty International Deutschland:
„Amnesty International begrüßt, dass die Beitrittsbestrebungen der Türkei und die von der EU aufgestellten Kriterien erste Grundlagen für die Verbesserung der Menschenrechtssituation in der Türkei geschaffen haben. So wurde die Todesstrafe in Friedenszeiten abgeschafft, wurden die Spielräume für politische Meinungsäußerung erweitert und die kurdische Sprache in begrenztem Maße für den öffentlichen Gebrauch zugelassen. Dennoch reichen die bisherigen Reformen nicht aus, um die Meinungsfreiheit und die Wahrnehmung der bürgerlichen Rechte in vollem Umfang zu garantieren. Oppositionelle Politiker, Journalisten und Menschenrechtler werden noch immer drangsaliert, vor Gericht gestellt und zu Freiheits- oder Geldstrafen verurteilt. Vor allem die Folter ist in der Türkei nach wie vor weitverbreitet. Hier sind noch erhebliche Anstrengungen nötig, um eine effektive Strafverfolgung der Verantwortlichen zu gewährleisten."

Michael Sommer, DGB-Chef:
„Wir können der Türkei nicht 40 Jahre lang Hoffnung auf eine Mitgliedschaft machen und auf einmal sagen: April, April. Und es gibt ja auch gute Gründe für die Aufnahme: Wenn die Türkei dauerhaft stabilisiert wird, was Menschenrechte, soziale Standards, Gleichberechtigung angeht, ist das auch gut für die Integration der 2,5 Millionen türkischstämmigen Menschen in Deutschland. Außerdem hilft es langfristig unserer Wirtschaft, weil neue Absatzmärkte entstehen."

Christoph Daum, Fußballtrainer des türkischen Meisters Fenerbahce Istanbul:
„Die Türkei ist ein weltoffenes und modernes Land, es gibt eine klare Orientierung Richtung Westen. Ich kann die Türken verstehen, wenn sie fragen: Warum dürfen jetzt Lettland, Estland und Litauen in die EU? Und warum müssen wir so lange anstehen? Ich bin überzeugt, dass die Türkei in der EU gut aufgehoben wäre. Die EU darf sich nicht als christlicher Klub verstehen. Sie muss Mut haben und selber die Toleranz zeigen, die sie von ihren Mitgliedern immer wieder fordert."

Ruprecht Polenz, früherer Generalsekretär der CDU, Bundestagsabgeordneter:
„Die europäische Idee nach 1945 war nicht, einen Club von Ländern zu schaffen, die das Ziel haben, immer reicher zu werden. Die Idee war, dauerhaft Frieden zu schaffen. Diese Friedensordnung wird im 21. Jahrhundert herausgefordert durch die Kluft zwischen westlicher und islamischer Terrorbedrohung. Wenn die

Türkei der EU beitritt, wäre das eine Botschaft, die nicht unterschätzt werden darf: Wir bekämpfen den islamistischen Terror gemeinsam mit unseren muslimischen Freunden."

Stephan Krawczyk, Autor:
„Wer die Menschenrechtssituation in der Türkei auf lange Sicht kontrollieren und verbessern will, muss das Land in die EU holen."

o. V., „Der Türkei-Streit", www.stern.de, 06.10.2004 [15.12.2009]

M 39 Die Positionen der Parteien

Für den Beitritt zur Europäischen Union ist die Erfüllung des Kriteriums der Aufnahmefähigkeit der Europäischen Union ebenso wichtig wie die vollständige Erfüllung aller politischen und wirtschaftlichen Kriterien durch die Bewerberländer, zu denen insbesondere die Meinungsfreiheit, die Gleichheit von Frau und Mann, der Minderheitenschutz oder die Religionsfreiheit zählen. Wir halten daher eine Privilegierte Partnerschaft der Europäischen Union mit der Türkei für die richtige Lösung. Der europäische Erweiterungsprozess muss zur Stärkung der europäischen Identität beitragen.

CDU (Hg.), „Starkes Europa – Sichere Zukunft", Programm der Christlich Demokratischen Union Deutschlands, www.cdu.de, 16.03.2009 [15.12.2009]

Es liegt in unserem eigenen Interesse, neue Möglichkeiten und Formen der Zusammenarbeit und engeren Partnerschaft unterhalb der Vollmitgliedschaft in der EU zu ermöglichen. Wir wollen ein Europa mit klaren Grenzen und lehnen einen Beitritt der Türkei zur EU ab. Die EU ist nicht beliebig erweiterbar. Stärke nach außen setzt innere Geschlossenheit voraus. Die EU-Mitgliedstaaten verfügen über gemeinsame kulturelle und historische Wurzeln, die die Türkei nicht teilt. Die Türkei ist jedoch ein wichtiger politischer, geostrategischer und wirtschaftlicher Partner Deutschlands. Wir bekennen uns deshalb zum Ziel einer privilegierten Partnerschaft mit der Türkei.

CSU (Hg.), „CSU-Europawahlprogramm 2009", www.csu.de, 09.05.2009 [15.12.2009]

Die Entscheidung über einen EU-Beitritt der Türkei steht in der kommenden Legislaturperiode noch nicht an. Die Türkei hat zwar eine Reihe wichtiger Reformschritte gemacht, in vielen Bereichen gibt es aber noch erhebliche Defizite bei der Erreichung der EU-Standards (Kopenhagener Kriterien), die für einen Beitritt erfüllt sein müssen. Schlüssel für den Beitritt zur EU sind die Umsetzung der Reformen in der Türkei und die Aufnahmefähigkeit der EU.

FDP (Hg.), „Ein Europa der Freiheit für die Welt des 21. Jahrhunderts", http://europaprogramm.de, 17.01.2009 [15.12.2009]

Wir wollen verlässliche und faire Beitrittsverhandlungen mit der Türkei. Seit mehr als vierzig Jahren hat die Türkei eine Beitrittsperspektive, seit Oktober 2005 werden Beitrittsverhandlungen geführt. Davon abzurücken wäre ein Wortbruch der EU und würde vor allem die türkischen Reformkräfte schwächen. [...] Aber nur eine glaubwürdige Beitrittsperspektive unterstützt das Land beim demokratisch-rechtsstaatlichen Wandel. Es ist in unserem ureigenen Interesse, die Türkei in die EU einzubinden. Denn ein EU-Mitglied Türkei kann ein stabilisierender Anker in dieser krisengeschüttelten Region sein. Die Türkei bringt sowohl ein erhebliches wirtschaftliches Entwicklungspotenzial in Europa ein als auch eine junge, immer besser ausgebildete Bevölkerung und ist durch Migration nach Europa bereits eng mit uns verbunden. Ein Beitritt der Türkei in die EU wäre somit nicht nur ein Gewinn für eine größere Sicherheit Europas, sondern die EU würde auch ökonomisch profitieren.

Bündnis 90/Die Grünen (Hg.), „Volles Programm. Mit Wums für ein besseres Europa", www.gruene.de, 25.01.2009 [15.12.2009]

Die Türkei muss die politischen und Menschenrechte aller Einwohnerinnen und Einwohner, darunter aller Minderheiten, achten und rechtsverbindlich garantieren. Soziale und rechtliche Reformen sind durchzuführen, um für alle Bürger kurdischer Nationalität einen demokratischen und friedlichen Weg zu bahnen.

Die Linke (Hg.), „Solidarität, Demokratie, Frieden – Gemeinsam für den Wechsel in Europa!", http://die-linke.de, 28.02.2009 [15.12.2009]

Am Ziel eines EU-Beitritts der Türkei halten wir fest. Eine in den europäischen Strukturen von Demokratie und Rechtstaatlichkeit fest verankerte Türkei kann Demokratiebewegungen in anderen muslimisch geprägten Staaten weiter Auftrieb geben und die These widerlegen, dass wir auf einen Kampf der Kulturen zusteuern. Ein Beitritt der Türkei, die seit Langem ein verlässlicher Partner in der NATO ist, liegt letztlich auch im wirtschaftlichen und sicherheitspolitischen Interesse Deutschlands. Klar ist dabei aber, dass die Türkei die für einen Beitritt zur EU geltenden Kriterien vollständig und umfassend zu erfüllen hat.

SPD (Hg.), „Europamanifest der Sozialdemokratischen Partei Deutschlands für die Wahlen zum Europäischen Parlament 2009", 08.12.2008 [15.12.2009]

Aufgaben

1 Stellen Sie aus den Meinungen der Prominenten und den Stellungnahmen der Parteien zu einem EU-Beitritt der Türkei die Argumente dafür und dagegen, geordnet nach Bereichen (Menschenrechte, Wirtschaft, Religion, ...) gegenüber.

2 Verfassen Sie ein eigenes Statement zum Thema und vergleichen Sie im Kurs Ihre Ansichten zu dieser Diskussion.

3 G Informieren Sie sich über die Geschichte der EU-Türkei-Beziehungen und stellen Sie diese in einem Schaubild dar.

M 40 Privilegierte Partnerschaft, weniger Demokratie?

Auch wer nach Abwägung aller möglichen Vor- und Nachteile für den Beitritt ist und eine enge Bindung der Türkei an das politische Europa wünscht, muss also Überlegungen anstellen, welche politischen Alternativen es zur Vollmitgliedschaft gibt – und zwar gerade unter dem Gesichtspunkt, dass eine demokratische Türkei als wesentlicher Beitrag zur Friedensstiftung im Mittleren Osten und darüber hinaus angesehen werden kann.

Der Haken ist: Diese Form der Partnerschaft gibt es faktisch bereits. Die Türkei ist seit 1996 über die Zollunion an die EU gebunden, sie partizipiert an den EU-

Förderprogrammen für Forschung und Entwicklung, an der gemeinsamen Umweltpolitik, am Twinning-Programm zur Verwaltungsmodernisierung und am Erasmus-Austauschprogramm für Studierende. Ein CDU/CSU-Positionspapier zur Privilegierten Partnerschaft stellte deswegen darüber hinaus in Aussicht, die Zollunion zu einer breit angelegten Freihandelszone weiterzuentwickeln sowie die Türkei in die Gemeinsame Außen- und Sicherheitspolitik (GASP) und in die Europäische Sicherheits- und Verteidigungspolitik (ESVP) einzubeziehen. Enthalten darin ist die Möglichkeit, an Ratssitzungen teilzunehmen und einen Ständigen Vertreter zum EU-Militärstab zu entsenden. Aber auch diesen Status hat die Türkei bereits in der Westeuropäischen Union (WEU), wo sie mitwirkt, aber ebenfalls nicht mitentscheidet. Die Türkei lehnt die Privilegierte Partnerschaft eben deswegen ab, weil ihr damit eine Vollmitgliedschaft in der EU ausdrücklich vorenthalten wird.

Eine Variante der PP bedeutet Mitgliedschaft im „Erweiterten Europäischen Wirtschaftsraum" und vollzieht sich primär über handels- und wirtschaftspolitische Kooperation, wobei als wesentlicher Pferdefuß die Personen- und Arbeitnehmerfreizügigkeit weiterhin eingeschränkt bleibt. Auch eine Mitgliedschaft in der Währungsunion ist nicht vorgesehen. Die aufwendige Übernahme des *Acquis Communautaire* soll durch Transferzahlungen kompensiert werden, vor allem im Bereich der Struktur- und Kohäsionspolitik. Wichtig ist, dass genau wie die PP die EAM der Türkei nur Anhörungs-, aber keine Mitentscheidungsrechte im Rat gewährt. Gedacht ist höchstens an „Erweiterte Ratssitzungen" und, um die institutionelle Verzahnung zu vertiefen, daran, dass die Türkei Personal an die EU-Institutionen entsenden kann.

Über PP und EAM hinaus hat der Politikwissenschaftler Cemal Karakas das Modell einer „abgestuften Integration" vorgeschlagen, in dem „die Türkei nicht nur wirtschaftlich, sondern auch politisch (teil-)integriert wird und für die integrierten Bereiche ein sektorales Mitentscheidungsrecht ohne Anrecht auf ein Veto im Rat bekommt. Auch ist im Rahmen der Abgestuften Integration die spätere Vollmitgliedschaft nicht a priori ausgeschlossen." Die Vorteile der Abgestuften Integration sieht er in folgenden Aspekten: „... die politische Integration der Türkei in europäische Strukturen, ohne die EU institutionell zu überdehnen; der zusätzliche Zeitgewinn, den sowohl die EU als auch die Türkei für weitere Reformen brauchen werden; der komparative Kostenvorteil für die EU gegenüber einer Vollmitgliedschaft." Doch bleibt der wesentliche Nachteil für die Türkei, „... dass es womöglich nicht zu einer Vollmitgliedschaft kommt", und „für die EU, dass sich dann die Frage nach der Glaubwürdigkeit ihres 40-jährigen Beitrittsversprechens gegenüber der Türkei stellt". Fazit: „... die Abgestufte Integration ersetzt nicht die Debatte um die Zukunft der Europäischen Integration oder darüber, ob die EU gewillt ist, ein mehrheitlich muslimisches Land in ihre Gemeinschaft aufzunehmen."

Die Pointe einer wie auch immer abgestuften Integration liegt womöglich darin, dass der EU das Herzstück der demokratischen Konditionalität entwunden wird. Die Türkei hätte „einen Fuß in der Tür" Europas, aber Europa könnte den Prozess, der in den vergangenen Jahren zur effektiven Vertiefung der Demokratie und zur Verankerung von Rechtsstaatlichkeit und Minderheitenrechten geführt hat, nicht mehr vorantreiben oder kontrollieren. Derzeit scheint es noch so, als würde vor allem die Türkei auf der Vollmitgliedschaft bestehen; doch ein „Plan B", der institutionellen und informellen Einfluss in der EU verbürgt, kann in

Mitglied oder Partner?

> **INFO**
> EAM = Erweiterte Assoziierte Mitgliedschaft

einer gewandelten Türkei durchaus noch Gefallen finden – wenn er nämlich eine „neo-osmanische Demokratie" befördert, die nationalistische Strömungen mit einem Bekenntnis zu den islamischen Grundlagen der türkischen Gesellschaft verbindet und für die Türkei die Rolle einer Mittelmacht im Greater Middle East in Aussicht stellt.

Claus Leggewie, „Privilegierte Partnerschaft, weniger Demokratie?", www.eurozine.com, 08.07.2008 [05.01.2010]

Aufgaben

1 Stellen Sie die verschiedenen Konzepte einer abgestuften Integration gegenüber.

2 Erläutern Sie die wesentlichen Unterschiede zwischen einer privilegierten Partnerschaft und einer Vollmitgliedschaft.

3 Erörtern Sie die im Titel von M 40 aufgeworfene Frage, ob eine privilegierte Partnerschaft zu einem Weniger an Demokratie in der Türkei führen könnte.

M 41 Türkei ist geopolitisch von größter Wichtigkeit

In der aktuellen Debatte um den EU-Beitritt der Türkei spielen kulturelle und ökonomische Argumente die Hauptrolle. Geopolitische Überlegungen werden dagegen nur selten ins Spiel gebracht, wiewohl sie mittel- und langfristig von größerem Gewicht sein dürften als die Frage, was die Westeuropäer in kultureller Hinsicht mit den Türken verbindet und welche finanziellen Belastungen kurzfristig bei einem EU-Beitritt der Türkei auf die Kassen der Europäischen Union zukämen.

Die Türkei hat seit Anfang der Neunzigerjahre drei geopolitische Optionen: die Zugehörigkeit zu Europa, die Annäherung an die arabisch-islamische Welt sowie eine Dominanzstellung gegenüber den Turkvölkern im zentralasiatischen Raum. Es steht außer Frage, dass Europa für die Türkei die attraktivste Option darstellt, und dementsprechend haben die wirtschaftlichen und politischen Eliten der Türkei auf die europäische Karte gesetzt. Wenn diese Karte nicht sticht, weil die Europäer den Beitritt hinauszögern oder verweigern, werden die beiden alternativen Optionen schnell an politischem Zulauf gewinnen. Die beiden anderen Optionen, die islamische wie die großtürkische, hätten verheerende Folgen für die Stabilität der europäischen Südostflanke. Auch wenn unwahrscheinlich ist, dass die Türkei eine Dominanz über die zentralasiatischen Turkvölker tatsächlich herstellen könnte, so dürfte allein der Versuch dazu einen Krisenherd schaffen, der in Verbindung mit den Problemen der Kaukasusregion sehr schnell gefährliche Ausmaße annehmen würde. Gerade die Europäer haben ein vitales Interesse daran, dass die Probleme des Nahen Ostens, eingeschlossen den Irak, und die des südlichen Rands der ehemaligen Sowjetunion nicht zusammenfließen.

Neben einem stabilen Iran ist vor allem die Türkei ein Sperrriegel zwischen beiden Krisenregionen. Würde die Türkei nach einem verweigerten EU-Beitritt die großtürkische Karte spielen, so würde dieser Riegel geöffnet. Die Europäer hätten darauf keinen entscheidenden Einfluss, sondern müssten zusehen, ob die USA, nicht nur der stärkste Machtfaktor in der Region, sondern dann auch wie-

der wichtigster Partner der Türkei, das Öffnen oder Geschlossenhalten dieses
Riegels für attraktiver halten.

Aber auch die andere Option, die Annäherung der Türkei an die islamische Welt, dürfte für die Europäer unerfreuliche Konsequenzen haben. Der Nahe und Mittlere Osten ist seit einigen Jahrzehnten die Wetterecke der Weltpolitik, in der die größten Spannungen anzutreffen sind und die meisten Kriege geführt werden. Mit dem EU-Beitritt der Türkei, so ist zu hören, bekomme man eine direkte Grenze zu diesem Raum. Auch deswegen sei vom EU-Beitritt der Türkei abzuraten. Die entgegengesetzte Schlussfolgerung ist die zwingendere, denn mit der dann zu erwartenden Annäherung der Türkei an diesen Raum würde diese Krisenregion näher ans europäische Zentrum heranrücken. Dass eine aus Europa herausgehaltene Türkei auf Dauer ein Puffer zwischen Europa und der arabisch-islamischen Welt sein werde, wie viele Beitrittsgegner meinen, ist politisch naiv: Es wird auf längere Sicht keinen Puffer zwischen Europa und der islamischen Welt geben, sondern eine direkte Grenze. Die Frage ist allein, wo sie verläuft und welche Chancen die Europäer infolgedessen haben, auf die politische und wirtschaftliche Entwicklung des arabisch-islamischen Raumes Einfluss zu nehmen. Die EU-Zugehörigkeit der Türkei erhöht die Möglichkeiten einer pro-aktiven Politik der Europäer in der arabischen Welt. Das ist nicht ohne Risiko. Aber die Risiken im Falle einer Abweisung der Türkei durch die EU wären um ein Vielfaches größer.

Herfried Münkler, „Warum der EU-Beitritt der Türkei für Europa wichtig ist", www.uni-protokolle.de, 12.04.2004 [05.01.2010]

→ **Nahostkonflikt**
› S. 252 ff.

Aufgaben

1 Stellen Sie mit eigenen Worten dar, warum die Türkei geopolitisch von besonderer Wichtigkeit für die EU ist.

2 Leiten Sie aus dem Text mögliche negative Folgen für die EU ab, falls sich die Türkei am Ende selbst gegen einen Beitritt aussprechen würde.

M 42 Der aktuelle Stand: EU kritisiert schleppende Reformen in der Türkei

Die EU-Beitrittskandidaten müssen stärker aufs Tempo drücken und in vielen Bereichen wie der Rechtsstaatlichkeit und der Verbrechensbekämpfung noch „substanzielle Arbeit" leisten, so der Jahresbericht der EU-Kommission. Das gilt für Kroatien und Mazedonien – besonders aber für die Türkei. Hier sieht Erweiterungskommissar Rehn noch erhebliche Defizite bei der Meinungsfreiheit und anderen grundlegenden Bürgerrechten.

Das 90-seitige Reformzeugnis der EU liest sich nicht gerade wie ein Bestseller. Der Türkei-Fortschrittsbericht ist vielmehr abgefasst in nüchterner Beamtensprache – benennt Versäumnisse und Fortschritte in allen Einzelheiten und zieht am Ende eines jeden untersuchten Politikbereichs ein Zwischenfazit. Von A wie Außenpolitik bis Z wie Zollunion, dem gemeinsamen Wirtschaftsraum.

Fortschritte hat die Türkei in der Außenpolitik gemacht. EU-Erweiterungskommissar Olli Rehn lobt die Türkei als „stabilisierenden Faktor" in der Region. „Die Türkei spielt eine Schlüsselrolle für die Sicherheit in der Region – im Nahen Osten ebenso wie im südlichen Kaukasus", sagt Rehn. „Für Europa ist das Land mit Blick auf die Sicherheit der Energieversorgung wichtig – und nicht zuletzt brauchen wir die Türkei, um den Dialog der Kulturen voranzutreiben."

142 Aspekte und Perspektiven des europäischen Einigungsprozesses

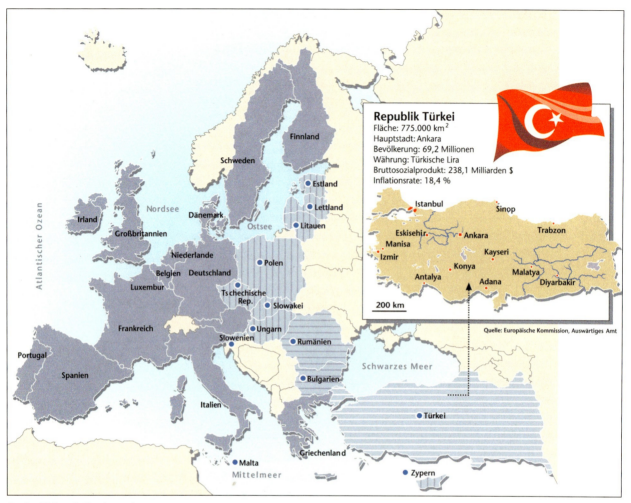

Quelle: Blickpunkt Bundestag / Karl-Heinz Döring

Einzig in den Beziehungen zum EU-Mitglied Zypern habe es „keinerlei Fortschritte" gegeben. Der Grund: Die Türkei hält den Norden der Mittelmeerinsel seit den Siebzigerjahren besetzt. Die 27er-Gemeinschaft hat Ankara bis zum Jahresende ein Ultimatum zur Öffnung der türkischen Häfen für Waren aus dem Südteil der Insel gesetzt – bislang hat sich die Regierung davon unbeeindruckt gezeigt. Olli Rehn verlangt von Ankara, endlich ihren Verpflichtungen nachzukommen.
Deutlich nachgelassen hat die Türkei bei den innenpolitischen Reformen: Hier habe es in den vergangenen zwölf Monaten nur geringe Fortschritte gegeben. „Wir erwarten von der Türkei, dass sie den Reformprozess wiederbelebt", sagt der EU-Erweiterungskommissar aus Finnland. „Vor allem bei der Meinungs- und Religionsfreiheit sowie bei Frauen- und Gewerkschaftsrechten."
Vor allem bei der Durchsetzung von Rechten liegt noch immer vieles im Argen. Frauen haben zwar auf dem Papier gleiche Rechte wie Männer – aber vier von zehn geben an, zu Hause geschlagen oder vergewaltigt zu werden. Verfolgt werden derartige Missbrauchsfälle jedoch kaum. Die Frauen kennen ihre Rechte nicht einmal, heißt es in dem Bericht. Auch Christen, Gewerkschafter, Schriftsteller und Homosexuelle müssen noch immer mit Benachteiligungen rechnen. Schwul- oder Lesbischsein gilt per höchstrichterlichem Spruch als unerwünscht, um, so die Urteilsbegründung, „eine Ausbreitung dieser sexuellen Neigung zu verhindern".

Richter und Staatsanwälte handelten noch immer nicht überparteilich und unabhängig – die Modernisierung des Justizsystems kommt im Alltag nur schleppend voran. Und obwohl mittlerweile immerhin einige ranghohe Militärs vor Gericht gestellt worden sind, habe die Armee noch immerzu großen Einfluss auf
45 die Staatsgeschäfte, beklagt die EU-Kommission. Nun müssen die Staats- und Regierungschefs die Lehren aus dem Bericht der Kommission ziehen. Auf ihrem Dezembergipfel werden sie über weitere Schritte beim Türkei-Beitritt verhandeln. Darüber dürften Beitrittsbefürworter und -gegner wieder einmal heftig streiten.

Peter Heilbrunner, „EU kritisiert schleppende Reformen in der Türkei", www.tagesschau.de, 14.10.2009 [15.12.2009]

M 43 EU-Beitrittsverhandlungen

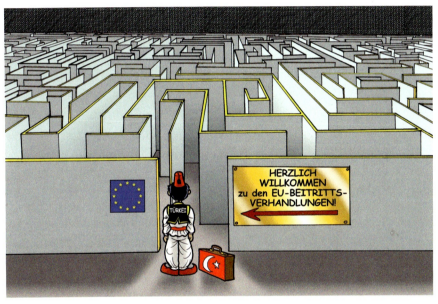

© Christian Berger, www.bergercartoons.com

Aufgaben

1 Fassen Sie die Kritikpunkte des Jahresberichts der EU-Kommission inhaltlich zusammen.

2 Überprüfen Sie am Beispiel der Türkei, inwieweit die EU ihre selbst gestellten Kriterien erfüllt.

3 Erörtern Sie vor diesem Hintergrund mögliche Gründe für die schleppenden Beitrittsverhandlungen mit der Türkei.

4 Beschreiben und interpretieren Sie die Karikatur M 43.

4.2 Europa auf der Suche nach seiner Identität

M 44 „Wir Bürgerinnen und Bürger der EU ..." – die Berliner Erklärung

→ V 13 › S. 178 f.

Zum 50. Gründungsjubiläum der Europäischen Union haben die Staats- und Regierungschefs die „Berliner Erklärung" verabschiedet. Das knapp dreiseitige Dokument umreißt die Entstehung, die Werte und die künftigen Herausforderungen der Europäischen Union.

5 Europa war über Jahrhunderte eine Idee, eine Hoffnung auf Frieden und Verständigung. Diese Hoffnung hat sich erfüllt. Die europäische Einigung hat uns Frieden und Wohlstand ermöglicht. Sie hat Gemeinsamkeit gestiftet und Gegensätze überwunden. Jedes Mitglied hat geholfen, Europa zu einigen und Demo-

50 Years Europe

GEMEinS@m
SEIT 1957

Mit der Unterzeichnung der Römischen Verträge am 25. März 1957 wurde der Grundstein für die Europäische Familie gelegt. Ein halbes Jahrhundert ist mittlerweile vergangen und immer noch wächst Europa weiter zusammen. Nach sechs Phasen der Erweiterung ist die EU von sechs auf heute 27 Mitgliedstaaten gewachsen. Trotz bleibender Verschiedenheit in Kultur, Sprache und Traditionen stützt sich diese Einheit auf gemeinsame Werte: Freiheit, Demokratie, Rechtsstaatlichkeit, Achtung der Menschenrechte und Gleichheit. Die Beständigkeit dieser Werte und was sie für die Bürger Europas bedeuten, werden das ganze Jahr 2007 hindurch gefeiert.

„Wir einigen keine Staaten, wir bringen Menschen einander näher."

Der „Vater Europas", Jean Monnet, 1952

kratie und Rechtsstaatlichkeit zu stärken. Der Freiheitsliebe der Menschen in Mittel- und Osteuropa verdanken wir, dass heute Europas unnatürliche Teilung endgültig überwunden ist. Wir haben mit der europäischen Einigung unsere Lehren aus blutigen Auseinandersetzungen und leidvoller Geschichte gezogen. Wir leben heute miteinander, wie es nie zuvor möglich war. Wir Bürgerinnen und Bürger der Europäischen Union sind zu unserem Glück vereint.

I.

Wir verwirklichen in der Europäischen Union unsere gemeinsamen Ideale: Für uns steht der Mensch im Mittelpunkt. Seine Würde ist unantastbar. Seine Rechte sind unveräußerlich. Frauen und Männer sind gleichberechtigt. Wir streben nach Frieden und Freiheit, nach Demokratie und Rechtsstaatlichkeit, nach gegenseitigem Respekt und Verantwortung, nach Wohlstand und Sicherheit, nach Toleranz und Teilhabe, Gerechtigkeit und Solidarität. Wir leben und wirken in der Europäischen Union auf eine einzigartige Weise zusammen. Dies drückt sich aus in dem demokratischen Miteinander von Mitgliedstaaten und europäischen Institutionen. Die Europäische Union gründet sich auf Gleichberechtigung und solidarisches Miteinander. So ermöglichen wir einen fairen Ausgleich der Interessen zwischen den Mitgliedstaaten. Wir wahren in der Europäischen Union die Eigenständigkeit und die vielfältigen Traditionen ihrer Mitglieder. Die offenen Grenzen und die lebendige Vielfalt der Sprachen, Kulturen und Regionen bereichern uns. Viele Ziele können wir nicht einzeln, sondern nur gemeinsam erreichen. Die Europäische Union, die Mitgliedstaaten und ihre Regionen und Kommunen teilen sich die Aufgaben.

II.

Wir stehen vor großen Herausforderungen, die nicht an nationalen Grenzen haltmachen. Die Europäische Union ist unsere Antwort darauf. Nur gemeinsam können wir unser europäisches Gesellschaftsideal auch in Zukunft bewahren zum Wohl aller Bürgerinnen und Bürger der Europäischen Union. Dieses europäische Modell vereint wirtschaftlichen Erfolg und soziale Verantwortung. Der Gemeinsame Markt und der Euro machen uns stark. So können wir die zunehmende weltweite Verflechtung der Wirtschaft und den immer weiter wachsenden Wettbewerb auf den internationalen Märkten nach unseren Wertvorstellungen gestalten. Europas Reichtum liegt im Wissen und Können seiner Menschen: Dies ist der Schlüssel zu Wachstum, Beschäftigung und sozialem Zusammenhalt.

Wir werden den Terrorismus, die organisierte Kriminalität und die illegale Einwanderung gemeinsam bekämpfen. Die Freiheits- und Bürgerrechte werden wir dabei auch im Kampf gegen ihre Gegner verteidigen. Rassismus und Frem-

denfeindlichkeit dürfen nie wieder eine Chance haben. Wir setzen uns dafür ein, dass Konflikte in der Welt friedlich gelöst und Menschen nicht Opfer von Krieg, Terrorismus und Gewalt werden. Die Europäische Union will Freiheit
60 und Entwicklung in der Welt fördern. Wir wollen Armut, Hunger und Krankheiten zurückdrängen. Dabei wollen wir auch weiter eine führende Rolle einnehmen. Wir wollen in der Energiepolitik und beim Klimaschutz gemeinsam vorangehen und unseren Beitrag leisten, um die globale Bedrohung des Klimawandels abzuwenden.

65 **III.**
Die Europäische Union lebt auch in Zukunft von ihrer Offenheit und dem Willen ihrer Mitglieder, zugleich gemeinsam die innere Entwicklung der Europäischen Union zu festigen. Die Europäische Union wird auch weiterhin Demokratie, Stabilität und Wohlstand jenseits ihrer Grenzen fördern.
70 Mit der europäischen Einigung ist ein Traum früherer Generationen Wirklichkeit geworden. Unsere Geschichte mahnt uns, dieses Glück für künftige Generationen zu schützen. Dafür müssen wir die politische Gestalt Europas immer wieder zeitgemäß erneuern. Deshalb sind wir heute, 50 Jahre nach der Unterzeichnung der Römischen Verträge, in dem Ziel geeint, die Europäische Union
75 bis zu den Wahlen zum Europäischen Parlament 2009 auf eine erneuerte gemeinsame Grundlage zu stellen. Denn wir wissen: Europa ist unsere gemeinsame Zukunft.

o. V., „Wir Bürgerinnen und Bürger der EU ...", www.tagesschau.de, 25.03.2007 [05.01.2010]

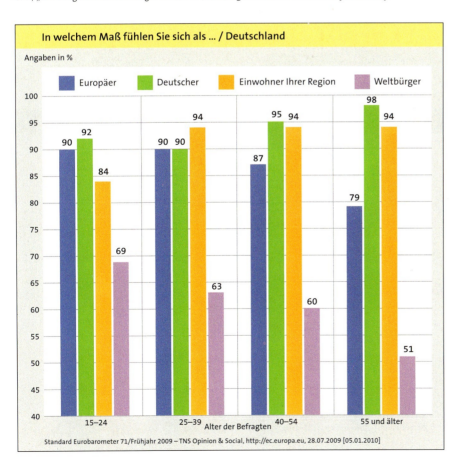

Aufgaben

1 Fühlen Sie sich persönlich eher als Bayer, Deutscher oder Europäer? Begründen Sie und vergleichen Sie Ihre Ergebnisse mit der Umfrage aus dem Eurobarometer 2009.

2 Erstellen Sie, ausgehend von der Berliner Erklärung, einen Wertekanon für die EU.

3 Diskutieren Sie die Frage, ob (und ggf. wie) gemeinsame europäische Werte zu einer europäischen Identität führen können.

→ V 14, V 15 › S. 179 ff.

M 45 Gibt es identitätstiftende europäische Werte?

a) Europäische Identitäten

Das Scheitern der Implementierung einer europäischen Verfassung und ihr Ersatz durch einen weniger verbindlichen europäischen Grundlagenvertrag (Juni 2007) hat nicht nur dazu geführt, an der Einheit beziehungsweise Kohärenz Europas zu zweifeln oder diese erneut zu hinterfragen, sondern zugleich auch dazu motiviert, verstärkt nach gemeinsamen, konstitutiven Faktoren zu suchen, die für eine „europäische Identität" von Relevanz sein könnten. Dahinter steht freilich zuweilen die nicht immer genügend reflektierte beziehungsweise eingestandene Vorstellung, die politische Einheit Europas ließe sich nach dem nationalstaatlichen Muster des 19. Jahrhunderts „konstruieren" (europäische Nation, Europa als Staat). Dabei wird ein gemeinsames, verbindliches Gedächtnis beschworen, das für Europa kennzeichnend wäre, zugleich wird gefordert, sich jener „Werte" zu versichern, die sich einer gemeinsamen Tradition verdankten und zu bestimmenden, unverwechselbaren Kennzeichen gehörten, durch die sich Europa von anderen unterscheiden würde, zum Beispiel durch „die Achtung der Menschenwürde, Freiheit, Demokratie, Gleichheit, Rechtsstaatlichkeit und die Wahrung der Menschenrechte einschließlich der Rechte der Personen, die Minderheiten angehören". Das kann zur Folge haben, dass man in der Praxis die innere Diversität, die Europa kennzeichnet, das heißt „nationale" oder regionale Gedächtnisse und die nachweisbaren unterschiedlichen Traditionen (per exclusionem), zu überwin-

den und „Werte", die auch anderswo Geltung haben, für Europa zu vereinnahmen (inkludieren) versucht. Damit werden freilich neue „Grenzen" errichtet, mit deren Hilfe Auswärtige, „Fremde", abgewehrt werden sollen und deren Aufhebung für Immigranten nur dann möglich ist, wenn sie sich den „europäischen Wertvorstellungen" fügen. Darüber hinaus dürfte noch folgende Überlegung von Wichtigkeit sein: Der dominante politische Europa-Diskurs verschweigt zuweilen, dass es vor und jenseits der europäischen Integration sehr wohl ein wie immer geartetes Bewusstsein von Europa gab und gibt, europäisches Gedächtnis (Gedächtnisse) und europäische „Werte" können daher nicht ausschließlich auf die politische Integration beziehungsweise Union reduziert, das heißt vornehmlich politisch instrumentalisiert werden. [...]

Meiner Meinung nach gilt es, sich von einem noch immer vorherrschenden nationalstaatlichen und -kulturellen Muster (Denken) des 19. Jahrhunderts zu verabschieden, dieses zu dekonstruieren und ein „europäisches Gedächtnis" als einen prinzipiell nicht abgeschlossenen und nicht abschließbaren Prozess aufzufassen, in dem sowohl transnationale, nationale, regionale oder lokale als auch prämoderne, moderne oder postmoderne Inhalte verhandelt werden. Auch „europäische Werte" sind historisch gewachsen, sie hatten und haben nicht nur einen ausschließlich normativen Charakter („Leitkultur"), sie waren und sind vielmehr (weiter) verhandelbar und zumindest immer wieder aufs Neue inhaltlich zu begründen. Eine „europäische Identität" bezieht sich dementsprechend nicht nur auf eine verbindliche politische Übereinstimmung; „europäische Identität" beziehungsweise europäisches Bewusstsein schließt vielmehr unterschiedliche Identitäten mit ein und impliziert eine in die Vergangenheit zurückreichende „Vielfalt der Kulturen, Religionen und Sprachen".

Moritz Csáky, „Europäische Identitäten", in: Moritz Csáky, Johannes Feichtinger (Hg.), Europa – geeint durch Werte? Die europäische Wertedebatte auf dem Prüfstand der Geschichte, transcript, Bielefeld 2007, S. 9 ff.

b) Das Kriterium „Wertebezug" reicht nicht aus

[...] Menschenwürde, Grundrechte, Demokratie, Rechtsstaat, Toleranz und das Völkerrecht. Aber dies sind universalistische Werte, die nicht nur für Europa gelten, sondern auch in anderen Teilen der Welt. Deshalb schaffen sie Abgrenzung nur hic et nunc (hier und jetzt, M.S.), nicht aber auf Dauer und prinzipiell. Man kann nur sagen, und dies sagt man ja auch in den gegenwärtigen Verhandlungen über den Beitritt neuer Mitglieder: Dieses Land erfüllt die Voraussetzungen der Zugehörigkeit derzeit nicht. Und das Land antwortet: „Noch nicht." und bemüht sich um ihre Erfüllung in der Zukunft. Im Prinzip könnte Europa nach diesem Kriterium ständig wachsen und immer größere Teile der Welt umfassen, sofern immer größere Teile der Welt ihre Verhältnisse und Verhaltensweisen an den genannten Werten ausrichteten. So sehr das politisch zu wünschen wäre, so ungute Konsequenzen hätte dies für die Gestalt Europas, das dann prinzipiell grenzenlos wäre. Das Kriterium „Wertebezug" reicht also nicht aus, um Grenzziehungen zu begründen. Deshalb muss ein zweites Kriterium berücksichtigt werden: das der „demokratischen Handlungsfähigkeit". Damit ein politisches Gebilde handlungsfähig und zugleich demokratisch ist, braucht es einen gemeinsamen Fundus von innerer Kommunikation und relevanten Gemeinsamkeiten. Es darf nicht zu heterogen und muss in sich ausbalanciert sein.

Manche sprechen vom nötigen Vertrauen, das zwischen denen vorhanden sein muss, die im Gemeinwesen handeln; andere vom sozialen Kapital, wieder andere von politischer Kultur. All das geht über den Bezug auf universale Werte deutlich hinaus und hat viel mit gemeinsamer Kultur und gemeinsamer Geschichte zu tun. Würde man das beim Auf- und Ausbau Europas nicht beachten, würde man sich übernehmen. Man schüfe ein Gebilde, das bald wieder zerfallen müsste. Das europäische Projekt kann noch scheitern. [...]

Kocka, „Wo liegst du, Europa?", www.zeit.de, 49/2002 [05.01.2010]

M 46 Kanada – das perfekte EU-Mitglied

Der Historiker Timothy Garton Ash behauptet, er habe das perfekte neue EU-Mitglied gefunden: Kanada. „In fast jeder Hinsicht würde es viel besser passen als die Ukraine, von der Türkei ganz zu schweigen. Ohne Anstrengung erfüllt es alle Mitgliedskriterien. Es verfügt über eine demokratische Regierung, Rechtsstaatlichkeit, eine wohlregulierte Marktwirtschaft und respektiert die Minderheitenrechte (darin ist Kanada Weltmeister). Kanada ist reich, es wäre also ein sehr willkommener Nettozahler. Und das zu einem Zeitpunkt, an dem die EU viele ärmere Länder aufgenommen hat ... Das leicht scherzhafte Gedankenspiel – Kanada als EU-Mitglied – hat einen ernsten Hintergedanken. Wenn man Kanada und seine Werte betrachtet, sieht man, wie blöd es ist, Europa anhand von europäischen Werten zu definieren. Werte sind zwar wichtig, aber die meisten Kanadier teilen diese europäischen Werte mehr als manche Europäer."

o. V., „Garton Ash über das perfekte EU-Mitglied", www.eurotopics.net, 29.06.2006 [05.01.2010]

M 47 Positionen in der europäischen Wertedebatte

Erstens: Als historische Substanzialisten kann man diejenigen Autorinnen und Autoren bezeichnen, die inhaltliche Merkmale der kulturellen Besonderheit Europas meist mit Bezug auf die Geschichte definieren [...]. Manche Beobachter sehen die kulturelle Besonderheit in den besonderen geisteshistorischen Wurzeln Europas begründet, die von der jüdisch-griechisch-römischen Antike über die Renaissance, die Aufklärung bis hin zum modernen Wissenschaftsverständnis reichen. Gesellschaften, die nicht in dieser geisteshistorischen Traditionslinie stehen, wie beispielsweise die Türkei, passten folglich nicht zu Europa. Andere definieren die kulturelle Identität Europas durch Rekurs auf das Christentum [... als] zentrale Größe zur Abgrenzung der verschiedenen Kulturräume und [...] zur Definition der Grenzen Europas. [...]
Zweitens: Als Konstruktivisten kann man diejenigen Autorinnen und Autoren bezeichnen, die zeigen (wollen), dass die von Substanzialisten ins Feld geführten

Kriterien nicht haltbar sind und dass alle Merkmale, die man zur inhaltlichen
Bestimmung der Kultur Europas einführt, historisch konstruierte sind. Aus dieser
Argumentation wird abgeleitet, dass die Identität Europas und damit die Kriterien
für die Mitgliedschaft in der EU kontingent [zufällig, d. Verf.] formulierbar sind.
Drittens: Die hier vertretene Position kann man als empirischen Substanzialismus oder als verfassungspositivistisch bezeichnen. Diese Sichtweise grenzt sich
gegenüber konstruktivistischen Positionen insofern ab, als sie davon ausgeht,
dass es durchaus substanziell bestimmbare Werte gibt, die für die Europäische
Union konstitutiv sind. Sie unterscheidet sich vom historischen Substanzialismus insofern, als sie die Bestimmung der Werte nicht selbst übernimmt, sondern die normative Frage in eine empirische verwandelt und fragt, welche Werte
die Gemeinschaft der EU-Mitgliedsländer für sich selbst als bedeutsam erachtet.
[...] Die Regierungen werden von den Bürgern gewählt, die im Recht verkörperte
Werteordnung der EU ist insofern demokratisch legitimiert. [...]

Jürgen Gerhards, „Europäische Werte – Passt die Türkei kulturell zur EU?", in: APuZ B38/2004, S. 14 ff.

Aufgaben

1. Klären Sie im Unterrichtsgespräch die drei Kategorien aus M 47 und ergründen Sie die Haltung der Bundesregierung in der europäischen Wertedebatte.

2. Ordnen Sie die Kerngedanken der verschiedenen Ansichten aus M 45 a) und b) der Kategorisierung in M 47 zu.

3. Beziehen Sie in einem Beitrag für ein europäisches Jugendmagazin (z. B. einem Essay) persönlich Stellung in der Wertedebatte.

4. Erörtern Sie die These in M 45 b), dass gemeinsame (universale) Werte keine hinreichende Grundlage für eine europäische Identität sind. Beachten Sie hierbei auch die ironischen Überlegungen in M 46 (Kanada).

5. Der Autor in M 45 b) fordert neben gemeinsamen Werten als weiteres Kriterium das der „demokratischen Handlungsfähigkeit". Erklären Sie, was damit gemeint ist.

6. Erörtern Sie, inwiefern die Frage nach gemeinsamen Werten/einer europäischen Identität eine Grundlage für die Prozesse „Erweiterung" (Sie können hier an der Türkei-Frage exemplarisch arbeiten) und „Vertiefung" sein soll.

5. Europäische Außen- und Sicherheitspolitik – Chancen und Probleme

Eine gemeinsame Außen- und Sicherheitspolitikpolitik war zu Beginn des europäischen Integrationsprozesses nicht vorgesehen. Sie blieb lange Zeit in alleinigen Händen der Mitgliedsstaaten. Erst mit dem Maastricht-Vertrag von 1993 ins Leben gerufen, wurde dieses noch junge Kapitel europäischer Politik (die GASP) institutionalisiert und seitdem beständig entwickelt. Vergemeinschaftet ist sie allerdings bis heute nicht (daher ist auch der Begriff „*Gemeinsame* Außen- und Sicherheitspolitik" irreführend). Erst ihren 10. Geburtstag feiert gar die Europäische Verteidigungs- und Sicherheitspolitik (EVSP).

Ein guter Zeitpunkt also für eine Bestandsaufnahme dieser sensiblen Politikbereiche. Ist die EU auf dem Weg zum ernstzunehmenden globalen Akteur oder bleibt sie trotz aller Wirtschaftskraft ein politischer Zwerg?

M 48 Die Gemeinsame Außen- und Sicherheitspolitik (GASP) – die EU als politischer Zwerg?

Die Außen- und Sicherheitspolitik der EU hat sich in den letzten Jahren mit enormer Geschwindigkeit weiterentwickelt. In zahlreichen Konfliktherden in unserer unmittelbaren oder weiteren Nachbarschaft war und ist die EU mit teils zivilen, teils auch eigenen militärischen Missionen engagiert.

Die EU unterstützt heute die bosnische, die kongolesische, die palästinensische 5 und seit Juni 2007 auch die afghanische Polizei. Europäer bilden das irakische Justizpersonal aus. In Bosnien und Herzegowina hat die EU durch ihre bisher größte militärische Operation Sicherheit für die Menschen im westlichen Balkan geschaffen. Den friedlichen Verlauf der ersten demokratischen Wahlen in der Demokratischen Republik Kongo halfen 2006 auch EU-Soldaten abzusichern. 10

Die „Gemeinsame Außen- und Sicherheitspolitik" der EU, abgekürzt „GASP", wurde mit dem Maastrichter Ver- 15 trag geschaffen (Vertrag über die Europäische Union), der am 1. November 1993 in Kraft trat. Einige Änderungen in 20 den permanenten Strukturen der GASP gab es durch die Beschlüsse des Europäischen Rates in Nizza im Dezember 2000. Wichtige Neuerungen 25 enthält der Vertrag von Lissabon (VvL). Zwar wurde der Bereich der GASP mit dem Inkrafttreten des VvL am

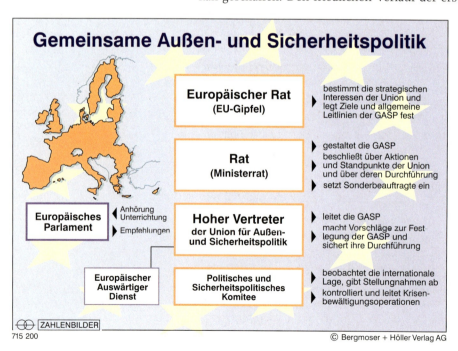

01.12.2009 auch weiterhin nicht vergemeinschaftet; in einer Erklärung, die dem VvL beigegeben wurde, wird klargestellt, dass „die Bestimmungen zur GASP der Kommission keine neuen Befugnisse zur Einleitung von Beschlüssen übertragen [...] und die Rolle des Europäischen Parlaments nicht erweitern". Mit der Schaffung des Amtes der Hohen Vertreterin der Union für Außen- und Sicherheitspolitik, die zugleich Vizepräsidentin der Kommission ist, wurde jedoch der Anspruch der EU, in den Außenbeziehungen mit einer Stimme zu sprechen, nun auch institutionell verankert. Erste Hohe Vertreterin und Vizepräsidentin der Kommission ist die Britin Catherine Ashton, die mit Zustimmung des Präsidenten der Kommission am 19.11.2009 einstimmig vom Europäischen Rat ernannt wurde.

Der Name „GASP" bringt es zum Ausdruck: die EU betreibt auch Sicherheitspolitik. Hier hat es in den letzten Jahren große Bewegung gegeben. Während die äußere Sicherheit über lange Zeit gerade kein Thema in Zusammenhang mit der europäischen Integration war, mussten die EU-Staaten in den 1990er-Jahren durch Konflikte und Krisen in ihrer unmittelbaren Nachbarschaft dazulernen: Sie ergänzten im Jahre 1999 die bisherigen Instrumente der GASP um die Europäische Sicherheits- und Verteidigungspolitik (ESVP) und versetzten die EU so in die Lage, Konfliktlösung und Friedenssicherung auch mit Maßnahmen des militärischen Krisenmanagements zu betreiben und notfalls durchsetzen zu können. Mit dem VvL wurde die ESVP zur Gemeinsamen Sicherheits- und Verteidigungspolitik (GSVP).

Mit ihrer Gemeinsamen Außen- und Sicherheitspolitik will die EU den internationalen Frieden wahren helfen. Sie fördert die internationale Sicherheit und setzt sich für Demokratie, Rechtsstaatlichkeit und für die Achtung der Menschenrechte ein. Diese Ziele sind bewusst weit und eher prinzipiell gefasst – anders als jene Vertragsregelungen, die den vergemeinschafteten Bereich betreffen, die Kompetenzen der Kommission werden dort sehr genau definiert. Dies entspricht der Grundhaltung der Mitgliedsstaaten. Da in der GASP weiterhin das Erfordernis zur Einstimmigkeit besteht, wollten die Mitgliedsstaaten im Vertragstext selbst auf allzu einengende Formulierungen verzichten.

Mit ihrem Instrumentarium reagieren die Mitgliedstaaten der EU und die Hohe Vertreterin auch kurzfristig auf Krisensituationen. Bis zum Inkrafttreten des Vertrages von Lissabon unterschied der EU-Vertrag zwischen verschiedenen Instrumenten, die in der Regel eine einstimmige Entscheidung des Rates erforderten: der **Gemeinsame Standpunkt** (ein solcher legte ein für die Mitgliedstaaten verbindliches Konzept der Union für eine bestimmte Frage geographischer oder thematischer Art fest), die **Gemeinsame Aktion** (eine Entscheidung der EU, operativ tätig zu sein) und die **Gemeinsame Strategie** (Rechtsakt, der die EU-Staaten in ihren Politiken noch stärker als bisher auf eine gemeinsame EU-Linie festlegte; in der Praxis wurden nur sehr wenige Gemeinsame Strategien verabschiedet). Der Vertrag über die Europäische Union hat diese Instrumente zusammengefasst, spricht einheitlich nur noch von „**Beschlüssen**" und legt in Artikel 25 fest: „Die Union verfolgt ihre Gemeinsame Außen- und Sicherheitspolitik, indem sie [...] Beschlüsse erlässt zur Festlegung (i) der von der Union durchzuführenden Aktionen, (ii) der von der Union einzunehmenden Standpunkte, (iii) der Einzelheiten der Durchführung der unter den Ziffern i und ii genannten Beschlüsse, ...".

Die EU gibt regelmäßig **Erklärungen** zu aktuellen politischen Entwicklungen ab (sie verurteilt zum Beispiel die Anwendung der Todesstrafe in einem Staat oder

begrüßt den friedlichen Verlauf von Parlamentswahlen in einem anderen), die
die Mitgliedsstaaten politisch binden. Bis zum 31.12.2009 veröffentlichte die (rotierende) Präsidentschaft solche „Erklärungen im Namen der EU", seit 01.01.2010 gibt die Hohe Vertreterin derartige Erklärungen ab. Die der EU assoziierten Staaten können sich solchen Erklärungen, aber auch Beschlüssen, anschließen und sind dann durch diese ebenfalls unmittelbar gebunden.

Nach: Auswärtiges Amt (Hg.), „Gemeinsame Außen- und Sicherheitspolitik", www.auswaertiges-amt.de, 08.01.2010 [19.05.2010]

Aufgaben

1 Beschreiben Sie die institutionelle Architektur der Gemeinsamen Außen- und Sicherheitspolitik.

2 Zeigen Sie Handlungsmöglichkeiten einer gemeinsamen europäischen Außenpolitik im Unterschied zu nationalstaatlichem Vorgehen auf.

3 Diskutieren Sie die Frage der Notwendigkeit einer gemeinsamen Außen- und Sicherheitspolitik.

4 Die GASP ist durch den Vertrag von Lissabon zwar weiterentwickelt worden, bleibt aber weiterhin nicht vergemeinschaftet. Erörtern Sie, ob „der Anspruch der EU, in den Außenbeziehungen mit einer Stimme zu sprechen" (Z. 36) und somit politisches Gewicht zu bekommen, realisiert werden kann, wenn sie (auch künftig) lediglich eine reine Regierungszusammenarbeit bleibt.

M 49 Außenpolitik der EU – mehr als nur der Sicherheitsaspekt

Beispiel: Die gemeinsame EU-Afrika-Strategie

Zwischen der EU und Afrika hat sich in den vergangenen Jahrzehnten eine starke Partnerschaft entwickelt. Die EU ist nach wie vor bedeutendster Handelspartner Afrikas und größter Exportmarkt für afrikanische Waren. Z. B. gehen rund 85 % der Baumwoll-, Obst- und Gemüseausfuhren Afrikas in die Unionsstaaten. Vor allem aber ist Europa in der Entwicklungszusammenarbeit der wichtigste Partner des Kontinents. Allein zwischen 1983 und 2003 hat die EU ihre finanzielle Unterstützung von fünf auf 15 Milliarden Euro pro Jahr verdreifacht. Zahlreiche Vereinbarungen regeln die entwicklungspolitische Kooperation. Einen Schwerpunkt bildet das Cotonou-Abkommen für die Zusammenarbeit mit den Staaten Afrikas, der Karibik und des Pazifiks (AKP).
Auch an neuen Politikinstrumenten wie der Kongo-Mission der EU (EUFOR) oder der Finanzierung von friedenserhaltenden Missionen der Afrikanischen Union (AMIS/UNMIS in Darfur; AMISOM in Somalia) lässt sich eine immer stärkere Europäisierung der Afrikapolitik feststellen.

Warum eine gemeinsame EU-Afrika-Strategie?

Der afrikanische Kontinent ist im Umbruch. Eindeutige Signale dafür sind die Gründung der Afrikanischen Union (AU) im Jahr 2002 und der „Neuen Partnerschaft für die Entwicklung Afrikas" (New Partnership for Africa's Develop-

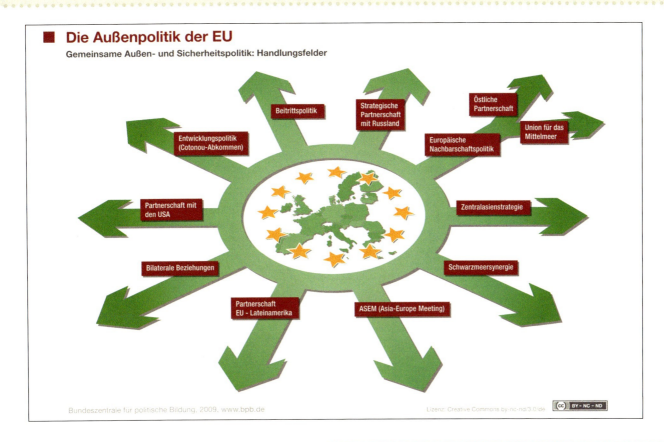

ment – NEPAD). [...] Staaten wie China oder Indien engagieren sich wieder zunehmend auf dem Kontinent. Dies alles wirkt sich auch auf die Beziehungen zwischen Afrika und Europa aus.

Auch die EU hat sich geändert. [...] Allzu lange schon sind die Beziehungen der EU zu Afrika durch eine viel zu starke Zersplitterung bestimmt. Während einige EU-Mitgliedsstaaten seit vielen Jahren politische, wirtschaftliche und kulturelle Verbindungen mit einzelnen afrikanischen Ländern und Regionen unterhalten, sind andere eher Neulinge in der afrikanischen Politik und Entwicklungszusammenarbeit. Auf Gemeinschaftsebene konnte die Europäische Kommission in den letzten Jahrzehnten umfassende Erfahrungen sammeln und hat mit verschiedenen Teilen Afrikas eine Reihe vertraglicher Vereinbarungen getroffen, die für die Vertragspartner eine solide Grundlage für Vorhersehbarkeit und Sicherheit bilden. Ausgangspunkt der im Dezember 2007 verabschiedeten „Gemeinsamen EU-Afrika-Strategie" war die auf dem Europäischen Rat im Dezember 2005 angenommene Afrika-Strategie der EU, welche noch ohne direkte Mitwirkung der Afrikaner zustandegekommen war. Sie zielte darauf ab, der EU einen in sich geschlossenen, umfassenden, integrierten und langfristigen Rahmen für ihre Beziehungen zu Afrika an die Hand zu geben. [...]

INFO

Die Millenniumsentwicklungsziele

Ziel 1: Den Anteil der Weltbevölkerung, der unter extremer Armut und Hunger leidet, halbieren

Ziel 2: Allen Kindern eine Grundschulausbildung ermöglichen

Ziel 3: Die Gleichstellung der Geschlechter und die politische, wirtschaftliche und soziale Beteiligung von Frauen fördern, besonders im Bereich der Ausbildung

Ziel 4: Die Kindersterblichkeit verringern

Ziel 5: Die Gesundheit der Mütter verbessern

Ziel 6: HIV/AIDS, Malaria und andere übertragbare Krankheiten bekämpfen

Ziel 7: Den Schutz der Umwelt verbessern

Ziel 8: Eine weltweite Entwicklungspartnerschaft aufbauen

➜ V 9 a/b › S. 73 f.

Aufgaben

1 *Informieren Sie sich über das Cotonou-Abkommen (Z. 10) sowie die im Text angesprochenen EU-Missionen und erläutern Sie hiervon ausgehend die These einer „immer stärkere(n) Europäisierung der Afrikapolitik" (Z. 14f.).*

2 *Erörtern Sie, inwiefern die in der EU-Afrika-Strategie definierten Ziele auf Gemeinschaftsebene besser umzusetzen sind als bei getrenntem nationalstaatlichen Vorgehen.*

3 *Informieren Sie sich und referieren Sie vor dem Kurs über einen weiteren im Schaubild ausgewiesenen Bereich gemeinsamer europäischer Außenpolitik.*

Die Strategie definiert mehrere Ziele:

- eine politische EU-Afrika-Partnerschaft, welche Fragen und Probleme von gemeinsamem Interesse aufnimmt, hierzu zählen z. B. die Komplexe Migration, Frieden und Sicherheit, Umwelt;
- die Erreichung der Millenniumsentwicklungsziele durch die afrikanischen Staaten bis 2015 und die Förderung von Frieden und Sicherheit, nachhaltiger Entwicklung, Menschenrechten und guter Regierungsführung etc.;
- ein abgestimmtes Vorgehen der beiden Seiten in internationalen Foren und Abstimmung bei globalen Fragen;
- die Förderung einer Partnerschaft, welche den Menschen in den Mittelpunkt stellt und die Zivilgesellschaft in die Umsetzung mit einbindet.

Die gemeinsame Strategie soll eine Partnerschaft von Gleichberechtigten sein. Stereotypen, althergebrachten Wahrnehmungen des jeweils Anderen soll auf beiden Kontinenten entgegengearbeitet, verbessertes gegenseitiges Verstehen der Menschen und Kulturen beider Kontinente gefördert werden. Bei der wirtschaftlichen und sozialen Entwicklung Afrikas und der Umsetzung von Entwicklungsprogrammen soll die afrikanische Führungsrolle respektiert werden. [...]

Auswärtiges Amt (Hg.), „Afrika und die EU", www.auswaertiges-amt.de, 20.03.2008 [19.05.2010]

M 50 Europäische Sicherheit – eine Einführung

Die Europäische Union (EU) ist weder eine vollwertige Verteidigungsgemeinschaft noch eine kompakte Militärmacht. Vielmehr vertrauen ihre Mitgliedstaaten auf ihre nationale Verteidigungsstärke oder begeben sich in den Schutz der NATO, wenn existenzielle Gefahren drohen. Auf einen massiven konventionellen Angriff oder eine Bedrohung mit Massenvernichtungswaffen haben sie sich bisher nicht eingestellt. Gewiss wird ein Unionsstaat, der sich einer gravierenden Gefahr gegenübersieht, auf die Solidarität seiner Partner in der Union zählen dürfen, aber vorbereitet ist eine solche kollektive Antwort bisher nicht. Für traditionelle Sicherheitsrisiken fühlt sich die EU also nicht zuständig, sehr wohl aber für die neuen Sicherheitsaufgaben, die nach dem Ende des Ost-West-Gegensatzes und mit dem Beginn der Globalisierung auf die akute Agenda gerückt sind.

Zunächst entstanden die größten sicherheitspolitischen Herausforderungen für die EU in ihrer unmittelbaren Nachbarschaft, dem zerfallenden Jugoslawien und den mitteleuropäischen Staaten. Schon bald aber kamen ethnische, religiöse und gesellschaftliche Auseinandersetzungen außerhalb Europas hinzu. Schlimmste Menschenrechtsverletzungen, eklatante Schwächen staatlichen Regierens und wirtschaftliche Verarmung lenkten das Sicherheitsinteresse der EU auf innerstaatliche Krisen in Afrika, dem Mittleren Osten, Lateinamerika und dem asiatisch-pazifischen Raum von Zentralasien bis nach Ozeanien. Die EU wurde unsanft daran erinnert, dass einige ihrer Mitgliedstaaten ausgedehnte Kolonien in der Welt besessen hatten und dass sich der globalisierte Markt für Wirtschaft, Finanzen und Kommunikation auch für Kriminalität, Terrorismus und die Proliferation von Massenvernichtungswaffen eignete.

Reinhard Rummel, „Europäische Union: Vielfalt als sicherheitspolitische Machtressource", in: Bayerische Landeszentrale für politische Bildungsarbeit (Hg.), Internationale Politik als Überlebensstrategie, 1. Aufl., München 2009, S. 389

5. Europäische Außen- und Sicherheitspolitik – Chancen und Probleme 155

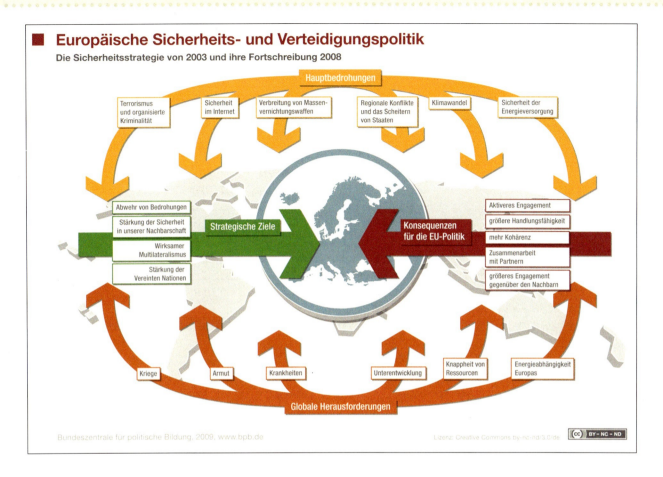

Aufgaben

1 Erarbeiten Sie aus Text und Schaubild die Herausforderungen und Bedrohungen europäischer Sicherheit.

2 Leiten Sie ausgehend vom Schaubild die Notwendigkeit einer gemeinsamen europäischen Sicherheitspolitik her.

M 51 Die EU – Eine wirtschaftliche Macht, aber ein politischer und militärischer Zwerg?

Mit Inkrafttreten des Vertrages von Maastricht über die Europäische Union im November 1993 wurde die Gemeinsame Außen- und Sicherheitspolitik (GASP) als Nachfolgerin der Europäischen Politischen Zusammenarbeit (EPZ) eingeführt. Die Außen- und Sicherheitspolitik der EU hat sich in den letzten Jahren
5 mit enormer Geschwindigkeit weiterentwickelt. In zahlreichen Konfliktherden in unserer unmittelbaren oder weiteren Nachbarschaft war und ist die EU mit teils zivilen, teils auch eigenen militärischen Missionen engagiert.
Die EU unterstützt heute die bosnische, die kongolesische, die palästinensische und seit Kurzem auch die afghanische Polizei. Europäer bilden das irakische
10 Justizpersonal aus. In Bosnien und Herzegowina schafft die EU durch ihre bisher größte militärische Operation Sicherheit für die Menschen im westlichen

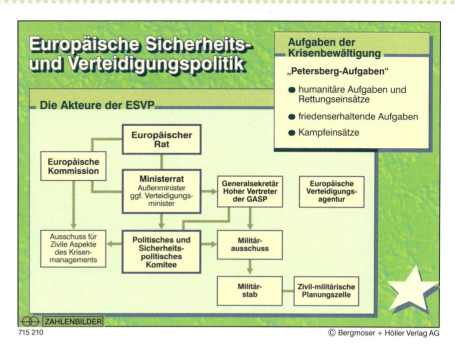

Aufgaben

1 Erarbeiten Sie aus M 51 die institutionelle Einbindung der ESVP in das Gesamtkonzept der Europäischen Union.

2 **G** Klären Sie die geschichtliche und aktuelle Bedeutung der WEU und klären Sie, inwieweit die WEU als Vorläufer der ESVP bezeichnet werden kann.

3 Informieren Sie sich über aktuelle internationale Konflikte (Bsp. Nahost-Konflikt, S. 252ff.) und zeigen Sie Handlungsmöglichkeiten der EU im Unterschied zu den Nationalstaaten auf.

4 Diskutieren Sie die Frage der Notwendigkeit einer gemeinsamen europäischen Außen- und Sicherheitspolitik.

Balkan. Den friedlichen Verlauf der ersten demokratischen Wahlen in der Demokratischen Republik Kongo halfen 2006 auch EU-Soldaten abzusichern.
Der Name „GASP" bringt es zum Ausdruck: Die EU betreibt auch Sicherheitspolitik. Hier hat es in den letzten Jahren große Bewegung gegeben. Während die äußere Sicherheit über lange Zeit gerade kein Thema in Zusammenhang mit der europäischen Integration war, mussten die EU-Staaten in den 90er-Jahren durch Konflikte und Krisen in ihrer unmittelbaren Nachbarschaft dazulernen: Sie ergänzten im Jahre 1999 die bisherigen Instrumente der GASP um die Europäische Sicherheits- und Verteidigungspolitik (ESVP) und versetzten die EU so in die Lage, Konfliktlösung und Friedenssicherung auch mit Maßnahmen des militärischen Krisenmanagements zu betreiben und notfalls durchsetzen zu können.

„Gemeinsame Außen- und Sicherheitspolitik (GASP)", www.auswaertiges-amt.de 24.10.2007 [05.11.2009]

M 52 Derzeitiger Zustand der ESVP: Sicherheitspolitik, nicht Verteidigungspolitik

Zehn Jahre nach der Geburt der Europäischen Sicherheits- und Verteidigungspolitik (ESVP) hat die Europäische Union (EU) große Fortschritte in diesem Bereich gemacht. So organisierte sie insbesondere bislang 21 zivile und militärische Missionen im Ausland, teils in enger Zusammenarbeit mit den Vereinten Nationen, was noch vor Kurzem undenkbar gewesen wäre. Als Instrument der Gemeinsamen Außen- und Sicherheitspolitik (GASP) hat die ESVP dazu beigetragen, die EU zu einem globalen Akteur mit einheitlichem Auftreten zu machen, der mit „Soft Power" – und hypothetisch auch mit „Hard Power" – für die Erhaltung des internationalen Friedens und der internationalen Sicherheit, aber auch die Verteidigung seiner Interessen eintreten kann. Es gibt in Europa eine wachsende Sicherheitskultur, ergänzt durch die wachsende Erkenntnis, dass die EU eine kohärentere, aktivere und wirksamere Rolle beim Krisenmanagement spielen muss, so wie es auch in der Europäischen Sicherheitsstrategie (ESS) von 2003 dargelegt ist. Dazu zählt nach dem Bericht über die Umsetzung der ESS vom Dezember 2008 auch, dass die EU wirksamer sein und ihre Fähigkeiten ausbauen muss.

Trotzdem bleibt die europäische Verteidigung integraler Bestandteil einer umfassenden Sicherheitspolitik, ein Work-in-Progress. Die ESVP hat zu einer Art europäischer Sicherheitspolitik geführt, die sich in zivilen und ein paar militärischen Missionen innerhalb des breiteren Rahmens der GASP und der Außenbeziehungen der EU insgesamt niedergeschlagen hat. Es gibt bislang noch keine europäische Verteidigung, aber wachsende

EUFOR-Truppen im Tschad

Koordination zwischen 26 Mitgliedstaaten im Bereich Verteidigung sowie gewisse Fähigkeiten, militärische Ressourcen in Operationen der EU einzusetzen, wie bei der EUNAVFOR-Mission in Somalia oder bei der EUFOR Tschad/RCA. Es gibt eine gemeinsame Verteidigung für 21 EU-Mitglieder im Rahmen der NATO – eine Organisation mit einer anderen Philosophie und anderen Natur. Die EU an sich versäumt es weiterhin, für ihre eigene Verteidigung die Verantwortung zu übernehmen, auch wenn sich die europäischen Staats- und Regierungschefs darauf geeinigt haben, dass zur ESVP, wie es im Vertrag über die Europäische Union und später im Vertrag von Lissabon vorgesehen ist, „die schrittweise Festlegung einer gemeinsamen Verteidigungspolitik der Union" gehört, die „zu einer gemeinsamen Verteidigung" führt. Letztere Ziele wurden nicht erreicht und werden auch nicht erreicht, wenn die Staats- und Regierungschefs Europas nicht entschlossen sind, entscheidende Schritte in diesem Bereich zu unternehmen.

Es ist bekannt, dass es mehrere Einschränkungen und strukturelle Probleme gibt, die die Entwicklung der Verteidigungssäule der ESVP hemmen, was wiederum die Fähigkeit der EU hemmt, auf der strategischen Bühne des 21. Jahrhunderts mit ihren Verschiebungen im Machtgefüge und ihrer Multipolarität tatsächlich Einfluss zu nehmen. Eine Vielzahl von Experten und Thinktanks hat bereits konkret auf diese Stolpersteine auf dem Weg zur europäischen Verteidigung (Fähigkeiten, fehlende Koordination der Ausgaben unter den verschiedenen nationalen Verteidigungshaushalten usw.) hingewiesen. Darüber hinaus sind die Kosten einer nicht europäischen Verteidigung derzeit unbestritten, insbesondere, wenn man die etwa 200 Milliarden Euro in Betracht zieht, die die EU-Mitgliedstaaten insgesamt für ihre Verteidigung ausgeben.

Obwohl immer gesagt wird, dass die öffentliche Meinung in Europa nicht hinter weiterreichenden Verpflichtungen hin zu einer europäischen Verteidigung steht, ist es doch so, dass die Bürgerinnen und Bürger Europas eine stärkere Rolle der EU in diesen Fragen mehr unterstützen, als man vielfach annimmt. Sollte der Vertrag von Lissabon Ende 2009 oder 2010 endlich in Kraft treten, könnte er die europäische Verteidigung ein großes Stück nach vorne bringen, vor allem durch die Implementierung der Ständigen Strukturierten Zusammenarbeit (SSZ) und die breiteren außenpolitischen Aktionen der EU. Es gibt jedoch eine Reihe von

TIPP

www.europa-digital.de/
dschungelbuch/polfeld/
esvp/chrono.shtml

www.auswaertiges-amt.de/
diplo/de/Europa/Aussen
politik/ESVP/ESVP-Start.
html

Möglichkeiten, die diejenigen Mitgliedstaaten, die im Bereich Verteidigung etwas schneller vorankommen möchten, durch eine Einigung im Rahmen der Europäischen Verteidigungsagentur (EDA) sofort nutzen könnten, auch unabhängig vom Inkrafttreten des neuen Vertrags – wenngleich der Vertrag diese Optionen institutionell unterfüttern würde.

Friedrich-Ebert-Stiftung (Hg.), „Eine Zukunftsagenda für die Europäische Sicherheits- und Verteidigungspolitik", www.fes.de, 07/2009 [05.01.2010]

Aufgaben

1 Fassen Sie die Kernaussagen des Textes thesenartig zusammen.

2 Erarbeiten Sie aus dem Text Chancen für eine gemeinsame europäische Sicherheitspolitik.

3 Zeigen Sie Grenzen dieser Entwicklung auf, indem Sie sich über die militärische Entwicklung innerhalb der EU informieren (s. Tipp).

4 Erörtern Sie, inwieweit die gleichzeitige Mitgliedschaft der meisten EU-Mitglieder in der NATO eine Chance oder ein Hindernis auf dem eingeschlagenen Weg darstellt.

M 53 Europäische Sicherheits- und Verteidigungspolitik

Aufgaben

1 Recherchieren Sie Ergebnisse laufender EU-Auslandseinsätze aus der Überblickskarte und stellen Sie die Ergebnisse als Wandzeitung dar.

2 Zeigen Sie anhand eines konkreten Einsatzes (z. B. Operation Artemis) die Probleme und Erfolge der Konfliktlösung durch die EU.

M 54 NATO – EU – Wie geht es weiter?

Trotz aller partnerschaftlichen Bekenntnisse lässt sich eine offene Konkurrenz zwischen der EU und der NATO beobachten. Die NATO besitzt die Möglichkeit, ohne vorherige Konsultation mit EU-Repräsentanten, Operationen abzulehnen. Dieser Fall gilt in Teilen der NATO als Voraussetzung dafür, dass die EU über-
5 haupt aktiv werden kann. Während die USA, Großbritannien und die Türkei diese Auffassung vertreten, wird diese Interpretation von den meisten EU-Staaten abgelehnt. Bisher ist auch in der Praxis davon auszugehen, dass der NATO ein Veto- und Rückrufrecht bei EU-Operationen zusteht. Die USA tragen überdurchschnittlich hohe Lasten bei Einsätzen und nur fünf Prozent der europäischen
10 Soldaten sind bislang so ausgerüstet, dass sie für Auslandseinsätze genutzt werden können. Dies ist durch das bestehende „spending gap" zu erklären, nach dem die USA jährlich vier Prozent ihres Bruttoinlandproduktes (650 Mrd. $) in ihren Verteidigungshaushalt investieren, die EU-Mitgliedstaaten innerhalb der NATO jedoch nur durchschnittlich 1,78 Prozent. Diese erhebliche Differenz
15 führt zu Irritationen zwischen der NATO und der EU, wenn es um Mitbestimmungsrechte geht. Darüber hinaus unterscheidet sich der Sicherheitsbegriff der EU deutlich von dem, der innerhalb der NATO vertreten wird (wenngleich die NATO dies anders einschätzt). So pflegt die EU ein breit angelegtes Verständnis von Sicherheit, während der NATO (speziell der USA) oftmals rein militärisch
20 angelegte Sicherheitskonzeptionen unterstellt werden. Die Bereitschaft zu Militäreinsätzen variiert somit stark. Dieses „political gap", das sich besonders im Zuge des Irakkrieges zeigte, wirkt sich auf die Beziehungen zwischen beiden Organisationen problematisch aus.

Einen weiteren Konflikt – und wohl überhaupt den größten – stellt die Türkei-
25 Zypern-Frage dar. Der Beitritt Zyperns in die EU galt als weiterer Hemmschuh für eine positive Entwicklung der Beziehungen zwischen EU und NATO. Während andere neutrale EU-Staaten wie Irland, Schweden, Finnland und Österreich durch das Partnership for Peace Abkommen an strategischen Si-
30 cherheitstreffen teilnehmen können, besitzt das von der Türkei nicht anerkannte Zypern dieses Recht nicht – die Türkei hat dagegen ihr Veto eingelegt. Auf diese
35 Weise untergräbt die Türkei Ziele der strategischen Partnerschaft; außerdem werden formelle Treffen blockiert und die effektive Kooperation massiv behindert. Dabei

Problemfelder innerhalb der NATO-EU-Beziehung

- unterschiedlicher Verteidigungshaushalt
- Vetorecht der NATO gegenüber EU-Operationen
- heterogene Auffassung von Sicherheit
- Überlagerung der Beziehung durch die Türkei-Zypern-Frage
- Effizienzverlust durch Nicht-Überlappung von Kooperation

Aufgaben

1 Erarbeiten Sie aus dem Text, wodurch sich das Vetorecht der NATO gegenüber EU-Operationen rechtfertigen lässt.

2 Das sog. „spending gap" (Z. 11) wird immer wieder als einer der Hauptgründe für die Überlegenheit der USA angeführt. Nehmen Sie kritisch dazu Stellung, ob die EU mehr Geld in die Verteidigung investieren sollte.

3 Recherchieren Sie die Aufgabenbereiche von NATO Response Force und EU Battle Groups und erarbeiten Sie, ob diese Einrichtungen in Konkurrenz zueinander stehen oder sich ergänzen.

4 G Stellen Sie die Geschichte des Türkei-Zypern-Konflikts dar und leiten Sie daraus die im Text genannte Problematik ab.

5 Die Europäische Union – Wirtschaftlicher Riese, aber militärischer Zwerg? Erörtern Sie diese Fragestellung vor dem Hintergrund der Ergebnisse dieses Kapitels.

sollten Konsultationen unter allen Mitgliedstaaten unter Einbeziehung aller relevanten Einsatzthemen auf der Tagesordnung stattfinden und keine Trennung zwischen militärischen Themen und anderen Aspekten vollzogen werden. Sowohl die NATO als auch die EU entscheiden unabhängig voneinander nach dem Konsensprinzip, um größtmögliche Autonomie zu behalten. Entscheidungen über Operationen gestalten sich daher ausgesprochen langwierig; angesichts der langen Planungs- und Verhandlungsphasen sind die Einsätze in ihrer Effektivität deutlich beschränkt. Dies widerspricht dem Ziel, dass gerade die NATO Response Force (NRF) oder die *EU battle groups* schnelle und flexible Einheiten darstellen sollen.

Beide Erweiterungen – sowohl die der EU als auch die der NATO – haben die Zusammenarbeit also verkompliziert; die Hoffnung, die verstärkten Überlappungen könnten die Kooperation erleichtern, hat sich nicht erfüllt.

Die momentanen Schwierigkeiten zwischen der NATO und der EU sind dauerhaft nur dann lösbar, wenn vor allem die Diskrepanzen im Türkei-Zypern-Konflikt überwunden werden. Ein solcher Erfolg wäre Voraussetzung, um die Blockadepolitik und das gegenseitige Ausspielen von NATO und EU in Zukunft zu vermeiden. Die EU muss sich daher bemühen, die Türkei stärker einzubeziehen, da sonst institutionalisierte NATO-EU-Beziehungen weiterhin schwierig bleiben. Darüber hinaus müssen die europäischen Staaten dazu beitragen, ihre militärischen Fähigkeiten auszubauen – und zwar ungeachtet der damit verbundenen großen finanziellen Belastungen. Angesichts der globalen Wirtschaftskrise erscheint dieses Ziel denkbar unrealistisch. Andererseits wäre es jedoch möglich, mittels einer stärkeren Vereinheitlichung der europäischen Truppen Mittel einzusparen: 27 nationale Streitkräfte mit den jeweiligen Infrastrukturen gelten vielen Beobachtern als politisch nicht mehr vertretbarer Luxus. Nur durch eine Steigerung der militärischen Fähigkeiten ist eine Ausgewogenheit in der Partnerschaft, höhere Kompatibilität zwischen den Organisationen und somit mehr Kohärenz zu erreichen. Die Verfügbarkeit derselben militärischen Kapazitäten ist dabei eine zwingende Voraussetzung für die strategische Partnerschaft zwischen EU und NATO. Auch zu diesem Zweck ist eine verstärkte Arbeitsteilung und Rollenspezialisierung erforderlich. Die wachsende Zahl an zunehmend intensiven Einsätzen ist nur auf der Basis einer Kooperation von NATO und EU zu leisten. Strategische Partnerschaft und Zusammenarbeit sind dabei nicht nur aus Gründen der Ressourcenvergeudung von großer Bedeutung, sondern auch aus praktischen. Schließlich führen Mängel in der Kohärenz und Kooperation nicht nur zu einer Destabilisierung der jeweiligen Krisenregionen, sondern damit indirekt auch zur Gefährdung von Soldaten und Mitarbeitern.

Obwohl nicht zu übersehen ist, dass die Sicherheits- und Verteidigungspolitik der EU noch in ihren (zwangsläufig fehlerbehafteten) Anfängen steckt, sind die Fortschritte in den Beziehungen zur NATO nicht zu übersehen. Nur wenn sich diese Fortschritte verstetigen, scheint die Hoffnung berechtigt, langfristig Sicherheit auf der Welt garantieren zu können.

Marten Niklas, „NATO und die EU", www.km.bayern.de, 24.07.2009 [05.01.2010]

Politik verstehen und sich über Politik informieren

Für junge Leute ist es besonders schwer, sich politischen „Durchblick" zu verschaffen. Man hat als junger Mensch zeitlich noch nicht so viel miterlebt wie die Älteren, kennt viele Namen von Akteuren nicht, versteht Zusammenhänge inhaltlich nicht und hat auch sprachliche Probleme mit den Mediendarstellungen. Manchmal fehlt es zudem an einfachem Grundlagenwissen. Lernpsychologisch ist klar, dass man nur dann etwas dazulernen und Neues verstehen kann, wenn man es mit schon Vorhandenem verknüpfen kann. Deshalb ist es ein Erfolg versprechender Weg, wenn man im Bereich der Politik das eine oder andere Fallbeispiel, das einen interessiert, genauer untersucht, um von dort aus weitere Zusammenhänge verstehen zu lernen.

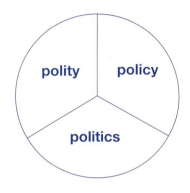

Als Hilfsmittel zur Durchdringung eines Fallbeispiels oder Problems benutzt man in Politik und Wissenschaft sogenannte Analysemodelle. Zwei dieser Modelle stellen wir Ihnen hier kurz vor, damit Sie sie dann ausprobieren können.

Beim *Drei-Segmente-Modell* untersucht man ein Fallbeispiel oder Problem unter drei Gesichtspunkten mit entsprechenden Fragestellungen:
- *polity*-Aspekt: Welche Strukturen bzw. Institutionen spielen zum Verständnis des Falls oder Problems eine Rolle? Das bezieht sich auf betroffene Gesetze, rechtliche Prinzipien, Verträge etc.
- *policy*-Aspekt: Um welches politische Problem geht es? Welche Ziele sollen erreicht werden? Welche Lösungsvorschläge werden diskutiert? Welche Sachbereiche sind hier betroffen?
- *politics*-Aspekt: Welche Prozesse sind bisher abgelaufen bzw. an welcher Stelle der Entwicklung befinden wir uns gerade? Welche Akteure haben bisher eingegriffen? Welche Machtmittel haben sie eingesetzt? Wer ist beteiligt, wer ist betroffen?

In der Gesamtschau der drei Segmente ergibt sich ein strukturiertes Bild, das zum Verständnis und zur eigenen Urteilsbildung sehr hilfreich sein kann.

Der *Politik-Zyklus* (auch: Politik-Zirkel) eignet sich zur Analyse von Fallbeispielen aus der Vergangenheit genauso wie zur Analyse noch anstehender Probleme. Beim Analyseverfahren orientiert man sich am Verlauf einer Kreislinie. So
- beschreibt man zunächst das Problem, das zur Lösung ansteht,
- dann untersucht man, welche Positionen es in der Auseinandersetzung dazu bisher gibt,
- schaut, welche Alternativen zur Entscheidung vorhanden sind und wie sie umsetzbar wären,
- und beurteilt dann die zu erwartenden Folgen der möglichen Entscheidungen.

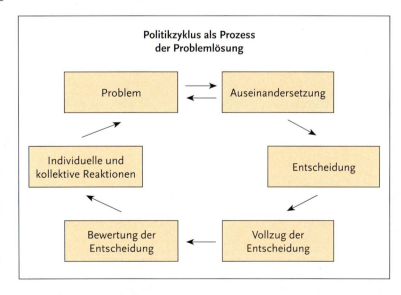

Bei allen Stationen überlegt man, welche Interessen eine Rolle spielen und wer offen oder verdeckt Einfluss nimmt. Auch hierzu gibt es jeweils Schlüsselfragen, die denen aus dem Drei-Segmente-Modell ähneln. Am Ende beurteilt man, ob sich aus der Lösung neue Probleme ergeben und damit ein potenzieller neuer Zirkel entsteht.

Egal, nach welchem Analysemodell Sie vorgehen, Sie brauchen für die benötigten Informationen seriöse Informationsquellen, die in möglichst kurzer Zeit brauchbare Informationen zum Thema hergeben. Natürlich können Sie auch nach dem Zufallsprinzip oder über die üblichen Suchmaschinen wie Google, Metager oder Yahoo im Internet surfen, haben dann aber in der Regel schnell ein Seriositäts- und ein Zeitproblem. Wie also vorgehen?

- Die großen seriösen Tages- und Wochenzeitungen und auch die großen Rundfunk- und Fernsehsender sind glaubwürdige Informanten. Sie bieten auf ihren Internetseiten Suchfunktionen mit Schlagwortsuche an. Ähnlich wie bei den Suchmaschinen kommt es aber sehr darauf an, geeignete Schlagworte einzugeben, um wirklich zu den gewünschten (Hintergrund-)Informationen zu gelangen. Es empfiehlt sich also, zunächst eine gut überlegte Liste von Suchbegriffen zu erstellen, für die man sich schon ein wenig im Thema auskennen muss. Nebenbei: Journalistische Texte haben den Vorteil, dass sie recherchierte Primärinformationen für die Leser aufbereitet haben, was häufig viel Suche erspart. Meist sind diese Texte auch leichter verständlich als die Primärquellen. Allerdings ist hier natürlich eine kritische Leseart angesagt. Die Wochenzeitung „Die Zeit" bietet übrigens auf ihrer Seite bei allen Texten nebenher auch eine Lexikonfunktion an, sodass man unbekannte Begriffe direkt nachfragen kann. Das ist natürlich sehr schülerfreundlich.
- Noch zielgenauer und zeitökonomischer könnten Sie über kommerzielle Datenbanken suchen (GBI-Genios, LexisNexis, juris etc.). Die bieten ihren Nutzern von Fachleuten aufbereitete, d. h. „verschlagwortete" und zertifizierte (d. h. bewertete), Informationen an. Wenn Sie also z. B. bei www.gbi.de die Artikel der letzten zwei Wochen über die Diskussion zum Thema Zunahme extremistischer Gewalttaten anfragen würden, bekämen Sie mit Sicherheit alle einschlägigen Zeitungstexte, müssten für diese Dienstleistung aber bezahlen. Fachleute gehen davon aus, dass wir künftig immer mehr mit kommerziellen, also kostenpflichtigen Datenbanken arbeiten werden. Dieser Trend lässt sich auch daran ablesen, dass immer mehr Zeitungen und Sender ihre Zusatzdienste im Internet nur noch kostenpflichtig anbieten.
- Primärinformationen bekommt man über die Internetseiten aller großen Institutionen, Organisationen und Persönlichkeiten, die man über die Suchmaschinen findet. Zusätzlich gibt es unzählige Themenseiten, die aber in ihrer Seriosität häufig schwer zu beurteilen sind. Verwenden Sie grundsätzlich keine Internet-

seiten als Quelle, auf denen die Rubrik „wir über uns" (auch: Impressum) fehlt. Hier können Sie sich nämlich nicht über die „Macher" informieren bzw. diese kritisch hinterfragen. Für junge Leute brauchbare, seriöse Themenseiten zu politischen Themen sind z. B. www.politik-digital.de, www.politikerscreen.de, www.bpb.de oder www.wikipedia.de.
- Und: Die Recherche zu Ihrem Thema ersetzt nicht den Erwerb des nötigen Basiswissens – sie hilft allenfalls punktuell. Dieses Basiswissen erlangt man nach wie vor am besten durch regelmäßiges Nachrichtenhören oder -sehen bzw. durch regelmäßige Zeitungslektüre.

Karin Herzig, Ute Keßner-Ammann (Hg.), Politik im Wandel, Kursstufe 1, Schöningh, Paderborn 2006, S. 32/33

Aufgabe

Informieren Sie sich über die Materialien im Buch hinaus eingehender über die folgenden beiden Themen und analysieren Sie die Themen nach dem Drei-Segmente-Modell oder nach dem Modell Politik-Zyklus:

    a) Die Türkei – Mitglied oder privilegierter Partner der EU?
    b) Vertiefung der EU – Modelle der differenzierten Integration

Es bietet sich natürlich an, den Kurs in Gruppen aufzuteilen und arbeitsteilig vorzugehen.

→ SwA

→ geeignet für W-Seminar

6. Zusatzmaterial

V 1 Bologna-Prozess: Einheitliches europäisches Hochschulwesen

Im belgischen Leuven trafen sich am 28. und 29. April 2009 die Bildungsminister von 46 Staaten zur turnusmäßigen Folgekonferenz des Bologna-Prozesses. Die Bemühungen zur Schaffung eines einheitlichen europäischen Hochschulwesens bis 2010 sollten begutachtet und vorangetrieben werden.

Im italienischen Bologna kamen 1999 die Bildungsminister 29 europäischer Staaten zusammen, um eine verständliche und vergleichbare Anerkennung von Studienabschlüssen voranzutreiben. Dem Treffen ging die sogenannte Sorbonne-Erklärung aus dem Jahr 1998 voraus, in der die Bildungsminister Deutschlands, Frankreichs, Italiens und des Vereinigten Königreichs bekundeten, die Hochschulentwicklung gemeinsam fördern zu wollen.

Ein Jahr später wurde dieses Bestreben auf breiter Basis in der sogenannten Bologna-Erklärung verabschiedet. Kernpunkte dieser Erklärung sind die Verständlichkeit und Vergleichbarkeit von Hochschulabschlüssen, die Einführung eines zweistufigen Studiensystems (Bachelor und Master) sowie die Förderung der Mobilität von Hochschulangehörigen.

Auf den Folgekonferenzen, die in zweijährigem Turnus stattfinden, konkretisierten sich die gemeinsamen Bemühungen. Mittlerweile sind an dem Prozess 46 Länder beteiligt, darunter alle EU-Mitglieder, aber auch Staaten wie Aserbaidschan, Russland und der Vatikan. Die Mitgliedschaft am Bologna-Prozess steht allen Ländern offen, die die Europäische Kulturkonvention des Europarats unterzeichnet und sich bereit erklärt haben, in ihrem eigenen Hochschulwesen die Ziele des Bologna-Prozesses umzusetzen. [...]

Das bekannteste Ergebnis des Bologna-Prozesses ist die Umstellung der Studiengänge auf das zweistufige Bachelor- und Master-System. Im Wintersemester 2008/2009 waren bundesweit bereits 76 Prozent der insgesamt 12 300 Studiengänge in Deutschland umgestellt. Der Anteil der Studierenden in Bachelor- und Master-Studiengängen im Wintersemester 2007/2008 lag bei 30 Prozent. In einem umgestellten Studiengang immatrikulierten sich 64,5 Prozent der Studienanfänger.

In Deutschland wird das relativ neue System kontrovers diskutiert. Befürworter betonen insbesondere die starke Praxisorientierung des zweistufigen Systems, die es Studierenden schneller als bisher ermöglichen soll, ins Berufsleben einzusteigen. Die internationale Vergleichbarkeit von Studienabschlüssen (über sog. Credit-Points) soll zudem eine größere Flexibilität auf dem europäischen Arbeitsmarkt fördern.

Der Europäische Bildungsraum

- Schaffen eines Systems einheitlich benannter und vergleichbarer Abschlüsse
- Erhöhen der Mobilität der Studierenden
- Steigern der internationalen Wettbewerbsfähigkeit und Beschäftigungsmöglichkeit
- Sicherstellen der Qualität europäischer Studienangebote durch vergleichbare Kriterien und Methoden
- Schaffen eines zweistufigen Systems von Studienabschlüssen aus Bachelor (ungraduate) und Master (graduate)
- Einführung eines Leistungspunktesystems, bekannt als ECTS (European Credit Transfer System) zur einheitlichen Anrechnung von Studienleistungen
- Erreichen des lebenslangen Lernens durch akademische Fortbildung

INFO

Der **Bachelor** ist der „erste berufsqualifizierende Abschluss" und stellt den Regelabschluss eines Hochschulstudiums dar. Die Regelstudienzeit beträgt zwischen drei und vier Jahren.

Absolventen eines Bachelorstudiums haben grundsätzlich die Berechtigung erworben, ein **Masterstudium** zu absolvieren. Dabei kann sowohl der Hochschulort als auch die Hochschulart (Fachhochschule, Universität) gewechselt werden. Die Zulassung zum Master setzt einen ersten berufsqualifizierenden Hochschulabschluss (z. B. Bachelor, Diplom) zwingend voraus und kann von weiteren Zugangsvoraussetzungen (z. B. Zeugnisnoten, Aufnahmetests, Sprachkenntnissen) abhängig gemacht werden. Die Regelstudienzeit beträgt ein bis zwei Jahre.

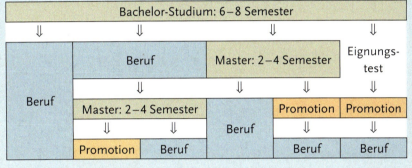

o. V., „Studienreform Bologna-Prozess", www.thueringen.de [05.01.2010]

Angesichts der bisherigen praktischen Umsetzung der Bologna-Beschlüsse gibt es aber auch Bedenken. Von Lehrenden wie auch von Studierenden wird zunehmend der hohe Leistungsdruck kritisiert, der mit der Komprimierung der bisherigen Studieninhalte in das verkürzte Bachelor-Studium einhergeht. Auch werde das Humboldt'sche Bildungsideal der Einheit von Forschung und Lehre zunehmend durch die immer stärkere Verschulung des Lehrstoffes verdrängt. Zudem werde das Ziel des Bologna-Prozesses, Mobilität von Hochschulangehörigen z. B. durch Auslandssemester zu fördern, erschwert, da viele Inhalte über mehrere Semester aufeinander aufbauen.

[...] Die geplante Umsetzung der Bologna-Erklärung bis 2010 ist nach Meinung der Hochschulrektorenkonferenz nur eine „Durchgangsstation" auf dem Weg zu „Bologna 2020".

Bundeszentrale für politische Bildung (Hg.), „Bologna-Prozess: Einheitliches europäisches Hochschulwesen", www.bpb.de, 28.04.2009 [05.01.2010]

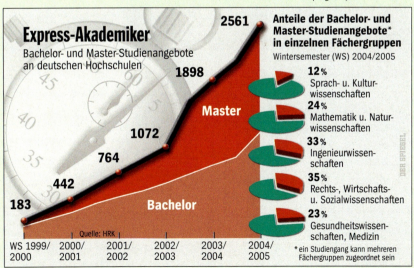

V 2 „In sechs Semestern durchs Studium jagen"

Bernhard Kempen, Chef des Deutschen Hochschulverbands, im Interview mit Spiegel Online:

SPIEGEL ONLINE: Nordrhein-Westfalen will die Zahl der Master-Studienplätze begrenzen, Niedersachsen ebenfalls. Als Professor müsste Sie das eigentlich freuen: Weniger Studenten sind doch auch in Ihrem Sinne.

Bernhard Kempen: Ich freue mich überhaupt nicht. Im Gegenteil, wir sind entsetzt, dass die Politik nichts anderes verfolgt, als an den Hochschulen Geld zu sparen. Das Ziel ist offenbar, eine große Zahl von Studierenden in sechs Semestern durch das Studium zu jagen. Danach soll nur noch für einen deutlich kleineren Teil die Möglichkeit bestehen, ein Masterstudium anzuhängen. Dem Bologna-Prozess lag ja eigentlich die Idee zugrunde, die Absolventen besser auf den europäischen und internationalen Arbeitsmarkt vorzubereiten – was wir hier erleben, widerspricht dem aber völlig.

SPIEGEL ONLINE: Ist der Bachelor nach sechs Semestern kein Schritt hin zu einem schnelleren Berufseinstieg?

Kempen: Aber nur auf Kosten der Qualifikation. Die Studierenden werden mit einem Schnell- und Billigstudium abgespeist, und das wird ihnen international

nicht helfen. [...] Nehmen Sie mein Fach, die Juristerei. Wie soll man da in drei Jahren kritische Juristen ausbilden, die nicht nur Ja und Amen sagen, sondern zu eigenen, reflektierten Bewertung von Sachverhalten fähig sind? Nein, um die Qualität des Studiums geht es den Bildungspolitikern nicht. Die wollen, um irgendeinen Reformerfolg verbuchen zu können, flächendeckend Bachelor und Master zu einem willkürlich gewählten Stichtag einführen. [...]

SPIEGEL ONLINE: Was schlagen Sie vor?

Kempen: Hätte man die Studiengänge so gelassen, wie sie sind – übrigens Studiengänge, die national und international in höchstem Ansehen stehen, etwa die Diplomstudiengänge in den Ingenieurwissenschaften –, dann hätten wir das Problem überhaupt nicht. [...]

Armin Himmelrath, „In 6 Semestern durchs Studium jagen", www.spiegel.de, 06.04.2005 [05.01.2010]

Aufgaben

1 Der Bildungsbereich ist zwar weiterhin im Kompetenzbereich der einzelnen Mitgliedstaaten, allerdings führt der Bologna-Prozess de facto zu einer europäischen Regelung. Arbeiten Sie Vorteile eines einheitlichen europäischen Bildungsraums heraus.

2 Erörtern Sie, ob die Erreichung der Ziele des Bologna-Prozesses ein geeigneter Schritt in Richtung weiterer Vertiefung des europäischen Einigungsprozesses darstellt (s. auch V 9 – V 12, S. 173 ff.) und ob ein solcher einheitlicher europäischer Bildungsraum ein Aspekt sein kann, der eine gemeinsame europäische Identität fördert (s. auch Kap. 4.2, S. 143 ff.).

3 Innerhalb des Bologna-Prozesses ist insbesondere der „Bachelor" in die Kritik geraten. Führen Sie eine Pro-und-Kontra-Diskussion zur Umstellung auf diesen Studiengang durch.

V 3 Demokratiedefizit trotz Reformvertrag

→ EU-Reform › S. 110 ff.

Der Reformvertrag von Lissabon stärkt die Demokratie durch den Ausbau der Rolle des Europäischen Parlaments, die Einbindung der nationalen Parlamente in den europäischen Gesetzgebungsprozess und außerdem durch die Möglichkeit von europäischen Bürgerinitiativen: Wenn eine Million europäische Bürger aus mehreren Mitgliedstaaten eine Petition unterstützen, ist die Kommission aufgefordert, das Thema auf die Agenda zu setzen.

Das Europäische Parlament wird neben dem Rat gleichberechtigter Mitgesetzgeber in fast allen Politikbereichen. Der Kommissionspräsident wird nach dem Reformvertrag durch das Europäische Parlament gewählt, nicht nur bestätigt. Die Entscheidungen im Rat werden öffentlich getroffen, sodass in den Medien darüber berichtet werden kann und sich die Bürger so besser eine Meinung bilden können.

All die institutionellen Änderungen können aber im Grunde wenig an der zweiten Hauptursache des Demokratiedefizits ändern: das Fehlen einer europäischen Öffentlichkeit, in der zum Beispiel zur gleichen Zeit die gleichen Themen diskutiert werden. Daran, dass die Europapolitik im Moment in den nationalen Debatten oft noch eine untergeordnete Rolle spielt, tragen nicht zuletzt auch die Medien eine Mitschuld. Es gibt mit einer Ausnahme (Die Grünen) auch noch keine europäischen Parteien, sondern nur Dachverbände nationaler Parteien.

Um Themen zu polarisieren und so die Debatten „anzuheizen", sind Parteien in einer Demokratie aber unerlässlich.

Solange wir keine „gefühlten Bürger Europas" sind, kann es wohl keine europäische Demokratie geben, denn diese setzt auch die Beteiligung und das Interesse der Bürger an der Politikgestaltung voraus sowie eine handfeste Solidarität untereinander.

Vielleicht wird sich dieses Problem aber auch von selbst lösen, je mehr für die Bürger wichtige Themen auf EU-Ebene behandelt werden. Die Geschichte der EU hat ja gezeigt, dass sich die Kompetenzen der EU tendenziell immer weiter ausweiten, von der Agrarpolitik bis zur Terrorismusbekämpfung. Dann wird die europäische Demokratie vielleicht eines Tages zu einer echten Herzensangelegenheit ihrer Bürger.

Euros du Village (Hg.), „Der Vertrag von Lissabon: Wie steht es um das Demokratiedefizit der Europäischen Union?", www.dieeuros.eu [05.01.2010]

Das demokratische Dilemma

© Kostas Koufogiorgos

V 4 Die EU kann nicht an staatlichen Demokratiekonzepten gemessen werden

Der am 18. Oktober von den Staats- und Regierungschefs angenommene Reformvertrag stellt die EU auf eine neue rechtliche Grundlage. Ein Großteil der Bestimmungen des gescheiterten Verfassungsvertrages wurde übernommen; entfallen sind jene Artikel mit symbolischer Bedeutung: Über eine Fahne, eine Hymne, eine „Verfassung" wird die Union nicht verfügen. Damit mangelt es der EU bei oberflächlicher Sicht an jenen Symbolen, die sie einem Staat angeglichen hätten. Ein Umstand, der sich jedoch auch als positiv erweisen könnte. Denn es ist doch eben jene staatsnahe Symbolik, die zu dem fatalen Missverständnis geführt hat, das nun als „Demokratiedefizit" bezeichnet wird: dass die EU ähnlich legitimiert werden muss wie ein Staat. Die demokratische Legitimation eines Nationalstaats kann die EU natürlich nicht erreichen. Wie auch? Sie ist eine supranationale Organisation und bedarf als solche anderer Legitimationsstrategien. Aber die veränderte Strukturierung demokratischer Legitimation jenseits des Nationalstaates überfordert gerade jene, die von Demokratiequalität auf Unionsebene überzeugt werden sollten: die Bürgerinnen und Bürger. Kann der Reformvertrag Abhilfe schaffen? Nur in Ansätzen: Statt der Formulierung im abgelehnten Verfassungsvertrag, dass die Europäische Union sich auf dem „Willen der Bürgerinnen und Bürger und der Staaten Europas" gründet, findet sich nun der schon aus dem EU-Vertrag bekannte Verweis, dass die „hohen Vertragsparteien", also die Staaten, die EU gründen. Bürgernäher ist das nicht. Dafür werden die Geltung der Grundrechtecharta und der Beitritt zur Europäischen Menschenrechtskonvention festgeschrieben. Positiv zu vermerken ist auch, dass der Reformvertrag erstmals explizit die Grundsätze der repräsentativen und der partizipativen Demokratie nennt.

Zentral für die Hebung der Wahrnehmung Europas als demokratisch ist außerdem die doppelte Legitimation der Union: Zum einen sind die Bürger unmittelbar im Europäischen Parlament vertreten; zum anderen vertreten die jeweiligen Regierungsmitglieder im Rat (oder Staats- und Regierungschefs im Europäischen Rat) die Interessen der Mitgliedstaaten. Tatsächlich sind es freilich nicht die Staaten, die legitimationsstiftend wirken, sondern ihre Staatsbürger, deren Abgeordnete in den nationalen Parlamenten von der Regierung Rechenschaft für ihr Handeln auf europäischer Ebene einfordern können. Ein wichtiger Schritt vorwärts ist die Klärung, wer im Europäischen Parlament vertreten ist: Während es bislang die „Vertreter der Völker der in der Gemeinschaft zusammengeschlossenen Staaten" waren, setzt sich das Parlament mit dem Reformvertrag „aus Vertretern der Unionsbürgerinnen und Unionsbürger zusammen". Damit wird erstmals eine europäische Bürgerschaft als politische Einheit konstituiert.

Anstatt die Europäische Union an staatlich vorbelasteten Demokratiekonzepten zu messen, ist ihre Legitimation anders zu konturieren. Im Reformvertrag wird eine europäische Bürgerschaft angesprochen, die legitimationsstiftend wirken kann. Und nicht nur das: Statt abstrakt über demokratische Defizite zu diskutieren, muss der Output der EU analysiert werden. Denn auch der wirtschaftliche Erfolg und die finanz- und sicherheitspolitische Stabilität, kurz: Wohlstand und Frieden, die durch die EU erreicht wurden, können und sollen zu ihrer Legitimation beitragen.

Matthias C. Kettemann, „Mythos Demokratiedefizit", www.weitergedacht.at, 07.11.2007 [05.01.2010]

Aufgaben

1 Verschaffen Sie sich zunächst nochmals einen Überblick über die demokratisierenden Reformen des Vertrags von Lissabon.

2 Erläutern Sie die Ansicht des Verfassers in V 3, dass das Demokratiedefizit der EU unterhalb des institutionellen Bereichs tiefere Gründe habe.

3 Hinterfragen Sie die Kontroverse um das Demokratiedefizit der EU vor dem Hintergrund, dass die EU ein Gebilde „sui generis" ist und so mit nationalstaatlichen Kriterien gar nicht beurteilt werden soll (V 4).

V 5 Ist Brüssel für alles zuständig? Zum Vorwurf der europäischen Vereinheitlichungswut

→ Kap. 3.3 › S. 128 ff.

Sie regeln die Länge von Kondomen und Gurken, die Krümmung von Bananen und die nicht vorhandene Seilbahn in Berlin: Viele EU-Verordnungen gelten als überflüssig und teuer. Nun sollen einige wieder abgeschafft werden. Nur: An einigen Verordnungen ist die Europäische Kommission gar nicht schuld.
5 Das Bundesland Berlin hat ein Seilbahn-Gesetz. Eine Seilbahn selbst zwar nicht, und wegen hoher Schulden und topfdeckelflacher Topografie wird das wohl auch so bleiben. Aber ein Gesetz für den Betrieb ist schon mal da – Brüssel sei Dank. Denn eine EU-Richtlinie vereinheitlichte vor acht Jahren die Standards für alle Personen-Seilbahnen Europas. Berlin hatte sich zwar mit Verweis auf fehlende
10 Gipfel lange gegen die Umsetzung gesträubt. Brüssel aber drohte eine Strafe von 791 000 Euro an. In seiner Not klaute der Senat das Seilbahn-Gesetz aus Bayern. Seither ist Europas Paragrafenwelt wieder in Ordnung.
Beispiele wie dieses liefern einen guten Hinweis darauf, warum sich viele Bürger von der EU abwenden. Europa nervt. Die Ambition von Brüssel, selbst Un-
15 sinniges zuchtmeisterlich regulieren, harmonisieren, normieren und standardisieren zu wollen, geht vielen Menschen und Firmen gegen den Strich. „Der Bürokratie-Irrsinn ist der Hauptgrund, warum viele Bürger vor allem in Deutschland noch immer starke Vorbehalte gegen Europa haben", sagt auch Entbürokratisierungs-Berater Edmund Stoiber. Der frühere bayerische Ministerpräsident
20 berät seit Herbst vergangenen Jahres die EU-Kommission beim Kampf gegen Paragrafen. Das Vorhaben sei aber „außerordentlich kompliziert", mühsam und „sehr schwer", klagt Stoiber.
Vieles, was sich im Brüsseler Paragrafendschungel an Schätzen findet, hat sogar Unterhaltungswert. Etwa die „Richtlinie über Mindestvorschriften für Sicherheit
25 und Gesundheitsschutz bei Benutzung von Arbeitsmitteln". Denn dort findet sich die sinnige Vorschrift: „Leitern sind so aufzustellen, dass sie während der Benutzung standsicher sind."
Für die staatliche Bevormundung machen Bürger und Firmen in erster Linie die EU-Kommission verantwortlich. Die hat nun allerdings endgültig genug davon,
30 als Buhmann für alles, was schiefläuft, herzuhalten. Denn die Initiativen zu den meisten der Gesetze, die jetzt verlacht werden, kamen aus den Mitgliedsländern. Ohnehin werden Gesetze von der Kommission lediglich vorgeschlagen. Die Details ausgehandelt und abgesegnet werden dann vom Ministerrat, also der Runde der nationalen Minister, und teilweise
35 vom Europa-Parlament. Das galt auch für die Seilbahn-Richtlinie: Nach einigen schweren Seilbahn-Unglücken erschienen den Ministern EU-Sicherheitsstandards als sinnvoll. Dass die Umsetzung in deutsches Recht zum Schildbürgerstreich geriet, lag nicht an Brüssel, sondern an der Überre-
40 gulierung im föderalen Deutschland. Während in den meisten EU-Ländern ein einziges Seilbahn-Gesetz ausreichte, hat der Bund in Deutschland keine Kompetenz in dieser Frage. Deshalb musste jedes Bundesland ein Gesetz erlassen, selbst wenn es überflüssig war.
45 Sogar wenn die EU-Kommission obsolete Regelungen wie die Gurkenkrümmungsvorschriften abschaffen wolle, werde

Nun doch: EU schafft Krümmungsgrad der Gurke ab

Ende für ein Symbol der Brüsseler Bürokratie: Die Europäische Union hat beschlossen, die Normungen für 26 Obst- und Gemüsesorten abzuschaffen, darunter den berüchtigten Krümmungsgrad der Gurke. Ein entsprechender Vorschlag von EU-Agrarkommissarin Mariann Fischer Boel stieß am Mittwoch in Brüssel im zuständigen Ausschuss zwar auf die Gegenstimmen von 16 Mitgliedstaaten. Das sei aber nicht genug gewesen, um die Kommission zu überstimmen. [...]

dpa-infocom, „EU schafft Krümmungsgrad der Gurke ab", www.rhein-zeitung.de, 12.11.2008 [10.11.2009]

EU-Regelung entfällt: Seit Juli 2009 dürfen Gurken wieder so krumm oder gerade sein, wie sie natürlich wachsen.

sie blockiert, kritisiert nun EU-Kommissionschef José Manuel Barroso jene Politiker, die Europa zu Hause bei den Wählern der Regelungswut bezichtigen. „Seit Jahr und Tag wird Europa lächerlich gemacht wegen seiner Vermarktungsstandards für Gurken", klagte Barroso vor dem Europa-Parlament. Nun habe die Kommission beschlossen, diese einst vom Handel geforderten Vorgaben abzuschaffen, doch die Mehrzahl der EU-Länder sagte Nein. Die Vermarktungsstandards für Obst und Gemüse waren einst vom Handel gefordert worden, weil genormte Ware leichter zu verpacken und transportieren ist. Die Kommission schlug nun vor, 26 der 36 Regeln über Bohnen, Blumenkohl, Melonen oder Gurken abzuschaffen. Doch die Agrarminister aus Deutschland, Frankreich, Ungarn, Italien und Spanien sträubten sich mit Verweis auf den Verbraucher, dem dann möglicherweise minderwertige Qualität untergejubelt werden könnte.

Doch so unschuldig an der Entwicklung, wie sie tut, ist die Kommission wiederum auch nicht. Zwar betont EU-Industriekommissar Günter Verbeugen, es seien bereits 5 000 der 100 000 Seiten aus dem EU-Gesetzbuch getilgt worden. Doch es wachsen unentwegt neue Initiativen nach. Schon allein, weil nach der EU-Erweiterung die Zahl der Beamten rasant gewachsen ist, steigt auch der Umfang der vorgelegten Ideen. Solche Vorschläge sind für Beamte nach wie vor der beste Weg, um sich zu profilieren und unentbehrlich zu machen. „Es gibt ja in der Volkswirtschaftslehre einen ganzen Forschungszweig zur Selbsterhaltung der Bürokratie", spottet daher die FDP-Abgeordnete Silvana Koch-Mehrin über das aussichtslose Unterfangen, Brüssel beim Regulieren zu bremsen.

Michael Seidler, „EU kämpft gegen lächerliche Verordnungen", www.euroblogg.eu, 14.07.2008 [10.11.2009]

V 6 Wo soll denn nun entschieden werden?

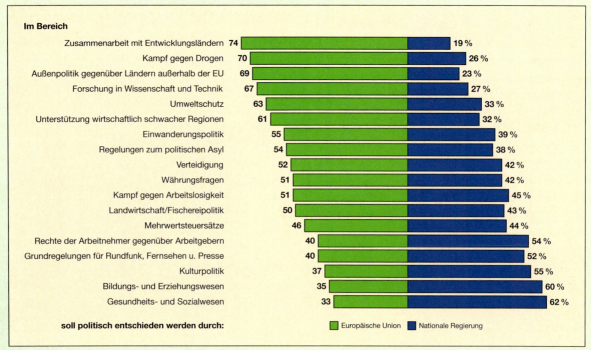

Eurobarometer 47/Spring 1997, S.B. 22

Aufgaben

1 Erörtern Sie, inwiefern die EU-Kommission für die in V 5 beschriebene staatliche Bevormundung verantwortlich gemacht werden kann.

2 Setzen Sie sich mit der Frage auseinander, ob die faktische Zuständigkeit der EU und ihre „Regulierungswut" das Subsidiaritätsprinzip aushöhlen.

3 Zeigen Sie auf, inwiefern der deutsche Föderalismus gerade zu mehr EU-Kompetenz statt zur beabsichtigten Dezentralisierung der gesetzgeberischen Zuständigkeit beiträgt.

4 Die Umfrage in V 6 spiegelt den Stand von 1997 wider. Analysieren Sie das Umfrageergebnis und vergleichen Sie es mit der tatsächlichen Kompetenzverteilung.

V 7 Schafft Zentralismus nicht sogar weniger Bürokratie?

Wer als deutscher Architekt ein Büro auf Mallorca eröffnen möchte, muss zahlreiche Behörden aufsuchen, um sein Gewerbe anzumelden. Umgekehrt muss ein italienischer Gastronom, der in Deutschland ein Restaurant eröffnen möchte, zu vielen verschiedenen deutschen Ämtern, bevor er endlich loslegen kann. Mit der neuen EU-Dienstleistungsrichtlinie wird es künftig bei grenzüberschreitenden Existenzgründungen nur noch einen Ansprechpartner geben!

Die bisherigen bürokratischen Hürden bei Existenzneugründungen, der Eröffnung neuer Niederlassungen innerhalb der Europäischen Union oder der Ausübung eines Gewerbes im europäischen Ausland werden endlich beseitigt. Das bedeutet: Wer in Zukunft ein Unternehmen im Dienstleistungsbereich gründen möchte, kann alle wichtigen Informationen an einer einzigen Stelle erfahren und hier notwendige Formalitäten abwickeln. Existenzgründer haben dann die Möglichkeit, alle Formalitäten über einen einheitlichen Ansprechpartner elektronisch abzuwickeln, sodass lästige Anfahrten wegen Behördengängen entfallen.

Das Ziel: der Abbau von Bürokratie und die Vereinfachung des Dienstleistungsverkehrs innerhalb Europas. Hiervon profitieren EU-Ausländer und inländische Dienstleister gleichermaßen. Dadurch werden nicht nur Zeit, Kosten und Mühe der Existenzgründer geschont. Durch eine Beschleunigung von Verwaltungswegen sparen vor allem die Kommunen enorme Kosten. Auch wird durch vereinfachte Organisation der grenzüberschreitende Handel mit Dienstleistungen gefördert und damit auch mittelbar die Wirtschaft angekurbelt.

Stadt Mannheim (Hg.), „EU-Dienstleistungsrichtlinie: Weniger Bürokratie und kürzere Wege", www.mannheim.de [05.01.2010]

Aufgabe

Setzen Sie sich mit der These der Titelfrage auseinander und erörtern Sie, ob „damit auch mittelbar die Wirtschaft angekurbelt" wird (Z. 26).

V 8 „Europa entmachtet uns und unsere Vertreter"

Bundespräsident a. D. Roman Herzog und Lüder Gerken, Direktor des Centrums für Europäische Politik, schlagen Alarm: Immer mehr Entscheidungen deutscher Politik werden in Brüssel vorbestimmt. Ist Deutschland noch eine parlamentarische Demokratie?

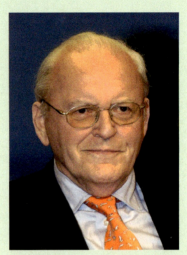

Befürchtet eine Entmachtung des Bundestages: Roman Herzog

Die Menschen sind verunsichert und sie sind zunehmend zurückhaltend und skeptisch gegenüber der EU, weil sie den Integrationsprozess nicht mehr durchschauen, weil sie das Gefühl einer immer stärkeren, oft sachwidrigen Zentralisierung von Zuständigkeiten beschleicht und weil sie nicht erkennen können, wer für welche Politik verantwortlich ist. Diese Sorgen sind sehr ernst zu nehmen, zumal sie nicht aus der Luft gegriffen sind.

Das Bundesjustizministerium hat für die Jahre 1998 bis 2004 die Zahl der Rechtsakte der Bundesrepublik Deutschland und die Zahl der Rechtsakte der Europäischen Union einander gegenübergestellt. Ergebnis: 84 Prozent stammten aus Brüssel, nur 16 Prozent originär aus Berlin. [...]

Eine [...] Ursache für sachwidrige Zentralisierung ist das in Brüssel sogenannte Spiel über Bande. Ein nationales Ministerium, etwa das deutsche Bundesumweltministerium, das ein Regulierungsvorhaben auf nationaler Ebene nicht durchsetzen kann – weil zum Beispiel der deutsche Arbeitsminister Widerstand leistet oder es im Bundestag nicht mehrheitsfähig wäre –, „ermutigt" die zuständige Generaldirektion in der Europäischen Kommission diskret, dieses Vorhaben EU-weit zu verwirklichen. In Brüssel trifft dies aus den soeben geschilderten Gründen meist auf ausgeprägte Bereitwilligkeit. [...]

Vieles, was auf nationaler Ebene nicht durchsetzbar ist, wird so über den Umweg nach Brüssel umgesetzt – jetzt sogar europaweit. Folge ist eine fortschreitende Zentralisierung, angestoßen durch nationale Partikularinteressen. [...]

Das Parlament verliert an Macht.

Die verfassungsmäßigen Kompetenzen der staatlichen Organe in den Mitgliedstaaten, vor allem der Parlamente wie des Bundestages, sind – zumal angesichts des bereits erwähnten, von der nationalen Exekutive betriebenen Spiels über Bande – einem substanziellen Aushöhlungsprozess ausgesetzt.

Die Zahlen des Bundesjustizministeriums verdeutlichen es: Über den weitaus größten Teil der in Deutschland geltenden Gesetze beschließt im Ministerrat die Bundesregierung, nicht der Deutsche Bundestag. Und jede Richtlinie, die die Bundesregierung im Ministerrat verabschiedet, muss der Bundestag in deutsches Recht umsetzen. Das Grundgesetz sieht jedoch das Parlament als den zentralen Akteur der Gestaltung des politischen Gemeinwesens vor. Es stellt sich daher die Frage, ob man die Bundesrepublik Deutschland überhaupt noch uneingeschränkt als eine parlamentarische Demokratie bezeichnen kann.

Der Bürokrator © Thomas Haubold

Denn die Gewaltenteilung als grundlegendes, konstituierendes Prinzip der verfassungsmäßigen Ordnung Deutschlands ist für große Teile der für uns geltenden Gesetzgebung aufgehoben. Angesichts der überragenden Machtstellung der nationalen Exekutive bei der Gestaltung der EU-Politik fühlen sich heute viele Abgeordnete des Deutschen Bundestages einem erheblichen Einflussverlust ausgesetzt.

Zwar verpflichtet sich die Bundesregierung, den Bundestag über Entwicklungen in Brüssel frühzeitig zu informieren, diesem die Gelegenheit zur Stellungnahme zu geben und die Auffassung des Bundestages bei den Verhandlungen im Ministerrat zu berücksichtigen.

Delikat ist jedoch der Teil der Vereinbarung, welcher der Bundesregierung ausdrücklich das Recht zubilligt, „in Kenntnis der Voten des Deutschen Bundestages" „aus wichtigen außen- oder integrationspolitischen Gründen abweichende Entscheidungen zu treffen". Im Klartext: Die Bundesregierung kann und darf auch gegen ausdrückliche Beschlüsse des Bundestages handeln.

Roman Herzog, Lüder Gerken, „Europa entmachtet uns und unsere Vertreter", www.welt.de, 17.02.2007 [05.01.2010]

Aufgaben

1 Fassen Sie zusammen, worin Herzog im Einzelnen eine Entmachtung nationaler Politik und insbesondere nationaler Parlamente durch die fortschreitende europäische Zentralisierung sieht.

2 Formulieren Sie mögliche Vorschläge, wie eine weitere Zentralisierung zu stoppen ist.

V 9 Föderalismus oder Funktionalismus – Zielperspektiven und Leitbilder der europäischen Integration

Von den handelnden Politikerinnen und Politikern wird beim Aufbau Europas nach wie vor auf bestimmte europapolitische Leitbilder Bezug genommen. Besonders bedeutsam war und ist hierbei der Gegensatz zwischen „föderalistischen" und „intergouvernementalistischen" Leitbildern. Dabei geht es vor allem um mehr oder weniger europäische Integration im Rahmen der beiden Konkurrenzmodelle „Bundesstaat" und „Staatenbund". Daneben gibt es weitere Vorstellungen zur Zukunft Europas, wie das Konzept „Europa der Regionen" oder differenzierte Ansätze zu einer verstärkten Zusammenarbeit einzelner Staaten oder Staatengruppen.

In der Diskussion um die künftige Entwicklung Europas stehen sich häufig klar definierte Positionen gegenüber, die vier Grundrichtungen zugeordnet werden können:

Modell „Europäischer Bundesstaat"

Der europäische Bundesstaat ist durch eine klare föderale Kompetenzabgrenzung zwischen der EU und ihren Mitgliedstaaten und jeweils demokratisch legitimierten Regierungen auf den verschiedenen politischen Ebenen gekennzeichnet. Grundlage ist eine geschriebene Verfassung mit einer Zusammenstellung der gemeinsamen Grundwerte. Vor allem von Vertreterinnen und Vertretern der sechs Gründungsstaaten der Europäischen Wirtschaftsgemeinschaft wird häufig der europäische Bundesstaat als Zielperspektive genannt. Das föderale Modell erscheint aus deutscher Sicht besonders einleuchtend, da es dem eigenen politischen System entspricht. Von den Gegnern wird kritisiert, dass die Mitgliedstaaten zu viel Macht abgeben müssten und nicht mehr selbst über als wichtig angesehene Fragen entscheiden könnten.

Alle Ebenen tragen im Bundesstaats-Modell für das Gesamtsystem eine Mitverantwortung. Der europäische Bundesstaat müsste deshalb klar definierte Zuständigkeiten in den hierfür geeigneten Politikbereichen, unter anderem in der

Wirtschafts- und Währungspolitik sowie in der Außen- und Sicherheitspolitik, erhalten.

Konkurrenzmodell „Europäischer Staatenbund"
Beim Modell „Staatenbund" arbeiten die Regierungen der Mitgliedstaaten zur Lösung gemeinsamer Probleme in unterschiedlichen Verfahren zusammen, ohne dass sie das Letztentscheidungsrecht aus der Hand geben wollen. Die Vertreter der Regierungen entscheiden – in der Regel einstimmig – im Ministerrat oder im Europäischen Rat der Staats- und Regierungschefs über alle wesentlichen Materien. Da es keine Mehrheitsentscheidungen gibt, ist die Zusammenarbeit durch schwerfällige Entscheidungsverfahren gekennzeichnet. Parlamente spielen in diesem Modell nur eine untergeordnete Rolle. Vor allem britische und skandinavische Regierungsvertreter plädierten und plädieren für ein derartiges pragmatisches europäisches Vorgehen in Richtung auf einen wie auch immer ausgestalteten europäischen Staatenbund.

Aktuelle Probleme sollen durch die Bündelung der Kräfte gemeinsam effizienter gelöst werden. Ein starkes Europäisches Parlament wird in diesem Konzept nicht angestrebt, da es die Handlungsmöglichkeiten der Regierungen beschränken würde. Die Entscheidungsverfahren sind wegen der vorherrschenden Einstimmigkeitszwänge langwierig und – zumindest auf der europäischen Ebene – durch die schwache Stellung des EP nicht hinreichend demokratisch legitimiert. Die Ergebnisse der Verhandlungen stellen wegen der notwendigen Kompromisssuche unter Konsenszwang oftmals wenig zufrieden. Zudem ist eine gerichtliche Überprüfbarkeit von europäischen Entscheidungen durch ein unabhängiges europäisches Gericht nicht vorgesehen.

Die EU ist heute schon merklich über das Modell Staatenbund hinausgewachsen. Mehrheitsabstimmungen sind zum Beispiel bei Binnenmarktentscheidungen die Regel. Europäisches Recht geht vor nationalem Recht.

Modell „Europa der Regionen"
Dieses Modell gründet sich auf das Vorhandensein starker Regionen, die als dritte Ebene an der Entscheidungsfindung mitwirken. Als Vorteil dieses Modells wird die Bürgernähe genannt. Unterstützt wird das Modell von Vertretern der Regionalebene und – häufig eher zurückhaltend – von den Regierungen von Staaten mit föderalen Strukturen (Belgien, Deutschland, Österreich). Von den Gegnern wird auf die Gefahr der Zersplitterung und der Lähmung des Entscheidungsprozesses durch allzu viele Beteiligte hingewiesen. Die europäischen Regionen haben sich seit Mitte der Achtzigerjahre in der Diskussion um die Zukunft Europas verstärkt zu Wort gemeldet und eine Weiterentwicklung der EG/EU zu einem „Europa der drei Ebenen" gefordert. Ihrer Einschätzung nach befürchten die Bürgerinnen und Bürger zunehmend eine unerwünschte Zentralisierung von Macht auf der europäischen Ebene.

Ein Problem besteht allerdings darin, dass es eine allgemein akzeptierte Definition von „Region" nicht gibt. Die Größe und die Machtausstattung der Regionen sind in den EU-Staaten sehr unterschiedlich. Die Bandbreite reicht von den vergleichsweise finanzstarken und einflussreichen deutschen und österreichischen Bundesländern mit Staatscharakter, eigener Regierung und Gesetzgebungsgewalt über die Gemeinschaften in Belgien und die Autonomen Gemeinschaften in Spanien bis hin zu dezentralen Verwaltungseinheiten ohne autonome Gestaltungsmöglichkeiten wie den vergleichsweise machtlosen britischen Grafschaften.

Offen bleibt zudem zumeist die Frage, wie stark die Rechte der Regionen in der EU tatsächlich sein sollen. Gefordert werden häufig regionale Klagerechte zur Wahrung der eigenen Zuständigkeiten sowie die beratende Mitwirkung über den „Ausschuss der Regionen". Vereinzelt werden auch Mitentscheidungsrechte bei Angelegenheiten mit regionalem Bezug verlangt. Zumindest sollen die Strukturen der EU es nach dem Wunsch der Regionalvertreter aber zulassen, dass die Regionen – wie auch die Kommunen – ihre durch die nationalen Verfassungen übertragenen Aufgaben wirksam wahrnehmen können.

Regionen können entsprechend dieser Denkrichtung in Europa eine wichtige Brückenfunktion übernehmen: Sie stellen überschaubare politische Einheiten dar, mit denen sich ihre Bürgerinnen und Bürger überwiegend identifizieren. Denn die Problemnähe der regionalen Ebene wird als wesentliche Voraussetzung für die Effizienz der Umsetzung von getroffenen Entscheidungen angesehen. Ein wohldurchdachtes Konzept „Europa der Regionen" könnte also einen Beitrag zur stärkeren Akzeptanz der europäischen Einigung bei den Bürgerinnen und Bürgern leisten.

Viertes Modell: „Differenzierte Integration"

Die Schwierigkeiten, in einer größer werdenden EU Einigungsfortschritte zu erzielen, führten immer wieder auch zu Überlegungen hinsichtlich einer „differenzierten Integration". Diese will neben die vorhandenen Strukturen neue Formen der Zusammenarbeit stellen, an denen sich die jeweils interessierten Staaten in unterschiedlicher Zusammensetzung und mit unterschiedlicher Aufgabenstellung beteiligen. Diese Überlegungen erscheinen auf den ersten Blick deswegen besonders reizvoll, weil sie leicht umsetzbar sind. Zu nennen sind zwei Varianten, die bei näherer Betrachtung aber beide deutliche Nachteile aufweisen:

- *„Europa der zwei Geschwindigkeiten"*: Hier werden die Ziele von allen Mitgliedstaaten verbindlich festgeschrieben, doch nach unterschiedlichen Zeitvorgaben erreicht. So können neue politische Vorhaben in Angriff genommen werden, indem ein föderaler Kern (Konzept „Kerneuropa") der dazu bereiten Staaten vorangeht, während die anderen Staaten sich verpflichten, nach einer festgelegten Zeit oder nach Erreichen bestimmter Kriterien nachzufolgen. Ein Instrument hierfür ist das vermehrte Zulassen von staatlichen Sonderwegen. Einzelne Staaten können sich zeitlich begrenzt oder auf Dauer aus gemeinsamen Entwicklungen ausklinken. Wie die Einführung des Euro beispielhaft zeigt, funktioniert dieses Verfahren, doch kann es insti-

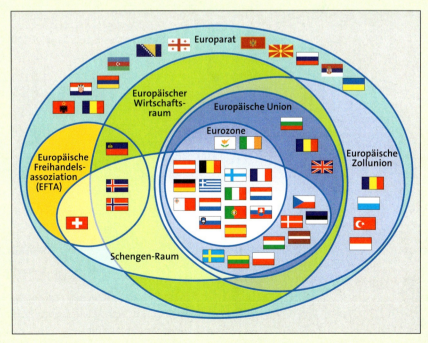

Aufgaben

1 Beschreiben Sie, was man unter einer „differenzierten Integration" versteht.

2 Wägen Sie ab: Stellt das Konzept der „differenzierten Integration" prinzipiell eine Chance dar, um Europa weiter zu vertiefen?

3 Erläutern Sie, inwiefern das „Schengen-Abkommen" (s. Kap. 1.3: Europäische Integration, S. 106ff.) und die Währungsunion als Beispiel gelungener Teilintegration angesehen werden können.

4 Erörtern Sie, wie eine Vertiefung der europäischen Integration ohne weitergehenden Zentralismus aussehen kann.

5 Diskutieren Sie die Frage, ob sich die EU angesichts der vielen Mitgliedstaaten (unterschiedliche Entwicklungsstände, unterschiedliche Vorstellungen über die Integrationstiefe) in verschiedenen Geschwindigkeiten weiterentwickeln soll.

tutionelle Probleme bei der Entscheidungsfindung aufwerfen und die Solidarität zwischen den EU-Staaten gefährden.

- *Konzept der „Variablen Geometrie" oder „Europa à la carte"*: Hier finden sich einzelne Mitgliedstaaten in immer neuen Arrangements zur gemeinsamen Problemlösung pragmatisch zusammen. Beispielsweise könnten alle Staaten an den Verfahren des Binnenmarktes mitwirken, zehn von ihnen eine europäische Forschungspolitik betreiben und acht andere sich zu einer gemeinsamen Verteidigungspolitik zusammenfinden. Dieses Verfahren gefährdet nach Ansicht von Fachleuten jedoch die Solidarität zwischen den Ländern der Europäischen Union und kann zudem eine demokratische Legitimation auf der europäischen Ebene kaum gewährleisten. Deshalb lehnt es die Mehrheit der EU-Staaten ab.

Vor allem dann, wenn sich künftig im Rahmen der erweiterten Europäischen Union keine Einigungsfortschritte erzielen lassen, könnte das Konzept „Europa der zwei Geschwindigkeiten" an Attraktivität gewinnen: Es öffnet den dazu bereiten Staaten die Option für die zügige Errichtung einer demokratischen und handlungsfähigen Europäischen Union oder die Gründung einer in ihren Aufgaben deutlich begrenzten neuen Teilgemeinschaft, etwa in der Verteidigungspolitik. Für die anderen EU-Staaten müssten allerdings akzeptable vertragliche Regelungen für einen späteren Beitritt gefunden werden.

Im EU-System finden sich heute Elemente aller vorstehend beschriebenen Modelle. Dies belegt, dass sich die hinter den Modellen stehenden Leitbilder und Konzeptionen in der europäischen Einigungspraxis nicht in ihrer ursprünglichen Form realisieren lassen.

Otto Schmuck, „Motive, Leitbilder und Etappen der europäischen Einigung", in: Bundeszentrale für politische Bildung (Hg.), Informationen zur politischen Bildung, Heft 279

V 10 Europäische Gemeinschaft souveräner Nationalstaaten

P. Leger/Haus der Geschichte, Bonn

V 11   Europa der verschiedenen Geschwindigkeiten – Chance oder Problem?

Luis Murschetz/CCC, www.c5.net

Aufgabe

Beschreiben und interpretieren Sie die Karikatur.

V 12   Die EU-Politiker sprechen von „Vertiefung" und meinen Zentralisierung der EU

[...] Gleichzeitig wird die EU um immer neue Mitglieder erweitert, wobei nicht erkennbar ist, welche ökonomischen, politischen, juristischen, kulturellen oder geografischen Grenzen für das zukünftige Europa gezogen werden sollen. Erweiterung bei gleichzeitiger Vertiefung der EU? Das kann auf Dauer nicht funk-
5 tionieren. Warum nicht?
Die Überlegung ist einfach: Wäre die EU nur eine Freihandelszone (was sie ja nie war) oder eine Zollunion (wie zu Anfang 1957), dann müsste man die ganze Welt einladen, Mitglied zu werden, denn dann würden wir weltweit Freihandel haben und die Bürger aller Staaten würden davon profitieren. Jede Erweiterung
10 der EU wäre dann hochwillkommen, weil sie allen nützt, denn Freihandel ist ein Wohlfahrtsprogramm für alle Beteiligten, weil die nationalen Märkte nicht mehr abgeschottet sind und also ein einziger großer Binnenmarkt entsteht. Große Märkte generieren Größenvorteile, Skalenerträge und intensiveren Güteraustausch. Das ist immer von Vorteil, denn der Wohlstand steigt für alle.
15 Aber die EU ist nicht mehr nur eine Zollunion, sondern sie hat sich einen institutionellen Überbau geschaffen, von dem nicht recht klar ist, was er genau darstellt und wohin er sich entwickeln soll: Bundesstaat, Staatenbund oder Staatenverbund? Das weiß niemand. Aber je mehr die EU „vertieft" – und das heißt ja: zentralisiert – worden ist und noch mehr werden soll, also in Richtung europäi-
20 scher Bundesstaat geht, desto weniger kann man die ganze Welt einladen, desto kleiner muss der „Club" sein im Verhältnis zur reinen Zollunion. Warum das? Weil große Staaten heterogener sind als kleine, ihre Bürger haben unterschiedliche Präferenzen, Kulturen, Religionen, Sitten und Gebräuche, Sprachen, Einkommen usw. Heterogenität verträgt sich aber nicht mit mehr Zentralisierung,
25 sondern nur mit dem Gegenteil: mehr Dezentralisierung. Deshalb sind die Bürger in großen Staaten zumeist auch unzufriedener mit ihrer Regierung als in kleinen Staaten, in denen die Bürgerpräferenzen homogener sind.

Also heißt das: Wenn sich die EU immer mehr erweitern soll, darf sie sich nicht gleichzeitig vertiefen. Und wenn sie sich immer mehr vertiefen soll, darf sie sich nicht gleichzeitig erweitern. Deshalb kann man von einem trade-off zwischen Erweiterung und Vertiefung sprechen, zwischen Skalenerträgen und Heterogenitätskosten.

Wolf Schäfer, „Soll die EU erweitert und gleichzeitig vertieft werden?", http://wirtschaftlichefreiheit.de, 16.01.2007 [05.01.2010]

Aufgaben

1 Zeigen Sie auf, dass „Vertiefung" nicht unbedingt mehr „Zentralisierung" bedeuten muss (siehe den Titel von V 12).

2 Der Autor von V 12 vertritt die These, dass sich Erweiterung und Vertiefung der EU gegenseitig ausschließen. Zeichnen Sie seine Argumentation nach.

3 Erörtern Sie, inwiefern Erweiterung und Vertiefung zwei Seiten einer Medaille sind und sich daher gegenseitig beeinflussen.

4 **G** Thema für ein mögliches Referat: „Der europäische Integrationsprozess als Geschichte von Erweiterung und Vertiefung"

V 13 Die Berliner Erklärung – kein großer Wurf

Mit Spannung wurde sie erwartet, die Erklärung von Berlin. Schließlich hatte es die deutsche Ratspräsidentschaft vorgezogen, alle Details streng unter Verschluss zu halten, damit der Text nicht im Vorhinein in der europäischen Öffentlichkeit zerredet wird. Dabei besteht das eigentliche Problem darin, dass es diese europäische Öffentlichkeit bis heute nicht gibt, stattdessen Europa jeweils von der nationalen Warte aus betrachtet und kommentiert wird. Bei der Formulierung der Berliner Erklärung hat sich dementsprechend wieder einmal gezeigt, in welchen Punkten sich die nationalen Visionen Europas widersprechen.

Die einen wollten einen Gottesbezug, die nächsten waren gegen eine Erwähnung des Euro. Und dass es über Erweiterung und Vertiefung keinen Konsens gibt, ist ebenfalls schon länger bekannt. So kann es auch kaum überraschen, dass die Berliner Erklärung letztlich farb- und mutlos wirkt – es handelt sich um den kleinsten gemeinsamen Nenner.

Weder das Reizwort „Erweiterung" noch „Verfassung" findet sich in dem zweiseitigen Dokument, das die Entstehung, die Werte und die künftigen Herausforderungen der Europäischen Union zusammenfasst. Wo in der deutschen Version von der „Festigung" der inneren Entwicklung der EU gesprochen wird, hätten die Franzosen gerne das Wort „approfondir" für „Vertiefung" gesehen.

Auf den ersten Blick mutet es seltsam an, dass die Erklärung im Namen der Bürgerinnen und Bürger verfasst wurde. Da ist ganz selbstverständlich von einem „Wir" die Rede. Man kann sich sicherlich freuen, dass auf die-

„Nein zum Europa des Kapitals", sagten in Berlin rund 1000 Demonstranten parallel zum Treffen der Staats- und Regierungschefs.

se Weise die Einigung der europäischen Völker zum Ausdruck kommt. Auf der anderen Seite stellt sich aber auch die Frage, ob eine solche europäische Identität zum heutigen Zeitpunkt schon besteht. „Wir Bürgerinnen und Bürger der Europäischen Union sind zu unserem Glück vereint", heißt es in der Erklärung. Par-
30 allel zu den Festlichkeiten im Deutschen Historischen Museum protestierten wenige Hundert Meter entfernt rund 1000 Menschen unter dem Motto „Nein zum Europa des Kapitals" gegen die EU – 40 Organisationen hatten dazu aufgerufen. Zwar wird allseits begrüßt, dass die stellvertretend von Ratspräsidentin Merkel, EU-Kommissionspräsident José Manuel Barroso sowie dem Präsidenten
35 des Europäischen Parlaments, Hans-Gert Pöttering, unterschriebene Erklärung den Willen besiegelt, die EU bis 2009 auf „eine erneuerte gemeinsame Grundlage zu stellen" [gemeint: die Verfassung, d. Verf.]. Jedoch wissen die EU-Bürger über den Inhalt dieser neuen Grundlage genau so wenig wie zuvor. Das Gleiche gilt für den damit verbundenen Ratifizierungsprozess. [...]
40 Alles in allem bleibt es in der Erklärung also bei vagen Formulierungen. Der tschechische Präsident Václav Klaus kritisierte am Sonntag, dass es keine demokratische Debatte über den Wortlaut der Erklärung gegeben habe. [...] Erst am Freitag wurde der endgültige Text an die Regierungen aller Mitgliedstaaten geschickt. Der kleinste gemeinsame Nenner wurde zum Schluss unter deutscher
45 Federführung in blumige Worte gefasst. Die hochgesteckten Erwartungen hat die Erklärung damit keinesfalls erfüllt und es stellt sich die Frage, ob mit einem solchen, gleichsam mit Weichzeichner behandelten Text das Ziel erreicht werden kann, die Bürger anzusprechen und für die EU zu begeistern. [...]

Vera Kissler, „Die Berliner Erklärung – kein großer Wurf", www.dieeuros.eu, 26.03.2007 [05.01.2010]

Aufgaben

1 Vergegenwärtigen Sie sich nochmals den Inhalt der Berliner Erklärung (Kap. 4.2, M 44) und erläutern Sie, warum die Autorin in ihr keinen „großen Wurf" sieht.

2 Nehmen Sie zur These der Autorin begründet Stellung. Beziehen Sie in Ihre Überlegungen den Anlass der Erklärung sowie die dort genannten Werte als mögliche Grundlage einer europäischen Identifikation mit ein.

V 14 Europäische Identität – ein utilitaristischer Ansatz

Der Begriff „europäische" oder „kollektive Identität" beinhaltet ein Missverständnis, das es zunächst auszuräumen gilt: Anders als bei personaler Identität bezeichnet kollektive Identität keine physische Einheit von verschiedenen Objekten, sondern drückt die Identifikation von jemandem mit etwas aus, bezeich-
5 net also ein spezifisches, kognitiv und affektiv geprägtes Verhältnis von Personen zu einem Identifikationsobjekt.
Neben der notwendigen Unterscheidung von wir und sie, neben dem Gegensatz von Inklusion und Exklusion beinhaltet kollektive Identität also Empathie als Basis für Solidarität und Loyalität. Angewendet auf europäische Identität heißt
10 dies, dass sich Menschen in Europa kognitiv und emotional mit Europa als einem abgrenzbaren Raum verbunden fühlen.
Ein an Emotionen gebundenes Zugehörigkeitsgefühl ist allerdings als Rückversicherung für politisches Handeln mit hohem Risiko behaftet. Weder kann man bei einem historisch jungen Identifikationsobjekt, wie es die Europäische
15 Union ist und das in Konkurrenz zu bereits vorhandenen Identifikationsobjekten wie Nation oder Region steht, eine ausgeprägte und deshalb belastbare emotionale Bindung unterstellen, noch ist auszuschließen, dass auf Emotionen basierende kollektive Identität Schwankungen unterliegt und irrationalen Entwicklungen folgt. Bisher waren solche Unwägbarkeiten für die Europäische
20 Union ohne großen Belang. Mit Blick auf die jüngst vollzogene Osterweiterung wird deutlich, dass die verlässliche Bereitschaft der Bevölkerung zu mate-

Aufgaben

1 *Erklären Sie, was die Autorin in Abgrenzung zur personalen Identität unter „kollektiver Identität" versteht.*

2 *Erläutern Sie die These, dass „ein an Emotionen gebundenes Zugehörigkeitsgefühl [...] als Rückversicherung für politisches Handeln mit hohem Risiko behaftet [ist]" (Z. 12 f.).*

3 *Nehmen Sie Stellung zur Ansicht, „Identitäten in diesem Sinn haben ihren praktischen Test bestanden, wenn sie zur Akzeptanz von Umverteilungsforderungen führen" (Z. 42 ff.).*

rieller Unterstützung in zunehmendem Maße an Bedeutung gewinnt. Eine auf Gefühls- oder Meinungsäußerungen basierende kollektive Identität genügt nicht mehr als Unterfütterung und Absicherung politischen Handelns, das in Folge des Beitritts und Aufholprozesses von zehn neuen Mitgliedern mit Kosten verbunden ist.

Das heißt, wenn zur Unterstützung des europäischen Integrationsprozesses die kollektive Identität der Europäer eingeklagt wird, muss damit eine verlässliche und in gewisser Weise berechenbare Unterstützung der Politik gemeint sein. Die Verbindlichkeit der Unterstützung wird positiv oder negativ von der Erfüllung oder Enttäuschung von Interessen und Erwartungen beeinflusst. Im positiven Fall kann daraus eine Identifikation mit Europa erwachsen, die geeignet ist, die politische Weiterentwicklung des „Projektes Europa" zu tragen.

Ich ergänze daher die Definition von europäischer Identität: Für einen Begriff von tragfähiger Identifikation mit Europa bedarf es neben Loyalität und Empathie einer nutzenorientierten Komponente, die sich materiell manifestiert. Damit meine ich eine belastbare und dauerhafte Verknüpfung der Interessen der Bevölkerung Europas mit der Europäischen Union. Diese Verbindung kann dadurch entstehen, dass die Bürgerinnen und Bürger in der EU-Mitgliedschaft ihres Landes (für ihr Land oder für sich selbst) Vorteile sehen, oder sie kann sich in der Bereitschaft zur solidarischen Unterstützung anderer ausdrücken, weil eine Gegenleistung erwartet werden kann. „Identitäten in diesem Sinn haben ihren praktischen Test bestanden, wenn sie zur Akzeptanz von Umverteilungsforderungen führen[1]."

Sylke Nissen, „Europäische Identität und die Zukunft Europas", APuZ B38/2004, www.bpb.de [05.01.2010]

---

[1] Georg Vobruba, Interation + Erweiterung. Europa im Globalisierungsdilemma, Passagen, Wien 2001, S. 127

V 15 Die Mischung macht's – Europa braucht keine gemeinsame Identität

Sieger des Grand Prix Eurovision, des großen europäischen Schlagerwettbewerbs, wurde in diesem Jahr Israel. Es triumphierte mit einem Lied der Sängerin Dana International. Dana war früher ein Mann; sie hat eine Geschlechtsumwandlung hinter sich. Schöner lässt sich die Unmöglichkeit, „europäische Identität" zu definieren, nicht versinnbildlichen. Israel liegt nicht auf dem europäischen Kontinent. Dana sang in hebräischer Sprache. Die attraktive Sängerin hat ihre Weiblichkeit selbst gewählt. Ungeachtet dieser verwirrenden Tatsachen haben Hunderttausende von Fernsehzuschauern in über zwanzig europäischen Nationen Dana als eine der Ihren anerkannt und sie per Telefon-Direktwahl zur Siegerin gekürt.

Mit ihrer Wahl bekannten sich diese Europäer zu einer Kultur der Offenheit und Vieldeutigkeit, die Europas bestes Zukunftskapital ist. Sie bestätigten, dass es ein Gewinn und kein Mangel ist, ohne festgefügte „Identität" zu leben. Die europäischen Eliten aber fürchten, das vereinigte Europa werde ohne eine gemeinsame „geistige" oder „kulturelle Identität", die den Europäern ein Gefühl kollektiver Geborgenheit vermitteln könne, nicht existenzfähig sein.

Dana International – Ein israelischer Ladyboy als Identifikationsfigur?

[...] Besonders verhängnisvoll wird der Glaube an die Notwendigkeit einer „Identität", wenn er auf Kollektive übertragen wird. [...] Alle Nationen und Völker sind mehr oder weniger das Resultat komplexer ethnischer und kultureller Vermischungen. Von einer gemeinsamen historischen Wurzel aller europäischen Völker kann keine Rede sein. Europa ist niemals eine politische oder kulturelle Einheit gewesen. Die einzige geschichtliche Erfahrung, die alle europäischen Länder gemeinsam machten, ist die gegenseitiger Feindseligkeiten [...]. Europa als politische Union ist ein Neuanfang, eine Neugründung, es ist eine artifizielle Konstruktion [...]. Am ehesten gleicht die Europäische Union den Vereinigten Staaten von Amerika, die ihr nationales Selbstverständnis nicht aus der Herkunft ihrer Bürger, sondern von universalistischen Verfassungsprinzipien herleiten. Diese Universalien folgen den humanistischen Prinzipien der griechischen und römischen Zivilisation, des christlichen Universalismus und der europäischen Aufklärung. Wäre es nicht naheliegend, dem amerikanischen Vorbild zu folgen und die „Identität" der Europäischen Union auf diese Wertetafel des westlichen Humanismus zu gründen? Jedoch: Wenn die Amerikaner diese Werte mit den Europäern teilen, was ist dann an einer „Identität", die sich auf sie beruft, spezifisch „europäisch"?

Die Rede von der „europäischen Identität" zielt aber gerade auf eine Abgrenzung, nicht zuletzt von den USA. Europa soll ausdrücklich kein supranationaler Einheitsstaat sein wie die USA, sondern ein Zusammenschluss selbstständiger Nationen und „Regionen", deren jeweilige kulturelle Eigenheit nicht angetastet werden soll. [...]

Doch die Erfahrungen der vergangenen Jahrzehnte zeigen, dass die Sehnsucht nach regionaler Eigenständigkeit keineswegs integrierend wirkt, sondern [...] eine Quelle zerstörerischer Konflikte ist. Das Konzept der „Region" ist noch diffuser und willkürlicher als das der Nation. [...]

Noch problematischer als die Idyllisierung der „Region" zum Hort einer fraglosen Stammeszugehörigkeit ist der Rekurs auf das „christliche Abendland", das von manchen Politikern [...] zur Definition einer „kulturellen Identität" Europas herangezogen wird. Dann allerdings wären eine kulturelle Homogenisierung nach innen und eine rigide Abgrenzung Europas nach außen die unvermeidliche Folge. Der Türkei als einem islamischen Land wäre die Tür nach Europa für immer verschlossen, auch wenn es seine Demokratisierung weiter vorantreiben würde. Das wäre aber nicht nur politisch, sondern auch kulturhistorisch absurd: Die engen Verbindungen zwischen Kleinasien und dem mediterranen Europa reichen in die Antike zurück. Europa zeichnet sich seit je gerade dadurch aus, dass es in hohem Maße Einflüsse aus höchst unterschiedlichen außereuropäischen Kulturen aufzunehmen bereit war. [...]

Alle Anstrengungen, eine „europäische Identität" zu definieren, führen in eine Sackgasse. Doch statt sich darüber Sorgen zu machen, sollte Europa seine grundsätzliche Undefinierbarkeit als seine größte Chance begreifen. Dass der Motor ihrer Einigung heute die Industrie- und Finanzwirtschaft ist, ist keine Schande für die Europäer – es ist ein Glück. [...]

Wo Europa seine Grenzen hat, nach innen und nach außen, weiß niemand.

Richard Herzinger, „Die Mischung macht's", Die Zeit, 06.08.1998, S. 12

Aufgaben

1 „Europa [sollte] seine grundsätzliche Undefinierbarkeit als seine größte Chance begreifen." (Z. 57f.) Stellen Sie dar, warum der Autor europäische Identität als nicht definierbar ansieht und inwiefern „es ein Gewinn und kein Mangel ist, ohne festgefügte ‚Identität' zu leben" (Z. 12f.).

2 Verfassen Sie einen Gegenkommentar mit dem Titel „Ein Europa ohne Identität ist nicht existenzfähig".

Europäische Union

Die EU als „Staatenverbund"

Die EU ist ein politisches Gebilde völlig eigener Art („sui generis"). Ausgestattet mit Symbolen und Organen eines Staates (Hymne, Flagge, Währung, gewähltes Parlament, ...) und der Übertragung wesentlicher Souveränitätsrechte der Mitglieder auf die supranationale Ebene stellt sie zwar mehr als einen Staatenbund dar, kann jedoch nicht als Staat definiert werden (sie hat keine Verfassung, keine Hauptstadt, keine „Regierung", erhebt keine Steuern, ...). Diese Eigenart, zwischen Staatenbund und Bundesstaat angesiedelt zu sein, definierte das BVerfG als **„Staatenverbund"**.

Europa betrifft uns alle

Das politische System EU hat nun ganz wesentlichen Einfluss auf unser aller Leben, betrifft uns in nahezu allen Bereichen ganz konkret. Sei es beim Thema Arbeit, Umwelt, Reisen ... oder nur Telefonieren, zum Großteil werden hier europaweit einheitliche Regelungen geschaffen. Vor allem werden gerade für die junge Generation über die Vereinheitlichung von Studienabschlüssen Möglichkeiten geschaffen, ihrer Ausbildung und somit ihrem späteren Berufsleben über Ländergrenzen hinweg nachzugehen.

Geschichte der europäischen Integration

Dass die Menschen in Europa in ihrem privaten wie beruflichen Leben (z. B. Wegfall der Grenzkontrollen, freier Dienstleistungsverkehr) heute solche Freiheiten besitzen, war in der unmittelbaren Nachkriegszeit kaum vorstellbar. Europa lag in Trümmern, die Länder (vor allem mit Deutschland) nach zwei Weltkriegen verfeindet. Diese Erfahrungen ließen Visionen eines geeinten Europas entstehen, aus denen unsere heutige Wirklichkeit geworden ist. Die europäische Integrationsgeschichte ist nicht nur ein großes Wirtschaftsprojekt, sie ist vor allem ein Friedensprojekt. Auf der anfänglichen Basis der gemeinsamen Kontrolle über die rüstungswichtigen Bereiche Kohle und Stahl wurden sukzessive immer weitere Wirtschaftsbereiche eingebunden und zeitgleich ein politischer Überbau geschaffen. Heute haben wir sogar eine gemeinsame Verteidigungs- und Sicherheitspolitik – aus ehemaligen (Erz-)Feinden wurden Partner und Freunde, zunehmende Zusammenarbeit und gegenseitige Abhängigkeit bescheren uns bis heute eine Periode des Friedens zwischen den Mitgliedstaaten ohne historisches Vorbild. Die Geschichte der europäischen Integration ist also eine Geschichte einer fortschreitenden Vertiefung, wie allein schon ihre Namen verdeutlichen (EGKS → EWG → EG → EU). Dieses integrative Friedensprojekt ist zum anderen eine Geschichte fortschreitender Erweiterung von anfänglich sechs Staaten bis zum heutigen Kreis von 27 Mitgliedern (und weitere stehen vor der Tür).

Politische Organisation

Welche Aufgaben diese politische Union Europa hat und von welchen Organen bzw. Institutionen sie wahrgenommen werden, ist heute maßgeblich im Vertrag von Lissabon geregelt. Die vom **Europäischen Rat** der Staats- und Regierungschefs gegebenen Impulse und Leitlinien für Europa werden in den einzelnen Organen umgesetzt. Nicht übersehen werden darf hierbei jedoch, dass die Europäische **Kommission**, das **Parlament** und der **Ministerrat** mit ihren Zuständigkeiten (insbesondere in der Gesetzgebung) nicht an der Gewaltenteilungslehre klassischer Nationalstaaten gemessen werden darf. So greift auch der Vorwurf eines Demokratiedefizits, der auf unzureichender Gewaltentrennung fußt, hier zu kurz – denn die EU ist kein Staat.

Europäisierung des Rechts

Das Zusammenwirken der Organe im Entscheidungsprozess ist in unterschiedlichen Rechtsetzungsverfahren geregelt. Durch den Vertrag von Lissabon hat das Parlament eine Aufwertung erfahren, da es nun über das auf die meisten Bereiche ausgedehnte **Mitentscheidungsverfahren** in nahezu allen Politikfeldern in die Gesetzgebung dem Ministerrat gleichberechtigt eingebunden ist. Diese im seit Lissabon „ordentlichen Gesetzgebungsverfahren" für alle verbindlich getroffenen Vorschriften werden aber nicht „Gesetze", sondern **Richtlinien** und **Verordnungen** genannt, um den fehlenden Staatscharakter der EU auszudrücken. Während Verordnungen direkt gelten, legen Richtlinien einen Zeitrahmen fest, in dem ihre Vorgaben in nationales Recht umgesetzt werden müssen. Die Mittel der Umsetzung selbst bleiben den einzelnen Staaten überlassen.

Ein strukturelles Problem der EU stellt ihre Konzeption als „Mehrebenensystem" dar, in dem die supranationale, die nationale und die subnationale Ebene verflechtet sind. Insbesondere die Frage der Kompetenzverteilung zwischen der EU und ihren Mitgliedstaaten bei der Gesetzgebung wird heiß diskutiert. Der EU wird hier oft Anmaßung und Vereinheitlichungswut vorgeworfen. Grundsätzlich gilt bei der Frage, ob in einem Bereich ausschließlich die EU oder ausschließlich die Mitgliedstaaten entscheiden sollen oder aber ob eine geteilte Zuständigkeit vorliegt, das sog. „**Subsidiaritätsprinzip**", das besagt, dass der EU eine Kompetenz von den Mitgliedsländern nur dann übertragen werden kann, wenn ersichtlich ist, dass ein Problem auf europäischer Ebene besser zu lösen ist als auf nationaler (oder regionaler).

Erweiterung oder Vertiefung?

Für ihre künftige Gestaltung ist die Frage zentral, ob die EU über die heute 27 Mitgliedstaaten hinaus erweitert werden soll oder ob ihr Integrationsprozess zunächst voranzutreiben ist, also „vertieft" werden soll (oder aber ob beides einhergehen kann, wie die Geschichte der bisherigen europäischen Integration zeigt). Im Streit um einen Beitritt der Türkei zeigen sich alle wesentlichen Argumente für und wider eine Erweiterung – insbesondere geografische, kulturelle und religiöse, politische und wirtschaftliche Aspekte spielen hierbei eine Rolle. Ist eine Erweiterung wünschenswert oder behindert sie nicht eher eine weitere Vertiefung der europäischen Integration? Im Falle der Türkei lassen sich, da die Frage nicht eindeutig beantwortet werden kann, mithin Alternativvorschläge als Kompromisslösungen ausmachen. Der bekannteste ist wohl das sog. Konzept der privilegierten Partnerschaft.

Brauchen wir eine europäische Identität?

Auch für die Frage einer künftigen Vertiefung liegen unterschiedliche Konzeptionen auf dem Tisch. Vor dem Hintergrund der „finalité", also der Frage des Ziels der europäischen Integration (Bundesstaat, Staatenbund oder ein Europa der Regionen), werden unterschiedliche Modelle einer differenzierten Integration diskutiert (Europa der zwei Geschwindigkeiten, Kerneuropa, Europa à la carte), da sich ein gleichzeitiges gemeinsames Weiterentwickeln der Vertiefung der europäischen Integration bei nunmehr 27 Mitgliedstaaten mit ihren unterschiedlichen nationalen Interessen und Erwartungen als schwierig erweist.

Die EU als „Staatenverbund"

Überlagert wird die Problematik „Erweiterung und/oder Vertiefung" durch die Frage, ob Europa überhaupt eine gemeinsame Identität hat, die für eine Weiterentwicklung über den jetzigen Stand hinaus als grundlegend angesehen wird, bzw. wie eine solche europäische Identität herzustellen sei. Verweist das Motto der EU „In Vielfalt geeint" vielleicht sogar mehr auf die Wichtigkeit verschiedener Identitäten, die nicht ausschließenden, sondern integrativen Charakter haben könnten?

Aufgabe 1
Schaubildanalyse

Das Mehrebenensystem der EU

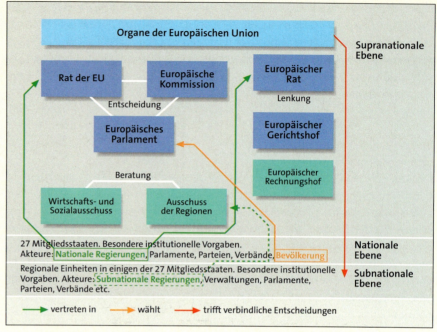

Aus: www.dadalos-d.org [05.01.2010]

- Beschreiben Sie anhand des Schaubildes das Mehrebenensystem der EU.
- Erläutern Sie positive wie problematische Aspekte einer solchen Struktur.

Aufgabe 2
Pro-und-Kontra-Diskussion

Erweitern oder Vertiefen?

Seit der Erweiterungsprozess begonnen hat, spätestens seit der EU-Osterweiterung, stellt sich die Frage, wohin der Schwerpunkt der Entwicklung gerichtet sein soll: nach außen, auf weitere europäische Länder zu, oder nach innen, auf eine Vertiefung der Kooperation auf immer mehr Feldern und eine politische Union hin, die auch von den Bürgern der Mitgliedsländer als Einheit empfunden wird? Wer vor allem die Wirtschaftsunion im Blick hat, wird diese um weitere Länder erweitern wollen. Manche Staaten wollen das auch deshalb, weil sie in einer Erweiterung die beste Abwehr gegen zu große Vertiefung sehen: Je größer die Unterschiede zwischen den Ländern sind, desto schwerer wird es, die Union als Ganzes als eine Einheit zu sehen und Regelungen in Mitgliedsländern zu harmonisieren. Großbritannien hat sich vor diesem Hintergrund in der Vergangenheit eher für einen Beitritt der Türkei ausgesprochen, Polen unterstützt vor diesem Hintergrund den Beitrittswunsch der Ukraine, die auch ein Teil Europas, aber noch weit von einem EU-Beitritt entfernt ist.

Wer die engere politische Union will, muss entweder verhindern, dass die Europäische Union sich ins Beliebige erweitert, oder von einem „Europa der zwei Geschwindigkeiten" sprechen, also die Vertiefung der Union in einem „Kerneuropa" beginnen. Vertreter dieser Richtung, zu denen Deutsche und Franzosen gezählt werden, werden die Symbole einer solchen politischen Union am Vertrag von Lissabon vermissen: keine Verfassung, keine Fahne, keine Hymne ... oder genauer: nur ein Reformvertrag und eine kleine Zusatzdeklaration von 16 der 27

Mitgliedsländer, dass sie Motto, Hymne und Fahne der EU mögen. Wer die Herzen der Menschen für Europa gewinnen will, schreibt Christoph B. Schlitz in einem Leitartikel der Tageszeitung „Die Welt", muss das Zusammengehörigkeitsgefühl der Bürgerinnen und Bürger stärken: Die Europäische Union „braucht darum ein Wir-Gefühl, das Bewusstsein also von Zusammengehörigkeit und gegenseitiger Verantwortung. Ohne diesen ‚sense of belonging' (Ralf Dahrendorf) kann die Union ihre Einheit auf Dauer nicht bewahren."

„Europäische Union 2008", http://de.wikinews.org, 15.12.2007 [05.01.2010]

- Zeichnen Sie ausgehend vom Text die wesentlichen Aspekte zum Thema „Erweiterung oder Vertiefung" nach.
- Führen Sie im Kurs eine Pro-und-Kontra-Diskussion zu diesem Thema durch.
- Verdeutlichen Sie das Spannungsverhältnis zwischen beiden Optionen am Beispiel eines möglichen Türkei-Beitritts.

Burkhard Mohr/CCC, www.c5.net

Aufgabe 3

Karikaturanalyse und Reproduktion

- Beschreiben und interpretieren Sie die Karikatur.
- Stellen Sie der Methode „Kerneuropa" andere Strategien zur Vertiefung der EU gegenüber.

Führen Sie zum Thema „Europäische Identität" eine Podiumsdiskussion durch, in der Vertreter folgender Standpunkte dem Publikum ihre Ansichten verdeutlichen: Eine europäische Identität ...

a) ... ist unerlässlich und kann nur über gemeinsame, historisch gewachsene Werte entstehen.
b) ... kann nicht nur auf universalistischen Werten beruhen. Es geht vielmehr um gegenseitiges Vertrauen, gemeinsame Kultur und Geschichte sowie Loyalität und Empathie.
c) ... wächst mit einer im Recht verkörperten Werteordnung.
d) ... braucht eine nutzenorientierte Komponente, denn nur wenn wir auch etwas davon haben, fühlen wir uns als Europäer.
e) ... kann es gar nicht geben und wäre auch nicht vorteilhaft.

Aufgabe 4

Podiumsdiskussion

Herausforderungen für die Politik im 21. Jahrhundert

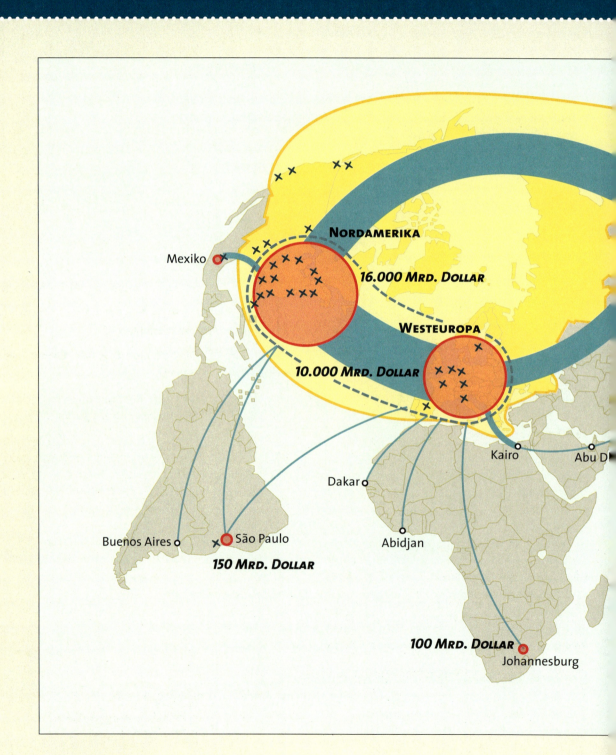

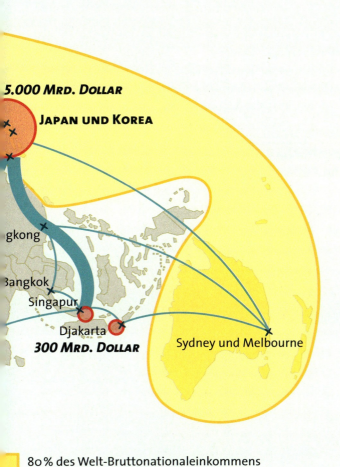

5.000 Mrd. Dollar
Japan und Korea

gkong
Bangkok
Singapur
Djakarta
300 Mrd. Dollar
Sydney und Melbourne

- 80% des Welt-Bruttonationaleinkommens
- Börsenwert zu Anfang des 21. Jh.: 98% im Norden
- wichtigste Finanz- und Wirtschaftsströme: Luftverkehr, Passagiere, Waren, Geld: über 80% im Norden
- Reiseziele von über 82% der weltweiten Touristen
- Flughäfen mit über 20 Mio. Passagieren pro Jahr

Politik im Zeichen der Globalisierung:

Deutsche Außenpolitik: nur als Weltinnenpolitik erfolgreich?

Die Globalisierung: Wer gewinnt – wer verliert?

Internationale Kooperation: Wer entscheidet worüber und wer garantiert die Umsetzung und Einhaltung?

Wie kann eine handlungsfähige globale Politik aussehen, die effizient ist und die gleichzeitig den Bedürfnissen der Weltbevölkerung gerecht wird?

Alain Gresh u. a. (Hg.), Der Atlas der Globalisierung, Berlin 2006, S. 51
© 2006 „Le Monde diplomatique"/taz Verlags- und Vertriebs-GmbH, Berlin

1. Die deutsche Außenpolitik – Einflussfaktoren und verfassungsrechtliche Voraussetzungen

Außenpolitik dient seit Gründung der Nationalstaaten der Bildung einer nationalen Identität und von Machtkompetenz. Damit grenzt sich der Staat gegenüber der übrigen Staatenwelt ab und trennt die nationalen von den internationalen Interessen. Außenpolitik ist also immer auch Darstellung des nationalen Selbstverständnisses. Dies zeigt sich im Falle Deutschlands besonders an der strengen normativen Rahmengebung, durch die das außenpolitische Handeln eingeschränkt wird. Aber auch die Vernetzung und Gewichtung inhaltlicher Aspekte spiegelt die Staatsräson Deutschlands wider.

Ob die deutsche Außenpolitik noch identitätsstiftend ist und die starke rechtliche Bindung angesichts der Notwendigkeit flexiblen und raschen Handelns noch zeitgemäß ist, bleiben offene Fragen, die in der Diskussion zu beantworten sind.

M 1 Alles hängt mit allem zusammen: Was beeinflusst die deutsche Außenpolitik?

Aufgaben

1 Zeigen Sie anhand von drei oder mehr Faktoren aus M 1 die Problematik von Wechselwirkungen auf.

2 Erstellen Sie eine hierarchische Liste der fünf aus Ihrer Sicht wichtigsten Aspekte. Vergleichen und diskutieren Sie Ihre Ergebnisse.

- öffentliche Meinung und Bürgerwille
- Geografie und geopolitisches Umfeld
- Machtverteilung im internationalen System
- aus der Vergangenheit abzuleitende Verantwortung
- Finanzen
- Wirtschaftsinteressen, Energiesicherheit, Rohstoffversorgung
- Zielsetzungen von Bundesregierung und Bundestag
- Einstellungen anderer Akteure gegenüber Deutschland
- Bündnisverpflichtungen
- normative Festlegung durch Grundgesetz und Bundesverfassungsgericht

„Immer wieder müssen wir unseren Bürgern deutlich machen, dass auch Konflikte fern unserer Grenzen in der vernetzten Welt direkte Auswirkungen auf unsere Sicherheit haben."

F. W. Steinmeier (Konferenz zu den transatlantischen Beziehungen am 4. Juli 2008 in Berlin)

M 2 Rahmensetzungen durch Grundgesetz und völkerrechtliche Verpflichtungen

Deutschlands Außen- und Sicherheitspolitik wird – stärker als die auswärtige Politik anderer Staaten – durch Vorgaben der Verfassung beeinflusst. Dabei liegen dem Grundgesetz drei Zielvorgaben
5 zugrunde: die klare Absage an die NS-Zeit, das Bekenntnis zum kooperativen Internationalismus durch Friedensstaatlichkeit und Völkerrechtsfreundlichkeit und die Verpflichtung zur Teilnahme an der europäischen Integration.
10 Bereits die **Präambel** der Verfassung bestimmt normativ die außen- und sicherheitspolitische Grundorientierung. Zwei programmatische Leitlinien – Friedensstaatlichkeit und europäische Integration – besitzen damit Verfassungsrang. Eine dritte Leitlinie – das Eintreten für die Menschenrechte – wird durch den **Art. 1 (2) GG**
15 festgelegt. Nach dem Ordnungskonzept des Grundgesetzes kommt erst der Mensch und dann der Staat: Der Staat und seine Ziele haben keinen Eigenwert, sondern ziehen ihre Berechtigung allein daraus, dass sie den Menschen konkret dienen. Menschenwürde und Menschenrechte stellen nicht nur innerstaatlich die irreversible Grundnorm dar, an die alle Institutionen gebunden sind (auch
20 die Streitkräfte), sondern auch einen Gestaltungsauftrag für deutsche Außen- und Sicherheitspolitik. Die Art und Weise, wie der Staat dieser menschenrechtlichen Grundorientierung zu folgen hat, wird durch die Verfassung allerdings nicht vorgegeben. Eine mit starker Öffentlichkeits- und Symbolwirkung betriebene Menschenrechtspolitik ist folglich ebenso möglich wie eine auf mittel- oder
25 langfristigen Wandel setzende „stille Menschenrechtsdiplomatie" oder eine Kombination beider Politikstrategien. Die friedensstaatliche Grundorientierung Deutschlands und der Wille des Grundgesetzgebers, den Weg zur Einordnung in internationale Organisationen und die Bereitschaft zum Souveränitätsverzicht bzw. Souveränitätstransfer zu öffnen, also einen kooperativen Internatio-
30 nalismus zu praktizieren, findet sich im Art. 24 deutlich manifestiert.
Weitere Konkretisierungen der Friedensstaatlichkeit finden sich in **Art. 26 GG**. Aus **Art. 25 GG** folgt ein „Vollzugsbefehl" in Bezug auf die allgemeinen Regeln des Völkerrechts (z. B. das Gewaltverbot), während nachgeordnete völkerrechtliche Regelungen im Einzelfall in nationales Recht zu transformieren sind. Art. 25 stellt
35 außerdem ein generelles Gebot zur völkerrechtsfreundlichen Interpretation des nationalen Rechts sowie zur Befolgung der verbindlichen Völkerrechtsnormen dar. Daraus lässt sich auch eine entsprechende Praxis bei den Einsatzregeln für Auslandseinsätze der Bundeswehr ableiten (vgl. hierzu auch **Art. 9 (2) GG**).
Die programmatische Grundorientierung zugunsten der europäischen Integra-
40 tion findet ihren Ausdruck in **Art. 23 GG**. Während alle bisher behandelten Bestimmungen bereits seit 1949 Bestandteil des Grundgesetzes sind, wurde der Art. 23 erst 1992, nach der erneuten Vertiefung der Integration durch den Maastrichter Vertrag, in die Verfassung aufgenommen. Die Europäische Union als „Staatenverbund sui generis" ist […] die einzige internationale Organisation,
45 die im Grundgesetz ausdrückliche Erwähnung findet.

Michael Staack, „Normative Grundlagen. Werte und Interessen deutscher Sicherheitspolitik", in: Stephan Böckenförde, Sven Gareis (Hg.), Deutsche Sicherheitspolitik, Budrich, Opladen & Farmington Hills 2009, S. 47 ff.

Menschenrechte — Souveränität

„Im Bewusstsein seiner Verantwortung vor Gott und den Menschen, von dem Willen beseelt, als gleichberechtigtes Glied in einem vereinten Europa dem Frieden der Welt zu dienen, hat sich das Deutsche Volk kraft seiner verfassungsgebenden Gewalt dieses Grundgesetz gegeben."
Präambel des Grundgesetzes

Europäische Integration — Völkerrecht

→ Völkerrecht › S. 63 ff.

→ EU › S. 100 ff.

Aufgaben

1 Ordnen Sie die einzelnen genannten Regelungen den in der Einleitung des Textes genannten Zielvorgaben zu.

2 Beurteilen Sie, inwiefern die normativen Grundlagen für eine erfolgreiche Außen- und Sicherheitspolitik Deutschlands im 21. Jahrhundert geeignet sind. Stellen Sie hierbei auch Bezüge zu M 1, Aufgabe 2 her.

2. Ziele, Zielkonflikte und Strategien der deutschen Außenpolitik

„Keine Experimente!" diente Konrad Adenauer als Wahlkampfslogan und Deutschland offensichtlich auch als außenpolitisches Motto. Über die zentralen Ziele eines demokratischen Staates, Frieden, Sicherheit und Wohlfahrt der Bürger, hinausgehend, ist die Frage nach einer Zielsetzung der Außenpolitik aus mehreren Gründen relevant. Zum einen repräsentiert die Außenpolitik die Staatsräson Deutschlands, zum anderen verbietet sich angesichts zunehmender Interdependenz der Weltpolitik eine Außenpolitik der nationalen Nutzenmaximierung unabhängig von den Kosten anderer Staaten.

So ergeben sich beispielsweise aus dem Ziel Wohlfahrt der Bürger und Zusammenarbeit in Menschenrechtsfragen Zielkonflikte, die durch eine Festlegung der außenpolitischen Leitlinien und des außenpolitischen Vorgehens entschärft werden müssen.

Die folgenden Texte geben Ihnen einen Überblick über Weltprobleme, die grundlegende außenpolitische Ausrichtung, aber auch über Politikbereiche, die die Beziehungen Deutschlands zur Welt erheblich beeinflussen.

Abschließend wird in diesem Kapitel die Frage behandelt, inwiefern in einer zunehmend vernetzten, globalisierten Welt eine nationalstaatliche Außenpolitik überhaupt noch sinnvoll ist und sinnvoll durchgeführt werden kann.

M 3 Forscher listen wichtigste Weltprobleme auf

Der Klimawandel bedroht Milliarden Menschen, Massentierhaltung kann Pandemien auslösen, Wasser wird immer knapper – davor warnt die Denkfabrik Millennium Project in einer Studie, die insgesamt 15 Menschheitsrisiken auflistet. Um Katastrophen abzuwenden, fordern die Experten einen globalen Kraftakt.

Demonstration gegen iranische Politik in Berlin

Ein seriöser Blick in die Zukunft ist schwierig, aber nicht unmöglich. Seit zwölf Jahren versuchen Wissenschaftler im Millennium Project, die größten Herausforderungen der Menschheit in den kommenden Jahrzehnten zu benennen und zu beschreiben. In wenigen Tagen erscheint die neueste Ausgabe des Reports „State of the Future" – und die auf über 6700 Seiten beschriebenen Probleme sind im Prinzip schon lange bekannt: verschmutztes Wasser, Bevölkerungswachstum, Hunger, Krankheiten und fehlende Demokratie. [...]

Obwohl immer mehr Regierungen und Firmenchefs verantwortungsvoll auf die Gefahren für die Umwelt reagierten, verschlimmere sich die Lage weiter, heißt es in der Zukunftsstudie. Urbanisierung, Bedrohung der Lebensräume von Tieren und Massentierhaltung könnten neue Pandemien verursachen. Um das Überleben der Menschheit in Zeiten des Klimawandels zu sichern, müssten die Regierungen einen Zehn-Jahres-Plan beschließen, fordern die Autoren. Besonders auf China und die USA komme es dabei an.

Verschmutzter Pearl-River in Südchina   Trinkwasserhilfe für Äthiopien   Deutsche Patrouille in Kabul

Das Millennium Project, hinter dem Jerome Glenn als Direktor sowie Theodore Gordon und Elizabeth Florescu stehen, begreift sich als unabhängige Denkfabrik der Zukunftsforschung. Es wurde in den Neunzigerjahren unter anderem von der Smithsonian Institution und der United Nations University gegründet. Finanzielle Unterstützung kommt unter anderem von der Weltbank, der Rockefeller Foundation und dem US Army Environmental Policy Institute. [...]
Die 15 wichtigsten Herausforderungen an die Menschheit haben sich gegenüber dem Vorjahr nicht geändert:
1. Nachhaltige Entwicklung der Welt und Klimawandel
2. Versorgung mit sauberem Wasser
3. Bevölkerungswachstum und Ressourcen
4. Autoritäre Regime und Demokratie
5. Langfristige Ziele in der Politik einführen
6. Informationsgesellschaft für alle
7. Ethisches Wirtschaften, das die Kluft zwischen Arm und Reich verkleinert
8. Bedrohung durch Krankheitserreger
9. Behörden und Institutionen handlungsfähiger machen
10. Ethnische Konflikte, Terrorismus, Massenvernichtungswaffen
11. Rechte der Frau
12. Organisierte Kriminalität
13. Steigender Energiebedarf der Menschheit
14. Wissenschaftliche und technologische Innovationen zur Verbesserung des Lebens
15. Ethische Standards als Grundlage globaler Entscheidungen
Auch wenn der Klimawandel die Diskussion über die aktuelle Zukunftsstudie dominiert, wollen die Forscher ihn nicht als das Problem Nummer eins darstellen. „Für mich lassen sich die 15 Herausforderungen nicht priorisieren", sagt Cornelia Daheim. Die Probleme hingen ohnehin eng miteinander zusammen. Der aktuellen Weltwirtschaftskrise gewinnen die Autoren des Reports sogar etwas Positives ab: „Die gute Nachricht ist, dass die globale Finanzkrise und der Klimawandel der Menschheit helfen können, ihre egoistische, selbstzentrierte Jugend zu beenden und erwachsen zu werden."
Global verantwortungsvolles Handeln sei möglich. Das gegenwärtige wirtschaftliche Desaster werde von vielen als Chance gesehen, in neue Generationen grüner Technologie zu investieren, die Art des Wirtschaftens zu überdenken und die Welt auf einen besseren Kurs zu bringen.

Holger Dambeck, „Forscher listen wichtigste Weltprobleme auf", www.spiegel.de, 13.07.2009 [05.11.2009]

Rettung für Opel?

Aufgaben

1 Überprüfen Sie bei den einzelnen Weltproblemen, die der Text M 3 nennt, deren Bedeutung für Deutschland.

2 Stellen Sie die Problemfelder dar, die mit den Bildern angedeutet werden.

3 Erläutern Sie die aus den Bildern und dem Text abzuleitende Notwendigkeit zu handeln und verbinden Sie damit Ziele für die deutsche Außenpolitik.

4 Diskutieren Sie mögliche Zielkonflikte und zeigen Sie Lösungsmöglichkeiten auf.

M 4 Kontinuität der außenpolitischen Leitlinien

Die Ausgangslage der deutschen Außenpolitik war nach der Katastrophe des Nationalsozialismus und der Niederlage im Krieg denkbar schwierig: Deutschland war militärisch entmachtet, wirtschaftlich und gesellschaftlich schwer zerrüttet, politisch besetzt und zerteilt und moralisch zutiefst traumatisiert. Unter diesen Umständen musste die Politik zunächst die wirtschaftlichen und gesellschaftlichen Lebensgrundlagen Deutschlands sichern, um sodann die Voraussetzungen für außenpolitische Handlungsfähigkeit und außenpolitischen Einfluss überhaupt erst wiederzugewinnen.

Zu den zentralen inhaltlichen Leitlinien der deutschen Außenpolitik nach 1955, dem Zeitpunkt der Wiederherstellung außenpolitischer Handlungsfähigkeit, gehörten

- die Ablehnung der Politik des Nationalsozialismus und das Bekenntnis zur außenpolitischen Bewältigung der deutschen Vergangenheit: Für die Bundesrepublik Deutschland bedeutete dies die Anerkennung der Rechtsnachfolge des Deutschen Reichs einschließlich der daraus entstehenden Wiedergutmachungsverpflichtungen, insbesondere im Verhältnis zu Israel, und eine wertorientierte Außenpolitik.
- eine konsequente Westorientierung: Innenpolitisch ging es dabei um die Verankerung der parlamentarischen Demokratie, außenpolitisch um die Absage an jegliche deutsche Sonderwege und die Einbettung der Bundesrepublik in die Gemeinschaft der westlichen Demokratien und ihre internationalen Institutionen, insbesondere die Europäische Gemeinschaft und die NATO.
- eine profunde Skepsis gegenüber militärischer Macht und militärischen Machtmitteln der Außenpolitik als prägendes Element der politischen Kultur: Diese Einstellung, die die Erfahrungen der beiden Weltkriege reflektierte, war gewichtig vor allem in der Bevölkerung.
- eine Politik des bewussten Souveränitätsverzichtes und der Integration in größere politische Zusammenhänge.
- die Einbettung Deutschlands in die Gemeinschaften und Institutionen der westlichen Demokratien, nicht nur den geopolitischen Realitäten geschuldet,

INFO
dislozieren (lat.) = verschieben, verlagern

Der Reichstag in Berlin in den 1950er-Jahren

Der Reichstag in Berlin heute

sondern sie war auch – insbesondere vom wichtigsten außenpolitischen Entscheidungsträger, Konrad Adenauer – gewollt und angestrebt.
- das Festhalten an einer friedlichen Wiedervereinigung Deutschlands, zunächst in den Grenzen von 1937.
- schließlich das Bestreben, in Gesamteuropa Sicherheit und Stabilität zu befördern: Vor dem Hintergrund der Verfestigung des Ost-West-Gegensatzes und mit Blick auf den Aufwuchs der Zerstörungspotenziale, die im Verlaufe des Kalten Krieges zu beiden Seiten der deutsch-deutschen Grenze von NATO und Warschauer Pakt disloziert wurden, setzte sich die deutsche Außenpolitik zunehmend für Entspannung und Zusammenarbeit über Blockgrenzen hinweg ein.

Diese sieben inhaltlichen Leitlinien prägten die bundesdeutsche Außenpolitik von 1955 bis 1989, und sie behielten auch nach 1990 (mit Ausnahme der Leitlinie der nunmehr ja vollzogenen Vereinigung) ihre grundlegende Bedeutung. Durch die Vereinigung 1989/90 konnte die bundesdeutsche Außenpolitik ihre ohnehin bemerkenswerte Erfolgsgeschichte krönend abschließen: Alle Ziele, die sich die Bundesrepublik 1949 gesetzt hatte, waren damit erreicht.

Hanns W. Maull, „Die prekäre Kontinuität: Deutsche Außenpolitik zwischen Pfadabhängigkeit und Anpassungsdruck", in: Manfred G. Schmidt/Reimut Zohlnhöfer (Hg.), Regieren in der Bundesrepublik Deutschland. Innen- und Außenpolitik seit 1949, VS Verlag für Sozialwissenschaften, Wiesbaden 2006

Aufgaben

1 *Veranschaulichen Sie die einzelnen Leitlinien durch außenpolitische Handlungen der letzten Zeit.*

2 *Beurteilen Sie die Leitlinien vor dem Hintergrund der Jahre 1955 und 1990.*

3 *Veränderungen in der weltpolitischen Lage erfordern große außenpolitische Flexibilität. Erläutern Sie, inwiefern Leitlinien für die deutsche Außenpolitik überhaupt sinnvoll sind.*

4 *Diskutieren Sie die Gültigkeit der einzelnen Aspekte in einer Podiumsdiskussion.*

F. W. Steinmeier, deutscher Außenminister von 2005–2009

→ Entwicklungspolitik
› S. 71 ff.

Aufgaben

1 Erarbeiten Sie aus dem Interview mit dem ehemaligen Außenminister Steinmeier die drei Säulen deutscher Außenpolitik und zeigen Sie, was laut Steinmeier moderne Außenpolitik heute ausmacht.

2 „Die Sicherheit Deutschlands muss am Hindukusch verteidigt werden", so der frühere Verteidigungsminister Peter Struck. Erarbeiten Sie aus dem Interview Gründe zur Stützung dieser Behauptung.

M 5 „Die Welt von heute aktiv gestalten"

Die Welt ist in einem schnellen Wandel begriffen: Die Herausforderungen der Globalisierung, die Folgen des Klimawandels, Krisen und Konflikte in vielen Regionen prägen die politische Diskussion. Welche Antworten kann eine vorausschauende Außenpolitik geben? Der Außenminister im Interview mit „Deutschland", der Auslandszeitschrift der Bundesrepublik Deutschland (gekürzte Fassung).

Frage: Was sind die Kennzeichen einer modernen Außenpolitik im 21. Jahrhundert?
Steinmeier: [...] Klimawandel, Ressourcenknappheit, internationaler Terrorismus, eine multipolare Weltordnung – das sind die Fragen, mit denen wir uns heute zu beschäftigen haben. Unser Ziel muss sein, die Welt von heute aktiv zu gestalten. Das heißt: geopolitische Entwicklungen zu antizipieren, entsprechende Handlungskonzepte zu entwickeln. Kurzum: „Modern" – das heißt heute vor allem: „vorausschauend". Gerade in der Außenpolitik.
Frage: Wie haben sich die Schwerpunkte der deutschen Außenpolitik in den vergangenen Jahren verändert? [...]
Steinmeier: [...] Unser weltweites Eintreten für Demokratie, Rechtsstaatlichkeit und Menschenrechte gehört dazu, auch die Hilfe für solche Staaten und Regionen, in denen Menschen von Gewalt, Naturkatastrophen oder Armut bedroht sind. Heute haben wir Politik unter den Bedingungen der Globalisierung zu gestalten, und das bedeutet, dass instabile Verhältnisse in anderen Regionen der Welt unmittelbare Auswirkungen auf uns haben.
Was in Georgien oder Afghanistan passiert, das ist auch für die Sicherheit in Deutschland von Bedeutung. Vor diesem Hintergrund haben wir lernen müssen, [...] dass Auslandseinsätze notwendig sein können, um die internationale und unsere eigene Sicherheit zu schützen. [...]
Frage: Deutschland engagiert sich im Rahmen der internationalen Gemeinschaft für den Wiederaufbau und die Sicherheit in Afghanistan. Welche Fortschritte gibt es und was sind die zukünftigen Aufgaben?
Steinmeier: Der Einsatz in Afghanistan ist eine Bewährungsprobe für die gesamte internationale Gemeinschaft: Schaffen wir es, einem Land eine Zukunft zu geben, das nach 30 Jahren Krieg, Bürgerkrieg und Taliban-Herrschaft nahezu vollständig am Boden lag?
[...] Wer heute durch Afghanistan reist, kann die Fortschritte beim Wiederaufbau sehen: Über 13 000 Kilometer neue Straßen und 3 500 Schulen wurden seit dem Sturz der Taliban gebaut, 30 000 Lehrer wurden ausgebildet. 80 Prozent der Bevölkerung verfügen wieder über medizinische Grundversorgung. In 32 000 Dörfern Afghanistans wurden seither Entwicklungsprojekte durchgeführt. Natürlich bleibt die Sicherheitslage schwierig und erfordert bis auf Weiteres unsere militärische Präsenz.
Frage: Zur Krisenprävention gehören auch der Kampf gegen den Hunger und die Förderung der wirtschaftlichen Entwicklung als Stabilisierungsfaktor. Welche Projekte aus der deutschen Entwicklungszusammenarbeit halten Sie hier für besonders zukunftsträchtig – auch mit Blick auf die Erreichung der anspruchsvollen Millenniumsziele der Vereinten Nationen?
Steinmeier: Willy Brandt hat schon 1980 sehr zutreffend formuliert: „Wo Hunger herrscht, kann Friede keinen Bestand haben." Wenn wir Krisen verhindern wollen, dann müssen wir uns um die strukturellen Konfliktursachen kümmern.

Hierzu gehört auch der Kampf gegen Hunger und Armut und die Förderung wirtschaftlicher Entwicklung. Mangelnde Perspektiven und die ungleiche Verteilung von Wohlstand erhöhen das Risiko, dass Konflikte gewaltsam ausgetragen werden. Umgekehrt entziehen Krisen oder akute Konflikte den Menschen ihre Existenzgrundlage und sind dafür verantwortlich, dass Hunger und Not noch größer werden. Deshalb bleibt die Verhinderung gewaltsamer Konflikte weltweit ein zentrales Anliegen der deutschen Außenpolitik.

Nachhaltige Krisenprävention kann nur gelingen [...], wenn wir einen umfassenden Ansatz wählen. Einen Ansatz, der alle Politikfelder einschließt: also neben der Außen- und Sicherheitspolitik auch die Wirtschafts- und Entwicklungspolitik, auch Umweltpolitik. Sicherheit und Entwicklung sind eng miteinander verzahnt, das eine ist ohne das andere nicht möglich. Daher engagiert sich die Bundesregierung bei der Förderung wirtschaftlicher Entwicklung – als ein Mittel, um Krisen zu verhindern und den Frieden sicherer zu machen. Außerdem geht es darum, die Globalisierung so zu gestalten, dass bestehende Ungleichgewichte nicht noch verstärkt werden – auch dies eine wichtige Voraussetzung für wirtschaftliche und soziale Entwicklung. Auf dem Millenniumsgipfel der Vereinten Nationen im Herbst 2000 hat sich Deutschland zusammen mit den Staaten der Welt zu dem Ziel bekannt, den Anteil der Menschen, die weltweit in extremer Armut leben, bis zum Jahr 2015 zu halbieren. Sie wissen, dass wir auf nationaler Ebene dazu das „Aktionsprogramm 2015" verabschiedet haben, an dessen Umsetzung wir weiter mit Nachdruck arbeiten. [...]

TIPP
www.millenniumcampaign.de

Frage: „Kunst und Kultur werden in der Außenpolitik immer wichtiger, weil sie Menschen dort erreichen, wo klassische diplomatische Mittel nicht greifen", haben Sie kürzlich in einem Interview gesagt. Worin sehen Sie die spezifische Wirkkraft der Kultur in der Außenpolitik?

Steinmeier: Wir leben in einer Welt, die sich vor unseren Augen dramatisch wandelt. Neue Kräfte, neue Akteure treten auf den Plan, die für ihre Vorstellungen und Werte werben. Wir können unsere eigenen Werte und Vorstellungen, die über viele Jahrzehnte der Maßstab aller Dinge schienen, längst nicht mehr überall als selbstverständlich voraussetzen. Auch wir müssen dafür werben, müssen überzeugen, müssen uns verständlich machen. Umgekehrt gilt: Viele Prozesse und Entwicklungen können wir nur verstehen, wenn wir sie vor dem entsprechenden kulturellen Hintergrund beurteilen.

Deswegen sage ich: Wir müssen Gelegenheiten schaffen, in denen Verständnis füreinander entstehen kann, in denen die Toleranz wächst, die wir in einer vernetzten Welt brauchen. Das wird uns mit den Mitteln der klassischen Diplomatie nur begrenzt gelingen. Kunst, Kultur, Bildung – das sind Brücken, auf denen die Menschen aufeinander zugehen können.

Deshalb ist die Auswärtige Kulturpolitik zu Recht die dritte Säule unserer Außenpolitik. Und: Sei es an unseren Auslands- oder Partnerschulen, an unseren Goetheinstituten im Ausland, oder sei es im Rahmen der Außenwissenschaftspolitik, die wir in diesem Jahr besonders fördern wollen – kultureller Austausch und Bildungsarbeit legen ein Fundament, das auch unsere politischen Beziehungen trägt. [...]

o. V., Interview mit Frank-Walter Steinmeier, in: *Deutschland*, Auslandsmagazin der Bundesrepublik Deutschland, Ausgabe 8/2008

149 Goetheinstitute und 10 Verbindungsbüros in 91 Ländern, hier in Prag, vermitteln Kultur, Sprache und Information über Deutschland.

M 6 Wechselwirkungen der Außenpolitik mit anderen Politikfeldern

Der französische Präsident Sarkozy in China

INFO
Die **Hallstein-Doktrin** legte zwischen den Jahren 1955 und 1990 fest, dass die BRD mit Staaten, die die DDR völkerrechtlich anerkannten, keine diplomatischen Kontakte führte.

→ V1 › S. 231

Aufgaben

1 Interpretieren Sie vor dem Hintergrund des Textes die Karikatur.

2 Erläutern Sie die Möglichkeiten und Gefahren, die aus der „Scheckbuchdiplomatie" hervorgehen, an den Beispielen Deutschland und China.

Die Außenpolitik Deutschlands greift auch in andere Politikfelder staatlicher Politik ein, genauso wie von diesen anderen Feldern, beispielsweise Kulturpolitik und Entwicklungspolitik, in die Außenpolitik eingegriffen wird. Dies wird im Folgenden exemplarisch an der Wirtschaftspolitik dargestellt.

Das Auswärtige Amt mit seinen Auslandsvertretungen begreift sich auch als Dienstleister für die deutsche Wirtschaft.

Selbstverständlich ist eine Gesellschaft insgesamt in starkem Maße an ihrem wirtschaftlichen Wohlergehen interessiert. Wenn ein Staat diese Grundrichtung stark betont, hat das auch Auswirkungen auf die Strukturen außenpolitischen Handelns. Insofern ist etwa die Rede vom „Handelsstaat Deutschland" nicht unberechtigt. Aber es gibt auch andere Interessen und Werte, manche davon ganz und gar nicht materiell, die in einer Gesellschaft politikbestimmend sein und auch wirtschaftlichen Interessen widersprechen können. Wirtschaftsakteure mit einem grenzüberschreitenden Handlungshorizont, also zum Beispiel die transnationalen Konzerne, aber auch mittlere und kleinere Firmen, die Güter importieren oder exportieren, haben in der Regel ein großes Interesse daran, von staatlicher Seite nicht behindert, sondern gefördert zu werden. Für den Staat lohnt sich Förderung, weil ein wachsender Außenhandel der Volkswirtschaft nützt, etwa indem Arbeitsplätze geschaffen und Steuern gezahlt werden. Es geht aber auf diesem Politikfeld nicht nur um Außenhandel, sondern auch um den Spezialfall der Entwicklungszusammenarbeit. Drittens gehört die nach außen gerichtete Währungs- und Finanzpolitik ebenfalls zu den klassischen Staatsaufgaben.

Es ist unabweisbar, dass die Bundesrepublik eine Reihe ihrer politischen Ziele mittels wirtschaftlicher Lockungen oder wirtschaftlichem Druck zu erreichen suchte (u.a. die Geltung der Hallstein-Doktrin). Wirtschaftliche Lock- und Druckmittel spielen auch in den Jahren nach 1990 eine wichtige Rolle. Unter dem Vorzeichen zunehmender Internationalisierung und Globalisierung – Letztere ist ja kein ökonomisches Phänomen, aber sie zeigt sich am deutlichsten auf dem Feld der Ökonomie – ist staatliche Politik zur Gestaltung der Außenwirtschaft generell schwieriger geworden. Im Fall der EU-Mitgliedsstaaten kommt hinzu, dass die Außenwirtschaftspolitik bereits seit den 1970er-Jahren vergemeinschaftet ist. Dennoch hat die Servicefunktion des Staates und auch des auswärtigen Dienstes für die Wirtschaft noch eine sehr hohe Bedeutung. Wenn der Bundeskanzler nach China reist, begleiten ihn nicht nur viele Mitarbeiter der Regierung, sondern auch Geschäftsleute. Und der Abschluss von Wirtschaftsabkommen, sei es über wissenschaftlich-technische Kooperation, sei es über den Export bestimmter Leistungen und Güter, gilt nach wie vor als Indikator für den Erfolg solcher Reisen.

Wilfried v. Bredow, Die Außenpolitik der Bundesrepublik Deutschland. Eine Einführung, VS Verlag für Sozialwissenschaften, Wiesbaden 2008, S. 241f.

M 7 Merkels China-Reise 2007

Das Gespräch mit Chinas Ministerpräsidenten soll mehr als eine Stunde dauern. Schon binnen der ersten Minuten sagt Frau Merkel, worum es ihr bei ihrem dreitägigen China-Besuch geht: Sie will „noch
5 engere Beziehungen" und China zu mehr Einsatz in der Welt auffordern. „Engere Beziehungen bedeuten auch, gemeinsam internationale Verantwortung übernehmen zu wollen", sagt sie, und [Ministerpräsident] Wen auf der Tischseite ihr gegenüber nickt.
10 Verantwortung steht für viel, von Klimaschutz bis Friedenseinsätze. Frau Merkel sucht zudem „engere Beziehungen" mit China für die heimische Wirtschaft. Deshalb hat sie eine Delegation von Unternehmern und Managern dabei, 25 Vorstandsvorsit-
15 zende, Industrielle und auch Mittelständler. „Wir wollen Angebote machen", wirbt die Bundeskanzlerin für sie bei Wen. „Die Wirtschaftsdelegation ist dazu bereit." Im Fujian-Saal hängt ein Ölbild, so breit, wie eine Schwimmbahn lang ist. Berge sind darauf zu sehen. Vor diesem Pamorama sind die wichtigsten Herrschaften von Chinas
20 Unternehmerverband versammelt. Während Frau Merkel im Nachbarsaal noch mit Wen spricht, werden die 25 deutschen Wirtschaftsvertreter neben ihre chinesischen Kollegen auf ein Gerüst geschickt. Sie erklimmen die fünf Stufen und lassen sich von einem chinesischen Protokollbeamten dirigieren. Deutschland braucht China dringend als Markt – von dieser These ist die Bundeskanzlerin
25 überzeugt. All die Unternehmer, die sie mitgenommen hat, haben ihr das gesagt. Der Markt hier sei jung und riesengroß, so hört es Frau Merkel immer wieder. Europas Markt gilt dagegen vielen als „alt und erschöpft". Ausgerechnet die S-Klasse von Daimler findet reißenden Absatz bei Chinas schnell wachsender Oberschicht.
30 Inzwischen seien 2000 deutsche Firmen in China engagiert. „Damit sind wir einer der wichtigsten Partner für die zukünftige Entwicklung Chinas", sagt BASF-Chef Hambrecht, der auch Vorsitzender des Asien-Pazifik-Ausschusses der deutschen Wirtschaft ist. Das bedeutet für die Kanzlerin eine starke Position auch im politischen Geschäft, die sie nicht verlieren will. Denn es gibt ihr die
35 Kraft für weitere Aufgaben, bei denen sie von China „mehr Verantwortung" verlangt. Eine ist der „Schutz des geistigen Eigentums", wie es die G8-Staaten auf dem Gipfeltreffen in Heiligendamm als Ziel der Weltwirtschaft festlegten. In China fordert Frau Merkel diesen Schutz für deutsche Entwicklungen. „Gemeinsame Spielregeln" müssten eingehalten werden. Das Zweite ist der Klimaschutz,
40 von dem China nur mäßig begeistert ist. Es will sich ebenso wenig wie Amerika einer verbindlichen Obergrenze unterordnen, die längst entwickelte Industriestaaten wie Deutschland festgelegt haben. „Gemeinsame, aber unterschiedliche Verantwortung" lautet Pekings Weisheit, die den Vorwurf in sich trägt: Ihr verpestet die Luft seit 200 Jahren, wir erst seit 30. Frau Merkel kennt diese Haltung von
45 dem G8-Treffen in Heiligendamm, wo China als wichtigstes der fünf größten Schwellenländer als Zaungast dabei sein durfte.

Wulf Schmiese, „Kanzlerappell vor den Studenten des Rechts", in: www.faz.net, 29.08.2007 [05.11.2009]

Merkel in China: Gruppenbild mit Unternehmern

Aufgaben

1 Zeigen Sie anhand des Textes die Vermischung der verschiedenen Politikfelder auf.

2 Vergleichen Sie die herausgehobene Stellung der Wirtschaftsinteressen mit Ihren Ergebnissen aus Aufgabe 2 zu M 1.

3 Beurteilen Sie die Einschätzung des Autors zur starken Position der Kanzlerin (vgl. Z. 33 f.).

M 8 Der Trend zur Weltgesellschaft als Ablösung nationalstaatlichen Denkens

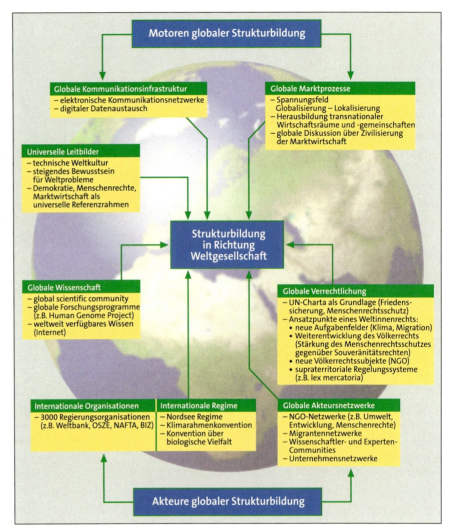

Dirk Messner, „Strukturen und Trends der Weltgesellschaft"; in: Stiftung Entwicklung und Frieden (Hg.), Globale Trends 2000. Fakten. Analysen. Prognosen. Frankfurt/M. 1999, S. 47

Aufgaben

1 Beschreiben Sie das Schaubild M 8 und untersuchen Sie, inwiefern eine Eigendynamik hin zur Weltgesellschaft festzustellen ist.

2 Beurteilen Sie, welche der Säulen der Außenpolitik (M 5) die größte Gestaltungskraft für die Weltgesellschaft besitzt.

M 9 Grenzen nationalstaatlicher Handlungsmöglichkeiten in der Außenpolitik

Zentraler Befund bei der Globalisierung der Politik ist die feststellbare Erosion nationalstaatlicher Souveränität. Die Einheit von Entscheidungsmacht und Entscheidungswirkung, die der umfassenden Dispositionsgewalt des Staates über gesellschaftliche Verhältnisse zugrunde lag, gehört in vielen Bereichen der Vergangenheit an. Handlungsrelevante Räume sind heute in erster Linie funktional und nicht mehr territorial bestimmbar. Bestandteil dieses Prozesses ist sowohl die steigende Bedeutung internationalisierter politischer Kooperationsformen, die im Einzelfall supranationale Entscheidungsmechanismen entwickeln können, als auch zweitens die zunehmende Sektoralisierung der internationalen

Politik in grenzüberschreitende Problemfelder wie Sicherheitspolitik, Umweltpolitik, Finanzpolitik u. a. m., bei denen deutlich wird, dass der Nationalstaat als alleiniger Handlungsrahmen ausgedient hat.

_{Wichard Woyke (Hg.), Handwörterbuch internationale Politik, Lizenzausgabe Bundeszentrale für politische Bildung, Bonn 2006, S. 166}

M 10 Entwicklung der Politikautonomie der Nationalstaaten

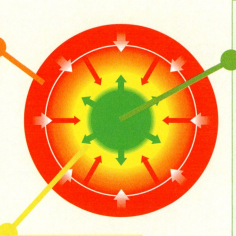

Die Liberalisierung der Märkte und der Abbau von Beschränkungen des grenzüberschreitenden Handels von Waren und Dienstleistungen, Geld, Kapital und Arbeit schwächt die tatsächliche Politikautonomie und den Einfluss der nationalen makroökonomischen Politikinstrumente.

Vielseitige Richtlinien, Disziplinen und Verpflichtungen sowie die Verpflichtungen, die aus bilateralen Vereinbarungen resultieren, verringern de jure die souveräne Steuerung über nationale Politikinstrumente. Dies ist z. B. der Fall, wenn [...] der Beitritt zur WTO die Möglichkeit von Schutzzöllen verringert.

Dieser Verlust der Politikautonomie kann zu einem gewissen Grad kompensiert werden durch die Gewinne aus der Teilnahme am System der multilateralen Richtlinien und Regeln. Beispiele solcher Gewinne sind die möglichen positiven Auswirkungen des verbesserten Zugangs zu den externen Märkten auf die Effektivität der nationalen Politik. Die Möglichkeit, Inhalte und Gestalt der multilateralen Richtlinien und Regeln zu beeinflussen, könnte helfen, nationale Interessen zu bewahren oder gar verstärkt zur Geltung zu bringen.

UNCTAD, Trade and Development Report 2006, New York/Genf 2006, S. 63; nach: Wochenschau II, Nr. 6, 2006, S. 260

Aufgaben

1 *Geben Sie die Faktoren, die eine souveräne Außenpolitik heute behindern, mit eigenen Worten wieder.*

2 *Erklären Sie die Folgen einer eingeschränkten Autonomie für die Außenpolitik Deutschlands.*

3 *Problematisieren Sie die außenpolitischen Leitlinien und normativen Festlegungen angesichts der schwindenden nationalstaatlichen Souveränität.*

4 *Entwickeln Sie ein Modell für die Neuausrichtung der Außenpolitik Deutschlands, das den Beobachtungen aus M 8, M 9 und M 10 Rechnung trägt.*

3. Aspekte der Globalisierung

Das Phänomen Globalisierung – mit dem Wort Phänomen wird schwer Fass- und Definierbares häufig umschrieben – muss für vielerlei Entwicklungen und allerlei Zwecke herhalten: sei es als „große Ausrede" für das Abwälzen eigenen Politikversagens oder sei es zur Warnung vor einer Verrohung in den internationalen Beziehungen und einer sozialen Eiszeit. Betrachtet man die Grundzüge von Globalisierung genauer, was wir im folgenden Kapitel tun wollen, erscheint sie wesentlich entzaubert und gleichzeitig facettenreicher als erwartet. Sie ist eine Medaille mit vielen Seiten und die Beurteilung von Vor- und Nachteilen beruht mehr als in anderen Bereichen auf der Perspektive des Betrachters. Zielsetzung des Einstiegskapitels zur Globalisierung ist, die Mehrdimensionalität des Begriffs sichtbar zu machen und eine einheitliche begriffliche Grundlage des „Phänomens" zu schaffen.

M 11 Globalisierung

Globalisierung ist zu einem Schlagwort geworden, das in politischen, publizistischen und wissenschaftlichen Debatten seit einiger Zeit inflationär gebraucht und dabei einerseits als „Bedrohung", andererseits als „Chance" betrachtet wird. Umstritten ist sowohl, was unter Globalisierung zu verstehen ist, als auch die Frage, was sie von reiner Internationalisierung und dem generellen Bedeutungsverlust nationalstaatlicher Grenzen unterscheidet. In der wissenschaftlichen Debatte verläuft die Trennlinie vor allem zwischen jenen, die im Zuge der Globalisierung das Ende des Nationalstaates samt seiner etablierten Steuerungs- und Legitimationsmechanismen prognostizieren, und jenen, die dem Nationalstaat weiterhin die zentrale Rolle in der internationalen Politik beimessen. Zum anderen ist Globalisierung ein dynamischer realhistorischer Prozess, der zwar in seinen Ausprägungen in verschiedenen Weltregionen stark asymmetrisch verläuft, gleichwohl aber als globaler Trend verstanden werden muss. Globalisierung kann allgemein als ein Prozess zunehmender Verbindungen zwischen Gesellschaften und Problembereichen dergestalt definiert werden, dass Ereignisse in einem Teil der Welt in zunehmendem Maße Gesellschaften und Problembereiche in anderen Teilen der Welt berühren. Bei diesen Verbindungen ist erstens eine quantitative Zunahme, zweitens eine qualitative Intensivierung und drittens eine räumliche Ausdehnung feststellbar. Dabei erodiert zunehmend jene Kongruenz von Staatsgebiet, Staatsvolk und Staatsmacht, von Territorialität und Souveränität, die den Nationalstaat kennzeichnet. Handlungsrelevante Räume sind somit vor allem funktional bestimmt und reichen über nationalstaatliche Grenzen hinweg. Neben Staaten und internationalen Organisationen treten mit transnationalen Konzernen und einer transnational vernetzten Zivilgesellschaft neue Akteure auf die Bühne der Weltpolitik.

Wichard Woyke (Hg.), Handwörterbuch internationale Politik, Lizenzausgabe Bundeszentrale für politische Bildung, Bonn 2006, S. 159

INFO

Definitionen zum Begriff Globalisierung I
Robert Cox (1994): „Die Charakteristiken des Globalisierungstrends umfassen die Internationalisierung der Produktion, die neue internationale Arbeitsteilung, neue Migrationsbewegungen vom Süden in den Norden, die neue Wettbewerbskultur, die diese Prozesse beschleunigt, und die Internationalisierung des Staates, die Staaten zu Agenturen der sich globalisierenden Welt macht."

Zitiert nach: Franz Nuscheler, Lern- und Arbeitsbuch Entwicklungspolitik, Dietz, Bonn 2004, S. 53

Thomas Plaßmann/CCC, www.c5.net

Aufgaben

1 Veranschaulichen Sie die Aspekte von Globalisierung, die der Text liefert, in einer Grafik.

2 Erörtern Sie die Aussage zum Einfluss der Globalisierung auf den Nationalstaat (Z. 6ff.). Beziehen Sie die Materialien 8, 9 und 10 in Ihre Überlegungen mit ein.

M 12 Triebkräfte der Globalisierung

Die Dynamik der Welthandelsentwicklung wurde durch das gleichzeitige Zusammenwirken mehrerer Innovationsprozesse kräftig unterstützt und beschleunigt:
1. Informations-, kommunikations-, verkehrstechnologische Innovationen (Computerisierung, Nanotechnologie, Satellitenkommunikation, Internet usw.) haben
5 völlig neue Nutzungsmöglichkeiten eröffnet und den Aktionsradius des Menschen in die globale Dimension ausgedehnt. Informationen jedweder Art stehen jedem, der die entsprechenden Nutzungstechniken beherrscht, in Echtzeit zur Verfügung. Der rapide erdumspannende Informationsfluss ist nicht nur Vorausset-
10 zung für die weltweite Mobilität des internationalen Kapitals, er hat auch zeitverkürzende Wirkung auf andere Bereiche, z. B. Transportlogistik, Katastrophenschutz und -hilfe. Auch verkehrstechnologische Innovationen (z. B. Spezialschiffe, Masseneinsatz genormter Container) haben durch Vereinfa-
15 chung, Beschleunigung und Verbilligung der Transporte über weite Entfernungen zur Dynamisierung der Globalisierungsprozesse, insbesondere des Welthandels, beigetragen.
2. Die uneingeschränkte, durch informationstechnologische Innovationen angestoßene **Mobilität des internationalen Fi-**
20 **nanzkapitals** hat der wirtschaftlichen Globalisierung kräftige Impulse gegeben. Der grenzüberschreitende Kapitalverkehr unterliegt immer weniger staatlichen Kontrollen; der Geldfluss hat sich verselbstständigt und eine unvorstellbare Größenordnung erreicht. Nur etwa 3 % bis 10 % der täglich an den
25 internationalen Devisenbörsen gehandelten 2000 Milliarden US-Dollar dienen der Finanzierung von Produktion, Handel

→ SwA

INFO

Definitionen zum Begriff Globalisierung II
Rainer Tetzlaff (2000): „Globalisierung ist ein komplexer multidimensionaler Prozess der Entgrenzung und Enträumlichung zum einen, der Verdichtung und Vernetzung zum anderen."
Zitiert nach: Franz Nuscheler, Lern- und Arbeitsbuch Entwicklungspolitik, Dietz, Bonn 2004, S. 53

Definitionen zum Begriff Globalisierung III
Thomas Friedmann (1999): „Globalisierung bedeutet die unerbittliche Integration von Märkten, Nationalstaaten und Technologien in einem bisher unbekannten Ausmaß und in einer Art und Weise, die es Individuen, Nationalstaaten und Unternehmen ermöglicht, sich immer weiter, schneller, tiefer und billiger um die Welt zu bewegen ..."
Zitiert nach: Franz Nuscheler, Lern- und Arbeitsbuch Entwicklungspolitik, Dietz, Bonn 2004, S. 53

Horst Haitzinger/CCC, www.c5.net

Aufgabe

Zeichnen Sie ein Netzwerk, in dem Sie als Mittelpunkt Ihre Berührungspunkte mit den einzelnen Triebkräften verdeutlichen. Der Abstand der einzelnen Triebkräfte soll die Nähe zu Ihnen widerspiegeln. → SwA

INFO

Definitionen zum Begriff Globalisierung IV
Martin Khor (1995): „Globalisierung ist, was wir in der Dritten Welt einige Jahrhunderte Kolonisierung genannt haben."
Zitiert nach: Franz Nuscheler, Lern- und Arbeitsbuch Entwicklungspolitik, Dietz, Bonn 2004, S. 53

Definitionen zum Begriff Globalisierung V
Jonathan Perraton/David Held u. a. (1998): „Wir betrachten Globalisierung als einen historischen Prozess, in dessen Verlauf die Netzwerke und Systeme gesellschaftlicher Beziehungen sich räumlich ausdehnen und die menschlichen Verhaltensweisen, Aktivitäten sowie die Ausübung gesellschaftlicher Macht transkontinentalen (oder interregionalen) Charakter annehmen."
Zitiert nach: Franz Nuscheler, Lern- und Arbeitsbuch Entwicklungspolitik, Dietz, Bonn 2004, S. 53

---

und Dienstleistungen; den Rest bilden Finanztransaktionen zur Erzielung schneller (Spekulations-)Gewinne. Statt als Zahlungsmittel zu dienen, ist das Kapital selbst zur Ware geworden. Unkontrollierte Kapitalströme und Schwankungen der Wechselkurse verunsichern die Kapitalmärkte und fördern den unerwarteten Entzug von Kapital aus dem Wirtschaftskreislauf. Die Entkoppelung der Finanz- und Gütermärkte erschwert die Lösung der Schuldenkrise hoch verschuldeter Entwicklungsländer und die Erschließung von Finanzierungsquellen.
3. Weitere den Globalisierungsprozess dynamisierende Kräfte sind die **außenwirtschaftliche Liberalisierung** durch Beseitigung von Handelshemmnissen, innerstaatliche Deregulierung durch Abbau, Vereinheitlichung und Vereinfachung staatlicher Vorschriften sowie die Entbürokratisierung staatlicher Institutionen und die Privatisierung staatseigener Unternehmen und öffentlicher Einrichtungen.
4. Auch die **Umwandlung großer Familienunternehmen in Management-Aktiengesellschaften** hat den Einfluss des Fremdkapitals auf unternehmerische Entscheidungen erheblich gestärkt. Dagegen tragen viele Mittel- und Kleinbetriebe in Familienhand zur Stabilisierung der Wirtschaft und zur Erhaltung und Vermehrung von Arbeitsplätzen bei.
5. Neben wirtschaftlichen tragen auch **politische Interessen** zur Beschleunigung von Globalisierungsprozessen bei; zum Beispiel versuchen nationale Regierungen, durch Schaffung von Ansiedlungsanreizen transnationale Unternehmen zur Standortwahl in ihrem Lande zu bewegen.
Der enge Zusammenhang und die Gleichzeitigkeit des Zusammenwirkens dieser Faktoren haben die Voraussetzungen für die Zerlegung und weltweite räumliche Streuung von Produktionsprozessen global operierender Unternehmen zu jeweils niedrigsten Herstellungskosten geschaffen. Dadurch wurde eine weltwirtschaftliche Dynamik entfacht, die es individuellen Unternehmern, Managern, Politikern, Finanzierungsinstitutionen, Handelsgesellschaften usw. als den Hauptakteuren der Globalisierung ermöglicht, immer „schneller, weiter, durchdringender und zu geringeren Kosten rund um den Globus aktiv zu werden" (Friedman).

Karl Engelhard, „Triebkräfte der Globalisierung", in: Welt im Wandel, Omnia, Stuttgart 2008, S. 11

Aufgaben

1. Wählen Sie eine Definition aus, die Sie für besonders zutreffend halten, und erarbeiten Sie eine Rede, die diese Definition veranschaulicht.

2. **G** Überprüfen Sie die Definition von Martin Khor, indem Sie die Kolonialisierung der Globalisierung tabellarisch gegenüberstellen.

3. Erarbeiten Sie ausgehend vom Text Chancen und Probleme der Globalisierung für Staat, Wirtschaft und Gesellschaft.

4. Führen Sie mithilfe der Definitionen und M 12 eine Podiumsdiskussion zum Thema „Globalisierung" durch. Laden Sie gegebenenfalls externe Experten ein.

M 13 Dimensionen Politik, Wirtschaft, Gesellschaft und Umwelt

→ Karte › S. 186/187

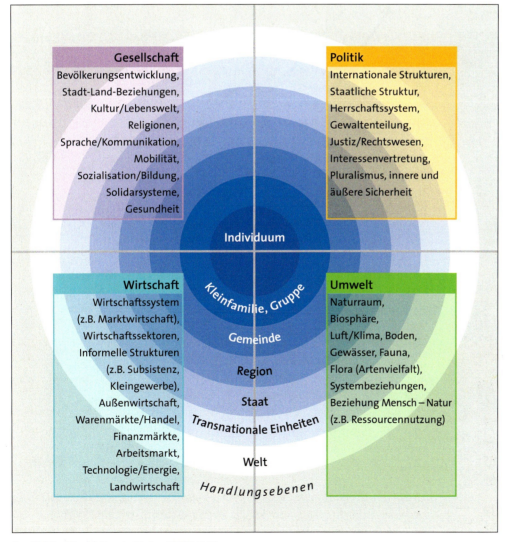

Aus: Welt im Wandel, Omnia, Stuttgart 2008, S. 28

→ V4 › S. 235 f.

M 14 Merkmale der weltwirtschaftlichen Entwicklung

Hervorstechendes Merkmal der weltwirtschaftlichen Entwicklung ist ihre als „Globalisierung" bezeichnete enge Vernetzung.

Unter Globalisierung versteht man den Prozess der zunehmenden internationalen Verflechtung in Wirtschaft, Politik und Kultur. Auf wirtschaftlichem Gebiet äußert sich die Globalisierung vor allem in einer zunehmenden internationalen Verflechtung der Handels-, Produktions- und Finanzmarktbeziehungen. Bei diesem Prozess handelt es sich um eine langfristige Entwicklung, deren Ausmaß und Geschwindigkeit in den letzten Jahrzehnten jedoch rasant zugenommen haben. Wesentliche Ursachen der wirtschaftlichen Globalisierung sind die Entwicklung neuer Informations- und Kommunikationstechniken (Computer, Internet, Handy, Satelliten), Entwicklung und Ausbau leistungsfähiger und kostengünstiger Transportsysteme („Container-Revolution") sowie die Liberalisierung des Welt-

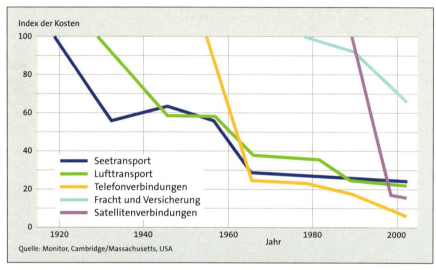

Die globalisierte Zahnbürste

Grafik: Der Spiegel

handels durch Abbau von Zöllen und Handelsbeschränkungen. Die Grenzen von Zeit und Raum gelten nicht mehr; die eine Welt ist zusammengewachsen.

Hans-Jürgen Albers, „Merkmale der weltwirtschaftlichen Entwicklung", in: Welt im Wandel, Omnia, Stuttgart 2008, S. 41

Aufgaben

1. Nennen Sie Qualifikationen, die auf die veränderten wirtschaftlichen Anforderungen vorbereiten, und diskutieren Sie diese im Kursverband. → SwA

2. Erläutern Sie, wie das Bildungssystem auf die wirtschaftliche Globalisierung vorbereiten sollte. Beziehen Sie dabei gegebenenfalls internationale Vergleichsstudien (z. B. PISA) kritisch mit ein. → SwA

M 15 Merkmale der gesellschaftlichen Globalisierung

Der steigende Verflechtungsgrad der Ökonomien und die darauf bezogene Ausweitung des Welthandels, die Internationalisierung der Produktion sowie der Bedeutungsverlust von Raum und Zeit haben erhebliche Folgen für Kulturen, Identitäten und Lebensstile. Für die These von der Konvergenz globaler Kultur steht
5 das Schlagwort einer „McDonaldisierung" der Welt. Durch die Verbreitung und Verbilligung moderner Massenkommunikationsmittel, die gestiegene Mobilität, die weltweite Standardisierung von Produktpaletten und die ebenfalls weltweite Anziehungskraft des „westlichen Wohlstandsmodells" entstünde ein neu begründetes „globales Bewusstsein", wie auch ein „Zusammenwachsen der Welt". Kultu-
10 relle und gesellschaftliche Globalisierung allerdings als Universalisierung zu verstehen, geht fehl. Allenfalls kann von einer Relativierung statt einer Zentralisierung von Kulturen gesprochen werden. Den weltweiten Modernisierungsprozessen folgen zwar wachsende Gemeinsamkeiten im Sinne anerkannter, universaler Wertvorstellungen, doch lösen sie auch Prozesse der kulturellen und ideologischen
15 Fragmentierung aus, die bis zum Zerfall von politischen Strukturen reichen.

Wichard Woyke (Hg.), Handwörterbuch internationale Politik, Lizenzausgabe Bundeszentrale für politische Bildung, Bonn 2006, S. 165

M 16 Die McDonaldisierung der Welt

Viele global agierende Markenkonzerne haben ihren Ursprung in den USA. Mit ihren Produkten erweitern sie nicht nur das Warenangebot in der jeweiligen Zielregion bzw. verdrängen regionale Produkte. Das Tragen von Nike-Schuhen, das Trinken von Coca Cola und das Essen bei McDonald's ist immer auch ein
5 kultureller Ausdruck.

Im Globalisierungsdiskurs wird einerseits die Dominanz westlicher Kulturen und die damit verbundenen Konsummuster kritisiert. Andererseits wird auf Homogenisierungstendenzen hingewiesen, die im Zuge von Standardisierungs- und Vereinheitlichungsprozessen zu einer Verschmelzung von Kulturen führen:
10 Wenn sich das weltweite Konsumverhalten und andere Bereiche des Alltagslebens immer weiter angleichen, werden lokale Traditionen schrittweise durch eine Einheitskultur ersetzt.

Autorentext

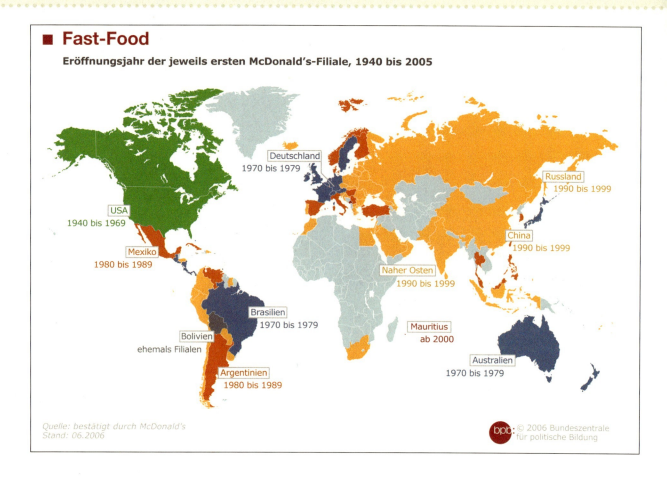

Aufgabe

Erstellen Sie eine Wandzeitung mit Collagen zum Thema „gesellschaftliche Globalisierung". Beziehen Sie dabei die Ergebnisse der Materialien M 13 – M 19 mit ein.

M 17 Die Ökologische Globalisierung

Besonders deutlich wird Globalisierung, verstanden als weltweite Vernetzung von Problembereichen, im Bereich der Ökologie. Nicht nur der schlichte Befund, dass Schadstoffe an staatlichen Grenzen keinen Halt machen, sondern vor allem das Wissen um die Grenzen der Belastungsfähigkeit des globalen Ökosystems kennzeichnen diese Dimension. Die Risiken industrieller Entwicklung sind zwar so alt wie diese Entwicklung selbst, im Zeitalter der Globalisierung kommt diesen Risiken aber eine neue Qualität zu. Der Ort der Entstehung ist nicht mehr identisch mit dem Ort der Betroffenheit, sie heben die traditionellen Kategorien und Grenzen staatenzentrierter Politik zunehmend auf.

Wichard Woyke (Hg.), Handwörterbuch internationale Politik, Lizenzausgabe Bundeszentrale für politische Bildung, Bonn 2006, S. 165

Gerhard Mester/CCC, www.c5.net

M 18 Kategorisierung von Umweltproblemen

Es können prinzipiell drei Ebenen von Umweltproblemen nach ihrer räumlichen Ausdehnung unterschieden werden:
1. Lokale Umweltprobleme sind nationale Phänomene wie beispielsweise die Luftverschmutzung durch den Verkehr in Städten oder die Verseuchung von Bö-
5 den durch versickerte Chemikalien.
2. Regionale Umweltprobleme sind grenzüberschreitend, aber regional begrenzt, beispielsweise die Verschmutzung von Flüssen oder Seen mit meh-
10 reren Anrainerstaaten.
3. Globale Umweltprobleme betreffen alle Staaten und umfassen die gesamte Erde wie zum Beispiel die Klimaerwärmung oder der Schwund der Ozon-
15 schicht.
Dabei ist die Trennschärfe dieser Kategorisierung nicht besonders hoch, da lokale Umweltprobleme schnell zu regionalen werden können (z. B. saurer
20 Regen), oder globale Umweltprobleme immer auch lokale und regionale Auswirkungen nach sich ziehen. Außerdem können lokale oder regionale Umweltprobleme auch globale Aus-
25 wirkungen haben, etwa wenn wegen einer um sich greifenden Versteppung und Verwüstung von Landstrichen Umweltflüchtlinge in andere Staaten

Die Umweltprobleme des 21. Jahrhunderts

Die wichtigsten Umweltprobleme der nächsten 100 Jahre nach einer Einschätzung von 200 Umweltexperten und Wissenschaftlern der UNEP (in % der Nennungen)

Umweltproblem	%
Klimawandel	51
Wasserknappheit	29
Zerstörung der Wälder/Wüstenbildung	28
Wasserverschmutzung	28
Verlust der Artenvielfalt	23
Mülldeponien	20
Luftverschmutzung	20
Bodenerosion	18
Störung der Ökosysteme	17
Belastung durch Chemikalien	16
Verstädterung	16
Ozonloch	15
Energieverbrauch	15
Erschöpfung natürlicher Ressourcen	11
Zusammenbruch des biochemischen Kreislaufs	11
Industrieabgase	10
Naturkatastrophen	7
Einschleppung fremder Arten	6
Gentechnik	6
Meeresverschmutzung	6
Überfischung	5
Veränderung der Meeresströmungen	5
Schwerabbaubare Zellgifte (u.a. DDT)	4
El Niño	3
Anstieg des Meeresspiegels	3

Quelle: UNEP, Stand 2001, Mehrfachnennung

rund um den Globus emigrieren. Schließlich lassen sich Umweltprobleme auch hinsichtlich ihrer Beziehung zur Globalisierung unterscheiden. Zum einen bestehen Probleme, die durch die Globalisierung unmittelbar erzeugt oder verschärft werden, zum Beispiel der Klimawandel, der durch eine gesteigerte weltweite Mobilität und den damit verbundenen Emissionen beschleunigt wird. Zum anderen gibt es Umweltprobleme, die indirekt auf Globalisierungseffekte zurückgeführt werden können, zum Beispiel die auf internationalen Wettbewerbsdruck vorgenommene Senkung von Umweltschutzstandards in der Produktion. Sowohl Umweltprobleme mit globalen Auswirkungen als auch durch die Globalisierung (mit-)bedingte Umweltprobleme bedürfen zu ihrer Lösung globaler Politikansätze.

Die sechs wichtigsten globalen Umweltprobleme sind: Klimaerwärmung, Rückgang der Ozonschicht, Artensterben, Verlust fruchtbarer Böden, die Zerstörung tropischer Regenwälder und die zunehmende Wasserknappheit. Während beim Klimawandel und dem Schwund der Ozonschicht der globale Bezug evident ist, sind die Ursachen und Folgen der vier anderen genannten Umweltprobleme zunächst eher lokaler und regionaler Natur. Da sie aber weltweit in vielen Staaten auftreten, von globalen Umweltproblemen wie dem Klimawandel beeinflusst werden, globale Folgen nach sich ziehen (können) und durch die Setzung internationaler Standards und Vertragswerke günstig beeinflusst werden können, werden sie ebenfalls zu den zentralen Problemen der Dimension Umwelt gezählt.

Heinz Gmelich, „Globale Umweltprobleme – Dimensionen, Ursachen, Lösungsansätze", in: Mir A. Ferdowsi, Weltprobleme, Bayerische Landeszentrale für politische Bildungsarbeit, München 2007

Aufgaben

1 Informieren Sie sich über den derzeitigen Stand der Klimapolitik und zeigen Sie ausgehend vom Kyoto-Protokoll (s. M 35) die Entwicklung im Klimaschutz auf.

2 Erläutern Sie Gründe für das unentschlossene Vorgehen in dieser zentralen Frage.

3 Erstellen Sie einen Aufruf (Flugblatt, Wahlaufruf o. Ä.), mit dem Sie zu mehr Umweltschutz aufrufen und konkrete Möglichkeiten nennen.

M 19 Die politische Globalisierung: Eine Welt mit vielen Zentren

Die westlichen Industrieländer bestimmen nicht länger allein das Weltgeschehen. Längst sind Mittelmächte entstanden, die ihre Interessen wahrnehmen. Die internationalen Organisationen müssen sich auf die multipolare Welt noch einstellen.

Die westliche Hegemonie, die sich im Zuge der Industriellen Revolution während des 19. Jahrhunderts herausgebildet hat, prägt seither die internationalen Beziehungen. Doch mit dem Wiederaufstieg Asiens und der rasanten Entwicklung in anderen Teilen der Welt verändern sich die Kräfteverhältnisse. Die Schwellenregionen, lange Zeit an die Ränder der traditionellen Zentren des Kapitalismus verbannt, haben sich inzwischen zu aktiven Wirtschaftseinheiten entwickelt oder sind auf dem besten Wege, es zu werden. Sie passen sich nicht nur mit ihren Zielen an ihre jeweilige Umgebung an, sondern sind umgekehrt auch in der Lage, ihre Umgebung nach ihren eigenen Vorstellungen umzugestalten.

Die Ausgangsbedingungen und Vorgeschichten mögen von Land zu Land unterschiedlich sein, und doch besteht kein Zweifel, dass es sich hier um umfassende, tief greifende und nachhaltige Strukturveränderungen handelt. Besonders ausgeprägt ist die Ent-

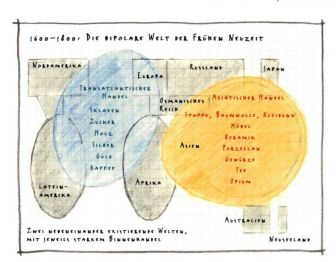

1600–1800: Die bipolare Welt der Frühen Neuzeit

wicklung in Asien – wo zwei Drittel der Weltbevölkerung leben. [...]

Falls die Finanz- und Wirtschaftskrise diese Dynamik nicht außer Kraft setzt, wird der Anteil der asiatischen Schwellenländer am Weltbruttoinlandsprodukt 2020–2025 bis zu 45 Prozent erreichen; weitere 15 Prozent entfallen auf die anderen Schwellenländer. Das zunehmende wirtschaftliche Gewicht wird sich dann selbstverständlich auch in einer größeren politischen Autonomie niederschlagen. Das internationale System des 21. Jahrhunderts wird also nicht mehr auf ein Zentrum ausgerichtet sein, sondern mehrere Entscheidungspole aufweisen – historisch gesehen eine echte Revolution, mit der die zwei Jahrhunderte dauernde westliche Vorherrschaft an ihr Ende gelangt. Die Welt kehrt damit – wenn auch unter neuen Vorzeichen – zu der polyzentristischen Konstellation zurück, die der „großen Kluft" zwischen Europa und der außereuropäischen Welt einst vorausging.

Jüngere Studien belegen, dass sich die Rangordnung, die die Welt in dominante Zentren (Industrieländer) und koloniale abhängige „Peripherien" (die „Dritte Welt") einteilte, tatsächlich erst im Lauf der „ersten Globalisierung" herausgebildet hat. Die Expansion des Westens – zugleich Ursache und Wirkung der im 19. Jahrhundert zunehmenden ökonomischen und technologischen Kluft zwischen Europa und dem Rest der Welt – hat zu einer Zweiteilung der Welt geführt. Eingebunden in die mehr oder weniger offiziellen Abläufe der Herrschaftszentren wurden die neuen „Peripherien" zu untergeordneten Bestandteilen eines globalisierten Produktions- und Handelszwangssystems, das um die Bedürfnisse der Metropolen herum organisiert war. [...]

Der sich gegenwärtig vollziehende Wandel setzt also eine Struktur außer Kraft, die lange Bestand hatte. Der Polyzentrismus führt nicht nur zu einer gerechteren Verteilung der Reichtümer zwischen den Ländern, sondern auch zu einer Umwälzung der politischen Beziehungen: Die internationalen Institutionen, die nach dem Zweiten Weltkrieg geschaffen wurden, müssen dringend umgestaltet und den neuen Realitäten angepasst werden. Die Diskussionen dazu haben längst begonnen: In der UNO muss insbesondere der Weltsicherheitsrat auf eine breitere Basis gestellt werden und die Abhängigkeit der Vereinten Nationen von Zahlungen der USA enden. Das absolute Vetorecht der USA im Internationalen Währungsfonds (IWF) und in der Weltbank muss abgeschafft werden.

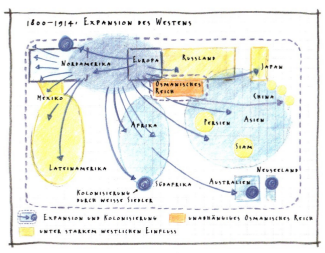

1800–1914: Expansion des Westens

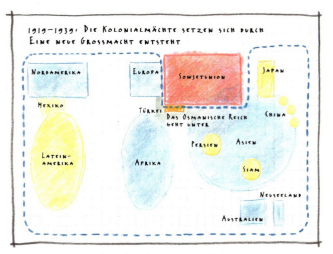

1919–1939: Die Kolonialmächte setzen sich durch

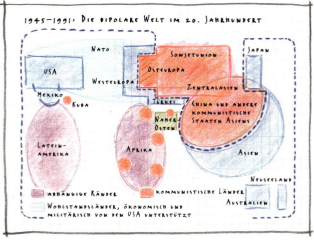

1945–1991: Die bipolare Welt im 20. Jahrhundert

Herausforderungen für die Politik im 21. Jahrhundert

→ **Europäische Union**
› S. 111

→ **Internationale Politik**
› S. 6 ff.

→ V 3 › S. 233 ff.

Die informellen G8-Wirtschaftstreffen der großen Industrieländer dürfen nicht mehr dem Schutz vor den Interessen der Entwicklungs- und Schwellenländer dienen. Bleiben Änderungen aus, droht die Gefahr, dass insbesondere die großen internationalen Organisationen unzeitgemäß werden, in Widerspruch zum neuen Polyzentrismus geraten und zusätzliche Probleme schaffen, statt die vorhandenen zu verringern.

Philip S. Golub, „Eine Welt mit vielen Zentren", in: A. Gresh u. a. (Hg.), Atlas der Globalisierung, Le Monde diplomatique/taz Verlags- und Vertriebs GmbH, Berlin 2009, S. 102/103

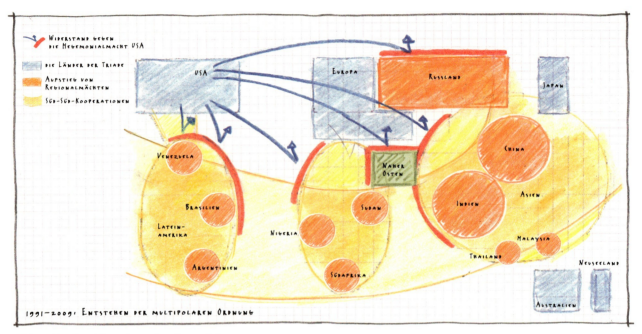

1991–2009: Entstehen der multipolaren Ordnung

Aufgaben

1 Fassen Sie den Text thesenartig zusammen.

2 Zeigen Sie auf, inwiefern sich neue Herausforderungen für deutsche Außenpolitik ergeben.

3 Skizzieren Sie mögliche Folgen der „Strukturveränderungen" (Z. 15 ff.) in verschiedenen Politikbereichen und zeigen Sie Möglichkeiten der deutschen Außenpolitik auf, diese Folgen für Deutschland positiv zu beeinflussen.

4 Skizzieren Sie Auswirkungen der einzelnen Dimensionen der Globalisierung auf Ihre Lebenswelt. → SwA

5 G Zeigen Sie im historischen Kontext die neue Qualität der Globalisierung auf.

4. Bilanz der Globalisierung und Herausforderungen für die Politik

Im vorangegangenen Kapitel haben wir uns mit den unterschiedlichen Dimensionen der Globalisierung beschäftigt. Es ist naheliegend, dass ausgehend von der Vielfalt der Begriffsbestimmungen und unterschiedlichen Verwendungen auch die Bewertung der Globalisierung unterschiedlich ausfällt. Je nach Schwerpunktsetzung und Fokus wird die Globalisierung als Heilsbringer oder Teufelszeug betrachtet werden. Es liegt in der Natur der Sache, dass auch wir zu keinem umfassenden Urteil kommen können. Dennoch sollen hier einige Bewertungsmöglichkeiten und auch Urteile dargestellt werden, die die Streitbarkeit einer Bilanz offenlegen und zu einem eigenen Urteil verhelfen können. Ausgehend von der jeweiligen Beurteilung muss die Politik versuchen, mehr oder weniger aktiv in den Prozess der Globalisierung einzugreifen und ihn zu steuern. Dabei kann, im Rückgriff auf die Kapitel 1 und 2, nicht mehr grundlegend zwischen Innen- und Außenpolitik unterschieden werden. Daher greifen wir am Beispiel des Terrorismus beide Seiten auf. Die entscheidende Frage lautet: Welche Herausforderungen ergeben sich für die politischen Akteure aus den weltweiten Entwicklungen genannt Globalisierung?

4.1 Globalisierung kontrovers

→ SwA

M 20 Globalisierung wird als zutiefst unsittlich empfunden

Kapitalismus und Globalisierung werden zu Recht in einem Atemzug genannt. Zwar birgt die grenzenlose Verschmelzung von Märkten, Unternehmen und Informationsflüssen das Potenzial, die Spaltung der Menschheit in Arm und Reich zu überwinden. Doch die Chancen der Globalisierung drohen verloren zu ge-
5 hen. Die negativen Auswirkungen der Globalisierung auf die Menschen sind nicht mehr zu übersehen. Demokratische Entscheidungen werden durch die Diktatur der internationalen Finanzmärkte ersetzt [...].
Die Menschen werden zu Opfern einer Shareholder-Value-Ökonomie, die keine Werte kennt jenseits von Angebot und Nachfrage, die Spekulanten begünstigt
10 und langfristige Investoren behindert. Die Staatsmänner der westlichen Welt lassen sich von den multinationalen Konzernen erpressen und gegeneinander ausspielen: Verantwortlich ist ein Meinungskartell von Ökonomen und Publizisten, die meinen, die menschliche Gesellschaft müsse funktionieren wie Daimler-Chrysler, und die sich beharrlich weigern, anzuerkennen, dass der
15 Markt geordnet werden muss, auch global Regeln einzuhalten sind und Lohndumping die Qualität der Arbeit und der Produkte zerstört.
Die Menschen spüren die Folgen einer Wahnidee, nämlich des Irrglaubens, die Gesetze und Selbstheilungskräfte der Märkte würden alle Probleme von selber lösen. Richtig ist, dass es zum Markt und zum Wettbewerb grundsätzlich keine
20 vernünftige Alternative gibt. Die globale Wirtschaft ist jedoch [...] eine Welt der Anarchie, ohne Gesetz und soziale Übereinkünfte, in der die Privatwirtschaft eine entscheidende Rolle spielt, von der aber auch die Mafia, Drogendealer und

Angola, Slum in Luanda

Bambustransporter in Sichuan

Terroristen ebenso profitieren wie frühkapitalistische antidemokratische Systeme wie China.

Die heutige Weltwirtschaft stellt sich in den Augen der meisten Menschen dar als ein System, in dem Hiobsbotschaften am Arbeitsmarkt Siegesmeldungen an der Börse bedeuten, als ein System, in dem der Börsenwert umso höher steigt, je mehr Leute wegrationalisiert werden. Ein solches Wirtschaftssystem wird als zutiefst unsittlich empfunden und ist auf die Dauer nicht konsensfähig. Notwendig ist eine internationale sozialökologische Marktwirtschaft mit einer stärkeren Kontrolle der internationalen Finanzsysteme, die Schließung der Offshore-Centers, die Einführung einer internationalen Spekulationssteuer, die Beschränkung der europäischen und amerikanischen Agrarsubventionen, die beispielsweise Millionen von Afrikanern arbeitslos machen, und eine Reform der globalen Institutionen wie Weltbank, IWF und WTO, die der Nobelpreisträger Josef Stieglitz dafür verantwortlich macht, dass die Globalisierung bisher schiefgelaufen ist.

Ohne Achtung der Menschenwürde und ohne solidarische Standards, die Lohnsklaverei, Ausbeutung, Kinderarbeit, Zerstörung der Natur verbieten und verhindern, ist auf die Dauer eine humane Weltwirtschaftsordnung und Weltfriedensordnung nicht möglich. [...]

Heiner Geißler, „Was bringt die Globalisierung?", in: Rheinischer Merkur Nr. 22 vom 31.05.2007
(Heiner Geißler war Generalsekretär der CDU, Bundesminister und MdB)

Kommunikationstechnik in Afrika

Aufgabe

Arbeiten Sie heraus, auf welche Dimension(en) der Globalisierung der Text sich bezieht.

M 21 Globalisierung sorgt für Wohlstand

Globalisierung bietet mehr Menschen größere Chancen auf ein besseres Leben als jede denkbare Alternative. Sie löst nicht alle Probleme, aber sie macht die Lösung aller Probleme einfacher. Internationaler Handel sorgt dafür, dass nicht alle Länder alles selbst herstellen müssen. Ein Tausch über nationale Grenzen hinweg ermöglicht es, Engpässe und Überschüsse ohne viel Aufwand rasch auszugleichen. Die globale Arbeitsteilung erlaubt es, Vorteile der Spezialisierung und der Massenproduktion zu nutzen. Das spart Kosten und Ressourcen. Der starke Druck der weltweiten Konkurrenz sorgt dafür, dass geringere Kosten in Form tieferer Preise an die Kunden weitergegeben werden. Tiefere Preise erhöhen die reale Kaufkraft der Löhne. Die steigende Arbeitsproduktivität als Folge der weitreichenden Spezialisierung und des dadurch weiter beschleunigten technologischen Fortschritts sorgt zusätzlich für steigende Reallöhne der Beschäftigten. Anders formuliert: Man muss selbst immer weniger lange arbeiten, um sich von anderen hergestellte Waren, Dienstleistungen, Urlaub oder Freizeit leisten zu können.

Die Fakten zeigen, wie sehr die Globalisierung in den letzten fünfzig Jahren den Wohlstand der Massen verbessert hat. Im Zeitalter der Globalisierung ist die Weltwirtschaft schneller gewachsen als jemals zuvor. Heute lebt ein kleinerer Teil der Menschheit in absoluter Armut als jemals zuvor in der Weltgeschichte. Zwar ist die Massenarmut keineswegs beseitigt. Sie ist aber geringer geworden ...

Die Globalisierungsgegner verweisen darauf, dass das Wachstum der Weltwirtschaft in der Nachkriegszeit nur einseitig den reichen Ländern zugutegekommen sei und dass die ärmeren Länder immer weiter zurückfallen würden.

Gerne wird dabei auf die Wachstumsschere hingewiesen, die sich bei einem Pro-Kopf-Vergleich ergibt. So liegt das durchschnittliche Pro-Kopf-Einkommen in Afrika südlich der Sahara im Jahr 2005 im Durchschnitt bei weniger als 2000

Skyline von Shanghai

Kommunikation per Handy

„international vergleichbaren" US-Dollar. Das sind lediglich etwa fünf Prozent des US-amerikanischen Niveaus von knapp 42 000 US-Dollar. Da ist es ein schwacher Trost, dass in der ersten Hälfte des laufenden Jahrzehnts die Wirtschaftsleistung in den am wenigsten entwickelten Ländern am stärksten gewachsen ist. Der Aufholprozess bleibt sehr schwach und in einzelnen Ländern, vor allem in Afrika südlich der Sahara, stockt er. Globalisierung bringt nicht allen Ländern und schon gar nicht allen Menschen gleich viel Reichtum. Sie hat aber dafür gesorgt, dass heute mehr Menschen länger und besser leben als jemals zuvor in der Weltgeschichte.

Es ist völlig unbestritten, dass es weltweit noch immer viel zu viel Hunger, Massenelend, Armut, Unfreiheit und Unterdrückung gibt. Dafür aber die Globalisierung verantwortlich zu machen, heißt jedoch, Ursache und Wirkung durcheinanderzubringen.

Thomas Straubhaar, „Was bringt die Globalisierung?", in: Rheinischer Merkur Nr. 22 vom 31.05.2007
(Thomas Straubhaar ist Direktor des Hamburgischen WeltWirtschaftsInstituts.)

Stau auf der A 12

Aufgaben

1 Geben Sie die Thesen der beiden Texte M 20 und M 21 stichpunktartig wieder und stellen Sie sie tabellarisch einander gegenüber.

2 Ermitteln Sie den Text, dem Sie eher zustimmen, und arbeiten Sie heraus, welche Argumente Sie überzeugt haben.

3 Zeigen Sie auf, inwieweit beide Autoren bei ihrer Beurteilung von einer unterschiedlichen Basis ausgehen.

4 Formulieren Sie einen möglichen Kompromiss der beiden Positionen. Überprüfen Sie Ihre Ergebnisse gegebenenfalls in einer Diskussionsrunde.

M 22 Vielversprechende Fortschritte

Bei aller Häufung globaler Probleme darf nicht übersehen werden, dass es auch große und vielversprechende Fortschritte in der Entwicklung der Länder gibt. Sie sind nicht so medienwirksam wie Katastrophen und vollziehen sich überwiegend auf regionaler Ebene, werden sich mittel- bis langfristig aber global auswirken und vermitteln eine hoffnungsvolle Perspektive.

- Immer mehr Entwicklungsländer bauen erfolgreich **demokratische Strukturen** auf und versuchen, sie zu festigen. Die Menschenrechte werden zunehmend anerkannt und von der Politik beachtet. Vor allem engagieren sich immer breitere Bevölkerungsgruppen für deren Einhaltung.

Menschen, die weniger als 1 US-Dollar pro Tag an Einkommen haben				
Region	1990		2004	
	in Millionen	in % der Bevölkerung	in Millionen	in % der Bevölkerung
Subsahara-Afrika	240	45,7	298	41,1
Südasien	479	43,0	462	32,0
Ostasien	476	29,8	169	9,0
Lateinamerika und Karibik	45	10,2	47	8,6
Naher Osten u. Nordafrika	5	2,3	4	1,5
GUS und Transform-Länder	31	6,8		
Welt insgesamt	1247	28,7	986	18,4

UNDP 2003, Weltbank, The Millennium Development Goals 2007, World Development Indicators 2007

Kennzahlen der Gesundheitsentwicklung

Land/Ländergruppe	Lebenserwartung bei der Geburt		Kindersterblichkeit unter 5 Jahren		Säuglingssterblichkeit unter 1 Jahr		Müttersterblichkeit je 100 000 Lebendgeburten
	1960	2005	1970	2005	1970	2005	2000
Entwicklungsländer	40	63	280	82	108	56	444
Entwicklungsländer mit niedrigem Einkommen	42	59	k. A.	114	148	75	689
Äthiopien	36	43	239	127	160	80	850
Sierra Leone	37	41	363	282	206	165	2000
Burundi	37	45	233	190	138	114	1 000
Kongo, Dem. Rep.	40	44	248	205	149	129	990
Ruanda	37	44	209	203	124	118	1 400
Haiti	42	53	221	120	148	84	680
Nepal	36	63	250	74	165	56	740
Entwicklungsländer mit mittlerem Einkommen	54	70	150	37	100	30	115
Ghana	40	57	190	112	112	68	540
Kamerun	37	46	215	149	127	87	730
Kenia	47	49	156	120	96	79	1000
Vietnam	41	71	157	19	112	16	130
Bolivien	43	65	243	65	144	52	420
Industrieländer	69	76	53	7	40	6	13
Japan	68	82	21	4	14	3	10
Deutschland	69	79	26	5	22	4	8

Quellen: Weltbank, Weltentwicklungsberichte 1980, 2006; World Development Indicators 2007; UNDP, Bericht über die menschliche Entwicklung 2006

- Die **Armut** in der Welt hat **relativ abgenommen**. Die absolute Zahl der Menschen, die von weniger als einem US-Dollar pro Tag leben müssen, stagniert zwar und nimmt im subsaharischen Afrika noch zu, aber in den beiden bevölkerungsreichsten Staaten der Erde, China und Indien, sowie in zahlreichen südostasiatischen und lateinamerikanischen Ländern nimmt deren Anzahl seit Jahren stetig ab.
- Das **Wachstum der Weltbevölkerung** hat sich erheblich **verlangsamt**. Die Gesamtfruchtbarkeitsrate (das ist die durchschnittliche Anzahl von Kindern je Frau) ist von 5,5 zu Beginn der 1970er-Jahre auf 2,9 in der Zeit von 2000 bis 2005 gesunken. Das ist auch der wachsenden Akzeptanz von reproduktiver Gesundheitsförderung und Familienplanungsprogrammen zu danken.
- Beachtliche Fortschritte gibt es in der **Gesundheitsversorgung** und in der **Ernährung**: Die Säuglings-, Mütter- und Kindersterblichkeit ist erheblich zurückgegangen. Die Quote unterernährter Kinder unter 5 Jahren ist in Ländern mit mittlerem Einkommen von 14,7 % in der Zeit von 1989 bis 1994 auf 11,8 % in den Jahren 2000 bis 2003 zurückgegangen.
- Die **Lebenserwartung** ist in den Entwicklungsländern von 41 Jahren im Jahr 1955 auf 67 Jahre (ohne China 63 Jahre) im Jahr 2005 gestiegen. Das ist das Resultat des Zusammenwirkens aller gesundheitsfördernden Faktoren einschließlich verbesserter Ernährung.

Schulbesuch und Alphabetisierung nach Regionen

	Brutto-Einschulungsrate in Primarschulen (in %)				Schülerinnen und Schüler in Primarschulen insgesamt in Mio.		Lese- und Schreibkundige ab einem Alter von 15 Jahren in %			
	1999		2004		1990	2004	1999		2000–2004	
	Jungen	Mädchen	Jungen	Mädchen			Männer	Frauen	Männer	Frauen
Welt insgesamt	104,2	95,8	109,3	103,0	645,0	682,2	82	69	87	77
Entwicklungsländer	104,5	94,9	110,2	103,2	558,7	600,9	76	58	83	70
Subsahara-Afrika	85,4	72,5	96,3	85,4	79,8	101,4	60	40	70	53
Arabische Länder	94,6	82,4	98,0	88,3	34,7	36,7	64	36	77	55
Lateinamerika/Karibik	122,6	118,8	119,7	116,1	70,2	69,3	87	83	91	89
Ostasien und Pazifik	112,4	111,4	113,9	112,5	217,6	206,2	89	75	95	88
Süd- und Westasien	102,6	84,6	114,7	104,8	157,5	187,9	60	34	71	46
Industrieländer	102,0	102,5	102,1	100,6	70,4	67,1	99	98	99	99

Quelle: UNESCO, Education for All (EFA) Global Monitoring Report 2007

- Im **Bildungssektor**: Der Primarschulbesuch hat erheblich zugenommen. Der Anteil der erwachsenen Analphabeten (über 15 Jahre) ist von 31,2 % (1990) auf unter 20 % geschrumpft.
- Im **Kommunikationssektor**: Von 1990 bis 2004 ist die Zahl der Telefonanschlüsse pro 1000 Einwohner in allen Entwicklungsländern von 21 auf 122 gestiegen (Vergleich: OECD-Staaten von 390 auf 491) und die Zahl der Internetnutzer von 1 auf 64 (OECD: von 3 auf 484). Zwar konzentrieren sich die Anschlüsse auf Lateinamerika und Ost-/Südostasien, doch auch in den weniger entwickelten Regionen hat die moderne Kommunikationstechnologie (Mobiltelefone) Fuß gefasst.
- Im **kulturellen Bereich** finden Werke aus Entwicklungsländern weltweit immer mehr Beachtung. In Indien ist die größte Filmindustrie der Welt zu Hause. Seit 1990 wurde der Nobelpreis für Literatur sechs Mal an Autorinnen und Autoren aus der „Dritten Welt" vergeben.
- Fortschritte gibt es in der **Gleichstellung von Frauen und Männern**; in vielen Ländern ist die Einschulungsrate von Mädchen gewachsen, die Alphabetisierung von Frauen gleicht sich der von Männern an.

Karl Engelhard, „Triebkräfte der Globalisierung", in: Welt im Wandel, Omnia, Stuttgart 2008, S. 7

Aufgaben

1 Bringen Sie die verschiedenen Aspekte, die der Text nennt, in eine hierarchische Ordnung.

2 M 22 vermittelt ein sehr positives Bild der Globalisierung. Erläutern Sie, warum der Prozess in Deutschland häufig eher negativ eingeschätzt wird.

3 Verfassen Sie ein Essay oder eine Werbekampagne, wodurch die Vorteile der Globalisierung offengelegt werden.

4.2 Internationaler Terrorismus – eine Herausforderung für Deutschland

M 23 Definition Terrorismus

Bei der Unterscheidung der Terroristen von anderen Arten von Kriminellen oder irregulären Kämpfern und des Terrorismus von anderen Arten von Verbrechen oder irregulärer Kriegführung gelangen wir zu der Einsicht, dass der Terrorismus
- unausweichlich politisch ist hinsichtlich seiner Ziele und Motive;
- gewalttätig ist oder, was ebenso wichtig ist, mit Gewalt droht;
- darauf ausgerichtet ist, weitreichende psychologische Auswirkungen zu haben, die über das jeweilige unmittelbare Opfer oder Ziel hinausreichen;
- entweder von einer Organisation mit einer erkennbaren Kommandokette oder konspirativen Zellenstruktur (deren Mitglieder keine Uniformen oder Erkennungszeichen tragen) oder von Einzelnen bzw. einer kleinen Ansammlung von Individuen ausgeübt wird, die sich direkt von den ideologischen Zielsetzungen oder dem Vorbild einer bestehenden terroristischen Bewegung und/oder deren Führern leiten, motivieren oder inspirieren lassen,
- und schließlich von substaatlichen Gruppen oder nicht staatlichen Gebilden begangen wird.

Wir können daher Terrorismus nun als bewusste Erzeugung und Ausbeutung von Angst durch Gewalt oder die Drohung mit Gewalt zum Zweck der Erreichung politischer Veränderung definieren.

Bruce Hoffman, Terrorismus – der unerklärte Krieg, Lizenzausgabe für die Bundeszentrale für politische Bildung, 2006 Bonn, S. 79/80

Aufgabe

Veranschaulichen Sie diese Begriffsbestimmung durch geeignete Beispiele.

M 24 Terrorismus setzt auf psychologische Effekte

Interview mit Ulrich Schneckener

Was ist transnationaler Terrorismus und wie unterscheidet er sich von herkömmlichem Terrorismus?

Der transnationale Terrorismus unterscheidet sich vom herkömmlichen Terrorismus in erster Linie dadurch, dass er eine internationale Zielsetzung verfolgt. Das heißt: Transnationalen Terrornetzwerken – wie etwa Al-Qaida oder anderen Gruppen – geht es darum, eine internationale oder regionale Ordnung zu verändern. Den meisten herkömmlichen und lokalen Terrorgruppen geht es hingegen darum, ein konkretes politisches Regime zu ändern.

Ein weiterer Aspekt ist, dass transnationaler Terrorismus eine Form von transnationaler Ideologie braucht. Hier spielt der Islamismus eine wesentliche Rolle. Der Islamismus erlaubt es, Menschen unterschiedlichster Nationalität und Kultur miteinander in Verbindung zu setzen. Die transnationale Ideologie schafft eine Offenheit der Netzwerke, weil sich hier im Prinzip jeder beteiligen kann, der sich dieser Ideologie verschreibt. Das gilt beispielsweise auch für Menschen, die zum Islam übergetreten sind. Diese Form der Ideologie dient sozusagen der Netzwerkausbreitung.

Und drittens unterscheiden sich transnationale Netzwerke in ihrer Mitgliederstruktur von herkömmlichen Gruppen. Klassische Terrorgruppen sind oftmals von einer Nation dominierte Gruppierungen, in denen relativ wenig Ausländer

Ulrich Schneckener ist Leiter der Forschungsgruppe „Globale Fragen" bei der Stiftung Wissenschaft und Politik sowie Mitglied des Sonderforschungsbereichs „Governance in Räumen begrenzter Staatlichkeit" der Freien Universität Berlin.

vertreten sind. In den transnationalen Netzwerken ist diese Unterscheidung zwischen In- und Ausländern gar nicht vorhanden: Sie sind multinationale Unternehmen. Der letzte Aspekt ist der Netzwerkcharakter selber, also die Organisationsstruktur.

Welche Rolle spielen die Medien für islamistische Netzwerke? Wie beeinflussen sich Medien und Terrorismus gegenseitig?

Grundsätzlich spielen Medien für den Terrorismus eine große Rolle. Der Terrorismus setzt darauf, psychologische Effekte zu erzeugen: Schrecken, Panik, das Gefühl von Unsicherheit. Das lässt sich nicht durch den Terrorakt selbst erreichen, sondern nur durch die mediale Berichterstattung über den Akt und über das Phänomen Terrorismus. Diffuse Ängste können im Wesentlichen eigentlich nur gefördert werden, weil Terroristen einen medialen Zugang haben.

Heute ist es so, dass Terroristen in der Lage sind, sich diesen medialen Zugang selbst zu schaffen. Die Terroristen verfügen über eigene Verbreitungskanäle, in denen sie ihre eigenen Inhalte ohne jede Redaktion eins zu eins senden und verbreiten können. Hier ist das Internet ein zentraler Punkt, aber natürlich auch Videobänder, eigene TV-Sender, Chatrooms oder ganz herkömmliche Publikationsformen.

Ein anderer Aspekt, der hier sicherlich eine Rolle spielt und der auch für die Transnationalisierung wichtig ist, ist die Entwicklung globaler Medienkonzerne. Diese können in vielen Regionen der Welt gleichzeitig empfangen werden. Die Terroristen haben damit sofort eine weltweite Aufmerksamkeit, ein weltweites Publikum. Nationale Sender stehen in Konkurrenz zu diesen Sendern, sie müssen sich irgendwie dazu verhalten. Insofern ist es heute – anders als in den 1970er-Jahren oder 1980er-Jahren – für Staaten wesentlich schwieriger, den medialen Zugang zu kontrollieren oder zu regulieren. Es ist faktisch unmöglich.

Das Interview führte Hanna Huhtasaari beim Medienseminar „Terrorismus und Medien" der Bundeszentrale für politische Bildung am 20.09.2007 in Berlin.

Aufgaben

1 Stellen Sie dar, welche neue Qualität Ulrich Schneckener dem transnationalen Terrorismus zuweist.

2 Problematisieren Sie die Rolle der Medien bei dieser Entwicklung am Beispiel der deutschen Presselandschaft und erörtern Sie, wie Medien mit der sich ihnen stellenden Problematik umgehen sollten.

3 Diskutieren Sie, welche Rolle die „Entzauberung" (Max Weber) der modernen Welt für die Verbreitung des transnationalen Terrorismus spielt.

M 25 Bin Laden und sein Terror-Netzwerk Al-Qaida

Osama bin Laden macht sich ein Netzwerk zunutze, das zu großen Teilen vom Westen aufgebaut und finanziert worden ist. In den Achtzigerjahren unterstützten die USA, Saudi-Arabien und andere Staaten den afghanischen Widerstand gegen die sowjetischen Truppen. Nach dem Rückzug der Sowjets aus Afghanistan 1989 kam die Organisation, die Tausende von moslemischen Kämpfern unterhielt, bewaffnete und ausbildete, unter die Kontrolle von Osama bin Laden. Innerhalb weniger Jahre baute er diese zu einem globalen Netzwerk von Terrorgruppen aus und gab ihr den Namen Al-Qaida (die Basis).

Rückgrat und treibende Kraft von Al-Qaida war von Beginn an bin Laden. Heute zählt Al-Qaida zwischen 3000 und 5000 Mitglieder, verfügt über Zellen in etwa 50 Ländern rund um die Welt und ist durch modernste Technologie vernetzt. Viele der Mitglieder werden zu speziellen Zwecken ausgebildet und leben in den jeweiligen Ländern als sogenannte Schläfer, bis sie auf Kommando zum terroristischen Einsatz kommen.

Peter Barth, Im Zeichen des Terrors, Studiengesellschaft für Friedensforschung e.V., München 2002, S. 271

Osama bin Laden

M 26 Die Risiken des Terrorismus

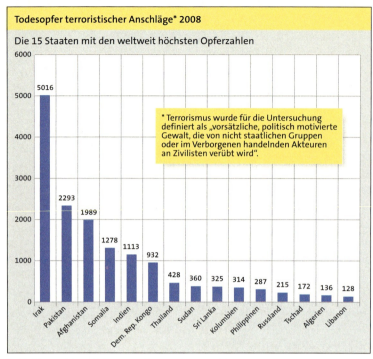

■ US-National Counterterrorism Center (NCTC), 2008 Report on Terrorism vom 30.4.2009; in: http://wits.nctc.gov, S. 24

Aufgaben

1 *Konkretisieren Sie die Gefahren, die der Text benennt, mit geeigneten Beispielen.*

2 *Erläutern Sie Gefahren, die Ihnen selbst aus dem internationalen Terrorismus erwachsen können.*

Indische Muslime demonstrieren gegen den Terror und gegen die Anschläge in Mumbai.

Der Terrorismus greift die zentralen Werte der Charta der Vereinten Nationen an: die Achtung vor den Menschenrechten, die Rechtsstaatlichkeit, Regeln für die Kriegsführung, die die Zivilbevölkerung schützen, die Toleranz zwischen den Völkern und Nationen und die friedliche Beilegung von Konflikten. Terrorismus gedeiht in einem Umfeld von Verzweiflung, Demütigung, Armut, politischer Unterdrückung und Menschenrechtsverletzungen; er gedeiht außerdem im Kontext regionaler Konflikte und ausländischer Besetzung, und er profitiert von der Schwäche der staatlichen Kapazität zur Aufrechterhaltung von Recht und Ordnung.

Zwei neue Schubkräfte verleihen der terroristischen Bedrohung eine größere Dringlichkeit. Die Al-Qaida ist der erste – wahrscheinlich aber nicht der letzte – Fall eines bewaffneten nicht staatlichen Netzwerks mit globaler Reichweite und hoch entwickelter Kapazität. Die Angriffe in den vergangenen Jahren gegen mehr als 10 Mitgliedstaaten auf vier Kontinenten haben gezeigt, dass die Al-Qaida und die mit ihr verbundenen Gruppierungen eine weltweite Bedrohung darstellen. Zweitens beschwört die Drohung, dass Terroristen – gleich welcher Art und gleich aus welchen Motiven – versuchen werden, massive Verluste an Menschenleben zu verursachen, beispiellose Gefahren herauf.

Eine sicherere Welt: Unsere gemeinsame Verantwortung – Bericht der Hochrangigen Gruppe für Bedrohungen, Herausforderungen und Wandel vom 2. Dezember 2004 (UN-Dokument A/59/565) in: www.un.org, S. 50–51 [03.11.2009]

M 27 Zwei Billionen Dollar würden reichen

Die große Mehrheit der Moslems in aller Welt fürchtet die Fundamentalisten und die Terroristen. Vor allem werden diese von den arabischen und moslemischen Regierungen mit größter Besorgnis beobachtet.

Dennoch ist bei der allgemeinen moslemischen Bevölkerung weltweit auch eine gewisse Ehrfurcht vor den Terroristen zu spüren. Und die Tatsache, dass man die moslemische Bevölkerung nicht wirklich für den Kampf gegen den Fundamentalismus und Terrorismus rekrutieren kann, ist vielleicht das größte Hindernis bei der Verteidigung der Weltzivilisation gegen die fundamentalistischen Barbaren, die sie zerstören wollen.

Es gibt unterschiedliche Methoden, den Terroristen das Handwerk zu legen. So haben der Krieg in Afghanistan, aber offiziell auch der Krieg im Irak die Bekämpfung des internationalen Terrorismus zum Ziel. Anti-Terror-Experten vor allem in Israel sind der Meinung, die Terrorbekämpfung müsse anspruchsvoller und durchdachter geführt werden als dies bei Kriegen der Fall ist.

In einem Krieg, sagen sie, versuche man, die Infrastruktur des Gegners zu schwächen, um ihn in die Knie zu zwingen. Die Infrastruktur der Terroristen bestehe jedoch nicht aus Häfen, Straßen und Eisenbahnen. Sie befinde sich in den Köpfen der Aktivisten.

Da man die selbstmordbereiten Fanatiker nicht umstimmen könne, müsse man sie, sobald man sie kenne, gezielt angreifen. Diese Methoden, die Israel seit Jahren höchst effizient anwendet, bringen dennoch nicht den erwünschten permanenten Erfolg. Immer wieder werden die „beseitigten" Terroristen von neuen Freiwilligen ersetzt, weil der palästinensische Durchschnittsbürger keine Aussicht auf ein Leben in Würde hat.

Dass man Fanatiker nicht überzeugen kann und sie bekämpfen muss, um sich selbst zu schützen, steht außer Frage. Damit hat man aber die Wurzel des Problems nicht behandelt. Und was ist der Grund dafür, dass die terroristischen Organisationen immer wieder freiwilligen Nachschub sowohl aus der islamischen Welt als auch aus den Ländern des Westens erhalten, wo so manche Terroristen in einem normalen, westlichen Umfeld aufwachsen und/oder leben?

Das Stichwort zum Verständnis dieses Problems ist: Würde. Für die Mehrheit der Menschen in den moslemischen Ländern ist das Elend, in dem sie leben und aus dem sie keinen Ausweg sehen können, die Ursache ihres Gefühls der Demütigung. Solange man die Bevölkerung dort nicht unterstützt, solange man ihr keine neue Hoffnung gibt – solange werden immer wieder Terroristen aus ihr hervorgehen.

Heute lebt diese Bevölkerung von einem jährlichen Bruttosozialprodukt von höchstens 1500 Euro pro Kopf. Das steht in krassem Gegensatz zum Bruttosozialprodukt ihrer europäischen Zeitgenossen von 15 000 bis 40 000 Euro. Verstädterung und sonstige allgemeine Verelendung, Wassermangel und die negativen Auswirkungen der Globalisierung sind weitere Faktoren, die diese rasant wachsende Bevölkerung noch tiefer ins Elend treiben.

Es gab eine Zeit, in der viele frustrierte Menschen in der islamischen Welt ihre Hoffnungen auf den Kommunismus und sogar den Stalinismus setzten. Seit dem Zusammenbruch der Sowjetunion gibt es für diese Menschen keine anderen falschen Hoffnungsträger mehr als die Fundamentalisten.

Solange man die Fundamentalisten von der allgemeinen Bevölkerung nicht trennen kann – mit anderen Worten: solange man der Bevölkerung keine Hoffnung gibt –, wird auch die unverzichtbare gezielte Bekämpfung der Fanatiker nicht enden, so lange wird man das Problem nicht lösen können.

Avi Primor, „Zwei Billionen Dollar würden reichen", in: www.sueddeutsche.de, 03.12.2008 [03.11.2009]

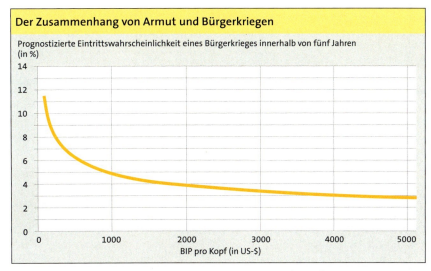

Der Zusammenhang von Armut und Bürgerkriegen
Prognostizierte Eintrittswahrscheinlichkeit eines Bürgerkrieges innerhalb von fünf Jahren (in %)
BIP pro Kopf (in US-$)

Bericht der Hochrangigen Expertengruppe, Eine sichere Welt. New York 2004 (UN-Dokument A 59/565), S. 23

Aufgaben

1 Stellen Sie die Ursachen des Terrorismus schematisch (Übersicht, Schaubild, Mindmap etc.) dar und geben Sie den Lösungsansatz des Autors wieder.

2 Zeigen Sie auf, inwieweit die Globalisierung einen Einfluss auf die Entstehung, Verbreitung und Bekämpfung des Terrorismus hat.

3 Beurteilen Sie den Zusammenhang von Armut und Gewalt, wie ihn M 27 und M 28 nahelegen. → SwA

4 Erörtern Sie auch über den Text hinausgehende Möglichkeiten der Bundesrepublik Deutschland, den Terrorismus in seinen Ursprüngen zu bekämpfen.

M 28 Soziale Konflikte als sicherheitspolitische Herausforderung

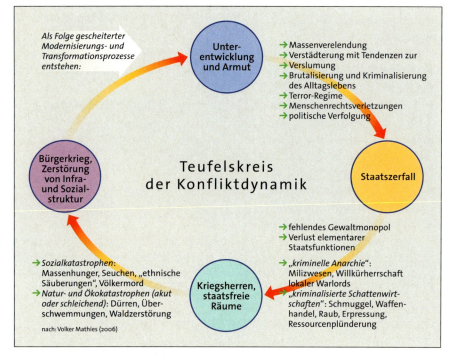

Entwicklung von sozialen Konflikten zur Gewaltanwendung

M 29 Schäuble warnt vor Anschlägen in Europa

Eine terroristische Bedrohung wie in Großbritannien besteht nach Einschätzung von Bundesinnenminister Wolfgang Schäuble (CDU) auch in jedem anderen europäischen Land.

Bei den Bombenfunden von London und dem Anschlagsversuch auf dem Flughafen Glasgow hätten die Briten „Glück gehabt wie wir bei den Kofferbomben im letzten Jahr", sagte Schäuble am Montag im Deutschlandfunk. „Man sollte sich auch nicht zu sehr beruhigen", mahnte der Minister. „Das hätte ganz schlimme Folgen haben können, und wir müssen eben befürchten, dass so etwas auch mal funktioniert. Dann muss es nicht Großbritannien sein." Vielmehr könnten Anschläge auch „an einem anderen Ort in Europa" verübt werden „und eben auch in Deutschland".

Bundeskanzlerin Angela Merkel (CDU) hält angesichts der wachsenden Bedrohung durch den weltweiten Terrorismus vor allem ein Zusammenwachsen von innerer und äußerer Sicherheit für notwendig. „Die alte Trennung von innerer und äußerer Sicherheit ist von gestern", sagte Merkel am Montag bei der Vorstellung des Leitantrages für das neue CDU-Grundsatzprogramm in Berlin. Die Kanzlerin bezog dies ausdrücklich auch auf den von der CDU/CSU gewünschten Einsatz der Bundeswehr im Inland. „Wir müssen in ganz neuen Zusammenhängen denken", sagte Merkel weiter. „Nur dann bleiben Freiheit und Sicherheit auch angesichts dieser neuen Bedrohung in einer ausgewogenen Balance." Die Terroranschläge vom 11. September 2001 seien „eine Zäsur mit Folgen" gewesen.

Die Wege der „Gotteskrieger"

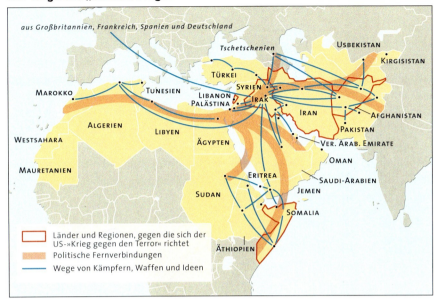

A. Gresh u. a. (Hg.), „Atlas der Globalisierung", LeMonde diplomatique/taz Verlags- und Vertriebs GmbH, Berlin 2009, S. 30

Schäuble bekräftigte zugleich mit seiner Warnung auch die Forderung, dem Bundeskriminalamt (BKA) das Eindringen in die Kommunikationsstrukturen von Terroristen zu ermöglichen. Die Attentäter müssten „vor solchen Anschlägen miteinander kommunizieren", gab der Minister zu bedenken. „Nur wenn man weiß, was sie vorhaben, kann man es verhindern." Deswegen müssten die gesetzlichen Grundlagen geschaffen werden, „um Kommunikation durch Telefon, durch Handys, aber auch durch Computer überwachen zu können". [...] Auch Unions-Fraktionsvize Wolfgang Bosbach (CDU) maß der Überwachung der Telekommunikation von Terroristen eine „überragende Bedeutung" bei. Nach der Übertragung von Präventivbefugnissen im Anti-Terror-Kampf an das BKA müssten dem Amt auch die Instrumente gegeben werden, die es zur Erfüllung dieser Aufgabe brauche, betonte Bosbach im NDR. Bei der Online-Überwachung gehe es nicht um die flächendeckende Überwachung aller Computer, sondern „um einige besonders dramatische Fälle". Beim „wichtigen Thema Online-Durchsuchung" stünden die Sozialdemokraten aber „nach wie vor auf der Bremse, und ich kann die SPD nur dringend bitten, ihren Widerstand gegen das BKA-Gesetz aufzugeben". Ganz anderer Meinung zeigte sich FDP-Chef Guido Westerwelle. Man könne den Rechtstaat und die Freiheit in Deutschland nicht schützen, indem man sie aufgebe, sagte er am Montag nach einer Sitzung des FDP-Präsidiums in Berlin. Es sei zudem nicht seriös, wenn das, was Schäuble seit Jahren ergebnislos fordere, jetzt wieder auf die Tagesordnung gesetzt werde. Dies geschehe aus ideologischen Gründen und nicht aus Gründen der inneren Sicherheit. Als Beispiel nannte der FDP-Chef den Einsatz der Bundeswehr „als Hilfspolizei" im Inneren. Westerwelle betonte, es gebe in Deutschland eine gute Ausgangslage bei den Gesetzen. Für deren Anwendung brauche man aber eine gut ausgestattete Polizei. Es gebe derzeit kein Gesetzes-, sondern ein Vollzugsdefizit.

ast/ddp/AFP, „Schäuble warnt vor Anschlägen in Europa", in: www.focus.de, 02.07.2007 [12.09.09]

Aufgaben

1 Veranschaulichen Sie die Grafik an einem Beispiel und zeigen Sie Eingriffsmöglichkeiten für Staaten wie die Bundesrepublik auf.

2 Geben Sie die unterschiedlichen Standpunkte im Text stichpunktartig wieder und beziehen Sie begründet Stellung.

3 Ordnen Sie die Aussagen von Frau Merkel (Z. 14 f., 18 ff.) in den Zusammenhang des Kapitels ein und prüfen Sie die Richtigkeit dieser Feststellung.

4 Diskutieren Sie die Frage, die Bundeswehr im Innern einzusetzen. Veranstalten Sie dazu gegebenenfalls eine Podiumsdiskussion. Laden Sie beispielsweise den Jugendoffizier der Bundeswehr, Aktivisten von Friedensorganisationen und Vertreter der Parteien dazu ein.

5. Notwendigkeit kooperativen Handelns

Angesichts der Zunahme schwerwiegender und menschheitsbedrohender Gefährdungen, die im vorangehenden Kapitel nur skizziert werden konnten, ist schnelles und effektives Handeln gefragt. In unserer im Zuge der Globalisierung sich immer stärker vernetzenden Welt kann aber kein Staat allein und in den meisten Fällen auch keine Region allein ausreichende Maßnahmen ergreifen. Es stellt sich damit zu einer kooperativen Zusammenarbeit keine Alternative. Dies zeigt sich besonders ausgeprägt bei den Themen Umweltschutz und Klimawandel, da hier nationale und internationale Ursachen und Wirkungen untrennbar verschmelzen. Das folgende Kapitel zeigt an diesem Beispiel die Notwendigkeit, aber auch die Gestaltung weltweiter Kooperationen.

M 30 Global Governance: Idee und Perspektiven

Global Governance heißt nicht Global Government, also Weltregierung oder Weltstaat. Ein solcher ist weder eine realistische noch eine erstrebenswerte Option, weil eine solche bürokratische Superbehörde kaum demokratische Legitimation gewinnen könnte und weit entfernt von den zu lösenden Problemen wäre. Der Globalisierungsdruck befördert eher die Aufwertung regionaler Organisationen als Schutz- und Trutzbündnisse und mobilisiert auf nationaler und lokaler Ebene das Bedürfnis nach autonomen Handlungsspielräumen. [...] Die Vision von Global Governance entspricht eher der bereits von Immanuel Kant anvisierten Weltföderation von freien Republiken mit einem notwendigen Minimum an Zentralstaatlichkeit. [...]

Global Governance beruht auf verschiedenen Formen und Ebenen der internationalen Koordination, Kooperation und kollektiven Entscheidungsfindung. Internationale Organisationen übernehmen diese Koordinationsfunktion und tragen zur Herausbildung globaler Sichtweisen bei. (Sachbereichs-)Regime übersetzen den Willen zur Kooperation in verbindliche Regelwerke. In solchen Regimen verpflichten sich die Staaten durch vertragliche Vereinbarungen zur Bearbeitung von gemeinsamen Problemen. Sie wurden zutreffend als Kernelemente von „governance without government" bezeichnet. Auch Hegemone lassen sich auf solche Regime ein, weil sie etwas regeln, was ihnen für das eigene Wohlergehen wichtig ist und was sie nicht allein regeln können.

Der Zwang zur Kooperation verlangt (dabei) Souveränitätsverzichte, die Globalisierungseffekte und Interdependenzstrukturen schon längst erzwungen haben. Auch die Großmächte müssen sich, um sich als kooperationsfähig zu erweisen, mit „geteilten Souveränitäten" abfinden, die – wie das Beispiel der EU zeigt – einen Zugewinn an gemeinsamer Handlungs- und Problemlösungsfähigkeit bewirken können. [...] Die Gleichzeitigkeit von Globalisierung und Regionalisierung und von Globalisierung und Lokalisierung („Glokalisierung") gehört zu den strukturbildenden Entwicklungstrends von Weltgesellschaft und Weltpolitik. In allen Regionen formieren sich mehr oder weniger erfolgreiche Kooperations- oder Integrationszonen, wobei die EU das am weitesten entwickelte Modell von Regional Governance bildet. Global Governance muss auf solchen regionalen Kooperationskernen aufbauen und sie als organisatorischen

Unterbau nutzen, weil das Subsidiaritätsprinzip auch im globalen Kontext sinnvoll bleibt und dem Aufbau teurer, aber ineffizienter bürokratischer Wasserköpfe vorbeugen kann. Global Governance ist kein Projekt, an dem nur Regierungen oder internationale Organisationen als Instrumente der Staatenwelt beteiligt sind. Das Neue des Konzepts [...] liegt nicht nur in einem Mehr an staatlich organisiertem Multilateralismus, sondern im „Zusammenwirken von staatlichen und nicht staatlichen Akteuren von der lokalen bis zur globalen Ebene". Diese „public-private partnership" in horizontal und vertikal vernetzten Strukturen bezieht sich nicht nur auf die wachsende Bedeutung von global operierenden „Multis" und Medienkonzernen, die die globale Telekommunikation kontrollieren, sondern auch auf die zunehmend transnational organisierten Nichtregierungsorganisationen (NGOs). Sie gehören längst zur Dramaturgie von Weltkonferenzen und erhielten in einzelnen „weichen" Politikbereichen (Umwelt-, Menschenrechts- und Entwicklungspolitik) neben der konsultativen und korrektiven auch eine mitgestaltende Funktion. Sie profilierten sich als „Globalisierungswächter". [...]
Die Nationalstaaten bleiben die Hauptakteure der internationalen Politik, die weiterhin allein autoritative Entscheidungen treffen und durchsetzen können, und bilden die tragenden Pfeiler der Global Governance-Architektur. Sie ist aber ohne netzwerkartige Verstrebungen mit der Wirtschafts- und Gesellschaftswelt nicht mehr tragfähig. „Public-private partnership" bedeutet, dass der Staat in Kooperation mit gesellschaftlichen Gruppen gemeinsame Problemlösungen erarbeiten muss.

Franz Nuscheler, „Rhetorik und Praxis von Global Governance", in: Österreichisches Studienzentrum für Frieden und Konfliktlösung (Hg.), Globale Armutsbekämpfung – ein Trojanisches Pferd? Auswege aus der Armutsspirale oder westliche Kriegsstrategien? Münster 2009, S. 307–310

Aufgaben

1 Beschreiben Sie das Konzept der Global Governance mit eigenen Worten.

2 Erläutern Sie besondere Schwierigkeiten, die sich bei der Umsetzung des Prinzips stellen.

3 Erstellen Sie eine Liste der wichtigsten Probleme, die durch Global Governance gelöst werden sollten, und erklären Sie, inwiefern Nationalstaaten dabei überfordert sind.

4 Erstellen Sie ein Konzept, wie das Prinzip der Global Governance bei der Umwelt- und Klimapolitik umgesetzt werden könnte.

M 31 Global Governance-System

Grafik: Stiftung Entwicklung und Frieden, Bonn

M 32 Umweltschutz als Gemeinschaftsaufgabe

Umweltzerstörung macht vor nationalen Grenzen nicht halt: Treibhausgase, das Ozonloch, Waldbrände im Fernen Osten, Südeuropa und Nordamerika, das Austrocknen des Aralsees, die Versteppung in Afrika und das Ansteigen des Meeresspiegels wirken sich jeweils weit über die Grenzen eines Landes hinaus aus: Schäden drohen unserer Umwelt letztendlich weltweit, und die Verursacher der Schäden sind dabei nicht immer die ersten Leidtragenden. Umweltschutz, insbesondere der internationale Klimaschutz, ist zu einer der wichtigsten Aufgaben der internationalen Staatengemeinschaft geworden.

Umweltschutz ist zugleich Lebensvorsorge, Konfliktverhütung und aktive Sicherheitspolitik. Vor fünfzig Jahren teilten sich nur gut zwei Milliarden Menschen die begrenzten Ressourcen, sauberes Wasser, reine Luft, die Wälder und den Tierreichtum. Heute sind es über sechs Milliarden, und bis 2050 werden es voraussichtlich über neun Milliarden Menschen sein. Sorgsamer Umgang mit unseren Ressourcen ist eine Frage der Gerechtigkeit zwischen den Generationen, aber auch zwischen Nord und Süd. Bei der Konkurrenz um die knapper werdenden Ressourcen gilt es, Konflikte zu vermeiden und zu lösen sowie die gemeinsame Verantwortung für die Erhaltung natürlicher, unbelasteter Ressourcen in den Vordergrund aller Bemühungen zu stellen.

Auswärtiges Amt (Hg.), „Außenpolitik für Umweltschutz", www.auswaertiges-amt.de, 15.05.2008 [19.05.2010]

M 33 Folgen der Erderwärmung

Aufgaben

1 Sammeln Sie anhand von M 32 und M 33 Gründe für die weltweite Bedeutung des Umweltschutzes.

2 Verfassen Sie ein Plädoyer, in dem Sie nötige und mögliche Maßnahmen des Umweltschutzes in Ihrem persönlichen Umfeld und in der Bundesrepublik Deutschland unterstützen.

M 34 Klimagipfel: Die Angst vor dem Scheitern wächst

Drei Wochen vor dem Beginn des Klimaschutzgipfeltreffens in Kopenhagen wächst die Angst vor einem Scheitern. Die dänische Umweltministerin Connie Hedegaard rief die 192 Teilnehmer des Weltklimagipfeltreffens am Montag auf, im Dezember zumindest eine Frist für ein rechtlich verbindliches Abkommen zu setzen. Einen Tag nach dem ohne klares Bekenntnis zum Klimaschutz beendeten Treffen des Pazifisch-Asiatischen Wirtschaftsforums (Apec) bestritt Hedegaard, dass Dänemark die Ziele für das Treffen im Dezember heruntergeschraubt habe. Regierungschef Lars Løkke Rasmussen wolle durch den Vorschlag eines Zwei-Stufen-Plans vielmehr eine realistische Basis für den Erfolg schaffen, sagte Hedegaard zum Auftakt eines Umweltministertreffens in Kopenhagen. Rasmussen hatte am Sonntag vorgeschlagen, in Kopenhagen eine politische Erklärung zu den Klimaschutzzielen anzustreben; der Rest solle dann „so schnell wie möglich" ausgehandelt werden. Das war sowohl in den Vereinigten Staaten als auch in China und Russland auf Zustimmung gestoßen. Die EU-Kommission rief die Welt indes dazu auf, schon in Kopenhagen ehrgeizige Klimaziele festzulegen, gab aber zu, dass ein rechtlich verbindliches Abkommen unrealistisch sei. Bundeskanzlerin Angela Merkel (CDU) kündigte an, angesichts der jüngsten Entwicklung doch zum Treffen in Kopenhagen zu reisen. Der Klimabeauftragte der Vereinten Nationen, Yvo de Boer, sagte, die Teilnehmer des Treffens müssten „eine Serie klarer Entscheidungen treffen", um dann ein halbes Jahr später das angestrebte Abkommen unterzeichnen zu können.

Dass die Einigung auf ein Nachfolgeabkommen für das Kyoto-Protokoll in Kopenhagen in weite Ferne gerückt ist, zeichnet sich seit Monaten ab. Schon nach dem EU-Gipfeltreffen im Oktober sagte Merkel, mehr als eine Grundsatzeinigung sei nicht zu erreichen. Alles Weitere könnten die Umweltminister aushandeln. Das entspricht mehr oder weniger dem Vorschlag Rasmussens. Zu viele Fragen sind noch offen: Die 192 am Weltklimagipfel teilnehmenden Staaten haben sich bisher beispielsweise nicht darauf einigen können, die Erderwärmung auf zwei Grad Celsius, verglichen mit dem vorindustriellen Niveau, zu beschränken und dazu die Emissionen bis 2050 um 50 Prozent zu senken. Das wird als nötig erachtet, um den Klimawandel aufzuhalten. Bekannt zum Zwei-Grad-Ziel haben sich die acht größten Industriestaaten (G8). Zahlreiche weitere Staaten sprechen sogar von 1,5 Grad. Andererseits lehnt nicht nur China das 50-Prozent-Ziel ab. Die EU befindet sich dabei – trotz aller Kritik am Fehlen klarer Finanzzusagen für die Entwicklungsländer – eher in der treibenden Rolle. Bis 2020 will sie die Emissionen um 20 Prozent senken, leisten die anderen Industriestaaten Vergleichbares um 30 Prozent. Zudem hat sie mit 100 Milliarden Euro von 2020 an zumindest beziffert, wie viel Geld die reicheren Staaten den armen für den Klimaschutz geben sollen. Erschwert wird die Einigung vor allem durch die innenpolitische Lage in den Vereinigten Staaten sowie durch das gespannte Verhältnis der Amerikaner zu den aufstrebenden asiatischen Staaten, aber auch zu Brasilien.

Innenpolitisch konzentrieren sich die Amerikaner auf die umstrittene Gesundheitsreform. Der Klimaschutz ist politisch zweitrangig. Zudem wächst in Amerika die Fraktion derjenigen, die den Klimawandel überhaupt infrage stellen. Immerhin hat ein Gesetz zur Reduzierung der Emissionen das Repräsentantenhaus

Gemeinsam gegen die Umweltzerstörung? Staatschefs bei der Klimakonferenz in Kopenhagen

INFO

Emissionshandel:
www.bpb.de
→ Themen
→ Gesellschaft
→ Klimawandel
→ Klimapolitik
→ Emissionshandel

Aufgaben

1 Legen Sie differenziert die Gründe dar, die ein Abkommen in Kopenhagen unwahrscheinlich machen.

2 Recherchieren Sie die Teilnehmer am Kopenhagener Klimagipfel und analysieren Sie, ob dieser Gipfel Teil eines Global Governance-Systems ist.

3 Diskutieren Sie den Lösungsansatz des Emissionshandels und erweitern Sie gegebenenfalls das bereits existierende Konzept.

passiert. Damit soll der Ausstoß bis 2020 um 17 Prozent und bis 2050 um 83 Prozent, verglichen mit 2005, sinken. Das ist – wenn alle Faktoren des Gesetzes einbezogen werden – nicht sehr viel weniger als das, was die EU vorschlägt. Davon unabhängig knüpfen die Vereinigten Staaten ihre Zustimmung zu einem Abkommen an Reduktionszusagen von China, Indien und Brasilien. Im Mittelpunkt steht dabei China, das Amerika als wirtschaftlichen Hauptkonkurrenten betrachtet. Die Schwellenländer aber sind nicht bereit, sich, wie von Amerika gewünscht, zu Klimazielen zu verpflichten. Brasilien machte am Wochenende nur eine freiwillige Zusage, die Emissionen um 15 Prozent unter das Niveau von 2005 zu senken. Mehr ist auch von Indien und China nicht zu erwarten.

Entsprechend versucht Washington, die Erwartungen weiter nach unten zu schrauben. Letztlich sei es schon ein Erfolg, wenn die Staaten in Kopenhagen oder später einige grundlegende Dinge beschließen: Kontrollen des Emissionsabbaus und die Schaffung eines internationalen Emissionshandelssystems etwa, heißt es dort. Die Reduktionsziele der Staaten könnten am Ende auch unverbindlich sein. Ein rechtlich oder auch nur politisch bindendes Abkommen sei gar nicht nötig. Ob es dabei bleibt, wird Kopenhagen zeigen. Gewiss ist das Scheitern nicht.

Hendrik Kafsack, „Die Angst vor dem Scheitern wächst", www.faz.net, 17.11.2009 [01.12.2009]

M 35 Das Kyoto-Protokoll

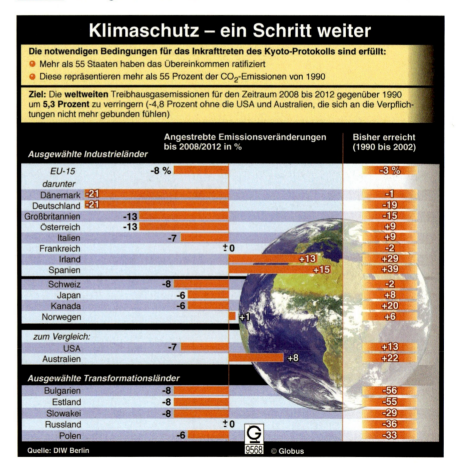

Nachdem Ende 2004 Russland das Kyoto-Protokoll endlich ratifiziert hatte, war das Abkommen am 16. Februar 2005 in Kraft getreten, um den Ausstoß der wichtigsten Treibhausgase zu reduzieren. Doch noch steigen die Emissionen des mit Abstand wichtigsten Treibhausgases Kohlendioxid (CO_2) Jahr für Jahr an. Im Jahr 1990 wurden weltweit 21,9 Milliarden Tonnen des Klimagases in die Atmosphäre gepumpt, bis zum Jahr 2003 stieg der Ausstoß um über 19 Prozent auf insgesamt 26,1 Milliarden Tonnen. Größter Klimasünder der Welt sind die USA, die sich nicht an das Kyoto-Abkommen gebunden haben, mit rund 5 670 Millionen Tonnen CO_2-Ausstoß im Jahr 2003. Über eine Fortsetzung des 2012 auslaufenden und von den meisten Wissenschaftlern als unzureichend betrachteten Kyoto-Abkommens verhandelten vom 13.–17.11.2006 auf der Klimakonferenz in Nairobi (Kenia) Minister aus mehr als 180 Staaten.

DIW Berlin / Globus Infografiken 2006

M 36 Merkel: Dürfen nicht versagen

Bundeskanzlerin Merkel und der französische Staatspräsident Sarkozy haben die Welt abermals aufgefordert, sich möglichst bis Mitte, spätestens aber Ende 2010 auf ein rechtlich bindendes Klimaschutzabkommen zu einigen. Zum Auftakt des EU-Sondergipfeltreffens zur Besetzung der neuen EU-Spitzenposten am Donnerstagabend in Brüssel kündigten beide außerdem an, am 17. Dezember selbst nach Kopenhagen zu fahren, um alles zu tun, damit der Gipfel vom 7. bis zum 18. Dezember ein Erfolg werde. „Wir haben das Jahr mit einer schwierigen Finanzkrise begonnen und diese gemeinsam mit den anderen wichtigen Industriestaaten der Welt weitgehend bewältigt", sagte Merkel. „Das alles ist aber wenig wert, wenn wir bei der Klimakonferenz versagen." Sie habe deshalb gemeinsam mit Sarkozy und dem dänischen Ministerpräsidenten und Gastgeber der Klimakonferenz Rasmussen ein Signal gegen die wachsenden Zweifel am Erfolg der Konferenz setzen wollen. Am Ende der Klimaschutzkonferenz müsse zumindest ein politisches Bekenntnis zu einem bindenden Nachfolgeabkommen für das Kyoto-Protokoll stehen, sagte Merkel weiter. Darin müssten die 192 Teilnehmerländer festschreiben, dass sie die Erwärmung der Erde auf zwei Grad, verglichen mit dem Niveau vor der Industrialisierung, begrenzen wollten. Sarkozy sagte, die Welt dürfe sich in Kopenhagen nicht auf einen Kompromiss auf dem kleinsten gemeinsamen Nenner einigen. Die „rote Linie" für einen Erfolg sei, dass dort präzise Ziele und konkrete Zahlen für den Abbau des Treibhausgasausstoßes fixiert würden. Die EU selbst habe dazu schon einen großen Beitrag geleistet. Die Gemeinschaft hat angekündigt, den Ausstoß bis 2020 um bis zu 30 Prozent reduzieren zu wollen, wenn die anderen Teilnehmer der Klimakonferenz vergleichbare Zusagen machten. Der dänische Ministerpräsident Rasmussen bedankte sich bei Merkel und Sarkozy für ihre Aussagen. Er halte es trotz der negativen Signale der vergangenen zwei Wochen nach wie vor für machbar, ein Abkommen zu erzielen. Rasmussen bezog sich dabei auf das Scheitern der Pazifik-Anrainer-Staaten – unter ihnen China und Amerika –, klare Klimaschutzzusagen für die Konferenz in Kopenhagen festzulegen.

o. V., „Merkel: Dürfen nicht versagen", in: Frankfurter Allgemeine Zeitung, 20.11.2009, Seite 5

Aufgaben

1 *Legen Sie Merkels Zielsetzung und Argumentation dar und nehmen Sie Stellung dazu.*

2 *Beurteilen Sie die Einflussmöglichkeiten der deutschen Außenpolitik im Rahmen der Klimapolitik.*

→ SwA Multiperspektivische Fallbetrachtung

Die Dimensionen nachhaltiger Entwicklung

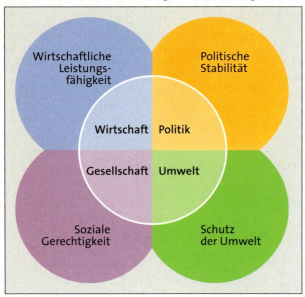

Nachhaltige Entwicklung wird seit der Weltkonferenz von Rio 1992 und weiteren internationalen Beschlüssen durch vier politische Zieldimensionen definiert: „Wirtschaftliche Leistungsfähigkeit", „Politische Stabilität", „Soziale Gerechtigkeit" und „Ökologische Nachhaltigkeit" (Schutz der Umwelt). Sie sind nur zusammen zu erreichen und langfristig zu sichern, wobei die Strukturen und Prozesse in Wirtschaft, Politik, Gesellschaft und Umwelt umfassend berücksichtigt werden müssen. Deshalb sind die **politischen (normativen) Zieldimensionen** zu unterscheiden von den umfassenderen **analytischen Entwicklungsdimensionen** „Wirtschaft", „Politik", „Gesellschaft" und „Umwelt" (hier im inneren Kreis).
Nur durch die Gegenüberstellung von Zielen und Realität, d. h. normativen und analytischen Aspekten, kann man sich mit den Realisierungsbedingungen nachhaltiger Entwicklung auseinandersetzen. Dies gilt besonders für die Schule, die für die Entwicklungsdimensionen „Wirtschaft", „Politik", „Gesellschaft" und „Umwelt" zahlreiche Bezüge zu schulischen Fächern aufbieten kann.

Aus: Welt im Wandel, Omnia, Stuttgart 2008, S. 23

Die folgende Methode der multiperspektivischen Fallbetrachtung ist nach den vier Entwicklungsdimensionen Wirtschaft, Politik, Gesellschaft und Umwelt gegliedert. So lässt sich die internationale Situation, die globalisierungsbedingt hochkomplex ist, systematisch erschließen, einzelne Entscheidungen und Ereignisse werden über- und durchschaubar und man kann sie in einen größeren Zusammenhang einordnen. Die multiperspektivische Fallbetrachtung beschränkt sich aber nicht auf die Analyse der einzelnen Dimensionen, sondern untersucht auch die zwischen ihnen bestehenden Zusammenhänge. Dabei werden die Strukturen, Prozesse und Akteure der aktuellen Entwicklung erkennbar, aber auch Spannungen, Widersprüche und Konflikte zwischen den vier Bereichen. Auch die Interdependenzen zwischen Industrie- und Entwicklungsländern sowie das Spannungsverhältnis zwischen der lokalen Ebene (dem Individuum) und der globalen Ebene werden hervorgehoben.
In der Analyse der Ziele und Prozesse internationaler Politik werden die Anforderungen an jeden Einzelnen in der globalisierten Welt deutlich. Die Auseinandersetzung mit den vier Dimensionen und den Beziehungen und Zusammenhängen zwischen ihnen will zu einer zukunftsoffenen Orientierung in der globalisierten Welt hinführen und zu deren Mitgestaltung befähigen.

Analyse und Zielkonflikte
Schon im Zusammenleben der Familie, der kleinsten gesellschaftlichen Einheit, gibt es Interessenunterschiede, die zu Spannungen und Konflikten führen kön-

nen. Je größer die gesellschaftlichen Entitäten sind, z. B. Betrieb, Gemeinde, Staat, desto komplexer werden die Konflikte.

Das Konzept der vier Entwicklungsdimensionen (s. o. und S. 203) ermöglicht, die komplexen Prozesse der globalisierungsbedingten Entwicklung zu analysieren und ihnen zugrunde liegende Strukturen, einzelne Prozesse und die verschiedenen (staatlich und zivilgesellschaftlich) operierenden Akteure den jeweiligen Entwicklungsdimensionen und Handlungsebenen zuzuordnen. Eine solche systemorientierte, übergeordnete Zusammenhänge aufdeckende Analyse macht Gemeinsamkeiten, unterschiedliche Interessenlagen, Kommunikationswege und professionelle Denkwelten bzw. Handlungsformen erkennbar, aber auch Spannungs- und Konfliktpotenziale, die bei der Beschränkung auf einzelne Dimensionen oft verborgen bleiben. Die scheinbar anonymen und in ihrer globalen Weitläufigkeit kaum fassbaren Prozesse gewinnen so Konturen; Akteure, Regeln und Mechanismen sowie die eigene Beteiligung und mögliche Mitverantwortung geraten in den Blick. Darüber hinaus werden auch komplexe Zusammenhänge zwischen mehreren Bereichen untersucht, deren Handlungsstränge quer durch die Entwicklungsdimensionen über mehrere Handlungsebenen verlaufen (z. B. wenn es um die hartnäckige Frage der globalen Armut oder Syndrome von Umweltschädigungen geht).

Aufgabe

Überlegen Sie, in welchen Fällen die systemische Analyse an ihre Grenzen stößt.

Lösungswege für globale Probleme

Eine Analyse kann Verständnis schaffen und Klarheit, für die sich uns stellenden Probleme brauchen wir aber nachhaltige Lösungsansätze. Die internationalen Nachhaltigkeitsbeschlüsse fordern, dass Entwicklungsdimensionen kohärenter aufeinander abgestimmt und so „nicht nachhaltige" Entwicklungen vermieden werden. Dafür gibt es aber keine „Patentrezepte", dazu sind die globalen Prozesse zu komplex, haben zu viele Beteiligte und sind offen in ihrem zukünftigen Verlauf. Niemand weiß heute, wie die globalisierte Welt „endgültig" aussehen wird.

Trotzdem müssen allgemein gültige Verfahrensweisen gefunden werden, die konsensfähig sind. Grundlagen dafür sind den Nachhaltigkeitsbeschlüssen zu entnehmen wie z. B.:

- Umwelt und Entwicklung (in Gesellschaft, Wirtschaft, Politik) müssen als gleichrangige und voneinander abhängige Zielbereiche wahrgenommen werden.
- Zielkonflikte zwischen den Dimensionen (und ihren Repräsentanten, Strukturen und Personen), die Entwicklungserfolge gefährden, müssen vermieden bzw. gelöst werden.
- Die Abstimmung von Maßnahmen zwischen den Entwicklungsdimensionen soll die notwendigen Synergien (gegenseitige Absicherung und Verstärkung) für eine nachhaltige Entwicklung sichern.
- Die politische, gesellschaftliche und kulturelle Vielgestaltigkeit (Diversität) der Weltregionen und Länder erfordert mehrfachen Perspektivenwechsel, um die gemeinsame, aber unterschiedliche globale Verantwortung zu erkennen und realistisch einzuschätzen.

Komplexe Fälle gliedern sich in die vier Teilbereiche Wirtschaft, Politik, Gesellschaft und Umwelt. Sie bilden einen interdependenten, jedoch durch ein mehr oder weniger starkes Spannungsverhältnis gekennzeichneten Zusammenhang. Um die Komplexität einer globalen Fallbetrachtung über- und durchschaubarer zu

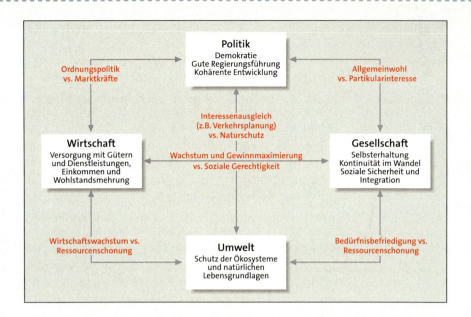

Aufgaben

1 Wählen Sie aktuelle Ereignisse und Entscheidungen aus und stellen Sie Interdependenzen zwischen den vier Entwicklungsdimensionen dar. Zeigen Sie auch den Zusammenhang zwischen den verschiedenen Handlungsebenen (S. 203, 236) auf.

2 Die Komplexität und der Folgenreichtum von Entscheidungen und Ereignissen verschreckt und irritiert zunächst. Informieren Sie sich bei Ihrer lokalen Agenda 21 über konkrete Handlungsmöglichkeiten zur Lösung von Problemen.

machen, wird jeder Fall nach Entwicklungsbereichen gegliedert. Jedoch werden die einzelnen Bereiche nicht isoliert behandelt, sondern in Beziehungszusammenhänge zu den anderen Dimensionen gestellt. Das ist auch erforderlich, um mögliche Spannungen zwischen den Entwicklungsbereichen deutlich zu machen, die überwunden werden müssen, wenn eine Analyse erfolgreich sein soll. Spannungen und möglicherweise Konflikte ergeben sich aus den je spezifischen Zielsetzungen und Eigendynamiken eines jeden dieser Bereiche. Z. B. stehen schon die Ziele verschiedener relevanter Ministerien (Entwicklung, Wirtschaft, Landwirtschaft, Verkehr, Arbeit und Soziales, Umwelt) in vielerlei Hinsicht nicht miteinander in Einklang.

Ein Beispiel für Auswirkungen von Handlungen auf andere Bereiche und Ebenen: Frankreich finanziert ein Entwicklungsprojekt zur Förderung des Baumwollanbaus im Senegal (globale Ebene/Bereich Politik). Dies bewirkt eine Qualitätsverbesserung und Steigerung der Ernteerträge (nationale Ebene/Wirtschaft). Umweltschützer in Europa kritisieren jedoch den Anbau der bodenbelastenden Monokultur Baumwolle (globale Ebene/Umwelt/Gesellschaft). Auf dem Weltmarkt trifft die senegalesische Baumwolle auf US-amerikanische Konkurrenz (globale Ebene/Wirtschaft). In den USA wird der Anbau von Baumwolle staatlich subventioniert (nationale Ebene/Politik). Dadurch kann amerikanische Baumwolle unter dem Weltmarktpreis angeboten werden (globale Ebene/Wirtschaft) und die amerikanischen Bauern werden motiviert, den Anbau von Baumwolle auszudehnen (regionale Ebene/Wirtschaft). Die senegalesischen Bauern dagegen bleiben entweder auf ihrer Baumwolle sitzen oder müssen das amerikanische Angebot unterbieten, das heißt ihre Baumwolle mit Verlust verkaufen (nationale Ebene/Wirtschaft/Gesellschaft). Die mangelnde Abstimmung zwischen den Projektplanern und den senegalesischen Bauern sowie die gegenläufigen Interessen der Marktkontrahenten Senegal und USA haben zu Unstimmigkeiten, Spannungen und Zielkonflikten geführt. Der daraus entstandene Konflikt liegt der 9. Welthandelsrunde der UNCTAD (Doha-Runde) zur Verhandlung vor; eine Lösung steht noch aus.

6. Zusatzmaterial

V 1 Akteure deutscher Außenpolitik

Außenpolitik wird von Staaten gemacht, d. h. ihren Regierungen. Diese Aussage ist grundsätzlich korrekt, aber an ihren Rändern franst sie ein wenig aus. So verteilen sich die grenzüberschreitenden Handlungen einer Regierung mittlerweile über eine wachsende Zahl von staatlichen und halb staatlichen Agenturen. Auch
5 treten Regierungen keineswegs nur mit anderen staatlichen Akteuren in Kontakt, sondern agieren und reagieren, verhandeln und handeln gemeinsam (interagieren) mit nicht staatlichen Akteuren. Innerhalb der Regierung eines Landes wie Deutschland ist es aber schon lange nicht mehr nur das speziell für die Außenbeziehungen eingerichtete und gewissermaßen „klassische" Ressort, das in diesem
10 Gegenstandsbereich für die Regierung spricht und handelt. Ein anderes wichtiges Ressort ist das für die Sicherheitspolitik zuständige Verteidigungsministerium. Wie eng „klassische" Außen- und Sicherheitspolitik heute miteinander zusammenhängen, kann man u. a. an dem Konzept der Gemeinsamen Außen- und Sicherheitspolitik (GASP) erkennen, das die Europäische Union in dem Vertrag
15 von Maastricht (unterzeichnet im Februar 1992) ins Leben rief. Auf diesen beiden sich überschneidenden Politikfeldern kommt es im Übrigen auch nicht selten zu Spannungen zwischen den Protagonisten. In den meisten westlichen Demokratien kann man eine kriechende Kompetenzvermehrung der Ämter von Präsidenten oder Ministerpräsidenten auch für die Außenpolitik erkennen.
20 Das Bundeskanzleramt in Berlin bildet da keine Ausnahme. Obgleich starke Politiker-Persönlichkeiten in der Position des Außenministers (Willy Brandt, Hans-Dietrich Genscher oder Joschka Fischer darf man dazu zählen) auf bestimmten Feldern der Außenpolitik wirklich gestalterisch tätig geworden sind, ist es letztlich doch immer der Bundeskanzler, der hier nicht nur die entscheidenden Impulse
25 geben, sondern auch ganze Bereiche der Außenpolitik in seinen Entscheidungsbereich, also das Bundeskanzleramt, verlagern kann. „Der Bundeskanzler bestimmt die Richtlinien der Politik und trägt dafür die Verantwortung", heißt es im Artikel 65 des Grundgesetzes. Nicht nur Konrad Adenauer in den frühen Jahren westdeutscher Außenpolitik, sondern auch Helmut Kohl und Gerhard Schröder
30 haben sich auf diese Bestimmung stützen können, wenn sie vom Bundeskanzleramt aus in die „selbstständigen Geschäftsbereiche" der Ministerien eingriffen. Wie Stefan Fröhlich in seiner Studie über das außenpolitische Regierungshandeln in den 1980er-Jahren einmal mehr gezeigt
35 hat, kulminierte „die Kanzlermacht in der Außenpolitik" 1989/90 bei der Vorbereitung der deutschen Einheit. Auch Bundeskanzlerin Merkel hat in der seit 2005 regierenden großen Koalition die deutsche Außenpolitik besonders dort, wo es um spek-
40 takuläre Auftritte und Entscheidungen ging, als „Chefsache" behandelt.

Wilfried von Bredow, Die Außenpolitik der Bundesrepublik Deutschland. Eine Einführung, VS Verlag für Sozialwissenschaften, Wiesbaden 2006, S. 44 f.

Zentrale Akteure der deutschen Außenpolitik:

Angela Merkel, Bundeskanzlerin

Guido Westerwelle, Außenminister

Dirk Niebel, Bundesminister für wirtschaftliche Zusammenarbeit und Entwicklung

Karl-Theodor zu Guttenberg, Verteidigungsminister

Aufgaben

1. Erstellen Sie ausgehend vom Text eine Übersicht über die verschiedenen Akteure der deutschen Außenpolitik.

2. Geben Sie Kompetenzverflechtungen, die der Text aufzeigt, mit eigenen Worten wieder und erörtern Sie an der derzeitigen Amtsausübung, inwiefern wir in der Bundesrepublik „Nebenaußenminister" haben. Betrachten Sie dazu die einschlägigen „Konkurrenzministerien".

3. Sammeln Sie Beispiele, wie Regierungschefs Außenpolitik für ihre Popularität nutzen.

4. Problematisieren Sie die Rolle von außenpolitischen Akteuren, beispielsweise Thinktanks.

V 2 Die Globalisierung und wer sie macht

Globalisierung verändert die Welt immer schneller. Produkte aus aller Welt sind überall billigst zu haben, Unternehmer haben jederzeit Zugriff auf Arbeitskräfte zu Billigstlöhnen. Die Inflationsgefahr scheint nicht zuletzt dank der Billigimporte gebannt. Aber der Preis, den wir für die billigen Produkte zahlen, ist hoch. Die Verunsicherung wächst. Der eigene Job, der eigene Hof – allzu schnell kann ihn der Weltmarkt überrollen. Zwar gab es auch in der Vergangenheit immer wieder kräftige Globalisierungswellen. Die alten Ägypter betrieben Handel bis nach Indien, die europäischen Kolonialmächte gemeindeten den Rest der Welt zwangsweise in ihre Märkte ein, und vor der Katastrophe des Ersten Weltkriegs war die Weltwirtschaft so vernetzt wie erst wieder gegen Ende des Jahrhunderts. Aber eines war damals anders: Arbeitsplätze konnten nicht einfach ins Ausland verlegt werden. Heute dagegen wird Globalisierung als Bedrohung auch für diejenigen wahrgenommen, die früher – scheinbar gottgegeben – von ihr profitierten: die Mittelschichten Europas und Nordamerikas. Und auf einmal wird das Thema zum Politikum.

Globalisierung fällt weder vom Himmel, noch ist sie ein Produkt der unsichtbaren Hand des Marktes. Sie wird von jeher gemacht und gestaltet: nicht nur von multinationalen Konzernen, sondern auch von Politikern und Wissenschaftlern, von Produzenten und Händlern, von Arbeitern und Gewerkschaften, von internationalen Organisationen und Nichtregierungsorganisationen. [...]
Es ist nicht nur so, dass Konzerne die Globalisierung verändern – sie werden auch ihrerseits verändert, ganz besonders durch das global immer mobilere Finanzkapital. Pensionsfonds setzen ihre gigantische Finanzmacht ein, um Unternehmensführungen zu steuern. Heuschrecken versetzen sowohl Firmen als auch das Weltfinanzsystem in Angst und Schrecken.
Dabei treiben nicht nur diese üblichen Verdächtigen die Globalisierung voran. Die billigen Haushaltshilfen aus dem Süden etwa verändern sogar die traditionelle Arbeitsteilung in den Haushalten des Nordens. Arbeiter und Kleinbauern sind nicht nur oft genug die Verlierer der Globalisierung, manchmal können sie, indem sie sich zur Wehr setzen, den Prozess auch beeinflussen. [...]
Bis vor Kurzem haben Wissenschaft und Politik das Problem, dass es nicht nur Gewinner, sondern auch Verlierer des Freihandels gibt, geflissentlich ignoriert.

Mit dem immer schnelleren Fortschreiten der Globalisierung sind die Widersprüche indes so dramatisch geworden, dass die soziale und politische Stabilität der schönen neuen Welt in Gefahr gerät. Die Verlierer sind auf einmal nicht mehr nur ein paar Bauern oder Slumbewohner in der sogenannten Dritten Welt. Plötzlich ist jeder ein potenzieller Verlierer. Denn nun wird auf den Weltmärkten nicht mehr nur mit Waren, sondern auch mit Arbeit, ja sogar mit ganzen Konzernen gehandelt. Und an denen hängen nicht nur die Jobs einfacher Arbeiter, sondern auch die der Manager. „Heute kann es sehr einfach passieren", sagte Bundeskanzlerin Angela Merkel auf einer Globalisierungskonferenz im November 2006, „dass mein eigenes Unternehmen sehr hohe Gewinne erzielt, dass die Zahl der Beschäftigten in dem Unternehmen sogar zunimmt, die Zahl der Beschäftigten in Deutschland aber deutlich abnimmt. Das schafft Unruhe." Es drohten „schwere Verwerfungen nicht nur in der Weltgemeinschaft, sondern auch in der Akzeptanz von Politik in unseren eigenen Ländern".

In der Tat werden immer öfter Rufe nach Regulierung statt Deregulierung und nach Protektionismus laut, also nach Schutz vor dem entfesselten Weltmarkt. Der Zulauf, den das globalisierungskritische Netzwerk Attac verzeichnet, seit der Gründung 1998 sind 90 000 Mitglieder zu verzeichnen, spricht für sich. „Die humane Gestaltung der Globalisierung ist aus meiner Sicht eine der wichtigsten Aufgaben unserer Zeit – wenn nicht sogar die wichtigste Aufgabe." So erklärte ausgerechnet der frühere CDU-Generalsekretär Heiner Geißler seinen Eintritt bei Attac.

Sogar die acht mächtigsten Industriestaaten haben mittlerweile erkannt, dass sie mit Totschweigen der Probleme nicht Herr werden können. Auf dem G8-Gipfel im Juni 2007 in Heiligendamm rückten sie erstmals von ihrem einseitigen Lob der Globalisierung als Quell des Wohlstands ab. Um die nötige Akzeptanz für offene Märkte zu sichern, müsse die Globalisierung durch soziale Fortschritte ergänzt werden, auch im Süden. Die Worte sind da – die Taten müssen folgen.

Nicola Liebert, „Die Globalisierung und wer sie macht", in: Nicola Liebert (v.i.S.d.P.), „Die Globalisierungsmacher, Konzerne, Netzwerker, Abgehängte", Edition LeMonde diplomatique no. 2, 2007

Aufgaben

1 Erstellen Sie aus den Akteuren der Globalisierung, die der Text nennt, ein Netzwerk. Ergänzen Sie es um Akteure, die Sie zusätzlich für relevant halten.

2 Bestimmen Sie, welche Akteure die größten Gestaltungsmöglichkeiten haben, und begründen Sie Ihre Meinung.

V 3 Akteure der Weltpolitik im Überblick

Nationalstaaten

Auch wenn die Nationalstaaten nicht mehr die einzigen Akteure auf der internationalen Bühne sind, bedeutet Global Governance nicht das Ende der Nationalstaaten. Sie haben weiterhin eine Schlüsselrolle für die Lösung globaler Herausforderungen. So sitzen in den meisten internationalen Organisationen Vertreter der jeweiligen Mitgliedstaaten und bestimmen über die Politik dieser Organisation. Dabei besitzen die USA, Russland, China, Frankreich und Großbritannien aufgrund ihres Vetorechts im UN Sicherheitsrat eine herausragende politische Bedeutung.

Internationale Organisationen

Die Anzahl der Internationalen Organisationen ist in den vergangenen 60 Jahren deutlich angestiegen und belegt die gestiegene Zusammenarbeit der inter-

→ VN › S. 27 ff.

nationalen Staatengemeinschaft. Das wichtigste zwischenstaatliche Forum sind heute die Vereinten Nationen und ihre zahlreichen Sonderorganisationen und Programme. Im Jahr 2007 waren 192 Staaten Mitglied der **UNO**.

Eine wichtige Rolle in den globalen Finanz- und Währungsbeziehungen spielen der Internationale Währungsfonds (**IWF**) und die Weltbank, die formal ebenfalls zur „UN-Familie" gehören, faktisch aber eine sehr große Eigenständigkeit besitzen. Große Bedeutung für den globalen Handel besitzt zudem die Zusammenarbeit der aktuell 151 Mitgliedstaaten im Rahmen der Welthandelsorganisation (**WTO**).

Für die Gestaltung einer „Fairen Globalisierung" ist zudem die bereits 1919 gegründete Internationale Arbeitsorganisation (**ILO**) von Bedeutung. Ihr Ziel ist es, die Arbeits- und Lebensbedingungen der Menschen in der ganzen Welt zu verbessern, insbesondere durch das Setzen von Mindeststandards für die Arbeitswelt.

Internationale Gerichtsbarkeit

→ Völkerrecht › S. 69 f.

Der Internationale Gerichtshof (IGH) ist das Hauptrechtsprechungsorgan der Vereinten Nationen. Die Mitgliedstaaten können ihn anrufen, um Streitigkeiten zwischen ihnen entscheiden zu lassen (z. B. den Verlauf einer Grenze).

Der IStGH ist ein ständiges Gericht, das für Völkermord, Verbrechen gegen die Menschlichkeit, Kriegsverbrechen und das Verbrechen der Aggression zuständig ist.

Globale Zivilgesellschaft

Nicht nur Staaten vernetzen sich, sondern in steigendem Maße kooperieren auch Menschen über Grenzen hinweg. Wichtigster Ausdruck dieser Kooperation ist die Gründung international tätiger Nichtregierungsorganisationen, deren Zahl zwischen 1951 und 2004 von 832 auf über 7300 stieg. Sehr erfolgreiche Beispiele sind die Menschenrechtsorganisation Amnesty International und Transparency International, eine NGO, die sich die Bekämpfung von Korruption auf die Fahne geschrieben hat. Mittlerweile vernetzen sich die NGOs auch untereinander stärker, um gemeinsame Ziele zu erreichen. Ein wichtiges Forum hierfür ist z. B. das Weltsozialforum, das sich als Gegenveranstaltung zu den Gipfeln der Welthandelsorganisation, dem Weltwirtschaftsforum und den Gipfeltreffen der Regierungschefs der G8-Staaten sieht.

Regionale internationale Organisationen

Parallel zu den Bemühungen auf internationaler Ebene setzten nach dem Zweiten Weltkrieg auch in Europa die Bemühungen ein, vor allem in wirtschaftlichen Fragen stärker miteinander zu kooperieren. Heute stellt die Europäische Union eine einmalige Form einer supranationalen Organisation dar, die weit über die zwischenstaatliche Kooperation im Rahmen einer internationalen Organisation hinausgeht. So vertritt z. B. die EU die Interessen aller EU-Mitgliedstaaten in Handelsfragen, also auch im Rahmen der Welthandelsorganisation. Auch in anderen Regionen arbeiten die Staaten mittlerweile in meist wirtschaftlich ausgerichteten Organisationen, wie z. B. der ASEAN in Asien, Mercosur in Südamerika und der Afrikanischen Union. Diesen Akteuren wird gerade für die Lösung regionaler Herausforderungen und Konflikte eine große Bedeutung beigemessen.

Multinationale Unternehmen

Durch den gestiegenen internationalen Handel mit Waren und Dienstleistungen und die Möglichkeiten einer modularen Produktionsweise hat sich in den vergangenen Jahrzehnten auch die Zahl und Bedeutung multinationaler Unternehmen (MNU) drastisch erhöht. Gegenwärtig existieren etwa 78 000 MNU mit rund 780 000 ausländischen Tochterfirmen. Sie wickeln einen großen Teil des Welthandels ab und werden damit zu wichtigen Akteuren für die Gestaltung der Globalisierung. Nicht zuletzt die gestiegene mediale Öffentlichkeit hat dazu beigetragen, dass viele „Multis" mittlerweile einen sog. Kodex zur Sozialen Verantwortung verabschiedet haben, in dem sie sich zur Einhaltung sozialer Mindeststandards verpflichten. Ein Beispiel hierfür ist das Unternehmen Tchibo, das wegen der schlechten Arbeitsbedingungen bei einigen seiner Textil-Zulieferunternehmen in Bangladesch in die Kritik geriet und in der Folge seinen „Social Code of Conduct" mehrfach überarbeitete.

Darüber hinaus haben sich rund 2900 Unternehmen dem UN Global Compact angeschlossen und sich in ihrem Handeln freiwillig auf die insgesamt 10 Prinzipien des Abkommens verpflichtet, in denen sich zentrale Grundwerte aus den Bereichen Menschenrechte, Arbeitsnormen, Umweltschutz und Korruptionsbekämpfung widerspiegeln. Kritiker werfen diesen Initiativen vor, viele Unternehmen würden sie lediglich zu PR-Zwecken benutzen und um Imageschäden (die für ein Unternehmen sehr teuer sein können) zu verhindern.

„Der globale Mittelstand"

Der globale Mittelstand – die Menschen, die über ein ausreichendes Einkommen verfügen, Zugang zu den Informations- und Kommunikationsmedien haben und aktiv an der Globalisierung teilhaben – macht nach Schätzungen des Worldwatch Instituts mehr als 1,7 Milliarden Menschen aus – mehr als ein Viertel der gesamten Weltbevölkerung. Ihr relativer Wohlstand ermöglicht ihnen neue Wahlfreiheiten bei ihrem Konsum und Lebensstil. In der Regel steigt mit dem Wohlstand aber auch der „ökologische Fußabdruck".

teamGLOBAL, „Akteure", www.bpb.de [01.12.2009]

V 4 Dimensionen der Globalisierung im Überblick

Im Diagramm auf der folgenden Seite sind Aspekte jeder der vier Entwicklungsdimensionen zusammengefasst, die für die Analyse der Ziele, Strategien und Realisierungschancen nachhaltiger Entwicklung wichtig sind und sich auf die einzelnen Ebenen beziehen lassen. An ihnen lassen sich auch Spannungsverhältnisse zwischen den Entwicklungsdimensionen, für die für eine gelungene Globalisierung Kohärenz gesucht werden muss, erkennen.

Aufgabe

Veranschaulichen Sie an einem Beispiel aus Ihrem Lebensumfeld die Verknüpfung der einzelnen Dimensionen und Ebenen.

	WIRTSCHAFT	POLITIK	GESELLSCHAFT	UMWELT
Welt	Internationale Arbeitsteilung, globale Wertschöpfungsketten, Weltmarkt mit Konkurrenz der Wirtschaftsstandorte, transnationale Unternehmen, Globale Finanzmärkte und Investoren, alternative Handelsformen wie z. B. Fair Trade, Ferntourismus als wichtiger Wirtschaftsfaktor für Entwicklungsländer	Vereinte Nationen, globale Strukturpolitik durch WTO, IWF, Weltbank, Weltkonferenzen und internationale politische Treffen (z. B. G8), militärische Hegemoniepolitik der USA, zunehmende Macht der Schwellenländer, internationale und Binnenkonflikte sowie Staatszerfall bedrohen Weltfrieden, Gefahren des internationalen Terrorismus und der organisierten Kriminalität, internationale Kooperation der Zivilgesellschaft	Wachstum und Verdichtung der Erdbevölkerung, verstärkte Kommunikation, Kontaktdichte und Interdependenzen zwischen heterogenen Strukturen, wachsende Ungleichheiten und soziokulturelle Konflikte zwischen pluralistischen, individualisierten Gesellschaften des „Westens" und Gesellschaften mit bindender einheitlicher Ausrichtung religiöser oder ideologischer Art, Armut, internationale Migration	Internationale Zusammenarbeit bei allen grenzüberschreitenden Umweltbereichen (Luft/Klima, Meere, Artenschutz), Technologietransfer insbesondere im Energie- und Biobereich, Substitution umweltgefährlicher Substanzen (z. B. FCKW), wissenschaftliche Zusammenarbeit zur Sicherung der Welternährung (Biotechnologie im Widerstreit mit biologischem Landbau), Abfallmanagement im weitesten Sinne
Transnationale Einheiten	Regionale Wirtschaftsbündnisse und -beziehungen mit unterschiedlichen Integrationsgraden	Regionalbündnisse und Zusammenschlüsse (EU, Afrikanische Union usw.), z. T. mit Machtdelegation durch Nationalstaaten	Medien, internationale Wissenschaft und Fachverbände, Kirchen, Kulturinstitute, internationale Sportverbände usw.	Regionalbündnisse und Zusammenschlüsse (z. B. Alpenraum) zur koordinierten Umweltpolitik
Nation, Staat	Volkswirtschaft, Wirtschaftssystem (z. B. Marktwirtschaft), Wirtschaftssektoren und ihr Wandel, informelle Strukturen (z. B. Subsistenz, Kleingewerbe in EL), Technologie/Energie	Nationales politisches System (z. B. Demokratie, Einparteienstaat), Repräsentanz gesellschaftlicher Gruppen in Parteien, Kontrolle der Macht (z. B. Gewaltenteilung), Freiheitsrechte (z. B. Presse), Menschenrechte, Partizipation, good governance	Bevölkerung und Nation, Zivilgesellschaft, kulturelle Identität und sozialer Wandel, Differenzierung vs. soziale Kohäsion, Solidarsysteme, Gesundheitswesen, Kultur, Sprache(n), Wissenschaft, Religion und Bildung, Kinder und Jugendliche	Nationale Umweltpolitik in Abstimmung (Kohärenz) mit den anderen Politikfeldern hinsichtlich der nationalen und grenzüberschreitenden Umweltfragen (z. B. Wassernutzung bei Flussanrainern), Durchsetzung und Kontrolle der Umweltnormen
Region, Provinz o. Ä.	Regionalstrukturen der Wirtschaftssektoren, Unternehmen, regionale Produktions- und Konsumstrukturen	Zentralisierung vs. Dezentralisierung (z. B. föderale Systeme), staatliche Präsenz in der Fläche	Regionale kulturelle, religiöse, ethnische Identitäten, Stadt-Land-Beziehungen, Mobilität	Überörtliche Gestaltung der Lebens- und Naturräume, Schutzgebiete usw., Probleme der Verstädterung, Landschaftsversiegelung
Gemeinde	Lokale Märkte, Direktvermarktung vor allem in der Landwirtschaft, ortsnahe Dienstleistung, Handwerk	Gemeinde als Basisdemokratie, Partizipation und Interessenausgleich in der Lebenswelt (Kohärenzmöglichkeiten)	Lokale Lebenswelt und Identität, Sicherung der Grundbedürfnisse und Existenzbedingungen, überschaubare Kooperation zwischen bekannten Akteuren, Wandel z. B. durch Verstädterung	Gemeinde als lokale Ebene des Interessenausgleichs zwischen Umwelt und Lebenswelt (z. B. Ressourcen- und Flächennutzung)
Familie, Kleingruppe	Familie als Wirtschaftseinheit: Arbeit und Einkommen, Konsum/Sparen, Ressourcennutzung	Familienpolitik als Instrument des sozialen Ausgleichs und der Zukunftsperspektiven	Familie als gesellschaftliche Kernzelle und Solidareinheit, Familienstruktur und Lebensform, Geschlechterrollen, Enkulturation	Familienfunktionen (Konsum, Ernährung, evtl. Produktion/Subsistenz) in Relation zur Umwelt
Individuum	„Homo oeconomicus": Ökonomisches Verhalten/Bedürfnisbefriedigung im Spannungsfeld zu anderen Motiven	Mündiger Bürger mit Grundrechten	Selbstbestimmung vs. soziale/kulturelle Abhängigkeiten, Jugend im Wandel	Persönliche – direkte und indirekte – Bezüge zur Umwelt (Abhängigkeit, Verhalten, indirekte „ökologische Rucksäcke")

V 5 Ursachen von Migration

Zur Erklärung von Wanderungsbewegungen unterscheidet die „traditionelle" Migrationsforschung Push- (Schub-) und Pull- (Zug-)Faktoren. Push-Faktoren sind die Bedingungen im Herkunftsland (oder in der Herkunftsregion), die als unbefriedigend oder bedrohlich empfunden werden. Als solche Faktoren werden genannt: materielle Not über die Diskriminierung als Minderheit und schleichende Umweltzerstörung bis zu Bevölkerungswachstum, Kriege, politische Verfolgung und Umweltkatastrophen. Pull-Faktoren sind demgegenüber die Bedingungen im Zielland, die ein besseres Leben versprechen und anziehend wirken. Solche monokausalen Verknüpfungen, vor allem im Blick auf die Push-Faktoren, bezweifelt die jüngere Migrationsforschung: „Nicht Armut schlechthin oder individuelle Lohnvergleiche mit reicheren Ländern lassen Menschen wandern, sondern die vorangegangene Störung und Zerstörung des gesellschaftlichen und wirtschaftlichen Milieus, in das ihr Leben eingebettet war. Wenn ein Land zum Abwanderungsland wird, dann ist es zuvor zum Hinterland degradiert worden." Ein Beispiel macht die Komplexität deutlich: Maßnahmen, von denen allgemein angenommen wurde, dass sie Auswanderung verhindern – zum Beispiel Investitionen in Entwicklungsländern oder die Förderung dort ansässiger exportorientierter Landwirtschaft und Produktion – hatten genau den gegenteiligen Effekt: die Entwurzelung der Menschen aus ihren traditionellen Wirtschafts- und Sozialstrukturen. Eine Kettenreaktion folgt: Die kommerzielle Landwirtschaft verdrängt die Subsistenzlandwirtschaft. Es entsteht ein „Überangebot" an ländlichen Lohnarbeitern, die auf dem Land keine Beschäftigung finden und in die Städte abwandern. Doch für viele endet die Binnenmigration in einer Einbahnstraße. Die Rückkehr vor allem in ländliche Gebiete ist verbaut, weil dort die Lebensgrundlagen zerstört sind. Das trifft insbesondere Frauen, die in den neuen industriellen Zonen oder Weltmarktfabriken arbeiten und oft schon nach kurzer Beschäftigungsdauer entlassen werden, um die Löhne niedrig zu halten und soziale Kosten zu sparen. Vielen Menschen bleibt dann nur noch die Auswanderung, vor allem wenn exportorientierte Wachstumsstrategien die Binnenwirtschaft des Landes geschwächt haben.

Thomas Geisen/Cornelia Wiß, „Weltmarkt für Arbeitskraft, Migrationsbewegungen in der globalen Weltwirtschaft", epd-Dritte-Welt-Information 3–4/2000, S. 3

Aufgaben

1 *Charakterisieren Sie den Zusammenhang zwischen wirtschaftlicher Globalisierung und Migration, wie ihn der Text aufzeigt.* → SwA

2 *Erläutern Sie, welche Motive Sie zum Auswandern bewegen würden, und ordnen Sie sie in den Zusammenhang von V 5 ein.*

3 *Gestalten Sie ein Modell, wie Migration von der Bundesregierung im Sinne Deutschlands beeinflusst werden kann.*

Zum Vertiefen und Weiterdenken

V 6 Migration: Ursachen und Folgen (Worst-Case-Szenario)

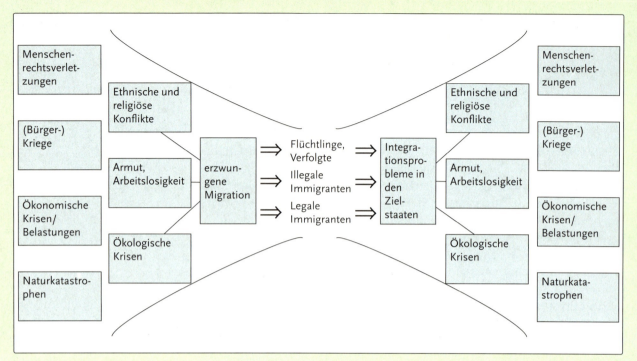

> **INFO**
>
> **Migration**
> Wanderungsbewegungen von Menschen, seien es Individuen oder Gruppen, die ihren bisherigen Wohnsitz längerfristig oder dauerhaft wechseln, unabhängig von den Motiven oder Ursachen, welche der Verlagerung des Wohnsitzes zugrunde liegen. Idealtypisch unterscheidet die Migrationsforschung hinsichtlich der Migrationsmotivation zwischen Flucht- und Arbeitsmigration und in Bezug auf die betroffenen politischen Einheiten zwischen grenzüberschreitender Migration [...] und Binnenmigration.
>
> Günter Rieger, „Migration", in: Dieter Nohlen/Rainer-Olaf Schultze (Hg.), Lexikon der Politikwissenschaft, Band 1: A-M, München 2002, S. 537

V 7 Push- und Pull-Faktoren nach Entwicklungsdimensionen

Push-Faktoren	Entwicklungs-dimension	Pull-Faktoren
Arbeitslosigkeit Rohstoffe sind nicht verfügbar oder zu teuer strategische Überlegungen der Internationalisierung hohe Lohn(neben)kosten hohe Steuern und Abgaben hohe Umweltauflagen, u. a. rechtliche Beschränkungen	⇒ Wirtschaft ⇒	Hochkonjunktur große Arbeitsnachfrage gute Verdienstmöglichkeiten gute Verkehrsanbindung Wirtschaftsförderprogramme

Push-Faktoren	Entwicklungs-dimension	Pull-Faktoren
Armut religiöse Verfolgung Unsicherheit (Geschlechter-, Rassen-)Diskriminierung ungerechte Besitzverteilung Abgeschiedenheit Überbevölkerung	⇒ Gesellschaft ⇒	gute Wohnmöglichkeiten Toleranz (z. B. religiöse, sexuelle) Bildungsmöglichkeiten entwickeltes Gesundheitssystem Freizeitangebot Kultur Selbstverwirklichungsmöglichkeiten
Katastrophen Landknappheit	⇒ Umwelt ⇒	Flächenangebot gute Klimasituation gesundes Ökosystem saubere Luft sauberes Wasser
politischw Gesetze Krieg hohe Steuern Enteignung (Geschlechter-, Rassen-)Diskriminierung	⇒ Politik ⇒	Sicherheit günstige Einwanderungsgesetze Möglichkeit illegaler Einwanderung (sexuelle) Akzeptanz Rechtssicherheit Frieden

V 8 Die Ströme der Armuts- und Wirtschaftsflüchtlinge

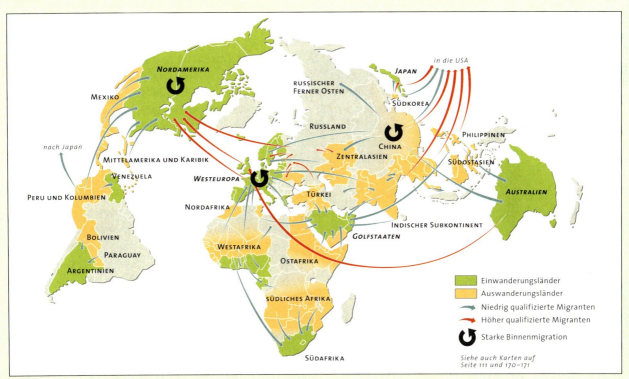

A. Gresh, J. Radvanyi, P. Rekacewicz, C. Samary, D. Vidal (Hg.), „Atlas der Globalisierung", Le Monde diplomatique/taz Verlags- und Vertriebs GmbH, Berlin 2009, S. 17

Aufgaben

1 Zeigen Sie anhand von V 5–8 auf, weshalb und für wen Deutschland ein Migrationsziel ist.

2 Erarbeiten Sie aus V 8 die Hauptwanderungsbewegungen, die weltweit zu beobachten sind, und überprüfen Sie diese Bewegungen im Hinblick auf die Push- und Pull-Faktoren.

3 Alternativ oder zusätzlich zu Aufg. 2: Nennen Sie Gründe für die hohe Binnenmigration in den drei markierten Regionen.

4 Entwerfen Sie ein Konzept, wie Deutschland mehr höher qualifizierte Migranten anwerben kann.

5 G Vergleichen Sie die derzeitigen Wanderungen mit den Migrationsbewegungen des 19. und 20. Jahrhunderts und stellen Sie Bezüge zu den in V 5, 6 und 7 dargestellten Gründen her.

→ SwA

V 9 Die große Wanderung

Elftausend Afrikaner sind in diesem Jahr [2006, Anm. d. Verf.] nach lebensgefährlicher Fahrt auf den Kanaren an Land gegangen. Ihre Zahl ist niedrig im Vergleich zu den 191 Millionen Menschen, die nach Schätzungen der Vereinten Nationen auf der Suche nach einem besseren Leben ihr Heimatland verlassen haben.
Ihre Zahl wächst stetig, ist aber von einer „neuen Völkerwanderung" weit entfernt. Für UN-Generalsekretär Annan verkörpern sie keine neuen Gefahren, sondern ein „ideales Mittel", um die Entwicklung der Herkunfts- wie der Aufnahmeländer voranzutreiben.
Einige Namen sind weltbekannt. Knapp ein Viertel der Spieler der französischen Nationalmannschaft wurde nicht in Frankreich geboren. Die Gesichter dieser „Fußball-Migranten" kennen Millionen, über Migranten ist dagegen wenig bekannt. Die meisten Menschen, die ihre Heimat verlassen, um ein besseres Leben zu suchen, zieht es in die reichen Industrieländer. Aber es sind längst nicht so viele wie bisher angenommen. Nach Einschätzung von UN-Fachleuten traf das im vergangenen Jahr nur auf ein Drittel des weltweiten „Migranten-Bestands" zu. Während 62 Millionen von Süden nach Norden wanderten, waren es etwa 60 Millionen, die ihren Wohnsitz von einem Entwicklungsland in ein anderes verlegten.
Die internationalen Migrantenströme können sich auch umkehren: Viele Jahrzehnte lang verließen zum Beispiel Italiener und Spanier ihre Heimat, weil es nicht genug Arbeit gab. Heute zieht es Tausende Menschen aus Osteuropa und der Dritten Welt dorthin. Aber auch Osteuropa und Russland ist für viele Migranten interessant geworden: Zwischen 2000 und 2004 hat Moskau allein die Zahl der Arbeitsgenehmigungen auf 400 000 verdoppelt.
Ohne Ausländer fehlen den Industrieländern schon bald Arbeitskräfte. Noch gibt es dort mehr einheimische Bewerber als freie Stellen. Schon in zehn Jahren werden aber für 100 Menschen, die in den Ruhestand gehen, nur 87 Nachwuchskräfte bereitstehen.
Da mehr Menschen sterben als auf die Welt kommen, werden die Industrieländer insgesamt mehr als 73 Millionen Menschen „verlieren" und damit zugleich

Vertrauen ist keine Frage der Herkunft.

Viele hoch qualifizierte Migranten können nicht in ihrem Beruf arbeiten, weil ihr Abschluss in Deutschland nicht anerkannt ist.

knapp ein Viertel ihrer bisherigen Arbeitskräfte. In den Entwicklungsländern werden dagegen noch über viele Jahre hinaus mehr Menschen geboren, als der Arbeitsmarkt verkraften kann.

„Nach allem, was man bisher weiß, hat Migration keine oder nur geringe Auswirkungen auf die Höhe von Löhnen und Arbeitslosigkeit", fasst der amerikanische Wirtschaftswissenschaftler Douglas Nelson den aktuellen Wissensstand zusammen. Auch andere Forscher kommen zu ähnlichen Ergebnissen: Konkurrenz sei höchstens zwischen Migranten und schlecht ausgebildeten Einheimischen zu beobachten – am stärksten haben andere Ausländer unter ihnen zu leiden, die schon länger im Land sind.

Für UN-Untergeneralsekretär Ocampo sind Migranten daher weniger Konkurrenz als Ergänzung. Immer mehr Einwohner in den Industrieländern studieren oder qualifizieren sich für anspruchsvollere Berufe. Deshalb fehlen oft diejenigen, die einfachere und oft „schmutzigere" Aufgaben übernehmen. Nicht alle diese Stellen lassen sich in Niedriglohn-Länder verlagern.

Gleichzeitig wächst der Bedarf an Menschen, die auf Kinder aufpassen und die wachsende Zahl an Alten betreuen, damit ihre Angehörigen berufstätig bleiben können. In vielen Ländern tun das Ausländer. Gleichzeitig werden mehr Migranten als Unternehmer aktiv und schaffen Arbeitsplätze.

Migranten sind nicht, wie oft angenommen, vor allem die Ärmsten der Armen. Ein großer Teil stammt aus Familien, die über ein mittleres Einkommen verfügen. Das ist nötig, um die Kosten und Risiken einer Ausreise schultern zu können. Ärmere kommen oft später nach. Sie können dann im Ausland auf die Hilfe der zuvor dorthin gezogenen Landsleute bauen.

Zugleich entscheiden sich auch immer mehr besser ausgebildete Menschen aus Entwicklungsländern für ein Leben im Ausland. Zwischen 1990 und 2000 wuchs allein die Zahl der Migranten, die aus Entwicklungsländern in OECD-Länder wanderten und eine Fachleuten zufolge „sehr gute Ausbildung" genossen hatten, von 12 auf 20 Millionen. Um sie ist ein Konkurrenzkampf entbrannt. Deutschland versuchte zum Beispiel mit wenig Erfolg mit einer „Green Card"-Regelung, Computerfachleute ins Land zu holen. Noch gehen aber rund zwei Drittel dieser Hochqualifizierten in die Vereinigten Staaten.

Volkan Callar: Bye-bye, Bundesrepublik. Schlechtere Jobchancen, kaum Heimatgefühle: Gerade hoch qualifizierte junge Deutschtürken nehmen Abschied von Almanya und gehen in die Türkei.

Die Hochqualifizierten fehlen jedoch in ihren Heimatländern. Verlieren die Entwicklungsländer durch den Wegzug von Softwarespezialisten, Medizinern und Fußballern mehr, als sie durch deren Geldüberweisungen nach Hause gewinnen? Das ist unter Fachleuten umstritten. Einige weisen darauf hin, dass der „Brain drain" (Abwanderung der Gehirne) nicht so schlimm sei, da das größere Problem „Brain in drain" sei – dass es also für viele gut Ausgebildete gar keine Arbeit gibt und sie in der Abwasserrinne (weitere Bedeutung des englischen Wortes „drain") landen.

In Großbritannien sind mittlerweile etwa 16 000 Krankenschwestern aus Afrika zu finden. In Sambia arbeiten nur noch 50 der etwa 600 seit der Unabhängigkeit des Landes dort ausgebildeten Ärzte. In Manchester sollen mehr Mediziner aus Malawi praktizieren als im afrikanischen Land. Es leuchtet ein, dass diese Fachkräfte in ihren Heimatländern fehlen – schon wegen der grassierenden Aids-Pandemie. Doch ist es schwer gegenzusteuern: In einem Abkommen mit Südafrika hatte sich zum Beispiel Großbritannien verpflichtet, keine Ärzte und Pfleger mehr abzuwerben. Daraufhin wichen diese in die Vereinigten Staaten und Kanada aus. Dorthin wandern auch immer mehr Briten aus, die zu Hause dann durch Fachpersonal aus der Dritten Welt, aber auch aus Osteuropa und Deutschland ersetzt werden.

Die Summen, die Ärzte wie Hilfsarbeiter in ihre Heimatländer überweisen, übertreffen dort oft längst schon Entwicklungshilfe und Investitionen aus dem Ausland. Nach Informationen der Weltbank schickten Migranten allein im vergangenen Jahr 173 Milliarden Dollar nach Hause in die Entwicklungsländer. Da aber ein großer Teil dieser Gelder nicht über Banken, sondern in bar oder auf anderen Wegen dorthin gelangen, nimmt man bei der Weltbank an, dass es sich in Wirklichkeit um bis zu 250 Milliarden Dollar handeln könnte. [...] Untersuchungen in den Philippinen zeigten, dass Kinder aus Familien, die von Zahlungen aus dem Ausland profitieren, weniger arbeiten und häufiger in die Schule gehen als Gleichaltrige, während sich viele Eltern selbstständig machen. [...] Mehr Geld überweisen Angehörige im Ausland immer dann, wenn ihre Heimat in Schwierigkeiten gerät. Das war während der jüngsten Unruhen in Nepal genauso zu beobachten wie während des Bürgerkriegs in Somalia. Fachleute sprechen von einem Rettungsring, der oft zuverlässiger ist als andere Nothilfe. Entwicklungshilfe wie dringend nötige Investitionen könnten diese Überweisungen aber nie ersetzen, denn sie seien das Geld von Privatleuten, das hauptsächlich die Konsumbedürfnisse ihrer Angehörigen befriedige.

V 10 Migranten leisten Entwicklungshilfe

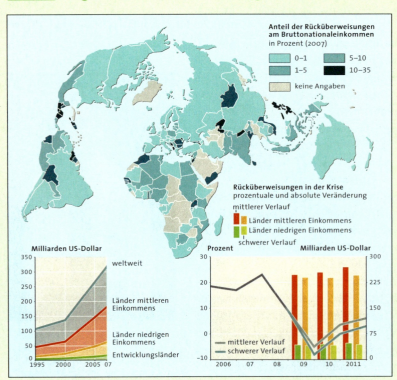

A. Gresh, J. Radvanyi, P. Rekacewicz, C. Samary, D. Vidal (Hg.), „Atlas der Globalisierung", Le Monde diplomatique/taz Verlags- und Vertriebs GmbH, Berlin 2009, S. 17

Anders als früher lassen sich heute viele Migranten nicht für immer im Ausland nieder. Viele pendeln zwischen neuer und alter Heimat, ziehen in andere Länder weiter oder kehren wieder ganz in ihr Ursprungsland zurück. „Es gibt
115 viel mehr Rückkehrer, als man bisher angenommen hat", sagt Hania Zlotnik. Manchmal ist ein regelrechter Bevölkerungsaustausch zu beobachten. So verließen in den vergangenen 40 Jahren knapp 38 Prozent aller Migranten die Niederlande wieder.

Hans-Christian Rößler, „Die große Wanderung", www.faz.net, 15.07.2006 [01.12.2009]

Aufgaben

1 Erstellen Sie zu den Aussagen des Textes eine Mindmap.

2 Erläutern Sie den Begriff „Brain-Drain" (Z. 67).

3 Erklären Sie die Tatsache, dass die Xenophobie (Fremdenfeindlichkeit und Fremdenangst) in Deutschland recht weit verbreitet ist, und widerlegen Sie typische fremdenfeindliche Parolen. Greifen Sie dabei auf die Aussagen des Textes zurück.

4 V 9 stellt Migration positiv dar. Erklären Sie, inwiefern sich aus Wanderungsbewegungen Herausforderungen und Chancen, insbesondere für Deutschland, ergeben.

5 Prüfen Sie, inwieweit Migration und Terrorismus gemeinsame Ursachen haben und mit der Globalisierung verbunden sind.

V 11 Wie wird Demokratie im Zeitalter der Globalisierung möglich?

Nicht der Kommunismus, ein Cartoon geistert um die Welt: Die spanischen Conquistadores betreten im Glanze ihrer Rüstungen und Waffen die Neue Welt. Ihr Hauptmann, hoch zu Ross und fahnenschwingend, ergreift das Wort: „Wir sind zu euch gekommen, um mit euch über Gott, Zivilisation und Wahrheit zu sprechen."
5 Und eine Gruppe verdutzt blickender Eingeborener antwortet: „Gewiss doch, was wollt ihr wissen?"
Die Szene ist leicht zu aktualisieren: Eine Gruppe global capitalists – vielleicht Manager von Siemens, vielleicht von Coca-Cola, das bleibt unerkennbar – steigt aus einem Interkontinental-Flugzeug und begrüßt die vom örtlichen Touris-
10 musbüro organisierte Tanzgruppe in ihren Blumengewändern: „Wir sind zu euch gekommen, um mit euch über Menschenrechte, kosmopolitische Demokratie und globale Nachbarschaft zu reden." „Gewiss doch", antworten die Beblümten, „welche Rechte haben die Türken in Deutschland?"
Was meint Weltbürgergesellschaft? Eine Welt, in der diese Szene nicht länger
15 ein Witz ist, sondern die Wirklichkeit beschreibt. Meine Idee der Weltbürgergesellschaft nimmt die versteckte Bedeutung des Cartoons beim Wort: Die westlichen Eroberer sind dazu verdammt, in den globalen Dialogen, die kommen werden, fürs Erste die Rolle des Zuhörers und Lernenden einzunehmen.
Hier zeigt sich das Demokratie-Dilemma im Zeitalter der Globalisierung: Wäh-
20 rend im Rahmen der demokratisch legitimierten, nationalstaatlichen Politik zu-

„Regional Global" Burkhard Mohr/CCC, www.c5.net

nehmend Nicht-Entscheidungen politisch legitimiert werden, werden im transnationalen Rahmen der scheinbaren „Nicht-Politik" nicht demokratisch legitimierte Entscheidungen von transnationaler Reichweite getroffen. Das „Regieren ohne Regierung" (Rosenau) in internationalen Organisationen ist ebenso notwendig wie demokratisch nicht legitimiert.

Die asiatische Finanzkasse und Europas Rinderwahnsinn werfen gleichermaßen die Frage auf: Wer setzt eigentlich über die Köpfe der Nationalstaaten hinweg und für diese verbindlich welche Normen und ist dazu wie legitimiert?

Aus diesem Demokratie-Dilemma gibt es so leicht kein Entkommen, vor allem aber auch kein Zurück in die Idylle der einzig wahren nationalstaatlichen Demokratie – was bemerkenswerterweise in Deutschland von prominenten Politikwissenschaftlern versucht wird. So will beispielsweise Fritz Scharpf transnationale Organisationen und Regime auf „autonomieschonende Entscheidungen" festgelegt sehen. Mit der Folge: Der transnationale Politikraum, etwa der Europäischen Union, aber auch internationaler Organisationen ganz allgemein, soll dem Prinzip der „Nationalstaatverträglichkeit" unterworfen werden.

Genau das meint die These vom Territorial-Bias der Sozialwissenschaften: Nur unter der Bedingung, dass die sozialräumlichen Organisationen sozialer Beziehungen mit dem staatlich kontrollierten Territorium gleichgesetzt werden, lassen sich „Gesellschaft", „Kultur" und „Demokratie" als zugleich zusammengehörige und funktional differenzierte Sektoren innerhalb eines Ganzen begreifen. Das Denken in der territorialen Falle des Nationalstaates unterstellt: Auch Demokratie entsteht und findet ausschließlich im „Container des Staates" statt.

Doch diese Annahmen gelten noch nicht einmal mehr mit Blick auf Europa, geschweige denn mit Blick auf die Globalisierung der Politik. Mit anderen Worten, die staatliche Politik verliert ihre territoriale Integrität und nationale

Identität. Ein Zurück zur nationalstaatlichen Demokratie ist nur noch als Fiktion möglich: Es gibt keine Demokratie in Europa mehr – es sei denn eine transnational erweiterte!

Ulrich Beck, Wie wird Demokratie im Zeitalter der Globalisierung möglich? Rede in der Paulskirche Frankfurt am 5. Juni 1998, www.rednerpreis.de [25.05.2010]

Aufgaben

1 Erläutern Sie das von Beck aufgezeigte „Demokratie-Dilemma" (Z. 19ff.).

2 Veranschaulichen Sie die Thesen Becks durch aktuelle Ereignisse.

V 12 Globalisierung und Demokratie?

Beim Handlungsraum der Politik handelt es sich um den geopolitischen Raum demokratischer Selbstbestimmung, der dem Territorialstaat entspricht, und dem Raum politischer Entscheidungsfindung. Der demokratischen Theorie zufolge sind beide Räume deckungsgleich: Nationalstaaten besitzen demnach die erforderliche Autonomie, um ihren Bürger das Selbstbestimmungsrecht einzuräumen. Wirtschaftliche und politische Entscheidungen werden jedoch zunehmend auf internationaler Ebene und folglich außerhalb der Reichweite demokratischer Willensbildung getroffen. Das Kongruenzprinzip, das den Betroffenen Einflussrechte auf politische Entscheidungen einräumt, wird durch diese Entwicklung geschwächt und verursacht das Demokratiedefizit der Globalisierung.
Das Internet fördert die Entwicklung, weil es räumliche Distanzen aufhebt und die Virtualisierung von Organisationen und Politiknetzwerken vorantreibt. Die verteilten Kommunikationsdienste des Internet lassen grenzüberschreitende Öffentlichkeiten entstehen. Digitale Kommunikationsnetzwerke gelten als Basis für neue Formen einer postnationalen Identität, die zugleich allgemeiner und regionaler ist als der Nationalstaat. Das WWW bewirkt die „Dezentrierung von Souveränität", schreibt Prof. Birgit Mahnkopf in ihrem Aufsatz „Probleme der Demokratie unter den Bedingungen ökonomischer Globalisierung und ökologischer Restriktionen".
Alle Demokratietheorien und -verfassungen sind auf den Territorialstaat zugeschnitten. An den Grenzen des Nationalstaats endet folglich der Wirkungsraum der Demokratie. Je mehr Entscheidungen jedoch in transnationale Gremien verlagert werden, desto größer werden die Demokratie- und Legitimationsdefizite in der Politikformulierung.
Lassen sich demokratische Verfahren nun auf transnationale Organisationszusammenhänge übertragen, oder nur innerhalb des Territorialstaats verwirklichen? In der sozialwissenschaftlichen Debatte tun sich zwei Lager auf, die sich als staats- und als problemzentriert charakterisieren lassen.
1. Die Mehrzahl der Demokratietheoretiker meint, dass kosmopolitische Demokratiemodelle zum Scheitern verurteilt sind, da der Erfolg demokratischer Verfahren einer gemeinsamen Kultur, Identität und Öffentlichkeit bedarf. Nur kollektive Identität schaffe Solidarität und Vertrauen in demokratische Verfahren. Solange es keine Weltgesellschaft mit einer globalen Öffentlichkeit und Identität gibt, kann es auch keine transnationale Demokratie geben, lautet ein häufiges Argument.

Jeanette Hofmann ist Mitglied der Enquetekommission des Bundestages zum Thema Internet und digitale Gesellschaft und ist seit 2006 auch Mitglied des Beratungsgremiums, das den UN Generalsekretär bei der Ausrichtung des Internet Governance Forums unterstützt.

Thomas Plaßmann/CCC, www.c5.net

Kritiker dieses staatszentrierten Demokratiemodells argumentieren, dass die Demokratietheorie immer in Spannung zur politischen Praxis gestanden hat. Je stärker sich die politische Arena von territorialen Orten entferne und zum Gegenstand transnationaler Verhandlungsnetzwerke werde, desto stärker stelle sich die Frage nach dem angemessenen Ort demokratischer Willensbildung.

2. Entgegen den Annahmen des territorialen Politikmodells wird unter den Anhängern des problemzentrierten Demokratiekonzepts verstärkt darauf hingewiesen, dass Demokratie als ein unvollendetes Projekt zu verstehen sei, das sich auch künftig kontinuierlich weiterentwickeln werde. Damit einhergehend ist ein wachsendes Interesse an neuen Formen grenzüberschreitender Willensbildung zu beobachten.

Obwohl das Angebot transnationaler Modelle gering ist, lassen sich doch einige Charakteristika benennen, die nicht-territorial gebundene Willensbildungsformen auszeichnen. Das wichtigste besagt, dass transnationale Politikformen keine Verlängerung nationalstaatlicher Politik sind. Solange mit einer Weltregierung nicht zu rechnen ist, entwickeln sich neue zivilgesellschaftliche Beteiligungsformen entlang der bestehenden sektoralen Regulierungsstrukturen.

Eine der zentralen Herausforderungen transnationaler Demokratiemodelle ist in dem Umstand zu suchen, dass sich Partizipationsrechte auf globaler Ebene nicht aus der territorialen Zugehörigkeit, sondern aus der „Betroffenheit" ergeben. Betroffen sind diejenigen, die die Folgen politischer Entscheidungen tragen sollen und sich dessen bewusst sind. Diese vage Bestimmung gehört zu den Grundproblemen nicht-territorialer Politikmodelle. Weil Mehrheitsentscheidungen unter diesen Bedingungen schwer durchsetzbar sind, müssen neue legitimitätsstiftende Willensbildungsverfahren entwickelt werden. Bei globaler Politik geht es um „generierende Politik", das heißt um Gestaltungsaufgaben, die mit ihrer konkreten Verhandlungsform zugleich immer auch ihre organisatorisch-politische Möglichkeitsform mitkreieren müssen.

Es wird davon ausgegangen, dass die Integration zivilgesellschaftlicher Interessen deliberative Demokratieformen erzeugt.

Der hohe Verhandlungsbedarf konsensorientierter Problemlösungsverfahren hat transnationale Demokratieprojekte dem Verdacht ausgesetzt, Legitimität auf Kosten von Effizienz zu erreichen: „Die Entgrenzung der Demokratie erschwert die Prozesse der demokratischen Willensbildung und politischen Identifikation", sagt Ulrich Beck in seinem Aufsatz „Das Demokratie-Dilemma im Zeitalter der Globalisierung". Demnach sind politische Problemlösungen entweder effizient oder demokratisch.

Allerdings wird davor gewarnt, Effizienz und Demokratie als bloße Gegensätze in der Bewertung von Problemlösungsverfahren zu betrachten. Politik, verstanden als Ermutigung von Akteuren, ihre Interessen zu artikulieren, sei Teil der Lösung, nicht Teil des Problems, wie so häufig unterstellt. Effektiv sei die Integration von betroffenen Akteuren, weil auf diese Weise Implementationsprobleme vermieden, die Folgebereitschaft erhöht und vorhandenes Wissen mobilisiert werden könne. Im Sinne einer effizienten Politik käme es mithin darauf an, auch auf internationaler Ebene Opportunitätsstrukturen für die Beteiligung von Interessengruppen zu schaffen. Diese müssten Solidarität und kollektive Identität nicht wie im Territorialstaat als gegeben voraussetzen, sondern hervorbringen.

Jeanette Hofmann, „Globalisierung und Demokratie?", www.bpb.de [25.05.2010]

> **INFO**
> Eine **deliberative Demokratie** betont die aktive Mitwirkung aller Bürger einer Demokratie im Sinne einer partizipatorischen Demokratie.

Aufgaben

1. Prüfen Sie anhand der Merkmale einer funktionierenden Demokratie den Einfluss der Globalisierung und beurteilen Sie, inwieweit hier ein Spannungsverhältnis entsteht.

2. Verfassen Sie einen Artikel für Ihre Schülerzeitung, die auf der Grundlage der Texte V 11 und V 12 für die Übertragung nationalstaatlicher Rechte (bspw. Haushaltsrecht) auf transnationale Organisationen spricht.

3. „Gleichwohl lohnt es sich für uns, die Nutznießer, dieses Modells [die Demokratie, Anm. d. Verf.] zu verteidigen, auch und gerade wenn man sich eingesteht, dass Demokratie mit Glaubens- und Meinungsfreiheit, mit Gewaltenteilung und Trennung von Religion und Politik ein eher seltenes Gewächs in der menschlichen Geschichte ist und wenig dafür spricht, dass es global triumphieren könnte." (R. Safranski, Wie viel Globalisierung verträgt der Mensch?, Hanser, München 2003, S. 60f.)
Diskutieren Sie die Chancen einer weltweiten Ausdehnung demokratischer Ideen. Beurteilen Sie auch Ihre eigene Rolle dabei.

Globalisierung

Außenpolitik

Außenpolitik wird traditionsgemäß von Staaten betrieben. Sie umfasst damit alle Handlungen zwischen zwei oder mehr Staaten (bilateral oder multilateral) oder mit nicht staatlichen Organisationen außerhalb des eigenen Staatsgebietes. Die zahlreichen Einflussfaktoren auf die Außenpolitik zeigen aber, dass bei jeder außenpolitischen Entscheidung auch innenpolitische Interessen betroffen sind. Daher ist die Außenpolitik im politischen System der Bundesrepublik nicht nur im Außenministerium, sondern auch im Verteidigungs-, Wirtschafts-, Entwicklungshilfeministerium und bei der Bundeskanzlerin angesiedelt. Der Rahmen für außenpolitisches Handeln wird durch das Grundgesetz abgesteckt. Zentral gilt hier der Artikel 1, der die Aspekte Schutz der Menschenrechte, europäische Einigung, völkerrechtliche Bestimmungen und die Ausübung staatlicher Souveränität festlegt.

Ziele deutscher Außenpolitik

Die Außenpolitik der Bundesrepublik Deutschland orientiert sich an fünf zentralen Zielen: Freiheit, Integration in die Europäische Union, Stabilisierung und Ausbau des transatlantischen Bündnisses, weltweite Achtung des Völkerrechts und Gestaltung einer kooperativen Sicherheitspolitik. Die Sicherung und Mehrung des Wohlstands ist als zentrale Staatsaufgabe immer zugleich Ziel der deutschen Außenpolitik. Damit hat Deutschland eindeutige außenpolitische Prioritäten gesetzt, die mit den Stichwörtern „Multilateralismus", „Einbindung in die Europäische Gemeinschaft" und „Fortführung der transatlantischen Beziehungen" sowie „Integration in das internationale Handelssystem" umschrieben werden können.

Aus diesen wenigen Zielen ergeben sich aber schwerwiegende Zielkonflikte, noch dazu, wenn die innenpolitische Sichtweise berücksichtigt wird. So sind wirtschaftliche Interessen nicht immer im Einklang mit Menschenrechtsfragen oder Umweltaspekten. Aus diesem Grund kann Außenpolitik auch nie isoliert betrachtet werden, sondern als Wechselspiel zwischen den betroffenen Politikfeldern: Sicherheitspolitik, Entwicklungspolitik, Wirtschaftspolitik und Kulturpolitik.

Durch die Zunahme supranationaler Räume, ausgelöst durch die Globalisierung, nehmen die Einflussmöglichkeiten von Nationalstaaten wie etwa Deutschland ab oder verändern sich grundlegend. Daher ist ein wesentliches Ziel der deutschen Außenpolitik, aktiv an der Gestaltung der Welt mitzuwirken.

Merkmale der Globalisierung

Die Globalisierung ist ihrem Wesen nach kaum zu definieren. Entweder ist eine Begriffsbestimmung zu wenig differenziert und somit zu ungenau, oder sie grenzt wichtige Aspekte aus. Als grundlegend kann jedoch die rasant beschleunigte Mobilität von Informationen, Geld, Waren und Menschen bezeichnet werden. Weitere Merkmale der Globalisierung sind: informations-, kommunikations-, verkehrstechnologische Innovationen, Mobilität des internationalen Finanzkapitals, außenwirtschaftliche Liberalisierung, Umwandlung großer Familienunternehmen in Management-Aktiengesellschaften und politische Interessen. Globalisierung zeigt sich in vier miteinander vernetzten Dimensionen:

- Politik: Wandel von einer bipolaren, zentralisierten Welt zu einer multipolaren, polyzentristischen mit neuen Machtverteilungsfragen;
- Umwelt: Erreichen der Grenze der Belastungsfähigkeit des globalen Ökosystems;
- Gesellschaft: wachsende Gemeinsamkeiten durch universale Wertvorstellungen, mitunter begleitet von einer kulturellen und ideologischen Fragmentierung;

- Wirtschaft: zunehmende internationale Verflechtung der Handels-, Produktions- und Finanzmarktbeziehungen.

Aus der Globalisierung ergeben sich tief greifende Veränderungen im gesamten politischen Geschehen und somit ergeben sich auch neue Chancen und vor allem neue Herausforderungen. Inwiefern es sich bei den einzelnen Gesichtspunkten um positive oder negative Folgen der Globalisierung handelt, ist stark von der Perspektive des Betrachters abhängig. Unbestrittene Herausforderungen stellen aber der internationale Terrorismus und die sich verstärkenden Wanderungsbewegungen, beides in engem Zusammenhang miteinander und mit der Umwelt- und Klimaentwicklung, dar. Jede der drei Entwicklungen kann Folge, aber auch Voraussetzung der jeweils verbleibenden Probleme sein.

Die erste zentrale Herausforderung ist die Bekämpfung des Teufelskreises der Konfliktdynamik. Demzufolge entstehen, häufig als Folge von Modernisierungs- und Liberalisierungsprozessen, in den betroffenen Staaten Unterentwicklung und Armut, was die Staaten zerfallen lässt und zu staatsfreien Räumen führt, in denen dann Bürgerkrieg und eine Zerstörung der sozialen Grundlagen sowie der Infrastruktur folgt. Aus diesem meist regional begrenzten Prozess ergeben sich dann Probleme für die Staatenwelt, weil Migration und Terrorismus mit dem genannten Ablauf eng zusammenhängen. Auch wenn die Globalisierung nicht zwingend als ursächlich verantwortlich gemacht werden kann, wachsen hier globale Probleme, die effektiv behandelt werden müssen. Die Symptome Migration und Terrorismus können nur durch eine nachhaltige Entwicklung von Demokratie und Wirtschaft in gefährdeten Staaten wirksam bekämpft werden. Die zweite zentrale Herausforderung ist der Umgang mit der Umwelt. Umweltschutz ist immer auch Lebensvorsorge, Konfliktverhütung und aktive Sicherheitspolitik, weil er die Lebensbedingungen innerhalb von Staaten und Regionen definiert. Umweltschutz und der internationale Klimaschutz sind zu einer der wichtigsten Herausforderungen der internationalen Staatengemeinschaft, aber auch jedes einzelnen Staates, geworden.

Internationale Kooperation

Aus der Dimension der Herausforderungen, die sich als Folge der Globalisierung herauskristallisieren, wird leicht ersichtlich, dass einzelstaatliches Handeln nicht ausreicht. Daher ist internationale Kooperation unverzichtbar. Deutschland bemüht sich durch einen offenen Multilateralismus in Krisen- und Konfliktsituationen wieder Frieden herzustellen. Aber auch innerhalb der großen internationalen Organisationen versucht Deutschland, Ergebnisse zu erreichen, die ermöglichen, die negativen Folgen der Globalisierung in den Griff zu bekommen. Damit wird ein Beitrag zur kooperativen Weltordnung geleistet, ohne die spezifischen Interessen Deutschlands aus dem Blick zu verlieren.

Ein weiterführendes Modell für eine kooperative Weltordnung stellt Global Governance dar. Dieses Weltordnungskonzept bezweckt ein Zusammenwirken von Regierungen, internationalen Organisationen und Nichtregierungsorganisationen. Hierbei sollen alle Handlungsebenen von der individuellen über die lokale und nationale bis zur Weltebene demokratisch einbezogen werden. Beispielsweise können sachbezogen arbeitende Regimes zum Thema Klimaschutz Strategien zur Problemlösung entwickeln, die dann nationalstaatlich akzeptiert und umgesetzt werden. Global Governance setzt zunächst nur die Bereitschaft zur Kooperation voraus, bedeutet in seiner Konsequenz aber Souveränitätsverluste der Nationalstaaten. Daher wird dieses Konzept noch wenig umgesetzt, obwohl diese Souveränitätsverzichte ohnehin bereits eine Folge der Globalisierung sind.

Aufgabe 1

Multiperspektivische Fallbetrachtung

Versuchen Sie, Lösungsansätze für folgende ernste Zielkonflikte zwischen Umwelt- und Entwicklungspolitik zu formulieren:
- Geschlossene Stoffkreisläufe (Recycling) mindern die Exportchancen der Entwicklungsländer für Rohstoffe, vergrößern damit Armut und dadurch bedingte Umweltschäden;
- die Verbesserung von Umweltstandards in Entwicklungsländern setzt Armutsbekämpfung und andere umfassende Strukturverbesserungen voraus;
- für viele Entwicklungsländer könnte die Forderung nach höheren Umwelt- und Sozialstandards ihre wirtschaftliche Konkurrenzfähigkeit bedrohen.

Horst Haitzinger/CCC, www.c5.net

Aufgabe 2

Plakatreihe

Details zu diesem Bild:
- Greenpeace-Aktivisten haben in Riau auf der indonesischen Insel Sumatra gegen das Abholzen der Urwälder für Palmölplantagen protestiert. Die Umweltschützer haben ein 20 mal 50 Meter großes Banner mit dem Konterfei von Bundeskanzlerin Angela Merkel auf kürzlich gerodeten Urwaldboden gelegt.
- Aufgenommen am: 27.10.2009, Copyright: © Greenpeace/Rante

Analysieren Sie den Hintergrund dieses Plakats und entwerfen Sie eigene Vorschläge für eine Plakataktion zum Thema „Umweltschutz und Klimawandel".

Erstellen Sie ein Dossier zu aktuellen zentralen außenpolitischen Ereignissen und Entscheidungen und ordnen Sie die jeweiligen Meldungen den entsprechenden Akteuren zu.

Aufgabe 3

Dossier

Interpretieren Sie die Karikatur. Berücksichtigen Sie dabei die besondere Situation Deutschlands.

Aufgabe 4

Karikaturanalyse

Klaus Stuttmann/CCC, www.c5.net

Kampf der Kulturen?
Eine weltweite Umfrage

Werten Sie die nebenstehende Statistik aus. Erläutern Sie dabei die erheblichen Unterschiede zwischen den einzelnen Ländern. Führen Sie die Befragung auch in Ihrem Kurs oder Ihrer Schule durch und präsentieren Sie die Ergebnisse.

Führen Sie in diesem Zusammenhang eine Podiumsdiskussion unter dem Motto „Kampf der Interessen?".

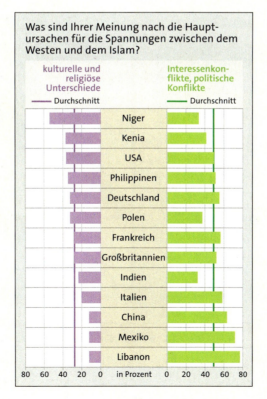

Aufgabe 5

Auswertung von Statistiken

Analyse eines Konflikts – der Nahe Osten

Wie realistisch ist Frieden ...

Barack Obama begrüßt den israelischen Ministerpräsidenten Benjamin Netanjahu (l.) und den Palästinenserpräsidenten Mahmud Abbas (r.) beim Nahost-Dreiergipfel in New York.

... wenn man lernt zu hassen?

Trennt die gemeinsame Geschichte die Konfliktparteien?

Wer sind die Beteiligten, was sind ihre Interessen?

Sind die Streitfragen zu komplex, um sie zu lösen?

... ist Frieden überhaupt möglich?

Zur Einführung

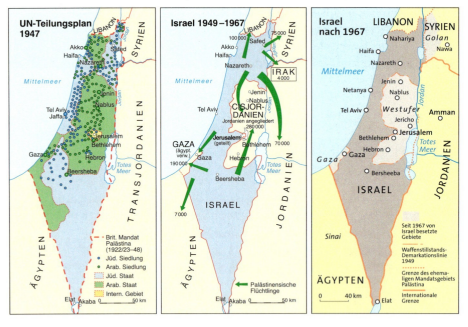

Im folgenden Kapitel zeigen wir Ihnen an exemplarischen Schritten, anhand welcher grundlegender Fragen sich ein komplexer internationaler Konflikt analysieren lässt. Dabei orientieren wir uns im Wesentlichen an dem auf der Methodenseite vorgestellten Leitfaden zur Analyse politischer Konflikte.

Ein wesentlicher, wenn nicht der wichtigste Schritt bei der Analyse von Konflikten und dem Versuch, eine Lösung herbeizuführen, ist das sogenannte Fact-Finding, für das wir zunächst exemplarische Materialien zur Verfügung stellen. Es geht darum, der Entstehung, den zentralen Konfliktfeldern und den Akteuren mit ihren spezifischen Anliegen Rechnung zu tragen. Ziel ist es, möglichst neutrale Informationen zusammenzutragen. Wir beginnen mit einer Darstellung der geschichtlichen Entwicklung. Daran anschließend wird auf zwei der fünf vermutlich relevantesten Konfliktfelder eingegangen. Von den Bereichen Rückkehrrecht der Flüchtlinge, zukünftiger Status Jerusalems, gerechte Verteilung der Wasserressourcen, Räumung von Siedlungen beziehungsweise des Westjordanlands und endgültige Grenzziehung wurden die beiden Letzteren als Beispiel ausgewählt. Zu jedem der beiden hier behandelten Hauptproblemfelder wird jeweils die israelische und die palästinensische Sichtweise dargestellt. Da eine der Schwierigkeiten dieses Konflikts darin besteht, einflussreiche Akteure zu lokalisieren, arbeiten wir auch in diesem Feld nur exemplarisch. So stellen wir Ihnen die israelische und die palästinensische Seite kurz vor und gehen auf jeweilige Unterstützerstaaten ein. Hierbei wird auch schon deutlich, im Zusammenhang mit dem vorhergehenden Kapitel, welche Interessen die beteiligten Gruppen vertreten. Daraus lassen sich dann beispielsweise die Eskalationsstufe oder die Folgenabschätzung erschließen.

Abschließend eröffnen wir Ihnen einen kurzen Einblick in den derzeitigen Stand der Verhandlungen und die konkreten Lösungsvorschläge.

Ob, wann, wie und durch wen dieser Konflikt jemals zu einem friedlichen Ende geführt wird, ist derzeit nicht absehbar. Sicher ist aber, dass eine intensive Analyse dieses Konflikts helfen kann, die geschehenen Fehler nicht zu wiederholen.

Konfliktanalyse

Das Ziel ziviler Konfliktbearbeitung ist nicht Sieg und Niederlage der anderen Seite. Es lässt sich vielleicht beschreiben als Verführung zur Gewaltfreiheit, zu mehr Gerechtigkeit, zu Versöhnungs- und Kooperationsbereitschaft, durch die Feindbilder und erstarrte Denkfiguren überwunden werden können. Die Beschäftigung mit ziviler Konfliktbearbeitung eröffnet einen anderen Blick auf die Krisen- und Kriegsregionen dieser Welt. Es geht nicht mehr nur um eine Analyse der Ursachen und Folgen, sondern um die Frage, welche zivilen Handlungsmöglichkeiten in den betreffenden Ländern ausgeübt werden oder von außen ergriffen werden könnten.

Andreas Buro, „Weichenstellung zu ziviler Konfliktbearbeitung in Europa", in: Wolfgang Vogt (Hg.), Frieden als Zivilisierungsprojekt, Nomos, Baden-Baden 1995, S. 74

Nachdem die weltpolitischen Umbrüche zum Ende des Ost-West-Konfliktes geführt haben, sind neue Konfliktformationen und -herde in den Blickwinkel des öffentlichen Interesses gerückt. Dafür sind nicht so sehr die Vielzahl der Kriege, sondern eine Reihe anderer Gründe verantwortlich. Durch die umfassende Medienberichterstattung wird die Grausamkeit auch mancher der lokalen Kriege mehr als jemals zuvor wahrgenommen. Hinzu kommt, dass die Berührungspunkte mit der eigenen Erfahrungswelt zunehmen und dadurch mitunter sogar das eigene Sicherheitsbedürfnis erschüttert wird.

Diesen „neuen Betroffenheiten" steht eine große Unsicherheit bei der Analyse der Konflikte gegenüber: Worin liegen die Ursachen für diese Konflikte, warum eskalieren sie? Wer trägt die Schuld? Wie können Menschen sich so viel Leid zufügen? Und: Wie kann von außen auf die Konfliktparteien eingewirkt werden, wie ist das Blutvergießen zu beenden oder gar zu verhindern?

Häufig werden mit Konflikten lediglich negative Assoziationen verbunden: Konflikte stören den Alltag, bringen psychische Verletzungen mit sich oder eskalieren in physische Gewaltanwendung. Diese eindimensionale Wahrnehmung wird in der Regel mit persönlichen Erfahrungen begründet, aber auch durch die Art der öffentlichen Diskussion über Konflikte wesentlich beeinflusst. Über Konflikte wird berichtet, wenn sie „drohen", das Gemeinwesen zu zerstören oder bereits die Schwelle zur Gewaltanwendung überwunden ist. Demgegenüber wird die Auffassung, dass Konflikte nicht nur zu einer pluralistischen Gesellschaft gehören, sondern gesellschaftlichen Stillstand verhindern und den notwendigen Wandel positiv beeinflussen und fördern können, kaum gestützt.

Neue Herangehensweisen und neue Denk- und Interpretationsansätze sind gefragt, um nicht – bewusst oder ungewollt – vorschnellen Urteilen über die Ursachen und die möglichen Bearbeitungsformen Vorschub zu leisten. Denn nur allzu häufig verführt die Undurchsichtigkeit und die Komplexität vieler Konflikte im Nah- und Fernbereich zu einfachen Erklärungsmustern, die in der Regel mit klaren Schuldzuweisungen verbunden sind. Dann sind es ausschließlich „die Amerikaner", die für die Eskalation verantwortlich sind, oder „das Öl". So werden nicht nur gesellschaftliche, politische und internationale Zusammenhänge unzulänglich vereinfacht, sondern Stereotype verstärkt, mitunter sogar Feindbilder gebildet, und militärische „Lösungen" gewinnen als scheinbar einfache Formen der Konfliktbearbeitung an Zustimmung.

Vor diesem Hintergrund wird deutlich, dass das Erfassen und Verstehen der unterschiedlichen Interessen der am Konflikt beteiligten Akteure sowie eine Beschreibung des Konfliktgegenstandes zu den unverzichtbaren Grundlagen jeglicher Konfliktanalyse gehört.

Aufgabe

Wenden Sie das Fact-Finding auf einen Konflikt in Ihrer unmittelbaren Umgebung (Schule, Gemeinde o. Ä.) an. Präsentieren Sie Ihre Ergebnisse und schildern Sie Ihre Erlebnisse.

Fact-Finding: Mehr als Informationsbeschaffung

Das Fact-Finding, oder „Tatsachenermittlung", gehört zu den Instrumentarien ziviler Konfliktbearbeitung und wird u. a. im Rahmen der Langzeitmissionen der OSZE angewandt.
Unter Fact-Finding versteht man generell die Entsendung einer Mission von Experten, um Tatsachen über einen Konfliktgegenstand, über die Entstehung des Konfliktes, die Anliegen der Konfliktparteien und die Gefahren der Eskalation zu ermitteln. Fact-Finding ist ein anspruchsvolles Unterfangen, denn bei einem „fact" soll es sich ja um eine nur schwer bzw. gar nicht zu widerlegende Tatsache handeln! Die Erstellung eines möglichst objektiven „Tatsachenberichts" durch unabhängige Beobachter oder eine Untersuchungskommission kann mit dazu beitragen, dass den Konfliktparteien eine andere Sichtweise auf den Konfliktgegenstand eröffnet wird und sie in der Lage sind, neue Wege für die Konfliktbearbeitung zu gehen.

Die Stufen der Konflikteskalation

Jeder Konflikt hat zwar andere spezifische Ursachen und ist für sich genommen einzigartig. Trotzdem lassen sich vor allem bei der Eskalation von Konflikten bestimmte Schemata herauskristallisieren, die sich immer wieder in ähnlicher Form wiederholen, und es lassen sich unterschiedliche Konfliktphasen erkennen. Für eine genaue Konfliktanalyse im Einzelfall ist es hilfreich, diese möglichen Eskalationsstufen zu kennen. Daraus erschließen sich auch Erkenntnisse, zu welchem Zeitpunkt ein Eingriff von außen sinnvoll sein kann oder ab welchem Zeitpunkt dies „zu spät" ist. Denn mit jeder weiteren Eskalation eines Konfliktes wird dessen Beeinflussmöglichkeit geringer.

Eskalationsstufen nach F. Glasl

1. Verhärtung:
Die Standpunkte verhärten sich und prallen aufeinander, aber es besteht noch die Überzeugung, dass die Spannungen durch Gespräche lösbar sind. Noch keine starren Parteien oder Lager.

2. Debatte und Polemik:
Polarisation im Denken, Fühlen und Wollen, Schwarz-Weiß-Denken, Sichtweise von Überlegenheit und Unterlegenheit.

3. Taten statt Worten:
Reden hilft nichts mehr. Strategie der vollendeten Tatsachen. Die Empathie geht verloren, Gefahr von Fehlinterpretationen.

4. Images Koalitionen:
Die Parteien manövrieren sich gegenseitig in negative Rollen und bekämpfen sich. Werbung um Anhänger.

5. Angriff und Gesichtsverlust:
Öffentliche und direkte Angriffe, die auf den Gesichtsverlust des Gegners zielen.

6. Drohstrategien, Erpressung:
Drohung und Gegendrohung. Konfliktbeschleunigung durch Ultimatum.

7. Begrenzte Vernichtungsschläge:
Der Gegner wird nicht mehr als Mensch gesehen. Begrenzte Vernichtungsschläge als „passende Antwort". Umkehrung der Werte. Ein kleiner eigener Schaden wird bereits als Gewinn bewertet.

8. Zersplitterung, totale Zerstörung:
Zerstörung und Auflösung des feindlichen Systems als Ziel.

9. Gemeinsam in den Abgrund:
Totale Konfrontation ohne einen Weg zurück. Die Vernichtung des Gegners zum Preis der Selbstvernichtung wird in Kauf genommen.

Vgl. Friedrich Glasl, Konfliktmanagement: Ein Handbuch zur Diagnose und Behandlung von Konflikten für Organisationen und ihre Berater, 9. Aufl., Bern/Stuttgart/Wien 2010, S. 233 ff., Illustrationen: Burkard Pfeifroth, Reutlingen, http://www.pfeifroth.de

Leitfaden zur Analyse ökonomischer und politischer Konflikte

Da jeder Konflikt anders strukturiert ist, sollten Sie für die Analyse eines bestimmten Konfliktes eine sinnvolle Auswahl unter den hier vorgestellten möglichen Fragen treffen.

1. Beschreibung des Konflikts und der Konfliktparteien
   - Welche Akteure sind (un-)mittelbar an dem Konflikt beteiligt?
   - Handelt es sich um einen Konflikt, bei dem die Konfliktparteien auf der gleichen Ebene stehen (symmetrischer Konflikt), oder verfügen sie über unterschiedliche Macht- und Einflussbereiche (asymmetrischer Konflikt)?

2. Problemdefinition
   - Worum geht es im Einzelnen bei dem Konflikt? Geht es um Inhalte materieller Art, um unterschiedliche Werte, um Macht, und/oder spielen nicht rationale, psychische Motive eine große Rolle?

3. Interessen- und Zieldefinition
   - Welche Interessen und Ziele haben die beteiligten Akteure?
   - Worin liegen die Unterschiede bzw. die Gemeinsamkeiten bezüglich der Zielvorstellungen der beteiligten Akteure?

4. Ursachenbeschreibung
   - Welche (historischen, kulturellen, politischen, wirtschaftlichen etc.) Ursachen für den Konflikt sind erkennbar?
   - Wie hat sich der Konflikt aus der Sicht der Kontrahenten entwickelt?

5. Mittelbeschreibung und Folgenabschätzung
   - Welche Mittel stehen den Konfliktparteien zur Verfügung, ihre Interessen und Ziele durchzusetzen, und welche Mittel gebrauch(t)en sie?
   - Welche Folgen gibt es bzw. sind aufgrund der Handlungsstrategien für die Akteure, Unbeteiligte, die Weltgemeinschaft etc. zu erwarten?

6. Konfliktlösungen
   - Welche Konfliktlösung streben die Konfliktparteien an?
   - Welche Folgen haben die von den Konfliktparteien angestrebten Konfliktlösungen für die Akteure, Unbeteiligte, die Weltgemeinschaft etc.?
   - Welche (auch rein theoretischen) alternativen Konfliktlösungen sind denkbar? Welche Folgen hätten diese Konfliktlösungen für die Akteure, Unbeteiligte, die Weltgemeinschaft etc.? Sind sie realisierbar?
   - Wie müssen internationale Organisationen, die auf die Konfliktprävention setzen, beschaffen sein und welche Aufgaben sollten diese Organisationen übernehmen?

7. Bewertung
   - Welche Schlussfolgerung für die Beschaffenheit internationaler Beziehungen lassen sich aus dem Konflikt ziehen?
   - Wie bewerten Sie den Konflikt, die Interessen und Ziele, die Konfliktlösungen oder die Lösungsansätze?
   - Welchen Schluss ziehen Sie persönlich bezüglich Ihres Verhaltens aus der Beschäftigung mit diesem Konflikt?

Aufgabe

Neben dem Nahostkonflikt werden in diesem Buch noch zahlreiche Konflikte erwähnt. Wählen Sie einen aktuellen Konflikt aus und analysieren Sie ihn.

1. Geschichte der Auseinandersetzungen zwischen Israelis und Palästinensern

14. Mai 1948 Gründung des Staates Israel	Am 14. Mai 1948 wurde der Staat Israel nach einem Beschluss der UN-Vollversammlung ausgerufen. Damit hatten die Menschen jüdischen Glaubens eine Heimat gefunden, nachdem sie in den im 19. Jh. gegründeten Nationalstaaten Europas angefeindet und verfolgt wurden. Die jüdische nationale Bewegung wählte Palästina mit seiner Stadt Jerusalem aufgrund ihrer religiösen Verbundenheit mit diesem Land. Für die dort lebenden überwiegend muslimischen Araber sah der UN-Beschluss einen eigenen Staat vor, der aber von ihnen abgelehnt wurde. Gleichzeitig waren die arabischen Nachbarstaaten ebenfalls gegen die Gründung des Staates Israel, sodass bereits in der Nacht vom 14. auf den 15. Mai 1948 Truppen Ägyptens, Transjordaniens (dem heutigen Jordanien), Syriens, des Iraks und des Libanons angriffen. Israel konnte den ersten arabisch-israelischen Krieg für sich entscheiden und seine Landfläche vergrößern. Hunderttausende Palästinenser verloren durch Flucht oder Vertreibung ihre Heimat, die Nachbarstaaten waren nicht bereit, diese aufzunehmen, sodass bis heute bestehende riesige Flüchtlingslager entstanden.
1956 Suezkrise	Nach einem Krieg gegen das benachbarte Ägypten 1956, der Suezkrise, blieb die Situation im Nahen Osten angespannt. Israel entnimmt seit 1963 große Mengen Wasser aus dem Oberlauf des Jordans, welcher der gesamten Region als Trinkwasserreservoir und als Bewässerungsquelle für die landwirtschaftlichen Gebiete dient.
1964 Gründung der PLO	In diesem Vorgehen sah die erste arabische Gipfelkonferenz einen Kriegsgrund. 1964 wurde auf Initiative des ägyptischen Präsidenten die „Palestine Liberation Organization" gegründet, die mit weiteren militanten Gruppierungen aus den Nachbarstaaten Sabotageakte und Überfälle auf israelisches Gebiet vornahm.
5. Juni 1967 Sechstagekrieg	Nachdem sich die Lage im Nahen Osten immer mehr verschärfte, startete Israel am 5. Juni 1967 einen Überraschungsangriff gegen seine Nachbarländer Ägypten, Irak, Jordanien und Syrien. Nach sechs Tagen waren die arabischen Truppen besiegt, zudem besetzte Israel unter anderem den Gazastreifen, die Golanhöhen, das Westjordanland und Ost-Jerusalem. Diese Gebiete waren für Israel von besonderer strategischer Bedeutung; so dienen die an Syrien grenzenden Golanhöhen im Osten noch heute als Hauptquelle israelischer Wasserversorgung. Den Nachbarn jedoch hatte der Sechstagekrieg eine schwere Niederlage beigebracht.
6. Oktober 1973 Jom-Kippur-Krieg	Am 6. Oktober 1973 holten Ägypten und Syrien zu einem Überraschungsangriff aus: Am höchsten jüdischen Feiertag, dem Versöhnungsfest Jom Kippur, marschierten Truppen auf die Sinaihalbinsel und die Golanhöhen. Nachdem die Israelis ihre Truppen mobilisiert hatten, konnten diese den Kriegsverlauf zu ihren Gunsten wenden und die fremden Truppen zurückdrängen. Der Krieg hatte globale Folgen: Die Vertreter der Erdöl exportierenden arabischen Staaten beschlossen, das schwarze Gold als politische Waffe einzusetzen, was die erste Ölkrise auslöste. Nach Vermittlungen des US-Außenministers Henry Kissinger konnte die Lage beruhigt werden.
März 1979 Friedensvertrag von Camp David („Land für Frieden")	Der ägyptische Staatspräsident Sadat und der israelische Regierungschef Begin unterzeichneten nach mehrjährigen Verhandlungen unter der Schirmherrschaft des amerikanischen Präsidenten Carter den ägyptisch-israelischen Friedensvertrag auf dem Feriensitz der amerikanischen Regierung in Camp David. Der Vertrag regelte das Verhältnis im Nahen Osten grundsätzlich neu und garantierte Israel Frieden gegen Abtretung von Land. Ägypten erhielt die Sinaihalbinsel von Israel zurück. Begin und Sadat wurde für ihre Bemühungen der Friedensnobelpreis des Jahres 1978 verliehen. Im Oktober 1981 wurde Sadat als Folge des vor allem in der arabischen Welt umstrittenen und von der PLO bekämpften Friedensvertrags von Islamisten ermordet.

Analyse eines Konflikts – der Nahe Osten

1982 Israel marschiert in den Libanon ein Beginn der ersten Intifada	Seit Mitte der 1970er-Jahre verübte die PLO vom Libanon aus Terroranschläge in Israel, sodass israelische Truppen 1982 in das nördliche Nachbarland einmarschierten. Die Zerstreuung der PLO in die arabische Welt gelang, gleichzeitig erwachte aber eine neue Form des palästinensischen Widerstandes: die Intifada (arabisch: sich erheben). Mit Steinen bewaffnet ging die palästinensische Bevölkerung in den besetzten Gebieten gegen jüdische Einrichtungen und israelische Soldaten vor. Vor allem die israelische Siedlungspolitik hatte zu einer neuen Eskalation der Gewalt beigetragen. Mit dem Zuzug von immer mehr Israelis wurden nicht nur das Land des Gazastreifens und des Westjordanlandes schrittweise in Besitz genommen, sondern auch die für die dort lebenden Menschen wichtige Wasserversorgung.
1993 Friedensvertrag von Oslo	Anfang der 1990er-Jahre schien ein Frieden in der Region in greifbarer Nähe. Delegationen aller am Nahostkonflikt beteiligten Parteien trafen sich wiederholt zu Gesprächen. 1993 unterzeichneten der damalige israelische Regierungschef Jizchak Rabin und der Präsident des 1988 proklamierten Staates Palästina, Jassir Arafat, nach Geheimverhandlungen in Oslo einen Rahmenvertrag, der einen Zeitplan für einen israelisch-palästinensischen Ausgleich vorsah und an dessen Ende ein von palästinensischer Seite lange erhoffter eigener Staat stehen sollte („Osloer Friedensprozess"). Strittige Fragen wie die Verteilung der knappen Wasserressourcen, die Zukunft des geteilten Jerusalem oder das Flüchtlingsproblem blieben ausgeklammert. Es folgte ein Friedensvertrag mit dem Anrainerstaat Jordanien. 1996 zog Israel seine Truppen aus den meisten Städten des Gazastreifens und des Westjordanlandes zurück. In den palästinensischen Gebieten konnten nun die ersten Präsidentschafts- und Legislativwahlen stattfinden.
4. November 1995 Tod von Jizchak Rabin	Dieser Friedensprozess wurde allerdings schlagartig gestoppt: Jizchak Rabin wurde von einem jüdischen Fanatiker ermordet. Die anschließend gewählte neue Regierung setzte die in Oslo erzielte Übereinkunft nie vollständig um.
Juli 2000 Scheitern von Camp David	Erst im Juli 2000 gab es unter der Präsidentschaft Bill Clintons, der den Geist Camp David an gleicher Stätte wiederbeleben wollte, eine neue Friedensinitiative. Die Bemühungen waren allerdings nicht von Erfolg gekrönt. Nach dem Scheitern brachen auch die in Oslo vereinbarten Regelungen zum Konfliktmanagement zusammen.
Herbst 2000 Beginn der zweiten Intifada (Al-Aksa-Intifada) Bau des Sperrwalls	Nachdem die Palästinenser mit einem erneuten Volksaufstand drohten, besuchte der israelische Politiker Ariel Scharon im Herbst 2000 demonstrativ den in Ost-Jerusalem gelegenen Tempelberg, um vor der Al-Aksa-Moschee die Ansprüche Israels deutlich zu machen. Der Besuch dieser für die Moslems heiligen Stätte löste eine blutige Spirale der Gewalt aus. Die zweite Intifada wurde von den Palästinensern – finanziell unterstützt von der iranischen Führung und der libanesischen Hisbollah-Partei – mit Molotowcocktails, Autobomben und Selbstmordattentaten geführt, um Schrecken und Terror im israelischen Alltag zu verbreiten. Israel reagierte mit der Zerstörung palästinensischer Siedlungen und der Wiederbesetzung autonomer palästinensischer Städte. Der Frieden rückte in immer weitere Ferne, zumal Israel 2002 damit begann, das Westjordanland mit einer bis zu acht Meter hohen Sperranlage aus Stacheldraht und Beton zu umzäunen.
2003 „Roadmap" (dreistufiger Friedensfahrplan) „Zwei-Staaten-Lösung"	Auch die 2002 von dem Nahost-Quartett, bestehend aus Vertretern der USA, EU, UNO und Russlands, vorgestellte sogenannte „Roadmap" (s. M 9, S. 275 f.) konnte keine Annäherung bringen. Ziel dieses Friedensplans war die Gründung eines palästinensischen Staates, im Gegenzug sollten die Palästinenser das Existenzrecht und die Grenzen Israels anerkennen („Zwei-Staaten-Lösung"): Dieses Ziel sollte in mehreren Schritten erreicht werden. Die Bemühungen verliefen aber damals im Sande.

1. Geschichte der Auseinandersetzungen zwischen Israelis und Palästinensern

11. November 2004 Tod Jassir Arafats	In den palästinensischen Gebieten führten die gewalttätigen Auseinandersetzungen der Intifada nicht zuletzt zu einem weitgehenden Zusammenbruch der öffentlichen Ordnung und Sicherheit und einer zunehmenden Militarisierung der Gesellschaft. Diese Dynamiken verstärkten sich mit dem Tod des langjährigen PLO-Vorsitzenden und Präsidenten Jassir Arafats am 11. November 2004, der als Ikone des palästinensischen Unabhängigkeitskampfes in allen politischen Strömungen Autorität genossen hatte. Die Hamas gewann zunehmend an Popularität.
Februar 2005 Waffenstillstand und Räumung des Gazastreifens	Nach dem Tod Arafats und der Wahl Abbas' zu seinem Nachfolger kam es zum Abschluss eines Waffenstillstands zwischen Israelis und Palästinensern im Februar 2005. Mitte des Jahres 2005 wurden alle jüdischen Siedlungen im Gazastreifen unter der Regierung des Ministerpräsidenten Scharon geräumt und auch das israelische Militär verließ das Stück Land.
25. Januar 2006 Hamas gewinnt Parlamentswahl	Die Hoffnung auf Frieden und Ruhe in den palästinensischen Autonomiegebieten erfüllten sich jedoch nicht. Vielmehr gewann die radikale Hamas, eine islamistische Terrororganisation, die bis heute Israel das Existenzrecht abspricht, die Parlamentswahlen am 25. Januar 2006 mit absoluter Mehrheit, was internationale Besorgnis auslöste, und die Spannungen zwischen der dem Präsidenten der Autonomiebehörde Abbas nahestehenden Fatah und der Hamas im Gazastreifen verschärften sich.
Juni/Juli 2006 Israelischer Einmarsch in den Gaza Offensive gegen die islamistische Hisbollah im Libanon	Nach der Verschleppung eines israelischen Grenzsoldaten marschierte die israelische Armee am 27. Juni erneut in den Gazastreifen ein. Als Reaktion auf die Entführung zweier weiterer israelischer Soldaten durch Vertreter des militärischen Flügels der libanesischen Hisbollah-Partei begann Israel am 12. Juli eine groß angelegte Offensive gegen die vom Libanon aus operierende Hisbollah. Der israelischen Armee gelang es nicht, ihre Kriegsziele, u. a. die Ausschaltung der Hisbollah im Libanon, zu erreichen. Die Hisbollah ließ sich als Sieger feiern und konnte einen Imagegewinn verbuchen, von dem auch die Hamas im Gazastreifen profitierte. Am 14. August trat ein Waffenstillstand in Kraft, der von UN-Soldaten überwacht wurde.
15. Juni 2007 Hamas übernimmt Kontrolle über den Gazastreifen	Nach einwöchigen Kämpfen mit Anhängern der Fatah von Palästinenserpräsident Mahmud Abbas übernahm die Hamas im Gazastreifen vollständig die Kontrolle. Seither beherrschte die radikalislamische Hamas den Gazastreifen, während die palästinensische Autonomiebehörde unter dem der Fatah nahestehenden Präsidenten Abbas das Westjordanland dominierte.
28. Oktober 2007 Wirtschaftssanktionen Israels	Nachdem die israelische Regierung den Gazastreifen im September zur „feindlichen Einheit" erklärt hatte, beschloss sie Wirtschaftssanktionen gegen das Palästinensergebiet.
27. November 2007 Konferenz von Annapolis	Der israelische Regierungschef Ehud Olmert und Abbas vereinbarten bei der Nahost-Konferenz in Annapolis die Wiederaufnahme von Friedensgesprächen. Die Hamas lehnten dies entschieden ab und verstärkten ihren Widerstand gegen die israelische Politik.
17. Januar 2008 Israel riegelt den Gazastreifen ab	Wegen anhaltender Raketen- und Granatenangriffe aus dem Gazastreifen riegelt Israel das Gebiet ab. Die Bevölkerung leidet unter Stromausfällen und Lebensmittelknappheit.
9. Juni 2008 Erneuter Waffenstillstand	Ein sechsmonatiger Waffenstillstand zwischen Israel und der Hamas tritt in Kraft, der unter Vermittlung Ägyptens ausgehandelt wurde. Das Abkommen sieht vor, die Straßensperren zwischen Israel und dem Gazastreifen schrittweise aufzuheben.

5. November 2008 Blockadeverschärfung	Die Hamas erklärte den Waffenstillstand mit Israel offiziell für beendet. Kurz darauf begann der Gazakrieg. Am 27. Dezember 2008 bombardierten israelische Kampfflugzeuge gleichzeitig Dutzende Stellungen der radikalislamischen Hamas im Gazastreifen. Zahlreiche Menschen sterben. Am ersten Tag sterben mehr als 200 Palästinenser.
19. Dezember 2008 Hamas kündigt Waffenstillstand auf Gazakrieg	Bei einem israelischen Militäreinsatz im Gazastreifen werden sieben Palästinenser getötet. Daraufhin werden aus dem Gazastreifen wieder verstärkt Raketen auf den Süden Israels geschossen. Israel verschärft die Blockade des Gazastreifens.
17. Januar 2009 Ende des Gazakriegs	Israel erklärte, die Kriegsziele erreicht zu haben und ruft einen erneuten, einseitigen Waffenstillstand aus, ohne die Sanktionen gegen die Palästinenser-Gebiete aufzuheben. Gleichzeitig kündigt Ministerpräsident Olmert an, Provokationen aus dem Gaza-Streifen durch die Hamas nicht unbeantwortet zu lassen.
10. Februar 2009 Vorgezogene Neuwahlen Sieg Netanjahus	Nach den vorgezogenen Neuwahlen am 10. Februar 2009 wird Benjamin Netanjahu, obwohl seine Likud-Partei nicht die stärkste Fraktion stellte, zum neuen Ministerpräsidenten gewählt; bald nach der Amtsübernahme am 31.03.2009 kündigte die israelische Regierung unter der Führung Netanjahus einen Ausbau jüdischer Siedlungen im Westjordanland und in Jerusalem an. Die Spannungen zwischen den Palästinensern und Israel verschärften sich erneut.

2. Politische Streitfragen im israelisch-palästinensischen Konflikt

M 1 Israelische Siedlungen – Notwendiger Schutz oder ein System der Apartheid?

Israelische Siedlungen bezeichnen verschiedene Wohnsiedlungen von jüdischen Zuwanderern oder Israelis in jenen Gebieten, die sich seit dem Sechstagekrieg von 1967 unter der militärischen Kontrolle Israels befinden oder befanden. Im
5 Westjordanland leben unter den rund 2,5 Millionen Palästinensern rund 240 000 israelische Siedler und rund 200 000 Siedler in Teilen Jerusalems, die 1967 annektiert wurden. Im Gaza-Streifen lebten bis zur Räumung durch die Israelis im August 2005 rund 7500 Siedler. Die Größe der einzelnen Siedlungen ist
10 sehr unterschiedlich: So besitzt die Siedlung „Modi'in Illit" im Westjordanland mehr als 32 000 Einwohner, nach Planung des israelischen Wohnungsbauministeriums sollen es bis zum Jahr 2020 150 000 Einwohner sein. Die Siedlung „Niran" hingegen, ebenfalls im Westjordanland gelegen, wird von nur knapp 60
15 Siedlern bewohnt.
Der überwiegende Teil der Siedler stammt nicht aus Israel selbst, sondern ist in Europa oder den USA geboren. Neben religiösen Gründen locken vor allem finanzielle Anreize und ideelle Unterstützung der jeweiligen israelischen Regierungen,
20 wodurch der Siedlungsbau vorangetrieben wird.

Karin Herzig, Ute Keßner-Ammann (Hg.), Politik im Wandel. Kursstufe 2, Schöningh, Paderborn 2007, S. 86

a) Die Siedlungen sind für den Staat Israel lebensnotwendig

Die Juden werden nicht gezwungen, in die Westbank zu ziehen, sondern kehren freiwillig an Orte zurück, an denen sie oder ihre Vorfahren lebten, bevor sie von dort vertrieben wurden. Hinzu kommt, dass diese Gebiete rein rechtlich niemals den Palästinensern gehörten, die in keinem Teil Palästinas je-
5 mals souveräne Staatsgewalt ausübten. „Die Juden haben ein ebenso großes Recht, sich in diesem Gebiet niederzulassen, wie die ansässige Bevölkerung, dort zu leben", so der ehemalige Minister der amerikanischen Johnson-Regierung Prof. Eugene Rostow.
10 Durch die Siedlungen werden die in den besetzten Gebieten lebenden Araber nicht vertrieben. Die Medien vermitteln manchmal den Eindruck, als müssten für jeden Juden, der in die Westbank zieht, mehrere Hundert Palästinenser fortziehen. In Wirklichkeit wurde die überwiegende Mehrheit der
15 Siedlungen in unbewohnten Landstrichen errichtet; aber auch durch die Handvoll jüdischer Siedlungen, die in oder in der

Jüdische Siedlung im Palästinensergebiet

Aufgaben

1 Stellen Sie die Argumente der beiden Texte einander tabellarisch gegenüber und zeigen Sie, inwieweit sie aufeinander bezogen werden können.

2 Arbeiten Sie das Kernanliegen der jeweiligen Seite heraus und versuchen Sie, einen Kompromiss herzustellen.

Nähe von arabischen Städten gelegen sind, wurde kein einziger Palästinenser zum Verlassen seiner Heimat gezwungen.

Etwa 80 bis 90 Prozent der Siedler leben in Gebieten, die praktisch als Vorstädte israelischer Großstädte wie Jerusalem und Tel Aviv gelten können. Dies sind Gebiete, die nach Ansicht fast der gesamten jüdischen Bevölkerung für die Sicherheit des Staates lebenswichtig sind.

Die unausgesprochene Ansicht vieler Kritiker der Siedlungspolitik ist es, dass die Voraussetzungen für den Frieden besser wären, wenn die Westbank „judenrein" wäre – eine Vorstellung, die zweifellos als antisemitisch bezeichnet würde, wenn es darum ginge, Juden aus New York, Paris oder London zu vertreiben. Juden daran zu hindern, in der Westbank – der Wiege der jüdischen Zivilisation – zu leben, ist jedoch sicherlich nicht weniger anstößig.

Nach: Mitchell G. Bard, Behauptungen und Tatsachen. Die Siedlungspolitik, in: Botschaft des Staates Israel – Berlin, http://berlin.mfa.gov.il, 22.06.06 [15.03.2007]

b) Die Siedlungen schaffen faktisch ein System der Apartheid

Das eigentliche Problem [der israelischen Siedlungen] liegt darin, dass die Siedlungen – von ihrer eindeutigen Illegalität nach dem Völkerrecht einmal abgesehen – die palästinensischen Gebiete im Wortsinne zersiedeln, dass sie wichtige palästinensische Städte, vor allem Ost-Jerusalem, wie einen Ring umschließen, den Aufbau einer zusammenhängenden palästinensischen Infrastruktur und den Ausbau palästinensischer Ortschaften behindern, dass Siedlungen und Siedlerstraßen die palästinensischen Gebiete zerteilen, damit den Waren- und Güterverkehr zwischen den Städten der Westbank erschweren und oftmals unmöglich machen. Jede neue Siedlung und jeder neue Außenposten einer Siedlung, auch wenn er nur, wie häufig, aus einer Reihe von Wohnwagen besteht, wird vom israelischen Militär gesichert, [geht] fast immer mit konkreten Behinderungen für die palästinensische Bevölkerung [einher] und schafft so auch immer neue Elemente der direkten physischen Besatzung und neue Konfrontationslinien. Jede neue Siedlung und jeder Außenposten verfestigt die Besatzung und bedeutet auch eine weitere Komplikation für spätere Verhandlungen.

Das Netz der Siedlungen und Siedlerstraßen hat faktisch ein System der Apartheid geschaffen. Nicht nur, weil die Siedlerstraßen israelischen Fahrzeugen vorbehalten sind, weil Autos mit israelischen Nummernschildern an den Kontrollpunkten der israelischen Armee, die den Übergang von der Westbank nach Ost-Jerusalem markieren, durchgelassen, die meisten, manchmal auch alle palästinensischen Fahrzeuge aber abgewiesen werden.

An den Grenzen zur israelischen Siedlung ist für Palästinenser häufig Schluss. (Siedlung im Gazastreifen, Anfang 2005)

[...] In der Altstadt von Hebron leben weniger als 500 radikale, bewaffnete jüdische Siedler unter israelischem Militärschutz. Wegen dieser Siedler ist ein Teil der Stadt, die sogenannte Zone „H-2", in der mehr als 30 000 Palästinenser wohnen, 1996 nicht an die palästinensische Autorität übergeben worden. Die palästinensischen Einwohner leben unter der Kontrolle des israelischen Militärs, sind ständigen Demütigungen der Siedler und zeitweise täglichen Ausgangssperren ausgesetzt, die ausdrücklich nur für die arabischen Einwohner, nicht für die Siedler, gelten.

Volker Perthes, Geheime Gärten. Die neue arabische Welt, Bonn 2005, S. 203–204

> **INFO**
>
> **Apartheid** (afrikaans: Trennung) ist die Bezeichnung für die Politik der Rassentrennung in der Republik Südafrika bis 1991. Dabei wurden Gesetze erlassen und Maßnahmen getroffen, die die weiße gegenüber der nicht weißen Bevölkerung privilegierte.

M 2 Die israelische Sperranlage – Verteidigungsmaßnahme oder Trennungsmauer?

Israel begann 2002 damit, eine bis zu acht Meter hohe Sperranlage aus Stacheldraht und Beton zu errichten, die das gesamte Westjordanland auf einer Länge von über 600 km umzäunen soll. Mit der zum Teil tief im palästinensischen Gebiet verlaufenden Sperranlage soll die Einreise nach Israel kontrolliert werden, um Anschläge palästinensischer Selbstmordattentäter zu verhindern. Die Palästinenser sehen darin jedoch die Schaffung einer De-facto-Grenze, die eine Rückgabe der von Israel besetzten palästinensischen Gebiete unmöglich machen würde. Darüber hinaus trennt der Zaun die Bewohner von den westlich des Zauns im Westjordanland befindlichen Grundwasserbecken ab.

Karin Herzig, Ute Keßner-Ammann (Hg.), Politik im Wandel. Kursstufe 2, Schöningh, Paderborn 2007, S. 92

a) „Notwendig, legitim und provisorisch"

Interview im Deutschlandfunk mit Shimon Stein, israelischer Botschafter in Berlin, geführt am 23.02.2004. Hintergrund des Gespräches war die Anhörung des internationalen Gerichtshofes in Den Haag, bei der es um die israelischen Sperranlagen ging.
Hans-Joachim Wiese: [...] Herr Stein, die Anhörung wird durch das gestrige Selbstmordattentat eines palästinensischen Terroristen überschattet, der in Jerusalem acht Menschen mit in den Tod riss. Der israelische Außenminister Schalom sagte gestern, dass dieser Anschlag die Notwendigkeit der Sperranlage erneut unterstreicht. [...] Niemand streitet ja Israel das Recht auf Selbstverteidigung ab, aber gibt Ihnen nicht die Verzweiflung und Verbitterung der Palästinenser, die dort zum Ausdruck kam, zu denken? Glauben Sie nicht, dass die Absperrung ganzer Dörfer den Terroristen erst richtig Zulauf verschafft?
Shimon Stein: Ja, Herr Wiese, ich habe zugehört und ich hoffe, dass Sie im Lauf des morgigen Programms auch ein Gespräch mit Vertretern der acht Familien führen werden, deren Kinder und Angehörige gestern dem Terror zum Opfer gefallen sind. Sie werden zugeben, wenn die Frage ist, was eigentlich Vorrang hat, das Recht auf Leben oder das Recht auf Qualität des Lebens, dass das Recht auf Leben Vorrang hat. Insofern müssen diese Familien, für die ich auch große Sympathien habe, sich die Frage stellen: Wie ist es eigentlich dazu gekommen, dass eines Tages Israel beschlossen hat, den Zaun zu errichten? Es scheint mir,

Israelische Polizisten und Sprengstoffexperten untersuchen am 22.02.2004 in Jerusalem das Gelände um das Wrack eines Busses. Im Vordergrund liegen Plastiksäcke mit Leichen. Bei dem Anschlag auf den Bus sind acht Menschen getötet worden. Mindestens 50 weitere wurden teilweise schwer verletzt, als sich der palästinensische Attentäter in die Luft sprengte. Mittlerweile haben sich die Al-Aksa-Brigaden zu dem Attentat bekannt. Der Täter soll aus Bethlehem stammen. Die Tat sei eine Reaktion auf die Verbrechen Israels, sagte ein Führer der Al-Aksa-Brigaden. Wo immer der israelische Feind präsent sei, werde es weitere Angriffe geben.

dass hier Ursache und Auswirkung nicht so sehr bedacht werden. Die Betonung liegt ja immer auf der Auswirkung und nicht auf der Ursache. [...]

Wiese: [...] Das Recht auf Selbstverteidigung, das sagte ich ja, streitet Israel ja niemand ab. Aber glauben Sie wirklich, dass es eine korrekte Art der Selbstverteidigung ist, diesen Zaun, von dem Sie sprechen, diese Sperranlage, nicht etwa an der grünen Grenze zu errichten, sondern mitten auf palästinensischem Gebiet? Glauben Sie nicht, dadurch werden erst die Terroristen motiviert?

Stein: Ob sie motiviert werden oder nicht, ich glaube, um die Motivation zu verringern, muss zunächst die palästinensische Behörde die notwendigen Maßnahmen treffen, zu der sie sich selbst [...] verpflichtet hat. [...] Der Zaun gilt als eine Abwehr, als Verteidigungsmaßnahme, und nicht als eine Terrormaßnahme. Darüber hinaus meine ich zu dem Verlauf des Zaunes – wir müssen zwei Punkte berücksichtigen: Der Zaun soll eigentlich erheblich zur Reduzierung der Selbstmordattentate beitragen. In den Abschnitten, in denen der Zaun verläuft, hat er dramatisch zu der Reduzierung des Terrors beigetragen. Zweitens müssen wir alles tun, um auf die humanitären Belange der Palästinenser einzugehen. Das werden wir weiter versuchen, denn das letzte Wort in Sachen Verlauf des Zaunes ist noch nicht gesprochen. Aber wie gesagt, wichtig ist, zu betonen, wie es eigentlich dazu gekommen ist, dass Israel sich gezwungen fühlt, über zwei Milliarden Euro hier auszugeben, um seine Bürger zu schützen. [...] Über die politische Grenze werden in Friedensverhandlungen die Entscheidungen getroffen werden.

Die Argumente sind heute einschließlich und alleine Sicherheitsargumente. Der Zaun ist notwendig, der Zaun ist legitim, und der Zaun ist provisorisch. Zäune können gebaut werden und können auch abgebaut werden. Das Leben von Menschen können wir leider nicht wiederherstellen. Dass es unangenehm ist, davon gehe ich aus, aber es handelt sich hier um den Vorrang des Lebens und nicht um die Qualität des Lebens. [...] Sich mit dem Leiden der Palästinenser zu identifizieren ist fein, aber sich mit dem Leiden der acht Familien zu identifizieren, scheint mir etwas viel Schwierigeres für manche hier zu sein.

Interview mit Shimon Stein, israelischer Botschafter in Berlin, am 23.04.2004 im Deutschlandfunk, www.dradio.de [21.06.06]

Aufgaben

1 Analysieren Sie die Argumentationsstruktur von Shimon Stein und beziehen Sie Stellung zu dieser Art der Argumentation.

2 Informieren Sie sich über den derzeitigen Stand des Mauerbaus und ziehen Sie eine Bilanz über die Folgen des Mauerbaus.

3 Recherchieren Sie die Standpunkte verschiedener internationaler Organisationen, wie beispielsweise des IStGH, der VN oder von Amnesty International, und gestalten Sie daraus eine Wandzeitung.

b) Frieden braucht Brücken, nicht Mauern!

Die Mauer, eine Kombination aus Beton und Zaun, wird durchgehend 8 m hoch, d. h. doppelt so hoch wie die Berliner Mauer sein. Wachtürme in Abständen von jeweils einigen Hundert Metern, Militärstraßen für bewaffnete
5 Patrouillen auf beiden Seiten, 6 m breite und 4 m tiefe Gräben für schweres Geschütz, elektrosensorische Drahtzäune entlang der Mauer: Sind das vorübergehende Maßnahmen? An den meisten Stellen ist das Bollwerk 100 m breit. Die geplante Länge kennt niemand. Schät-
10 zungen reichen von 600 bis 1000 km, wobei die Kosten pro Kilometer mit $1 Million angegeben werden. Die „Trennungsmauer" ist auf Dauer geplant. Die Mauer verläuft nicht entlang der sog. Grünen Linie von 1967. Nahezu überall östlich dieser Grenze errichtet, dringt sie tief
15 in die besetzten Gebiete ein. Fruchtbare Ländereien, Obst- und Olivenhaine, Wasserquellen, Häuser, Gärten, Straßen und Wege werden brutal zerstört oder von den Dörfern und Städten entkoppelt, denen sie als Lebensgrundlage dienen. Zur Annexion der Siedlungen in der
20 Westbank an Israel wird jede Verlängerung und jeder noch so unmenschliche Verlauf in Kauf genommen. Palästinensische Städte sind zum Teil gänzlich von der Mauer eingeschlossen, manche auf der westlichen Seite von ihren Nachbarorten im Osten abgegrenzt und iso-
25 liert. Der Verlauf der Mauer belegt schon in der ersten Phase ihres Baus unmissverständlich: Ihr Zweck ist nicht die Sicherung der Grenzen Israels, sondern die Untermauerung der Besatzungsherrschaft. Die „Trennungsmauer" manifestiert die „Friedensvision" der ehemaligen Scharonregierung: Ein loser Verbund palästinensischer Kantone unter der Herrschaft
30 Israels anstelle eines unabhängigen, souveränen und lebensfähigen Staates, Palästina, auf integriertem Hoheitsgebiet. Schon jetzt sind ca. 210 000 Palästinenser um ihre elementaren Menschenrechte gebracht. Kinder und Lehrer müssen auf dem Weg zur Schule Kontrollpunkte passieren, die willkürlich geöffnet und geschlossen werden. Ebenso Kranke und Ärzte auf dem Weg zum Krankenhaus,
35 Händler auf dem Weg zum Markt.
Diese Anlage ist ein Verstoß gegen das Völkerrecht, gegen die Menschenrechte und gegen die elementaren Grundrechte. Sie untergräbt alle Bemühungen um einen gerechten Frieden in Nahost.

Nach: Presseerklärung der Organisation „Jüdische Stimme für gerechten Frieden in Nahost (EJJP Deutschland)", Berlin, 07.02.2004, http://server.hagalil.com [21.06.06]

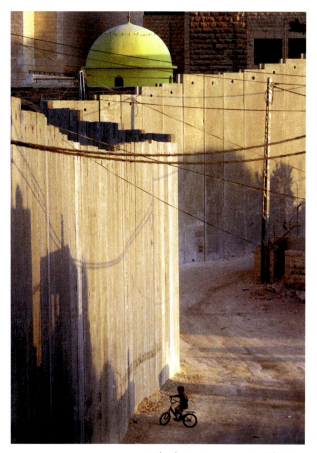

Israelische Grenzmauer in Palästina

→ M 12 › S. 280 f.

Aufgaben

1 *Erarbeiten Sie die drei fehlenden Konfliktfelder – Status Jerusalems, Rückkehrrecht von Flüchtlingen und Wasserverteilung – analog zu den beiden hier dargestellten und aktualisieren Sie gegebenenfalls obige Informationen.*

2 Teilen Sie Ihre Lerngruppe in fünf Konfliktgruppen und teilen Sie anschließend die Konfliktgruppen in eine „israelische" und eine „palästinensische" Kleingruppe.

a) Entwerfen Sie in Ihrer Kleingruppe ein Plakat, auf dem Sie die Informationen zusammenfassen und die Argumente zu Ihrem Thema aus Ihrer Sicht als „Israeli" bzw. „Palästinenser" festhalten.

b) Präsentieren Sie die Gruppenergebnisse und diskutieren Sie anschließend innerhalb der Hauptgruppe Ihr Thema vor dem Plenum.

c) Entwickeln Sie innerhalb der Kleingruppe einen Forderungskatalog mit Punkten, die aus Ihrer Sicht als „Israeli" bzw. „Palästinenser" bei Friedensverhandlungen beachtet werden müssen.

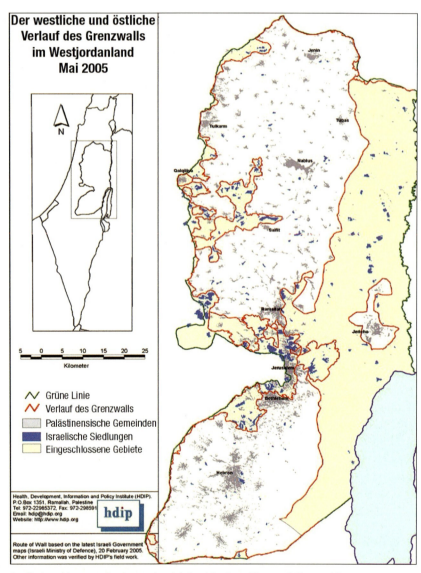

Quelle: http://www.medico-international.de/projekte/isrpal/images/hdip_map3.jpg

3. Der Nahostkonflikt: Die Positionen der Konfliktparteien

M 3 Der Gazakrieg – Ende des Friedensprozesses?

Nach mehr als drei Wochen Krieg herrscht im Gazastreifen eine Waffenruhe. Es ist zu hoffen, dass die Konfliktparteien ihre Verpflichtungen einhalten und nun schnell mit der Versorgung der palästinensischen Zivilbevölkerung begonnen werden kann, um die Not im Gazastreifen zu mindern. Der Blutzoll, den die Palästinenser im Gazakrieg zu entrichten hatten, war mit mindestens 1300 Toten und Tausenden Verletzten enorm. Kurzfristig hat der Gazakrieg Israel unter Umständen einen Sicherheitszugewinn gebracht, da Hamas personelle und materielle Verluste zugefügt wurden. Noch ist allerdings unklar, wie groß diese Verluste tatsächlich sind und ob Hamas nicht noch politischen Nutzen aus der Eskalation ziehen kann. Israels Ansehen hat durch das Vorgehen im Gazastreifen in jedem Fall erheblichen Schaden erlitten.

Die Hürden, um den Waffenstillstand in einen aussichtsreichen politischen Friedensprozess zwischen Israelis und Palästinensern zu überführen, sind hoch. Vor allem ein starkes Engagement der USA ist hierfür gefordert sowie eine Miteinbeziehung von Hamas und regionalen Akteuren wie Syrien und Iran. Trotz aller Rhetorik von US-Präsident Barack Obama ist allerdings unklar, welchen Platz der Palästinakonflikt auf der Agenda der neuen Administration einnehmen wird. Priorität in der Nahostpolitik dürften hier eher Iran und Irak genießen. Zudem sind die Palästinenser und in einem geringeren Maße auch Israel in sich gespaltene Akteure, deren Fähigkeit, einen Friedensprozess substanziell umzusetzen, nur eingeschränkt vorhanden ist. Eine nachhaltige Lösung des Palästinakonflikts ist mit dem Angriff wohl kaum näher gerückt. [...]

Michael Bauer, Christine Straßmaier, „Hintergründe und Folgen des Gazakriegs", in: CAP Aktuell 1/2009, www.cap-lmu.de [07.01.2010]

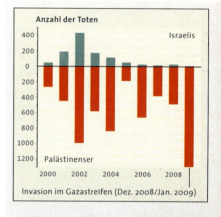

Invasion im Gazastreifen (Dez. 2008/Jan. 2009)

Eine junge Palästinenserin protestiert in der Nähe von Ramallah gegen die israelische Invasion in den Gazastreifen.

Quelle: Le Monde diplomatique, Atlas der Globalisierung 2009, S. 178

Aufgaben

1 Recherchieren Sie über Ursachen und Verlauf des Gazakriegs, der Ende 2008 ausbrach. Beziehen Sie die Schaubilder mit ein.

2 Analysieren Sie das Foto vor dem Hintergrund der Kräfteverhältnisse in dem Konflikt.

M 4 US-Nahost-Politik – Obama sucht Verbündete gegen den Iran

Die Regierung Obama setzt mit den Russen auf „reset". Ähnliches gilt für den weiteren Mittleren Osten, vom Zweistromland bis zum Hindukusch, und inmitten davon für die Frage, wem das Land zwischen Jordan und Mittelmeer gehört und wie zwei verfeindete Völker darin einen Modus Vivendi finden.
Der Besuch des neuen israelischen Regierungschefs Benjamin Netanjahu in Washington hat mehr Gegensätze herausgearbeitet als Gemeinsamkeiten. Eines jedoch ist unübersehbar: Die Haltung der Bush-Administration, sich auf die Rolle des wohlwollenden Zuschauers zurückzuziehen und den Kontrahenten alles Gute zu wünschen, ist nicht die künftige Linie Washingtons. Obama, das lässt er über viele Kanäle wissen, definiert die nationalen Interessen der USA im Nahen Osten neu. Der Nationale Sicherheitsrat empfiehlt Realpolitik statt Ausgrenzung, Gespräch statt Dämonisierung, ein Gesamtkonzept statt Autopilot für die wuchernden Konflikte. Dass dem Staat Israel vorher wie nachher im Interessenspektrum der USA eine privilegierte Stellung zukommt, steht nicht infrage. Doch zeichnet sich längst ab, dass Washington sich nicht von Jerusalem auf Wege mitnehmen lassen will, die amerikanischen Interessen zuwiderlaufen. Die Pax Americana soll in Washington definiert werden und nirgendwo sonst – was Obama zu Hause noch Schwierigkeiten machen wird.
So kam es, dass im Weißen Haus aneinander vorbeigeredet wurde. Obama besteht auf der Zwei-Staaten-Scheidung im Heiligen Land, garantiert von Weltgemeinschaft, Mehrheit der Araber-Staaten, vor allem aber den USA. Netanjahu sprach von der atomaren Bedrohung durch den Iran und was dagegen zu tun sei, notfalls unter Einsatz militärischer Mittel. Vom Weißen Haus bis zum Pentagon indessen herrschen Abwehr, Zweifel und die Entschlossenheit, sich nicht in Haftung nehmen zu lassen für einen Verzweiflungsschritt Israels, der nicht nur den Mittleren Osten vollends zum Höllenloch machen, sondern auch die Weltwirtschaftskrise in wahnwitzige Drehung versetzen würde.
Umgekehrt stellen die Israelis die berechtigte Frage, mit wem denn eine Zwei-Staaten-Lösung zu verhandeln wäre, und verweisen auf den dysfunktionalen Zustand der Palästinenser-Politik. Hamas, vom Iran finanziert und dirigiert, hält Gaza mit der Kalaschnikow unter Kontrolle. Das Westjordanland gehört der Fatah. Zwischen beiden stehen Hass, Rachedurst und tiefe Gegensätze: Nationalismus gegen Islamismus, Kompromiss gegen Kampf bis zum Sieg – das heißt bis zur Katastrophe des jüdischen Volkes. Hamas, auf sich selbst gestellt, kann Israel nicht wirklich gefährlich werden. Existenziell aber sind die iranische, oft wiederholte Drohung, den Staat Israel von der Landkarte zu tilgen, der nukleare Nachdruck hinter dieser Drohung und die Abdeckung, die iranische Nuklearwaffen den Kleinkriegen der Hisbollah im Norden und der Hamas im Süden bieten wür-

den. Das ist der Hauptgrund, warum das politische Israel, quer durch alle Parteien, die iranische Gefahr als existenziell begreift. In den sorgsam gewählten Worten des früheren Mossad-Chefs Ephraim Halevy geht es darum, den Iran „am Erwerb der Möglichkeit zu hindern, eine nukleare Waffe zu produzieren". [...] Obama setzt auf die konservativen Regime der arabischen Welt, die den Iran fürchten, den Palästina-Konflikt ruhigstellen und die radikalen Fraktionen zähmen wollen. Gelingt es Benjamin Netanjahu, diese Gesamtstrategie zu nutzen, hat Frieden eine Chance. Wenn nicht, dann nicht.

Michael Stürmer, „Obama sucht Verbündete gegen den Iran", www.welt.de, 26.05.2009 [06.01.2010]

Aufgaben

1 Skizzieren Sie mithilfe des Textes die Neuausrichtung der amerikanischen Nahostpolitik.

2 Erläutern Sie den Begriff „Zwei-Staaten-Lösung" (Z. 28f.).

3 Beurteilen Sie ausgehend vom Text die Chancen für eine neue Friedensinitiative im Nahen Osten.

4 Erarbeiten Sie aus dem Text Gefahrenfelder, die den gesamten Nahen Osten in ein „Höllenloch" (Z. 26) verwandeln könnten.

M 5 „Das ist Krieg" – der inner-palästinensische Konflikt

Im Gazastreifen bekämpfen sich Hamas und Fatah mit brachialer Gewalt, die gemeinsame Regierung droht zu zerfallen, die Lage für die Zivilisten ist verzweifelt. Die Friedensappelle von Präsident Abbas verhallen ungehört.

Der palästinensische Bruderkampf eskaliert: Hamas und Fatah liefern sich im Gazastreifen heftige Gefechte. „Das ist Krieg", sagte der verzweifelte Fatah-Sprecher Maher Magdad am Dienstag inmitten heftiger Kämpfe, bevor hunderte Milizionäre der radikal-islamischen Hamas sein Gebäude angriffen. Die Hamas erkämpft sich im Gazastreifen Schritt für Schritt die Kontrolle.

In einer Ansprache, die vom palästinensischen Fernsehen übertragen wurde, beschuldigte Fatah-Mann Magdad die Hamas, im Dienste ausländischer Kräfte zu handeln, die die Fatah von Palästinenserpräsident Mahmud Abbas auslöschen wollten. Mit dieser Umschreibung unterstellte er, dass der Iran die Hamas steuern würde. Hamas dagegen lässt keine Gelegenheit aus, die verfeindete Fatah zur Marionette der USA und Israels zu erklären.

Palästinenser-Präsident Mahmud Abbas forderte in einem dringlichen Appell eine sofortige Waffenruhe. „In meiner Funktion als Chef der Palästinenser-Regierung und oberster Chef aller Sicherheitskräfte und militärischen Einheiten rufe ich zu einem sofortigen Waffenstillstand und Gesprächen über ein En-

Die Hamas im Visier: Fatah-Kämpfer patrouillieren durch Nablus.

Analyse eines Konflikts – der Nahe Osten

Aufgaben

1 Sammeln Sie Informationen zu den beiden palästinensischen Organisationen Fatah und Hamas und präsentieren Sie Ihre Ergebnisse im Kurs.

2 Erläutern Sie, warum dieser palästinensische Bruderzwist konfliktverschärfend wirkt.

de aller Gewalt und der internen Kämpfe auf", hieß es in einer Erklärung, die von der amtlichen Nachrichtenagentur Wafa verbreitet wurde. Die brutalen Auseinandersetzungen hielten dessen ungeachtet an. [...]

In Sachen Folter und Mordbrennerei stehen sich die beiden Palästinenserorganisationen in nichts nach. Allerdings ist die Hamas deutlich besser organisiert. „Die Fatah-Kämpfer sind Banden, die sich um einzelne Anführer scharen. Es gibt keine vereinte Führung", sagt ein palästinensischer Beobachter. „Die Polizei ist unterbezahlt und unmotiviert. Die Hamas hat dagegen eine Armee zur Verfügung. Tausende Mann unter Waffen. Und es scheint, dass sie unerbittlich einen Plan umsetzen."

Die Führung der 30 000 Mann starken Nationalen Sicherheitskräfte in den Palästinenser-Gebieten hat unterdessen angeordnet, gegen die mitregierende Hamas-Bewegung vorzugehen. Die Anhänger von Präsident Mahmud Abbas unterstellen, dass Hamas einen islamistischen Putsch wolle – der niedergeschlagen werden müsse. Zivilisten im Gazastreifen sind schockiert über das Ausmaß der Gewalt. Die Verrohung wird einmal als Folge des Kampfes gegen Israel beschrieben, ein anderes Mal im Zusammenhang mit der allgemeinen Hoffnungslosigkeit im Gazastreifen gesehen.

dpa/Reuters, „Das ist Krieg", www.stern.de, 12.07.2007 [06.01.2010]

M 6 Syriens Schlüsselrolle im Nahen Osten

Noch vor wenigen Jahren schien das Ende des syrischen Regimes besiegelt. Nachdem George W. Bush und Jacques Chirac ihre Differenzen über den (von Paris 2003 nicht unterstützten) Irakkrieg beigelegt hatten, arbeiteten sie gemeinsam daran, die Machthaber in Damaskus politisch zu isolieren. Am 2. September 2004 forderte der UN-Sicherheitsrat mit der Verabschiedung der Resolution 1559 die Entwaffnung aller Milizen im Libanon und den Rückzug der syrischen Streitkräfte aus dem Nachbarland. [...]

Demonstration in Damaskus gegen israelische Angriffe auf den Libanon (Juli 2006)

Das Abkommen von Doha hat die Isolation Syriens beendet. Der französische Präsident Sarkozy hat Assad nicht nur zum EU-Mittelmeer-Gipfel vom 13. Juli 2008 nach Paris eingeladen, sondern fuhr kurz darauf auch zu einem Staatsbesuch nach Damaskus. Inzwischen hat die Europäische Union ihre Beziehungen zu Syrien auch formell wieder normalisiert. Und die Obama-Regierung hat ebenfalls erkannt, dass ihre Nahost-Initiativen ohne die Mitwirkung Syriens keinen Erfolg haben werden, weshalb der Nahost-Sonderbeauftragte George Mitchell im Juni 2009 das direkte Gespräch mit Präsident Assad gesucht hat.

Dass Damaskus wieder eine wichtige Rolle im Nahost-Friedensdialog spielt, zeigen auch die von der Türkei vermittelten indirekten Verhandlungen zwischen Syrien und Israel. Diese Gespräche sind allerdings seit der israelischen Gazaoffensive im Winter 2008/2009 ausgesetzt. Ob Syrien nun endgültig auf die diplomatische Bühne der Nahostregion zurückgekehrt ist, steht noch nicht fest und wird auch von der Haltung Israels abhängen. Die israelischen Politiker sind sich über die möglichen Zugeständnisse an Damaskus nicht einig, vor allem was den Rückzug von den syrischen Golanhöhen betrifft, die Israel seit dem Sechstagekrieg von 1967 besetzt hält.

Ebenso wichtig dürfte die Entwicklung der Beziehungen zwischen dem Iran und
30 den USA sein. Damaskus muss daran interessiert sein, dass das Regime in Teheran die Initiativen von US-Präsident Obama nicht völlig zurückweist.

Le Monde diplomatique, Atlas der Globalisierung 2009, S. 188

M 7 Natürliche Feinde? Iran und Israel zwischen radikaler Rhetorik und regionalen Interessen

Erst wenige Wochen sind vergangen, seit der mächtigste Rivale Israels im Mittleren Osten einen runden Geburtstag feierte. Am 22. Tag des iranischen Monats Bahman, der dieses Jahr auf den 10. Februar fiel, beging die Islamische Republik Iran den 30. Jahrestag von Khomeinis Revolution. Das Regime hatte aus
5 diesem Anlass, wie jedes Jahr zu diesem Datum, einen Massenaufmarsch auf dem Azadi-Platz, dem Platz der Freiheit, im Westen der Hauptstadt organisiert. Kurz vor zehn Uhr früh füllten Hunderttausende aus Teheran und den umliegenden Städten die riesige kreisrunde Rasenfläche. Viele waren mit eigens für diesen Tag angemieteten Bussen aus ihren Schulen, Fabriken und Büros ange-
10 karrt worden. Die Stimmung war ausgelassen wie auf einem Volksfest: Hubschrauber flogen im Tiefflug über die Menge und warfen Bonbons ab, Fallschirmspringer mit Farbdüsen an den Füßen glitten durch die Luft und malten bunte Streifen in den grauen Winterhimmel über Teheran. Und am Mikrofon auf der Ehrentribüne am Rand des Platzes machte ein Anpeitscher das Publi-
15 kum mit dem Standard-Repertoire der Revolution warm: „Marg bar Amrika – Marg bar Esraiil" – „Tod Amerika, Tod Israel!" brüllte er in die Menge – und erntete ein zehntausendfaches Echo. [...]

Die Episode vom Azadi-Platz ist ein kleines Lehrstück in iranischer Politik. Dessen Moral könnte man in etwa so zusammenfassen: Selbst der uns oft so irrlich-
20 ternd und ideologiegesteuert scheinende Hardliner im Präsidentenamt von Teheran macht offenbar sehr rationale Abwägungen, wenn es um die Strategie für den eigenen Machterhalt geht. Und: Die Rhetorik des Regimes in Teheran ist ein schlechter Politikindikator, und zwar um-
25 so schlechter, je radikaler sie klingt. Sie ist vielmehr eine Art schwer zu lesender Seismograf tiefer liegender Verwerfungen der inneriranischen Machtstruktur. [...]

Der iranisch-stämmige Politikwissen-
30 schaftler Trita Parsi von der John Hopkins Universität in Maryland hat in einer groß angelegten Studie die Beziehungen zwischen Iran und Israel zur Zeit des Schah und seit der islamischen Revolution unter-
35 sucht und verglichen. Er kommt zu einem überraschenden Ergebnis: „Der Konflikt zwischen Israel und Iran entstand nicht

Anti-israelische Proteste in Teheran im Dezember 2008

aus ideologischen Differenzen und was ihn bis heute am Leben erhält, hat nichts mit ideologischem Eifer zu tun. [...] So sehr die iranische Führung beabsichtigt haben mag, ihre ideologischen Ziele zu verfolgen: Kein Element ist in Irans Außenpolitik so dominant wie die geopolitischen Erwägungen. [...]"
Parsi weist nach, dass die Wurzel für das notorisch gespannte Verhältnis, das seit nunmehr drei Jahrzehnten zwischen offener Feindschaft, stillschweigender Akzeptanz und heimlicher Kooperation oszilliert, in einem strategischen Konflikt um die Vormachtstellung in der Region liegt, der zurückreicht bis in die Zeit des Schahs. Entscheidender Wendepunkt in diesem Konflikt ist laut Parsi nicht etwa die Islamische Revolution von 1979 gewesen. Sondern der Zerfall der Sowjetunion und die Schwächung der beiden anderen großen Rivalen um Hegemonie im Nahen Osten, Ägypten und Irak.
Einzig verbliebenes Züngelein an der Waage im Wettstreit Israels und Irans um die regionale Vorherrschaft sind heute die USA. So gesehen lassen sich viele Aspekte der Politik der beiden Rivalen als eine Art Buhlkampf um die Gunst der Amerikaner verstehen. Der ideologiestarre Konfrontationskurs Irans gegenüber Israel erscheint so in einem ganz anderen Licht: Als Ringen um Beachtung und Anerkennung der USA für Irans Gewicht und Machtanspruch in der Region. Umgekehrt kann man die Schreckensszenarien vom nahöstlichen Hitler mit Atomwaffen, die israelische Politiker und Lobbyisten so oft verbreiten, auch als strategisches Manöver lesen, das jegliche Annäherung der Amerikaner an den Iran im Keim zu ersticken sucht.
Die Rivalität zwischen Iran und Israel ist für die weitere Entwicklung im Nahen Osten viel entscheidender als der ebenfalls seit Jahrzehnten schwelende Konflikt zwischen Israel und Palästinensern. Ohne ein Ende der nun schon 30 Jahre währenden Isolation des Iran werden Frieden und Stabilität im Nahen Osten nicht zu erreichen sein.

Steffen Gassel, „Natürliche Feinde? Iran und Israel zwischen radikaler Rhetorik und regionalen Interessen", in: israel&palästina – Zeitschrift für Dialog, 4/2008, www.diak.org [06.01.2010]

Aufgaben

1 Erarbeiten Sie, wie Trita Parsi das spannungsgeladene Verhältnis zwischen Iran und Israel in den vergangenen Jahrzehnten erklärt.

2 Überprüfen Sie diese Interpretation vor dem Hintergrund der in diesem Kapitel dargebotenen Informationen auf ihre Schlüssigkeit.

3 Erörtern Sie die These des Textes, dass die Lösung des iranisch-israelischen Konflikts die eigentliche Herausforderung bedeutet.

M 8 Was tut die Europäische Union, um den Friedensprozess zu unterstützen?

Die Europäische Union bemüht sich seit Jahren um eine Friedenslösung im Nahen Osten. Als Teil des Nahost-Quartetts ist sie in den politischen Prozess eingebunden. Aufgrund ihrer Erfahrungen und Kompetenzen engagiert sie sich besonders beim Aufbau palästinensischer Staatlichkeit. Die EU leistet aber auch wertvolle Hilfe, um die Region als Ganzes bei den nötigen Strukturanpassungen zu unterstützen – etwa in den Bereichen Wirtschaft, Infrastruktur und Umwelt.
Nachdem das Nahost-Quartett über mehrere Jahre kaum in Erscheinung getreten war, bemühte sich Deutschland als EU-Präsidentschaft 2007 darum, das europäische Engagement wieder zu verstärken. Das Nahost-Quartett wurde wiederbelebt. Es kommt seitdem regelmäßig zusammen, sowohl auf Ministerebene als auch vertreten durch hochrangige Beamte.
Im Oktober 2007 ergriff Deutschland die Initiative zur Verabschiedung einer „EU-Aktionsstrategie" für den Nahen Osten, welche die Bemühungen von Israelis und Palästinensern um eine Friedenslösung flankieren soll. Die EU-Aktionsstrategie wurde im November 2007 von den EU-Außenministern verabschiedet und bildet die Grundlage der gemeinsamen EU-Nahost-Politik.

3. Der Nahostkonflikt: Die Positionen der Konfliktparteien

Ein neuer Versuch
Karikatur: Andreas Rulle

Aufgaben

1 Klären Sie den Begriff „Nahost-Quartett" (Z. 2)

2 Deutschland und die EU spielen traditionell eine bedeutende Rolle für den Nahen Osten. Interpretieren Sie vor diesem Hintergrund die Karikatur aus M 8.

3 Recherchieren Sie die Inhalte der EU-Aktionsstrategie.

Als Reaktion auf den Gazakonflikt um den Jahreswechsel 2008/2009 verständigte sich die EU auf Grundlage eines deutschen Vorschlags auf einen „Arbeitsplan" zu Gaza. Dieser Arbeitsplan umfasst sechs Punkte – sofortige humanitäre Hilfe, Verhinderung des illegalen Waffen- und Munitionshandels, dauerhafte Wiederöffnung der Grenzübergänge, Instandsetzung und Wiederaufbau, innerpalästinensische Versöhnung sowie Wiederaufnahme des Friedensprozesses – und definiert die jeweils erforderlichen nächsten Schritte zur Bewältigung der politischen, humanitären und wirtschaftlichen Folgen des Gazakonfliktes und hat einen dauerhaften Waffenstillstand zum Ziel.

Auswärtiges Amt (Hg.), „Was tut die Europäische Union, um den Friedensprozess zu unterstützen?", www.auswaertiges-amt.de [06.01.2010]

M 9 Westerwelle: Zwei-Staaten-Lösung ohne Alternative

Nach seinem Antrittsbesuch in Israel betonte Außenminister Guido Westerwelle (FDP) bei der zweiten Station seiner Nahostreise in Ramallah, dass es dauerhaften Frieden für Israelis und Palästinenser nur im Rahmen einer umfassenden und gerechten Zwei-Staaten-Lösung geben werde.

„Dazu brauchen wir möglichst schnell den Wiedereinstieg in direkte Verhandlungen", erklärte Westerwelle nach einem Gespräch mit dem palästinensischen Premierminister Salam Fayyad. Der Nahost-Friedensprozess müsse so schnell wie möglich wiederbelebt werden, unterstrich der deutsche Außenminister.

Das Gelingen einer Zwei-Staaten-Lösung hänge aber auch entscheidend vom Aufbau effektiver staatlicher Strukturen in den palästinensischen Gebieten ab. Daher unterstütze die Bundesregierung den Zwei-Jahres-Plan von Premierminister Fayyad, der genau dieses Ziel verfolge. Fayyad dankte dem Bundesaußenminis-

Außenminister Westerwelle mit dem palästinensischen Premierminister Salam Fayyad

INFO

Die **Roadmap** ist ein dreistufiger Friedensplan, bei dem sich beide Seiten (Palästinenser und Israelis) gegenseitig zu gleichzeitigen Schritten der Annäherung verpflichtet haben.

In der **ersten Phase** bedeutet dies für die Palästinenser beispielsweise Maßnahmen zur Unterbindung von Terror, den Aufbau demokratischer Strukturen, die Ausarbeitung einer Verfassung, die Reform des Sicherheitsapparats sowie die Abhaltung freier und fairer Wahlen. Von israelischer Seite werden gleichzeitig Erleichterungen für den Aufbau funktionierender gesellschaftlicher, staatlicher und wirtschaftlicher Strukturen sowie ein Stopp im Siedlungsbau erwartet.

Die **zweite Phase** sieht die Schaffung eines unabhängigen palästinensischen Staates mit vorläufigen Grenzen und Merkmalen der Souveränität vor, als Zwischenstation auf dem Weg zur **dritten Phase**, einer Einigung über den endgültigen Status unter Einbeziehung der Fragen Grenzen, Flüchtlinge, Jerusalem und Siedlungen.

Der Text der Roadmap geht auf europäische Vorarbeiten zurück, an denen Deutschland maßgeblich beteiligt war. Das sogenannte Nahost-Quartett – bestehend aus EU, USA, Russland und dem Generalsekretär der Vereinten Nationen – hat die Roadmap ausgearbeitet und überwacht die Umsetzung.

Beide Parteien haben das Dokument, das ihnen am 30. April 2003 übergeben wurde, als verbindlich akzeptiert. Am 19. November 2003 indossierte der Sicherheitsrat der Vereinten Nationen die Roadmap mit der Resolution 1515.

Auswärtiges Amt (Hg.), „Roadmap – Der Friedensplan für Nahost", www.auswaertiges-amt.de, 16.10.2009 [06.01.2010]

---

ter für die deutsche Unterstützung. Diese erfolge nicht nur durch Hilfsgelder. Sie sei auch politischer Natur und helfe beim Aufbau palästinensischer Strukturen und Institutionen. Westerwelle sagte zu, dass die Bundesregierung ihr Engagement fortsetzen und ausbauen wolle.

Befragt nach dem Stand der Gespräche zwischen Israel und der Hamas und einer möglichen deutschen Vermittlerrolle bat der Bundesaußenminister um Verständnis, dass er sich mit Rücksicht auf die laufenden Gespräche nicht im Detail äußern könne. Er hoffe auf ein „menschlich gutes Ergebnis" der Verhandlungen.

In Jerusalem setzte Westerwelle seine Gespräche mit der israelischen Regierung fort. Neben Israels Staatsoberhaupt, Shimon Peres, kam er erneut mit seinem Amtskollegen Avigdor Liebermann zusammen.

Peres warnte, der Nahe Osten befinde sich am Scheideweg. Erfolg und Scheitern lägen nah beieinander. Während es gelungen sei, politische Gegensätze zu reduzieren, hätten sich die psychologischen Barrieren vergrößert.

Westerwelle betonte, deutsches Ziel sei eine gerechte Zwei-Staaten-Lösung, mit einem Staat Israel, der von allen Nachbarn anerkannt und respektiert werde und dessen Bürger in Frieden und Sicherheit leben könnten. Und mit einem lebensfähigen palästinensischen Staat. Der Nahost-Fiedensprozess müsse wieder zum Leben erweckt und in eine regionale Stabilisierung eingebettet werden.

Auch das Thema der israelischen Siedlungen sparte der Außenminister nicht aus. Deutschland stehe zu den Vereinbarungen der Roadmap [s. INFO]. Diese sehen unter anderem vor, die israelischen Siedlungsaktivitäten einzufrieren. Westerwelle bezeichnete Fortschritte in der Siedlungsfrage als „wichtigen Baustein", um den Friedensprozess wieder in Gang zu bringen.

Thema in allen Gesprächen mit der israelischen Regierung war das iranische Atomprogramm. Westerwelle erteilte einer nuklearen Bewaffnung des Iran erneut eine klare Absage: Eine solche Entwicklung sei für die internationale Staatengemeinschaft inakzeptabel. „Die Sicherheit Israels ist für uns Deutsche nicht verhandelbar." Deutschland wolle im Einklang mit seinen Partnern eine Verhandlungslösung. Die Geduld der internationalen Gemeinschaft sei jedoch „nicht unendlich". Sollte sich die iranische Regierung nicht auf dem Verhandlungsweg von der Option einer atomaren Bewaffnung abbringen lassen, dann seien auch neue Sanktionen eine Möglichkeit.

FDP (Hg.), „Westerwelle: Zwei-Staaten-Lösung ohne Alternative", www.liberale.de, 25.11.2009 [06.01.2010]

Aufgaben

1 Erarbeiten Sie aus dem Text die außenpolitischen Positionen Deutschlands gegenüber Israel.

2 Außenminister Westerwelle fordert mehrfach die Wiederaufnahme des Friedensprozesses. Zeigen Sie ausgehend von M 9 und vom INFO-Text die Schwierigkeiten für Friedensverhandlungen auf.

3 Erörtern Sie, ob Deutschland aufgrund seiner Geschichte eine moralische Verpflichtung für die Sicherheit Israels hat.

4. Hoffnung auf Frieden? – Ein kurzer Ausblick

M 10 Israel und Hamas rüsten sich für neuen Waffengang

Die Hamas wollte die Blockade des Gazastreifens knacken, Israel den Beschuss mit Raketen stoppen – so begann vor einem Jahr der Gazakrieg. Weil keine Seite ihr Ziel erreichte, halten Analysten eine erneute Eskalation des Konflikts für unausweichlich. Das Rüsten hat bereits begonnen.

Gestern Krieg, heute Ruhe, morgen vermutlich wieder Krieg. [...] Analysten sind
5 sich weitgehend einig, dass es in näherer Zukunft zu erneuten Kämpfen zwischen den Islamisten der Hamas und Israel kommen wird. Obwohl beide Seiten sich als Sieger des Krieges darstellen, kann keiner der Kontrahenten ernsthaft behaupten, er habe sein Ziel für den Waffengang 2008 erreicht. Israel wollte die Hamas ausschalten, den (Waffen-)Schmuggel in den Gazastreifen unterbinden,
10 den Beschuss durch Kassam-Raketen stoppen. Die Hamas, die den Krieg durch massiven Raketenbeschuss über die Weihnachtstage im vergangenen Jahr heraufbeschwor, wollte Israel dazu zwingen, seine dreijährige Blockade aufzuheben. Sie hatte das Wirtschaftsleben in dem von etwa 1,5 Millionen Palästinensern besiedelten Küstenstreifen zum Erliegen gebracht.
15 Doch trotz gegenteiliger Abmachungen hält Israel die Grenzen zum Gazastreifen immer noch weitgehend geschlossen. Damit setzt Jerusalem den einzigen greifbaren Erfolg aufs Spiel, den es nach dem Krieg vorweisen konnte: das Ende des Raketenbeschusses seines Territoriums. Sollte dem Gazastreifen noch länger die Luft zum Leben abgedrückt
20 werden, wachse die Gefahr, dass die Hamas ihre Taktik bald ändere, warnen Beobachter in Gaza. Dann könnten wieder Kassam-Raketen fliegen. [...] Die Hamas macht keinen Hehl daraus, dass sie sich auf eine erneute Schlacht mit Israel vorbereitet. Im September verkünde-
25 te der im Exil lebende Hamas-Chef Khaled Meschal, die Hamas nutze die Atempause, um aufzurüsten. „Brüder in Palästina, trotz der Blockade und der geschlossenen Grenzen kaufen und produzieren wir Waffen, schmuggeln wir Waffen", sagte Meschal bei einem Besuch in
30 Sudan.

Die große Frage ist, mit welcher Art von Waffen die Hamas in den vergangenen zwölf Monaten ihre Arsenale aufgestockt hat. Bislang war der Konflikt ein extremes Beispiel für einen asymmetrischen Krieg: Auf der einen
35 Seite der jüdische Staat mit gut ausgebildeten und hochgerüsteten Streitkräften. Auf der anderen Seite eine Guerilla-Truppe, die allein mit Panzerfäusten, selbst gebauten Raketen und Sprengsätzen sowie Sturmgewehren in den Krieg zog. Nach Angaben israelischer
40 Militärs hat die Hamas jetzt nachgerüstet: Danach sollen die Islamisten heute im Besitz von Raketen sein, die 60 bis 80 Kilometer weit fliegen. Damit läge bei einer

Israelischer Luftangriff im Gazastreifen im Januar 2009: Keine Seite hat ihr Ziel erreicht.

erneuten Eskalation auch Tel Aviv im Radius der Hamas-Raketen. „Unsere Feinde haben ihre Fähigkeiten bedeutend verbessert, Israel präzise und über einen langen Zeitraum unter Beschuss zu nehmen", berichtet Brigade-General Aviv Kochavi, Chef des Operationsstabs der israelischen Armee.

Die Herkunft der neuen Geschosse ist unklar. Israel geht davon aus, dass Iran, der die Hamas seit geraumer Zeit unterstützt, die Raketen entweder selbst geliefert oder zumindest ihren Einkauf auf dem internationalen Schwarzmarkt finanziert hat.

Die Waffen gelangen von Ägypten durch Tunnel in den Gazastreifen. Der Schmuggel unter der Grenze des Gazastreifens hindurch floriert. Etwa 150 von einst 3 000 Schächten sollen die Bombardierungen während des Gazakrieges unbeschadet überstanden haben, Hunderte sollen seitdem neu gegraben worden sein. Durch die israelische Blockade sind die Tunnel zur Nabelschnur des Gazastreifens geworden. Durch sie wird der Küstenstreifen mit Lebensmitteln, Gebrauchsgütern versorgt – und eben mit Waffen. [...]

Die Gefahr, dass es pünktlich zum Jahrestag des Krieges zu einem erneuten Aufflammen der Gewalt kommen könnte, ist minimal: Beiden Seiten ist daran gelegen, den derzeit verhandelten Gefangenenaustausch, der vermutlich in den kommenden Wochen stattfinden wird, nicht zu gefährden. „Sowohl Hamas als auch Israel haben ein Interesse, den gegenwärtigen Zustand beizubehalten. Israel will ein wenig politische Stabilität, die Hamas muss sich für den nächsten Krieg rüsten", sagt David Hartwell, Nahost-Experte bei dem Londoner Thinktank „Jane's". Trotzdem sei davon auszugehen, dass ein nächster Waffengang anstehe: „Beide Seiten erwarten einen Konflikt. Deshalb wird er kommen."

Ulrike Putz, „Israel und Hamas rüsten sich für neuen Waffengang", www.spiegel.de, 28.12.2009 [06.01.2010]

Aufgaben

1 *Erarbeiten Sie aus dem Text die Gründe, die der Autor für ein Wiederaufflammen des Konflikts nennt.*

2 *Zeigen Sie ausgehend vom Text, welche Interessen die jeweilige Seite hat, um den Konflikt am Leben zu erhalten.*

M 11 Die Suche nach Lösungen – Barack Obamas Rede an die Muslime

Mit einem Zitat aus dem Koran und dem arabischen Friedensgruß „Assalamu Alajkum" hat US-Präsident Barack Obama in einer Grundsatzrede vor der Universität Kairo für einen Neuanfang im Verhältnis zwischen den USA und der islamischen Welt geworben. [...]

„Ich bin hierhergekommen, um einen Neuanfang zwischen den Vereinigten Staaten und den Muslimen in aller Welt zu suchen, basierend auf gemeinsamen Interessen und gegenseitigem Respekt, auf der Erkenntnis basierend, dass sich Amerika und der Islam nicht ausschließen und nicht in Konkurrenz zueinander stehen. Vielmehr überschneiden sich beide und haben gemeinsame Werte. Die Werte Gerechtigkeit und Fortschritt, Toleranz und die Menschenwürde. Ich erkenne an, dass diese Veränderung nicht über Nacht passieren kann.

Beide Seiten müssen aufeinander hören, voneinander lernen, sich respektieren und nach Gemeinsamkeiten suchen. Wie uns der Heilige Koran sagt, ‚Sei Dir Gottes bewusst und sage immer die Wahrheit'. Das ist es, was ich versuchen werde. Die Wahrheit zu sagen, so gut ich kann, demütig angesichts der vor uns liegenden Aufgabe, aber stark in meinem Glauben, dass die Interessen, die wir als Menschen teilen, weit stärker sind als die Kräfte, die uns trennen. [...]

Ich sehe es als Teil meiner Aufgabe als US-Präsident, gegen negative Stereotypen über den Islam anzukämpfen, wo auch immer diese auftreten. Aber das gleiche

Prinzip muss für die muslimische Wahrnehmung Amerikas gelten. So wie Muslime nicht in ein grobes Klischee passen, so entspricht Amerika nicht dem groben Klischee eines Imperiums, das nur seine eigenen Interessen verfolgt. [...]

„Das erste Problem, dem wir uns stellen müssen, ist gewaltsamer Extremismus in jeder Form. In Ankara habe ich klar gesagt, dass Amerika nicht mit dem Islam im Krieg ist – und dies nie sein wird. Wir werden uns jedoch ohne Unterlass gegen gewalttätige Extremisten stellen, die eine große Bedrohung für unsere Sicherheit sind. Weil wir die selben Dinge ablehnen, die auch Menschen aller Glaubensrichtungen ablehnen: das Töten unschuldiger Männer, Frauen und Kinder. Und als US-Präsident ist es meine erste Aufgabe, die Menschen Amerikas zu beschützen. [...]

Die zweite Hauptquelle für Spannungen, die wir besprechen müssen, ist die Situation zwischen Israelis, Palästinensern und der arabischen Welt. Amerikas starke Verbindung mit Israel ist altbekannt. Diese Verbindung ist unzerbrechlich. Sie fußt auf kulturellen und historischen Verbindungen und der Erkenntnis, dass die Hoffnung auf ein jüdisches Heimatland ihre Wurzel in einer tragischen Geschichte hat, die nicht geleugnet werden kann. [...]

Auf der anderen Seite ist es auch nicht anzuzweifeln, dass die Palästinenser – Muslime und Christen – bei der Suche nach einem Heimatland gelitten haben. Seit mehr als 60 Jahren erleiden sie den Schmerz der Vertreibung. [...] Sie erleiden täglich Demütigungen – große und kleine –, die mit der Besetzung einhergehen. Deswegen gibt es hier keinen Platz für Zweifel: Die Lage der Palästinenser ist nicht zu tolerieren. Amerika wird der legitimen palästinensischen Hoffnung auf Würde, Chancen und einen eigenen Staat nicht den Rücken zuwenden. [...]

Wenn wir diesen Konflikt nur von der einen oder der anderen Seite betrachten, dann werden wir blind sein für die Wahrheit: Die einzige Lösung ist die Erfüllung der Erwartungen beider Seiten, mit zwei Staaten, wo Israelis und Palästinenser jeweils in Frieden und Sicherheit leben. Das ist in Israels Interesse, im palästinensischen Interesse, im amerikanischen Interesse und im Interesse der Welt. [...] Zu viele Tränen wurden geweint. Zu viel Blut wurde vergossen. Wir alle tragen Verantwortung dafür, dass es einen Tag geben wird, an dem die Mütter von Israelis und Palästinensern ihre Kinder ohne Angst aufwachsen sehen. [...] Wir haben die Macht, die Welt zu schaffen, die wir wünschen, aber nur, wenn wir den Mut zum Neubeginn haben, eingedenk dessen, was geschrieben steht. Der Heilige Koran sagt uns, der Menschheit, wir sind als Männer und Frauen geschaffen. [...] Der Talmud sagt uns, die ganze Tora hat zum Ziel, Frieden zu schaffen. Die Heilige Bibel sagt uns, selig seien die Friedensstifter, sie sollen Söhne Gottes genannt werden. Die Menschen dieser Welt können in Frieden zusammenleben. Wir wissen, das ist Gottes Wille. Jetzt ist es unsere Arbeit hier auf Erden."

AP, „Barack Obamas Rede an die Muslime", www.welt.de, 04.06.2009 [06.01.2010]

Ägyptische Familie verfolgt die Obama-Rede.

Aufgaben

1 *Arbeiten Sie aus dem vorliegenden Auszug die Grundzüge einer neuen amerikanischen Nahostpolitik heraus.*

2 *Analysieren Sie die Rede Obamas hinsichtlich Struktur, Adressatenbezug und Aussagekraft.*

3 *Recherchieren Sie im Internet, welche Reaktionen die Rede in Israel, der westlichen und der muslimischen Welt erzeugte, und halten Sie Ihre Ergebnisse in einem Schaubild fest.*

M 12 Der Landvermesser

Einmal in der Woche, immer freitags, klingelt der Wecker von Raja Shehadeh um vier Uhr in der Frühe. Er schält sich dann aus dem Bett, duscht, brüht Tee auf, packt seinen Rucksack, gibt dem Kater was zu fressen, nimmt einen Spazierstock und fährt ins Stadtzentrum von Ramallah. Im Morgengrauen trifft er dort Freunde und Unbekannte, stets am Löwenplatz, der so heißt, weil aus Stein gemeißelte Löwen dort den Verkehr beobachten. Manchmal kommen fünfzehn, manchmal nur fünf, nie aber lässt man Shehadeh alleine. Gewartet wird nicht länger als zehn Minuten, da ist er unbarmherzig. Ein Sammeltaxi setzt die Gruppe am Stadtrand von Ramallah ab, Schnürsenkel werden festgezogen, Sonnenbrillen aufgesetzt, Mützen übergestülpt. Und asphaltierte Wege verlassen.
Raja Shehadeh steht nicht mit der Sonne auf, weil er Brot backen oder Gemüse verkaufen muss auf einem Wochenmarkt. Seit fast dreißig Jahren macht er jeden Freitag das, was kein Palästinenser macht: Er wandert. [...]. Das Wandern ist Shehadehs Lebenselixier und Überlebensstrategie in einem Gebiet, in dem Israel darüber entscheidet, welcher Palästinenser wohin darf. Shehadeh versucht, den Besatzungsalltag bei seinen Wanderungen auszuklammern. Gelingen tut ihm das nur selten, denn das Westjordanland ist mit 121 jüdischen Siedlungen und 550 Armee-Kontrollpunkten gespickt. [...] Wenn das Westjordanland für Menschen wie Shehadeh ein Gefängnis ist, ist die Freitagswanderung ein Freigang.
Mit den Märschen steckt Shehadeh seine Heimat ab. Das Laufen gibt ihm die Sicherheit, dass die Heimat noch da ist. Denn mit jedem Jahr stellt Shehadeh fest: dass die Landschaft – seine Landschaft – verschwindet. Shehadeh sagt: „Wir Palästinenser verbringen sehr viel Zeit, das heißt zu viel Zeit mit Klagen, Betrauern, Beschweren darüber, dass wir unser Land verlieren. Und während wir klagen, verlieren wir jeden Tag ein weiteres Stück Heimat." [...]
In den palästinensischen Städten und Dörfern des Westjordanlandes sieht man keine Jogger, keine Spaziergänger, niemand fährt Rad oder auf Rollschuhen. Wenn Palästinenser irgendwohin wollen, setzen sie sich in ein Auto, nehmen ein Sammeltaxi oder gehen zu Fuß. Laufen aus Spaß ist verpönt. [...]
Spazieren geht auch deshalb kaum ein Palästinenser, weil man als Palästinenser im Westjordanland und im Gazastreifen nicht sehr weit kommt. An klaren Tagen kann man von den Hügeln Ramallahs die Skyline von Tel Aviv und am Nachmittag die Sonne im Mittelmeer versinken sehen. Doch die meisten Palästinenser waren noch nie am Meer von Tel Aviv. Sie dürfen dort nicht hin. Im Arabischen gibt es ein Wort für zielloses Umherlaufen, Spazierengehen, Bummeln. Es heißt „Sarha". Kaum ein Palästinenser benutzt dieses Wort heute noch. Es hat seine Bedeutung seit Israels Sieg im Sechstagekrieg von 1967 verloren, denn jeder Spaziergang im Westjordanland endet irgendwann an der Mauer, am Trennzaun mit seinen Bewegungsmeldern, an Kontrollpunkten der israelischen Armee. Raja Shchadch ist die große Ausnahme. Er erinnert sich, dass er schon als Kind mit seinen Eltern Picknicks gemacht hat und als junger Mann gewandert ist, noch bevor die jüdischen Siedler kamen. Der Rechtsanwalt und Schriftsteller nimmt sich bis heute die Freiheit und wandert Woche für Woche durch seine verschwindende Landschaft. Vom Dach seines Hauses sieht er, wie Tel Aviv und die jüdischen Siedlungen im Westjordanland wachsen und wie zugleich die Palästinensergebiete immer kleiner werden.

Raja Shehadeh tröstet sich mit einem großzügigen Blick auf die kommenden Jahrzehnte und Jahrhunderte. Er schaue kaum noch Nachrichten, sagt er, früher habe er sie verschlungen. Und er versuche, nicht wütend zu werden über den unfreien Alltag: „Wenn ich wütend bin, kann ich kein guter Autor sein." Ohnehin biete das Leben, sagt er, „mehr Schönheit als einen israelischen Armeekontrollpunkt". „Am Ende", sagt er und klopft sich nach dem Dösen Staub von der Hose, „wird uns die Natur besiegen. Die Kreuzritter waren ja auch einmal hier, und was ist von ihnen übrig geblieben? Steine. Die Natur wird auch uns bewältigen. Wir Palästinenser und die jüdischen Siedler sind doch nur kleine Punkte in der Gegenwart. Wir werden eines Tages verschwinden, die Natur aber bleibt."
Dass der Konflikt schon heute überwunden werden kann, hat Raja Shehadeh an einem Frühlingstag auf einer seiner Wanderungen selbst erfahren. Er war alleine auf dem Weg zu einer Flussquelle, als er dort einem jüdischen Siedler begegnete, der eine Waffe bei sich hatte. Shehadeh wollte auf der Stelle umkehren, doch dann kamen die beiden ins Gespräch. Nach einer halben Stunde fand Shehadeh es an der Zeit, aufzubrechen, als ihm der junge Siedler einen Joint anbot. Shehadeh war erst perplex, willigte dann aber doch ein. Und so saßen sie dann, der Siedler und der Palästinenser, an einem Fluss nahe Ramallah und ließen sich vom Hasch in der Wasserpfeife in eine bessere Welt treiben.

o. V., „Der Landvermesser", Süddeutsche Zeitung Nr. 1, 02.01.2010, Seite 12

Aufgaben

1 Erläutern Sie, inwiefern die Geschichte Shehadehs (M 12) eine Zusammenfassung der Problematik im Nahen Osten ist.

2 Zeigen Sie, dass diese Geschichte gleichermaßen pessimistisch und optimistisch stimmt.

3 Die Gewaltspirale im Nahen Osten dreht sich scheinbar unaufhaltsam. Erwägen Sie ausgehend vom Text, was der Einzelne tun kann, um diesen Teufelskreis zu durchbrechen.

M 13 Jugendliche im Nahen Osten – Zwei Seiten derselben Medaille?

Das West-Eastern Divan Orchestra wurde 1999 in Weimar gegründet. Es besteht aus jungen arabischen und jüdischen Musikern. Gründer waren der argentinisch-israelische Dirigent Daniel Barenboim, der in Palästina geborene US-amerikanische Literaturwissenschaftler Edward Said und der Generalbeauftragte der Europäischen Kulturhauptstadt Bernd Kauffmann. Sitz des Orchesters ist Sevilla, Spanien. Das Orchester gilt heute als Beispiel für das friedliche Miteinander im Nahen Osten.

Autorentext

Konzert von Daniel Barenboims Jugendorchester bei Proben in Spanien

Aufgabe

Erörtern Sie, ob das Projekt Barenboims ein Erfolg versprechender Ansatz zur Überwindung des Nahostkonflikts ist.

Glossar

abgestufte Integration → *verstärkte Zusammenarbeit*
A.d.R. → *Ausschuss der Regionen* (EU)
Afghanistan Compact – (engl.) Abschlusserklärung der Londoner Afghanistankonferenz 2006; zu den wichtigsten Ergebnissen gehörte neben einer erhöhten Sicherheit in Afghanistan und der Bekämpfung der Drogenkriminalität vor allem die bessere Regierungsführung und die Verbesserung der wirtschaftlichen und sozialen Situation Afghanistans. → *Petersberger Abkommen*
Afrikanische Union (AU) – (engl.: African Union) Die AU (Sitz in Addis Abeba) trat 2002 die Nachfolge der 1963 gegründeten OAU (Organisation für Afrikanische Einheit) an. Alle 53 afrikanischen Staaten (mit Ausnahme Marokkos und einschließlich der Demokratischen Arabischen Republik Sahara) sind Mitglied (seit 1994 einschließlich Südafrika). Die wichtigsten Ziele der AU sind die Förderung der internationalen Zusammenarbeit, Absprachen in der Außen- und Verteidigungspolitik sowie die Beseitigung kolonialer Macht. Heutige Arbeitsfelder betreffen vor allem Wirtschaftsfragen und die Verschuldung sowie die Verbesserung der Menschenrechte.
Klaus Schubert/Martina Klein, Das Politiklexikon, Dietz, Bonn ⁴2006
Agenda 2000 – Aktionsprogramm, das 1999 von der EU zur Vorbereitung der Osterweiterung beschlossen wurde. Es enthält Maßnahmen zur Unterstützung der mittel- und osteuropäischen Staaten bei ihrem Beitritt in die EU (Heranführungsstrategie) und zur Vorbereitung der EU auf die geplante Erweiterung (u. a. Subventionsabbau, Reform der Agrarausgaben und der Haushaltspolitik).
Bruno Zandonella, Pocket Europa. EU-Begriffe und Länderdaten, Bundeszentrale für politische Bildung, Bonn 2009
ai → *amnesty international*
AKP-Staaten – Afrikanische, karibische und pazifische Staaten [derzeit 79, d. Verf.], denen in einem Assoziationsvertrag mit der EG/EU (Lomé-Abkommen von 1975 und weitere Nachfolgeverträge) zugestanden wird, Waren weitgehend zollfrei in die EG/EU zu exportieren.
Klaus Schubert/Martina Klein, Das Politiklexikon, Dietz, Bonn ⁴2006
Al-Qaida – (auch: el-Kaida) Islamistisches Terrornetzwerk ohne feste Organisation, gegründet um 1989 von dem saudischen Millionär Osama bin Laden, der unter anderem als Hauptdrahtzieher für das Attentat auf das World Trade Center in New York am 11. September 2001 gilt. Die Ursprünge des Netzwerkes liegen im Krieg gegen die sowjetische Besatzung in Afghanistan (1979–89).
Amnesty International – (engl.) kurz: ai; 1961 in London gegründete Menschenrechtsorganisation, die sich weltweit für den Schutz gewaltloser politischer Gefangener einsetzt; die Organisation erhielt 1977 den Friedensnobelpreis für ihre Arbeit.
Aquis communautaire – (frz.) → *Gemeinschaftlicher Besitzstand*
Außenpolitik – A. bezeichnet alle Vorgänge, die sich direkt auf das Verhältnis zu einem (bilaterale Beziehungen) oder mehreren anderen Staaten (multilaterale Beziehungen) beziehen. Mittel der A. sind bspw. Verträge, Bündnisse, die Mitwirkung in internationalen und supranationalen Gremien sowie die Diplomatie.
Klaus Schubert/Martina Klein, Das Politiklexikon, Dietz, Bonn ⁴2006

Drei Säulen der Außenpolitik – Neben den politischen Beziehungen als erster Säule treten in der Außenpolitik Deutschlands vor allem noch die wirtschaftlichen Beziehungen als zweite Säule und die auswärtige Kulturpolitik als dritte Säule in Erscheinung.
asymmetrische Bedrohung → *asymmetrische Kriegsführung*
asymmetrische Kriegsführung → *Krieg*
Ausschuss der Regionen der EU – kurz: A.d.R.; 1992 gegründetes Organ der EU mit beratender Funktion gegenüber dem Ministerrat und der Kommission in Fragen, die die Länder und die kommunalen Gebietskörperschaften betreffen. Der Ausschuss muss v.a. gehört werden bei Fragen der Struktur- und Regionalpolitik sowie bei Fragen zur Kulturförderung, (Berufs-)Bildung und zum Gesundheitswesen; der A.d.R. hat zzt. 344 Mitglieder (Deutschland 24; 21 aus den Bundesländern, 3 aus den Kommunen).

Berliner Erklärung – Ein von der deutschen EU-Ratspräsidentschaft formuliertes Dokument, das am 25. März 2007 anlässlich des fünfzigsten Jahrestages des Abschlusses der Römischen Verträge auf einem informellen Gipfel der 27 Staats- und Regierungschefs im Berliner Zeughaus feierlich unterzeichnet wurde.
Bin Laden, Osama → *Al Qaida*
Binnenmarkt – Gemeinsamer Wirtschaftsraum innerhalb der Grenzen der EU, in dem der freie und unbeschränkte Verkehr von Waren, Personen, Kapital und Dienstleistungen (Vier Freiheiten) gewährleistet ist. Innerhalb des Binnenmarkts gibt es keine Zölle oder andere Handelshemmnisse mehr, für Importe aus Drittstaaten wird ein einheitlicher Außenzoll erhoben (Zollunion).
Bruno Zandonella, Pocket Europa. EU-Begriffe und Länderdaten, Bundeszentrale für politische Bildung, Bonn 2009
Binnenmigration → *Migration*
Bipolarität – bipolar (Adj.); Struktur der internationalen Politik zur Zeit des Kalten Krieges; bezieht sich auf die Konfrontation der Großmächte USA und UdSSR sowie ihrer jeweiligen Verbündeten. Nach dem 2. Weltkrieg war die Welt primär in zwei Einflusssphären, Ost und West, geteilt. Die Politik war folglich auf diese beiden Pole ausgerichtet.
BNE – kurz für: Bruttonationaleinkommen; Bezeichnet die Summe der wirtschaftlichen Leistungen, die von den dauerhaft in einem Land lebenden Personen erbracht werden (neue Bezeichnung für „Bruttosozialprodukt").
Bologna-Prozess – Erklärung von 29 Bildungsministern, 1999 in Bologna unterzeichnet, in der die Schaffung eines europäischen Bildungsraums bis 2010 beschlossen wurde. Die Umsetzung der Ziele wird als Bologna-Prozess bezeichnet. Dazu gehört die Vernetzung europäischer Hochschulen und Forschungseinrichtungen, die Förderung der Mobilität zwischen Hochschulen und Bildungsgängen und die Einführung eines zweistufigen Systems von Studienabschlüssen („Bachelor" und „Master").
Bruno Zandonella, Pocket Europa. EU-Begriffe und Länderdaten, Bundeszentrale für politische Bildung, Bonn 2009
Bonn Prozess → *Petersberg Prozess*
Bruttosozialprodukt (BSP) → *Bruttonationaleinkommen*
Bundesstaat → *Föderalismus*

CA – (engl.) kurz für: comprehensive approach → *Vernetzte Sicherheit*
Checks and balances – (engl.) Ausprägung des Prinzips der Gewaltenteilung, insbesondere in der Verfassung der USA. Hier sind die einzelnen Verfassungsorgane nach den Prinzipien der

Machtbalance und der gegenseitigen Kontrolle einander zugeordnet.

comprehensive approach – (engl.) kurz: CA → *Vernetzte Sicherheit*

comprehensive political guidance – (engl.) kurz: CPG; (dt. Umfassende Politische Leitlinie); Konzept unterhalb der Strategieplanung, das 2004 auf dem NATO-Gipfel in Istanbul in Auftrag gegeben wurde. Es sollte Vorschläge für die künftige Streitkräfteplanung und -entwicklung liefern, ebenso wie für die Durchführung militärischer Operationen und damit den politischen Arm der NATO wieder in den Vordergrund rücken. Die CPG wurde auf dem Gipfeltreffen in Riga 2006 verabschiedet.

Cotonou-Abkommen – Benannt nach der Hauptstadt Benins, wo das Abkommen über Entwicklungszusammenarbeit zwischen den AKP-Staaten und der EG im Jahr 2000 geschlossen wurde. Ziel ist es, die politische und wirtschaftliche Lage in den Partnerländern durch eine enge Zusammenarbeit, direkte Unterstützung und eine Wirtschaftspartnerschaft zu verbessern.
→ auch *AKP-Staaten*

DAC – (engl.); kurz für: Development Assistance Committee (dt. Entwicklungsausschuss der OECD); Das 1961 gegründete DAC ist eine Unterorganisation der OECD und organisiert in diesem Rahmen die Entwicklungszusammenarbeit. Heute gehören ihm 23 OECD-Mitglieder an. Es verfolgt das Ziel, das Hilfevolumen an die Entwicklungsländer zu erhöhen und die Hilfe wirksamer zu gestalten. Das DAC selbst ist nicht operationell tätig, sondern setzt sich gezielt auseinander mit den politischen, methodischen und technischen Aspekten der Entwicklungszusammenarbeit (EZA) und ihren Zusammenhängen. Das Resultat sind Grundlagendokumente und Richtlinien, die in der internationalen EZA wegweisend sind.

Demarkationslinie – Trennlinie zwischen verfeindeten Staaten oder Parteien, die nicht überschritten werden darf, da sonst Konsequenzen in Form von Sanktionen oder Vergeltung eintreten.

Diversität – Verschiedenheit, Unterschiedlichkeit

Doppelte Mehrheit – Für einen Beschluss des Ministerrates sind nach dem Vertrag von Lissabon ab 2014 zwei „Mehrheiten" erforderlich: die Mehrheit der Mitgliedstaaten (55%), die die Mehrheit der EU-Bevölkerung (65%) repräsentieren. Diese Regelung wird jedoch erst 2017 voll wirksam.
Bruno Zandonella, Pocket Europa. EU-Begriffe und Länderdaten, Bundeszentrale für politische Bildung, Bonn 2009

EAD → *Europäischer Auswärtiger Dienst*
EAPC → *Euro-Atlantic Partnership Council* (dt. Euro-Atlantischer Freundschaftsrat)
ECU – (engl.); kurz für European Currency Unit; dabei handelt es sich um eine künstliche Währungseinheit im europäischen Währungssystem (EWS). Der ECU diente vor allem als Rechnungseinheit, um den Referenzkurs der einzelnen Währungen des EWS zueinander festzulegen. Somit fungierte er als reine Referenzgröße für den Wechselkurs nationaler Währungen. Mit der Einführung des Euro wurde der ECU abgeschafft, da der Euro nun dessen Funktionen übernahm.
EDA – (engl.) European Defense Agency → *Europäische Verteidigungsagentur*
EGKS – Europäische Gemeinschaft für Kohle und Stahl → *Montanunion*
Emissionshandel – Ein Mittel der staatlichen Umweltpolitik, um klimawirksame Treibhausgase dauerhaft zu reduzieren und so den Klimaschutz zu verbessern. Energieintensive Industrieunternehmen erhalten im Rahmen des Emissionshandels vom Staat Emissionszertifikate, die das Unternehmen berechtigen, eine bestimmte Menge Schadstoffe wie Kohlendioxid (CO_2) auszustoßen. Die Zertifikate können gehandelt werden. Da der Staat die Zahl der ausgegebenen Zertifikate nach und nach reduziert, sind die Unternehmen gezwungen, ihren Schadstoffausstoß zu verringern.
In der EU wurde der Emissionshandel (EU-Emissionshandelssystem, EU-Emission Trading Scheme, Abkürzung EU-ETS) für CO_2 und andere klimawirksame Gase zum 01.01.2005 eingeführt.
Duden Wirtschaft von A bis Z. Grundlagenwissen für Schule und Studium, Beruf und Alltag, Bibliographisches Institut, Mannheim [4]2009, Lizenzausgabe Bonn: Bundeszentrale für politische Bildung 2009

Entscheidungen → *Europäische Rechtsakte*
Erasmus-Programm – Bildungsprogramm der EU zur Förderung des Studentenaustauschs in Europa und der Zusammenarbeit europäischer Hochschulen, Akronym (European Community Action Scheme for the Mobility of University Students) mit Anspielung auf den niederländischen Humanisten Erasmus von Rotterdam (1465–1536).
Bruno Zandonella, Pocket Europa. EU-Begriffe und Länderdaten, Bundeszentrale für politische Bildung, Bonn 2009
ESS → *Europäische Sicherheitsstrategie*
ESVP → *Europäische Sicherheits- und Verteidigungspolitik*
EU – kurz für: Europäische Union
Euro-Atlantischer Freundschaftsrat – Gegründet auf Initiative der USA am 30. Mai 1997 in Sintra (Portugal); Kooperationsrat mit dem Ziel der engeren politischen und militärischen Zusammenarbeit der zurzeit 50 Mitgliedsstaaten aus Ost und West (darunter alle 28 NATO-Staaten sowie 22 mittel- und osteuropäische Staaten des ehemaligen Warschauer Paktes, aber auch einige neutrale Staaten). Bis auf die 7 flächenmäßig kleinen Staaten Andorra, Liechtenstein, Malta, Monaco, San Marino, Vatikan und Zypern sind alle Mitgliedsstaaten der OSZE eingebunden. Die Organisation entstand als Reaktion auf die Machtausweitung der NATO nach Ende des Kalten Krieges und bezweckt, die Zusammenarbeit mit den noch nicht in die NATO aufgenommenen Staaten zu stärken. Der Partnerschaftsrat hat den seit Dezember 1991 bestehenden NATO-Kooperationsrat (NAKR) abgelöst und soll der allgemeinen Vertrauensbildung sowie der Verstärkung der Zusammenarbeit bei der Rüstungskontrolle und bei Friedensmissionen dienen. Auf Botschafterebene finden monatliche Treffen in Brüssel statt, halbjährliche Treffen der Außen- und Verteidigungsminister sind vorgesehen.
http://de.wikipedia.org/wiki/Euro-Atlantischer_Partnerschaftsrat [19.05.2010]
Europa der Regionen – Bezeichnung für ein politisches Konzept, das die Regionen in den EU-Mitgliedsländern fördern und in ihrer regionalen Eigenständigkeit unterstützen soll. Im Rahmen dieses Konzepts gibt es eine Vielzahl europäischer Aktivitäten und Programme, welche a) die (wirtschaftliche, kulturelle etc.) Vernetzung zwischen den europäischen Regionen und b) insbesondere die Bildung grenzübergreifender Regionen (EU-Regios) unterstützen. Das Konzept wird vor allem von jenen Befürwortern der europäischen Integration gefördert, die sich für einen föderalistischen Aufbau der EU einsetzen und Demokratiedefizite durch eine bürgernahe und effiziente dezentrale politische Struktur abschwächen wollen. Allerdings verfügen nur wenige EU-Länder über (mehr oder weniger) eigenständige, unterhalb

der Ebene des Nationalstaates angesiedelte und mit eigenen politisch-demokratischen Organen ausgestattete Regionen (wie z. B. die dt. Bundesländer). Politischer Widerstand entsteht dadurch, dass ein Kompetenzzuwachs der Regionen auf Kosten der nationalstaatlichen Aufgaben geht. Im EU-Vertrag von 1992 (Art. 198a) wurde die Einrichtung eines beratenden Ausschusses der Regionen (neben dem Wirtschafts- und Sozialausschuss) vereinbart.

Klaus Schubert/Martina Klein, Das Politiklexikon, Dietz, Bonn ⁴2006

Europäischer Auswärtiger Dienst (EAD) – Eine der wichtigsten Neuerungen des am 1. Dezember 2009 in Kraft getretenen Vertrags von Lissabon ist die Schaffung eines Europäischen Auswärtigen Dienstes (EAD). Er soll die am Tag des Inkrafttretens neu ernannte Hohe Vertreterin für die Gemeinsame Außen- und Sicherheitspolitik (GASP), Baroness Catherine Ashton, bei der Erfüllung ihrer Aufgaben unterstützen. Voraussetzung für den Start des EAD ist ein Beschluss des Rates der Europäischen Union, nach Zustimmung der Kommission und Anhörung des Europäischen Parlamentes. [...]
Künftig soll die EU noch mehr mit einer Stimme sprechen, um eine ihr angemessene Rolle in der Welt spielen zu können.
Nach: www.auswaertiges-amt.de/diplo/de/Europa/Aussenpolitik/EAD.html [19.05.2010]

Europäische Rechtsakte –
- **Richtlinie:** Rechtsakt in der Europäischen Union, wobei lediglich ein verbindliches gemeinsames Ziel vorgeschrieben wird, die Umsetzung in nationales Recht sowie die Wahl der Mittel aber den Nationalstaaten überlassen bleiben.
- **Verordnungen:** Gesetze, die in der gesamten EU direkt gültig und verbindlich sind und über dem nationalen Recht stehen.
- **Entscheidungen:** Rechtsakte, die Einzelfälle verbindlich regeln.

Immer mehr nationale Gesetze innerhalb der EU beruhen auf der verlangten Umsetzung von EU-Richtlinien.

Europäische Sicherheitsstrategie (ESS) – Als Reaktion auf die Spaltung der Europäischen Union über die Irak-Frage im Vorfeld des Irak-Konflikts erhielt der Hohe Vertreter für die Gemeinsame Außen- und Sicherheitspolitik der EU, Javier Solana, im Sommer 2003 die Aufgabe, eine Europäische Sicherheitsstrategie (ESS) zu formulieren. Der Europäische Rat nahm die Strategie am 12. Dezember 2003 an.

Die Strategie nennt als Hauptbedrohungen Europas den Terrorismus, die Verbreitung von Massenvernichtungswaffen, regionale Konflikte, gescheiterte Staaten und organisierte Kriminalität. Sie fordert Stabilität und gute Staatsführung in der direkten Nachbarschaft der Europäischen Union sowie die Stärkung einer auf Multilateralismus gründenden Weltordnung. Die Charta der Vereinten Nationen soll die internationalen Beziehungen grundlegend prägen und präventive Aktionen gegen die neuen, sogenannten dynamischen Bedrohungen rahmen. Kern der Strategie ist die Verhinderung von Proliferation. [...]
Das Aufgabenspektrum umfasst humanitäre Rettungseinsätze, friedenserhaltende Aufgaben, aber auch Kampfeinsätze bei der Krisenbewältigung und Befriedung (sogenannte friedensschaffende Aufgaben). Ferner will die EU helfen, Konfliktparteien zu entwaffnen, Drittstaaten zu unterstützen und den Terrorismus zu bekämpfen.
Der Einsatz von Gewalt als Mittel der internationalen Diplomatie ist grundsätzlich möglich. Sie bedarf allerdings der Legitimation durch die Vereinten Nationen.

http://de.wikipedia.org/wiki/Europäische_Sicherheitsstrategie [19.05.2010]

Europäische Sicherheits- und Verteidigungspolitik (ESVP) – Weiterführung der im Vertrag von Maastricht (1993) vereinbarten Gemeinsamen Außen- und Sicherheitspolitik (GASP). Die ESVP entstand 1999 beim Europäischen Gipfel in Köln und wurde im Vertrag von Nizza (2003) verankert. Sie umfasst Maßnahmen der EU auf dem Gebiet des Krisenmanagements und der Konfliktverhütung. Aufgebaut wurde eine „schnelle Eingreiftruppe" von 60.000 Soldaten. Sie ist vorgesehen für humanitäre Missionen und Rettungseinsätze, Frieden schaffende und erhaltende Maßnahmen und zur Terrorismusbekämpfung.

Bruno Zandonella, Pocket Europa. EU-Begriffe und Länderdaten, Bundeszentrale für politische Bildung, Bonn 2009

Europäische Verteidigungsagentur (EDA) – eingerichtet 2004; Ziel war es, die Verteidigungsfähigkeit der EU und die Zusammenarbeit der EU-Mitglieder in Verteidigungs- und Rüstungsfragen zu verbessern und zu stärken; durch die Agentur sollen Synergieeffekte in der EU entstehen und genutzt werden.

Failed state → (engl.) *Staatszerfall*
Failing state → (engl.) *Staatszerfall*
Föderalismus – Politisches Organisationsprinzip. Es bezeichnet die Zusammenfassung mehr oder weniger selbstständiger staatlicher Einheiten zu einem übergeordneten Ganzen. Zu unterscheiden sind dabei der Staatenbund (konföderale Struktur), bei dem die Mitgliedstaaten ihre völkerrechtliche Souveränität beibehalten, vom Bundesstaat, bei dem sie nur noch partielle Eigenständigkeit besitzen, wobei die staatlichen Aufgaben zwischen Gesamtstaat und Gliedstaaten aufgeteilt sind. Für die Bundesrepublik Deutschland ist das Bundesstaatsprinzip im GG, Art. 20 Abs. 1, Art. 28 und Art. 79 Abs. 3 festgeschrieben.

Föderalismusreform – Bezeichnet eine Neuregelung der im Grundgesetz festgeschriebenen Beziehungen zwischen Bund und Ländern in Bezug auf die Gesetzgebung. Eine umfangreiche F. ist am 01.09.2006 in Kraft getreten. Hauptziel der Reform ist die Neuregelung der Zuständigkeiten zwischen Bund und Ländern. So soll z. B. in der Gesetzgebung die Zahl der zustimmungspflichtigen Gesetze reduziert werden.

Fragile state → (engl.) *Staatszerfall*

G8 – Gruppe der Acht; Entstanden aus der G7 fasst sie die größten Industrienationen der Welt zusammen. Die Gruppe bezeichnet sich selbst als ein „Abstimmungsforum", das Fragen der Weltwirtschaft im Konsens erörtert. Es gehört ihr neben Deutschland, den Vereinigten Staaten, Japan, dem Vereinigten Königreich, Kanada, Frankreich und Italien (G7) auch Russland an. Daneben ist in dem Gremium auch die Europäische Kommission mit einem Beobachterstatus vertreten.

G20 – Gruppe der 20; Die Gruppe der 20 wichtigsten Industrie- und Schwellenländer (G20) ist ein seit 1999 bestehender, informeller Zusammenschluss aus 19 Staaten und der Europäischen Union. Sie soll als Forum für die Kooperation und Konsultation in Fragen des internationalen Finanzsystems dienen.
An den Treffen der G20 nehmen die Finanzminister und Zentralbankchefs der G8 und elf weiterer Staaten, sowie die EU-Präsidentschaft (wenn diese zu diesem Zeitpunkt nicht von einem G8-Staat geführt wird), der Präsident der Europäischen Zentralbank, der Geschäftsführende Direktor (Managing Director) des Internationalen Währungsfonds, der Vorsitzende des Internationalen Währungs- und Finanzausschusses (IMFC), der Präsident

der Weltbank und der Vorsitzende des Development Committees von Weltbank und Internationalem Währungsfonds teil. http://de.wikipedia.org [19.05.2010]

GASP → *Gemeinsame Außen- und Sicherheitspolitik* (der EU)

Gemeinsame Außen- und Sicherheitspolitik (GASP) – Die GASP bezeichnet einen im EU-Vertrag vereinbarten Kooperationsmechanismus zwischen den EU-Mitgliedsländern mit dem Ziel, schrittweise zu einer gemeinsamen Außen- und Sicherheitspolitik zu gelangen. Der GASP stehen verschiedene Instrumente zur Verfügung: 1) die gemeinsamen Strategien, die vom Europäischen Rat in Bereichen beschlossen werden können, in denen wichtige gemeinsame Interessen der Mitgliedsstaaten vorliegen; 2) die gemeinsamen Standpunkte, in denen die Positionen der EU gegenüber Drittstaaten oder auf internationalen Konferenzen festgelegt sind; 3) die gemeinsamen Aktionen, wenn auf Grund spezifischer Situationen gemeinschaftliches Handeln erforderlich wird (z. B. im ehemaligen Jugoslawien und Albanien); 4) der Abschluss internationaler Übereinkünfte mit Drittländern oder internationalen Organisationen; 5) die Erklärung der EU gegenüber Drittstaaten und bei Fragen internationaler Bedeutung, die den konkreten Standpunkt der EU zum Ausdruck bringt; 6) darüber hinaus finden gezielte Kontakte zu Drittländern (z. B. in politischen Dialogen zu Fragen der Menschenrechte) statt.

Die Vereinbarungen zur GASP lösen die seit den 1970er-Jahren praktizierte Europäische Politische Zusammenarbeit (EPZ) ab.

Klaus Schubert/Martina Klein, Das Politiklexikon, Dietz, Bonn ⁴2006

Gemeinschaftlicher Besitzstand – Bezeichnung für die Summe aller Verträge, Verordnungen und sonstiger gemeinsamer Regelungen der Europäischen Union, die gemäß den 1993 vom Europäischen Rat formulierten Kriterien von den Beitrittskandidaten unverändert zu übernehmen sind.

Gewaltmonopol (des Staates) – Nach Max Weber das den Staat definierende instrumentelle Merkmal, das diesem die legitime Anwendung physischen Zwanges gegenüber Personen vorbehält. Das verfassungsmäßigen und gesetzlichen Beschränkungen und Regelungen unterliegende Gewaltmonopol des Staates ist nach westlich-liberalem Demokratieverständnis als Schutz gegen Willkürherrschaft und als Grundlage der Verwirklichung von sozialen und Freiheitsrechten unabdingbar.

Everhard Holtmann (Hg.), Politik-Lexikon, Oldenbourg, München 2000, S. 226 f., Verf.: Heinrich Pehle

Global Governance – (engl.) Bei der Global Governance handelt es sich um ein Konzept, das im Rahmen einer globalisierten und sich weiter globalisierenden Welt nach globalen Lösungsansätzen für weltumspannende Aufgaben und Probleme sucht. Die deutschen Synonyme Weltinnenpolitik, Weltordnungspolitik und Globale Ordnungs-und Strukturpolitik vermitteln eine Vorstellung von dem Begriff, konnten sich in der internationalen Diskussion aber nicht durchsetzen. Kennzeichen der Global Governance ist es, dass dieses Konzept neben den staatlichen Akteuren auch die nicht-staatlichen Akteure, wie die NGOs mit am Entscheidungsfindungsprozess beteiligt sieht. Global Governance ist also ein Konzept der internationalen Politik, bei dem kooperative Entscheidungen dezentral auf freiwilliger Basis ohne bestimmende Regierung oder Obrigkeit getroffen werden. Ziel ist eine Lösung der Probleme im Konsens der beteiligten Akteure.

Globalisierung – Im engeren Sinne Bezeichnung für die zunehmende wirtschaftliche Verflechtung auf internationaler Ebene, verbunden mit der Deregulierung und Liberalisierung der Weltmärkte. Im weiteren Sinne bezeichnet G. auch den verstärkten Austausch zwischen den Kulturen und Gesellschaften, v. a. vermittelt durch die moderne Kommunikationstechnologie.

Good Governance → *Gute Regierungsführung*; auch: Gutes Regierungshandeln

gouvernemental – Adj.; die Regierungsebene betreffend; eine gouvernementale Einrichtung (z. B. EU Kommission) verhandelt auf der Ebene der Ministerien.

Gute Regierungsführung – G.R. steht für leistungsfähige politische Institutionen sowie den verantwortungsvollen Umgang des Staates mit politischer Macht und öffentlichen Ressourcen. Im Kern geht es um das Zusammenspiel von Demokratie, Sozial- und Rechtsstaatlichkeit. Damit geht Good Governance über den staatlichen Bereich hinaus und schließt auch alle anderen Akteure aus Wirtschaft und Gesellschaft mit ein. Handlungsleitend für Good Governance sind die Menschenrechte sowie rechtsstaatliche und demokratische Prinzipien, wie z. B. die gleichberechtigte politische Beteiligung aller. Besondere Aufmerksamkeit gilt den Bedürfnissen von Schwachen. Spätestens in der Millenniumserklärung der Vereinten Nationen erzielte die internationale Gemeinschaft einen Konsens: Good Governance ist einerseits Ziel an sich, andererseits eine wichtige Voraussetzung für menschliche Entwicklung und den Erfolg von Armutsbekämpfung und Friedenssicherung.

Deutsche Gesellschaft für Technische Zusammenarbeit (GTZ) GmbH, www.gtz.de [21.02.2009]

Harmel-Bericht – Bericht des damaligen belgischen Außenministers Pierre Harmel zur Nato-Strategie der „Massiven Vergeltung"; Harmel postulierte eine zweigleisige Strategie des Westens gegenüber der UdSSR und stellte fest, dass Abschreckung einerseits und verbesserte Beziehungen des Westens zur UdSSR andererseits keinen Widerspruch darstellen müssen. Vielmehr verstand Harmel Verteidigung als Summe aus Verständigung und Verteidigung.

Hoher Vertreter – Mit dem Vertrag von Lissabon wurde das Amt des Hohen Vertreters der Union für Außen- und Sicherheitspolitik geschaffen (→ *Europäischer Auswärtiger Dienst*); das Amt des bisherigen Hohen Vertreters der Gemeinsamen Außen- und Sicherheitspolitik (GASP), das der Spanier Javier Solana seit seiner Schaffung 1999 leitete, wurde abgeschafft.

Human Rights Watch – Der 1988 eingeführte Name der 1978 unter dem Namen Helsinki Watch gegründeten Menschenrechtsorganisation: Der Name weist schon daraufhin, dass das Hauptziel der Organisation in der Überwachung der Verpflichtungen aus der Schlussakte von Helsinki (→ *KSZE*) bestand und vor allem Menschenrechtsgruppen in den Ostblockstaaten unterstützen sollte. HRW gehört zu den Nichtregierungsorganisationen (NROs).

IBRD – (engl.) kurz für: International Bank for Reconstruction and Development; dt. Internationale Bank für Wiederaufbau und Entwicklung → *Weltbank*

ICC – (engl.) kurz für: International Criminal Court; dt. → *Internationaler Strafgerichtshof* (IStGH)

IDA – (engl.) kurz für: International Development Association; dt. Internationale Entwicklungsorganisation → *Weltbank*

IFC – (engl.) kurz für: International Finance Corporation; dt. Internationale Finanz-Corporation → *Weltbank*

ICSID – (engl.) kurz für: International Centre for the Settlement of Investment Disputes; Weltbanktochter; (dt. Internationales

Zentrum für die Beilegung von Investitionsstreitigkeiten); zuständig für die Schlichtung von Investitionsstreitigkeiten zwischen ausländischen Investoren und Staaten.

IGO – (engl.) kurz für: International Governmental Organization; dt. Internationale Regierungsorganisation (IRO)

IMF – (engl.) kurz für: International Monetary Fund; dt. → *Internationaler Währungsfonds*

INGO – (engl.) kurz für: International Non-governmental Organization; dt. Internationale Nicht-Regierungsorganisation) → *NGO/NRO*

intergouvernemental – auf Regierungszusammenarbeit beruhend; Gegenbegriff zu → *supranational*

Internationaler Strafgerichtshof (IStGH) – Der IStGH ist ein ständiges internationales Strafgericht. Seine Zuständigkeit umfasst drei Delikte des Völkerstrafrechts, nämlich Völkermord, Verbrechen gegen die Menschlichkeit und Kriegsverbrechen, Sitz: Den Haag.

Internationaler Terrorismus – Diese Form des Terrorismus unterscheidet sich vom traditionellen Terrorismus durch eine größere Mobilität und weltweite Anschlagsziele, ein ideologisch-weltanschauliches Grundmotiv, einen planvollen Einsatz der Medien und eine Ausrichtung auf repräsentative Orte und Gebäude, um Werte, System und Einstellungen des Gegners symbolisch zu zerstören. Internationale Terrorgruppen sind zudem meist Akteure der organisierten Kriminalität.

Internationaler Währungsfonds (IWF) – (engl.: International Monetary Fund, IMF) Der IWF wurde 1944 im Rahmen der Währungs- und Finanzkonferenz der Vereinten Nationen (UN) in Bretton Woods/USA gegründet. Der IWF ist eine Sonderorganisation der Vereinten Nationen (mit Sitz in Washington, D.C.) mit zzt. 184 Mitgliedstaaten. Die wichtigste Aufgabe besteht in der Förderung des Welthandels auf der Grundlage zwischenstaatlicher Kooperation. Im Einzelnen sind die Aufgaben: a) die Zusammenarbeit in Währungsfragen mit b) dem Ziel weltweit stabiler Währungsbeziehungen, c) die Förderung eines ausgewogenen Welthandels, d) die Beseitigung von Devisen- und anderen Handelsbeschränkungen, e) die Gewährung von Krediten bei negativer Zahlungsbilanz (die sog. Sonderziehungsrechte).

Klaus Schubert/Martina Klein, Das Politiklexikon, Dietz, Bonn ⁴2006

Intifada – (von arab. „abschütteln") Gemeint ist der Aufstand von Palästinensern gegen die israelische Besatzungsmacht in den von Israel besetzten Gebieten Westjordanland und Gaza-Streifen, der in einer ersten Phase zwischen 1987 und 1993 stattfand und 2000 – ausgelöst durch einen Besuch des damaligen Oppositionsführers Scharon auf dem Jerusalemer Tempelberg – als „Al-Aksa-Intifada" wieder auflebte.

ISAF – (engl.) kurz für: International Security Assistance Force; Die ISAF soll als Sicherheitsunterstützungsgruppe im Auftrag der Vereinten Nationen die afghanische Interimsregierung bei der Wahrung der Menschenrechte sowie bei der Herstellung und Wahrung der inneren Sicherheit des Landes unterstützen. Die Aufstellung erfolgte auf Ersuchen der neuen afghanischen Regierung an die internationale Gemeinschaft und mit Genehmigung durch den Weltsicherheitsrat (Resolution 1386 vom 20.12.2001). Die Bundesrepublik Deutschland stellt eines der größten Truppenkontingente im Rahmen der ISAF.

IStGH → *Internationaler Strafgerichtshof*

IWF → *Internationaler Währungsfonds*

Janjaweed-Reitermilizen – (arab.; sinngemäß: „Teufel auf Pferden") Berittene Kämpfer in der Regieon Dafur, im westlichen Sudan; die Janjaweed wurden seit 2003 als die Hauptaggressoren im Dafur-Konflikt betrachtet. In ihren Kämpfen gehen sie mit großer Brutalität vor, was ihnen wiederholt den Vorwurf einbrachte, eine ethnische Säuberung in der Region Dafur anzustreben.

Kalter Krieg – Der Begriff bezeichnet die nach dem Zweiten Weltkrieg (1939–1945) entstandene Auseinandersetzung zwischen den USA und der ehemaligen Sowjetunion und ihren Bündnissystemen. Eine direkte militärische Auseinandersetzung konnte trotz mehrerer Krisen (Berlin 1948 u. 1958, Kuba 1962), die einen „heißen Krieg" hätten herbeiführen können, vermieden werden. Während des Kalten Krieges versuchten beide Staaten ihre eigene Position durch Aufrüstung, Paktsysteme, Wirtschaftshilfe, Propaganda, Unterstützung von Staatsstreichen, Revolutionen und Stellvertreterkriegen in der Dritten Welt zu stärken bzw. zur Verhinderung eines Dritten Weltkrieges die jeweils andere Seite abzuschrecken. Noch während dieser Epoche wurde aber auch eine Entspannungspolitik entworfen und erfolgreich abgeschlossen. Mit dem neuen Denken des Führers der Sowjetunion, Gorbatschow (ab 1985), endgültig mit dem Zusammenbruch des Ostblocks und der Sowjetunion endete der Kalte Krieg.

KFOR – kurz für: Kosovo Force; Internationale Friedenstruppe unter NATO-Kommando mit UN-Mandat zur militärischen Sicherung einer Friedensregelung für das Kosovo ab 10.06.1999. Zu den Hauptaufgaben gehören die Entwaffnung der albanischen Befreiungsfront UCK, die Verhinderung neuer feindlicher Auseinandersetzungen zwischen serbischen und albanischen Einwohnern sowie der Schutz von Flüchtlingen, die in ihre Heimat zurückkehren wollen. Auch Bundeswehrsoldaten sind (nach Zustimmung des Bundestages am 25.02.1999) an diesem Einsatz beteiligt.

Kohärenz – (lat.) Zusammenhang; im politischen Sinne versteht man unter Kohärenz das Zusammenspiel von Zielvorgaben und ihrer (konsequenten) Umsetzung; eine kohärente Politik zeichnet sich dadurch aus, dass die (selbst)gesteckten Ziele auch erreicht werden und zu positiven Ergebnissen führen.

Kohäsion – (lat.) innerer Zusammenhalt

Kohäsionspolitik der EU – Seit der Einheitlichen Europäischen Akte (1986) ein wichtiges Element der EU-Politik. Sie geht davon aus, dass zwischen reicheren und ärmeren Regionen in der EU eine Umverteilung stattfinden soll, um die Folgewirkungen der ungleichen wirtschaftlichen Entwicklung auszugleichen. Mit Programmen zur Kohäsionspolitik (Kohäsionsfonds) hat die EU von 1988 bis 2004 dafür insgesamt rund 500 Milliarden Euro investiert. Vor der EU-Osterweiterung waren die Empfänger vor allem die südlichen EU-Regionen sowie Irland und ab 1990 auch die neuen deutschen Bundesländer.

Krieg, asymmetrischer – ungleicher Krieg zwischen zwei oder mehr Parteien, die klare Unterschiede in den Voraussetzungen (Truppenstärke, milit. Schlagkraft, Bewaffnung o. Ä.) aufweisen (z. B. eine Terrorgruppe gegen die USA).

KSZE – kurz für: Konferenz für Sicherheit und Zusammenarbeit in Europa; im Rahmen der Entspannungspolitik 1973 gegründetes Gesprächsforum ost- und westeuropäischer Staaten unter Einschluss Kanadas und der USA. Absichtserklärungen zu den Bereichen Kultur, Wissenschaft, Wirtschaft, Menschenrechte, Umwelt und Abrüstung fanden sich in der Schlussakte von Helsinki 1975. Nachfolgekonferenzen prüften regelmäßig die Durchführung der Vereinbarungen.

Nach Überwindung des Ost-West-Konflikts wurde der KSZE 1990 eine feste Form in der → *OSZE* gegeben.

Least Developed Countries (LCDs) – Bezeichnung für eine Gruppe von Entwicklungsländern, die nach einem Beschluss der UN-Vollversammlung von 1971 als am wenigsten entwickelte Länder gelten. Die Zuordnung zu dieser Gruppe erfolgt heute über drei Kriterien: Bruttoinlandsprodukt pro Kopf (unter 355 US-Dollar), Industriequote am Bruttoinlandsprodukt (unter 10%) und Alphabetisierungsquote (unter 20%).

Menschenrechtsdiplomatie – M. versucht die Regierungen von Ländern, die gegen die Menschenrechte verstoßen, durch diskrete Hinweise wie beispielsweise das Aufbringen des Themas hinter verschlossenen Türen oder die Übermittlung von Namenslisten politischer Häftlinge mit der Bitte um Freilassung zu einer Verbesserung der Situation zu bringen. Offene Kritik an der Menschenrechtssituation, beispielsweise Chinas, oder sogar Wirtschaftssanktionen fallen üblicherweise nicht mehr unter diesen Bereich.

Menschenrechtspolitik – M. beschreibt die Bemühungen, mit Mitteln der Politik Menschen vor Verletzungen ihrer Rechte und Grundfreiheiten zu schützen und tragfähige Voraussetzungen dafür zu schaffen, dass Unterdrückung, Willkür und Ausbeutung keine Chance mehr haben. Dazu wurde in Deutschland das Amt des Beauftragten für Menschenrechtspolitik geschaffen, der die Zusammenarbeit mit internationalen Organisationen und der Zivilgesellschaft hinsichtlich der Stärkung der Achtung der Menschenrechte betreibt.

MIGA – Multi-lateral Investment Guarantee Agency; dt. Multilaterale Investitions-Garantie-Agentur → *Weltbank*

Migration – Wanderung einzelner Individuen oder bestimmter Gruppen; unterschieden werden dauerhafte Zu- (Immigration) und dauerhafte Abwanderung (Emigration). Ursachen von Migrationsbewegungen können sein: Krieg, Hungersnöte, Arbeitslosigkeit, Hoffnung auf besseren Lebensstandard oder bessere Arbeitsbedingungen etc.

Montanunion – Bezeichnung für die Europäische Gemeinschaft für Kohle und Stahl (EGKS). Am 18. April 1951 nach einem Vorschlag des französischen Außenministers Robert Schuman in Kraft gesetzte Organisation mit dem Ziel, eine gemeinsame Wirtschaftsordnung für die Kohle- und Stahlindustrie zu schaffen. Mitglieder waren Deutschland, Frankreich, Italien und die Benelux-Staaten.

MONUC – (frz.) kurz für: Mission de l'Organisation des Nations Unies au Congo; Ende 1999 beschloss der Sicherheitsrat der Vereinten Nationen mit Resolution 1279 die Entsendung einer Friedensmission in die Demokratische Republik Kongo (MONUC). Angesichts der fortdauernden Unruhen im Ost-Kongo erhielt MONUC mit Sicherheitsratsresolution 1493 vom 28.07.2003 ein umfassenderes Mandat unter Kapitel VII der Charta der Vereinten Nationen (Möglichkeit von friedenserzwingenden Maßnahmen). Aufgabe der Mission ist seither der Schutz der Zivilbevölkerung in den Kriegsgebieten, daneben die Unterstützung der kongolesischen Armee beim Vorgehen gegen illegale bewaffnete Gruppen, die sich im Osten des Landes konzentrieren. MONUC spielte daneben eine bedeutende Rolle bei der Vorbereitung und Absicherung der Präsidentschafts- und Parlamentswahlen im Jahre 2006. Am 22.12.2008 wurde das MONUC-Mandat mit Sicherheitsrats-Resolution 1856 um ein weiteres Jahr verlängert; kurz zuvor hatte der Sicherheitsrat eine Aufstockung der Truppenstärke um weitere 3.000 Soldaten auf dann über 20.000 mandatiert. Neben den militärischen Kräften sind rund 4.500 zivile Mitarbeiter und Mitarbeiterinnen verschiedener Unter- und Sonderorganisationen der Vereinten Nationen im Kongo tätig. MONUC ist damit die größte Friedensmission der Vereinten Nationen weltweit.

Auswärtiges Amt (Hg.), „Die Vereinten Nationen und Missionen der EU im Kongo", www.auswaertiges-amt.de [19.05.2010]

Multipolarität, multipolar – dt. in etwa: auf verschiedene Pole/Macht- bzw. Einflusszentren hin ausgerichtet; dieses politische Konzept sieht die Welt nicht von zwei oder wenigen Supermächten beherrscht, wie es etwa zu Zeiten des Kalten Krieges der Fall war mit den beiden Polen USA und UdSSR, sondern aus vielen Machtzentren bestehend. Multipolarität ist also ein Gegenkonzept zur → *Bipolarität*. Dieses Konzept ist kennzeichnend für eine sich globalisierende Welt nach dem Ende des Ost-West-Gegensatzes 1989/90.

nachhaltige Entwicklung – (engl.: sustainable development, dauerhafte Entwicklung). In der Umweltökonomie seit dem Brundtland-Bericht 1987 international eingeführtes Prinzip. Grundsätze sind:
(1) Von einer erneuerbaren Ressource darf nicht mehr genutzt werden, als sich in der gleichen Zeit regeneriert.
(2) Es dürfen nur so viele Stoffe in die Umwelt entlassen werden, wie dort aufgenommen werden können.
(3) Die Umsätze von Energie und Stoffen müssen auf ein risikoarmes Niveau abgesenkt werden.
Mittlerweile auch auf andere Politikbereiche ausgedehntes Leitbild (z. B.: Verkehr, Renten, Steuern).

nation building – Aufbau staatlicher (Infra)Strukturen; Leistung der Vereinten Nationen und anderer staatlicher und nichtstaatlicher Organisationen zur Wiederherstellung staatlicher Ordnung nach Staatszerfall oder (Bürger)Krieg.

NGO – kurz für: Non-Governmental Organization (dt. Nicht-Regierungsorganisation/NRO); Bezeichnung für alle nichtstaatlichen Akteure im Feld der nationalen und internationalen Politik, wie zum Beispiel die Umweltorganisation Greenpeace.

nicht gouvernemental – Adj.; Einrichtung, die sich bewusst dem Einfluss von Regierungen und staatlichen Einrichtungen entzieht; Bsp: Greenpeace, amnesty international; → *NGO/NRO*

NRO – Nicht-Regierungsorganisation; → *NGO*, → *nicht gouvernemental*

ODA → *Official Development Assistance* (dt. Offizielle Entwicklungsunterstützung)

OECD – (engl.) kurz für: Organization for Economic Cooperation and Development; die OECD (dt.: Organisation für wirtschaftliche Zusammenarbeit und Entwicklung) löste 1961 die Organization for European Economic Cooperation (OEEC) ab, die 1948 zur Koordinierung des Marshall-Plans gegründet worden war. Ziele sind die Förderung von Demokratie und Marktwirtschaft in den Mitgliedstaaten. Die Hauptaufgaben bestehen in der Sicherung der Währungsstabilität, der Förderung des Welthandels sowie der Planung und Förderung wirtschaftlichen Wachstums. Sitz ist Paris.

OEF – (engl.) kurz für: Operation Enduring Freedom; Militärische Operation der USA mit britischer Unterstützung; nachdem sich die afghanischen Taliban geweigert hatten, den Al-Qaida-Führer Osama bin Laden an die USA auszuliefern, begannen US-Streitkräfte am 07.10.2001 mit Luftangriffen auf Afghanistan.

Die Operation führte Ende Dezember zur Vertreibung der Taliban aus ihren Hochburgen und damit zur Neugestaltung der politischen und sozialen Ordnung in Afghanistan.
Offizielle Entwicklungsunterstützung – neuer Begriff für den früher verwendeten Begriff der „Entwicklungshilfe"
oligarchisch – Adj. zu Oligarchie: die Herrschaft der Einflussreichen; oft auch übersetzt mit Herrschaft der Wenigen
OMK – kurz für: Oppositionelle Militante Kräfte; heterogene Gruppe von Aufständischen in Afghanistan. Ihr gemeinsames Ziel ist die Bekämpfung der Zentralregierung unter Präsident Karzai in Kabul. Ebenso aber nehmen die OMK auch die ausländischen Truppen und die Versorgungslinien im Land immer wieder ins Visier. Bei den OMK handelt es sich um Stammesfürsten, Warlords und Drogenbarone, die zusammen mit den wieder erstarkten Taliban ihre Macht auf Kosten der Zentralregierung festigen bzw. ausbauen wollen.
Operation Artemis – Militärmission der Europäischen Union zur Unterstützung der UN-Friedensmission MONUC (seit 1999) in der Demokratischen Republik Kongo. Die unter französischer Führung stehende Mission der EUFOR dauerte von Juni bis September 2003. Grundlage war neben der UN Resolution 1484 der Beschluss des EU-Rats vom 12. Juni 2003. Seither wird die Operation erneut unter Leitung der UN fortgesetzt (Mission de l'Organisation des Nations Unies au Congo/ → *MONUC*).
Organisation für wirtschaftliche Zusammenarbeit und Entwicklung → *OECD*
OSZE – kurz für: Organisation für Sicherheit und Zusammenarbeit in Europa; Nachfolgeorganisation der → *KSZE*; gegründet 1990 in Paris

Pandemie – (griech.) in etwa: „das ganze Volk betreffend"; bei einer P. handelt es sich also um eine Krankheit oder ein (politisches) Phänomen, das sich über Länder- und Kontinentgrenzen hinweg ausbreitet und somit die Gesamtheit der (betroffenen) Menschheit bedroht. Im Gegensatz zur Epidemie ist die P. nicht örtlich begrenzt und gebunden.
Paradigmenwechsel – Unter einem Paradigma versteht man in der Wissenschaftstheorie seit Th. S. Kuhns Buch „Die Struktur wissenschaftlicher Revolutionen" (1967) einen gemeinsamen Bestand an Grundannahmen und Methoden, der von einer wissenschaftlichen Gemeinschaft geteilt wird. Ein Paradigma enthält dabei immer ein bestimmtes Gegenstandsgebiet und sich darauf beziehende wissenschaftliche Problemlösungsstrategien. Ein P. besteht in einer Revolutionierung und Umwälzung eines solchen Paradigmas. In einem allgemeinen Sinne wird der Begriff P. heute auch auf jede Infragestellung von Basisannahmen angewandt, unabhängig vom Sachgebiet der Wissenschaftstheorie.
Petersberg – Erhebung im Bonner Ortsteil Königswinter
- **P. Abkommen:** Abschlusserklärung der 1. internationalen Afghanistan Konferenz auf dem Bonner Petersberg (2001) zur Einleitung des Wiederaufbaus Afghanistans; Beginn des Petersberg Prozesses (s. dort); Die wichtigsten Punkte des Abkommens bestanden 1) in der Übergabe der politischen Macht an eine Interimsverwaltung (Dezember 2001) unter der Leitung des Paschtunen Hamid Karzai, 2) in der Einberufung einer außerordentlichen Großen Ratsversammlung (Loya Dschirga) mit dem Ziel demokratischer Wahlen nach spätestens zwei Jahren und 3) einer verfassungsgebenden Loya Dschirga, die eine Verfassung für Afghanistan ausarbeiten sollte.

- **P. Aufgaben** (EU, 1992): Die „Petersberger Aufgaben" sind integraler Bestandteil der Europäischen Sicherheits- und Verteidigungspolitik (ESVP). Sie sind ausdrücklich in Artikel 17 des Vertrags über die Europäische Union festgeschrieben und betreffen humanitäre Aktionen oder Evakuierungsmaßnahmen, friedenserhaltende Maßnahmen, Kampfgruppeneinsätze für das Krisenmanagement, einschließlich Maßnahmen zur Wiederherstellung des Friedens.
Diese Aufgaben wurden Ende Juni 1992 durch die Petersberger Erklärung anlässlich einer Tagung des Ministerrats der Westeuropäischen Union (WEU) geschaffen. Auf dieser Tagung erklärten sich die Mitgliedstaaten der WEU bereit, der WEU, aber auch der NATO und der Europäischen Union Verbände ihrer konventionellen Streitkräfte für militärische Einsätze zur Verfügung zu stellen.
http://europa.eu [19.05.2010]
- **P. Prozess:** synonym für Bonn Prozess; beim Petersberg Prozess handelt es sich um die Umsetzung des Petersberger Abkommens, das auf der 1. Petersberger Afghanistan Konferenz 2001 beschlossen wurde. Auf der Londoner Afghanistan Konferenz 2006 wurde der P. Prozess offiziell für beendet erklärt, die Ziele des P. Abkommens also als erfüllt angesehen.

Political Gap – Der Begriff Political Gap beschreibt die unterschiedliche Bereitschaft zu Militäreinsätzen in der NATO bezogen auf die USA und die EU-Staaten; diese unterschiedliche Bereitschaft fußt dabei häufig auf unterschiedlichen Sicherheitsvorstellungen auf beiden Seiten: Während die EU eine breit gefächerte Vorstellung von Sicherheit hat, ist diese auf Seiten der USA meist rein militärtaktisch motiviert.
Privilegierte Partnerschaft – P.P. bezeichnet den Status eines Landes, dem die Vollmitgliedschaft in der EU in Aussicht gestellt wird, da es die Bedingungen für eine solche Mitgliedschaft noch nicht erfüllt. In der politischen Diskussion wird dieses Schlagwort häufig im Zusammenhang mit einem möglichen Beitritt der Türkei zur EU verwendet. Gerade die CDU/CSU sieht in diesem Modell die Möglichkeit einer Anbindung der Türkei an die EU, ohne der Türkei die Vollmitgliedschaft gewähren zu müssen.
Proliferation von Massenvernichtungswaffen – Verkauf bzw. Weitergabe von Atomwaffen (bzw. von Mitteln und Techniken zu ihrer Herstellung) an Staaten, die selbst nicht über Atomwaffen verfügen; seit 1968 vertraglich verboten.
PRT – (engl.) Provincial Reconstruction Team; dt. Regionale Wiederaufbauteams; dabei handelt es sich um multinationale Einheiten der → *ISAF*, die den Wiederaufbau von Infrastrukturen in Afghanistan im Rahmen des Konzepts der Vernetzten Sicherheit betreiben. PRTs haben darüber hinaus einen militärischen Auftrag, der sowohl die Aufrechterhaltung eines sicheren Umfelds beinhaltet als auch die Intensivierung der Zusammenarbeit mit afghanischen Sicherheitskräften vorantreibt. Zzt. gibt es 26 solcher Einheiten in Afghanistan. Die deutschen PRTs befinden sich in Kundus und Feyzabad.
Public Private Partnership – Als Public Private Partnership (kurz: PPP), auch Öffentlich-Private Partnerschaft (ÖPP), wird die Mobilisierung privaten Kapitals und Fachwissens zur Erfüllung staatlicher Aufgaben bezeichnet. Im weiteren Sinn steht der Begriff auch für andere Arten des kooperativen Zusammenwirkens von Hoheitsträgern mit privaten Wirtschaftssubjekten. PPP geht in vielen Fällen mit einer Teilprivatisierung von öffentlichen Aufgaben einher.
http://de.wikipedia.org [19.05.2010]

Pull-Faktor – ein Faktor, der die Zuwanderung in ein Land (Immigration) begünstigt (z. B. bessere Chancen auf dem Arbeitsmarkt, besserer Lebensstandard etc.)

Push-Faktor – ein Faktor, der die Abwanderung (Emigration) aus einem Land in ein anderes unterstützt (z. B. schlechte Arbeits-, Wohn- oder Lebensbedingungen etc.)

Qualifizierte Mehrheit – Die qualifizierte Mehrheit im Ministerrat ist erreicht, wenn 255 von insg. 345 Stimmen vorliegen, wobei die EU-Staaten je nach Größe von 3 (Malta) bis 29 Stimmen (D, F, I, GB) haben, die Entscheidung gleichzeitig von der Mehrheit der Mitgliedstaaten getragen wird und auf besonderen Antrag eines Mitglieds mehr als 62 % der EU-Bevölkerung repräsentiert. Diese Regelung soll nach dem Vertrag von Lissabon ab 2014 durch die → *Doppelte Mehrheit* abgelöst werden, allerdings mit einer Übergangszeit bis 2017.
Bruno Zandonella, Pocket Europa. EU-Begriffe und Länderdaten, Bundeszentrale für politische Bildung, Bonn 2009

Quick Reaction Force – (kurz: QRF) Schnelle Eingreiftruppe der ISAF in Afghanistan; v. a. eingesetzt zum Schutz von Konvois, bei Patrouillen und zur Unterstützung der Ausbildung afghanischer Sicherheitskräfte, aber auch als Kampftruppe bei Einsätzen.

RC North – Regional Command North: Afghanistan ist insgesamt in fünf sogenannte Regionalkommandos (engl. Regional Commands) unterteilt, in denen unterschiedliche NATO Truppen stationiert sind, um die Sicherheit zu garantieren. Im Norden Afghanistan (im RC North), sind u.a. in den Stützpunkten Kundus und Feyzabad deutsche ISAF-Soldaten mit dieser Aufgabe betraut.

Regime – (frz. regime = Regierung) Traditionell: Bezeichnung für eine bestimmte politische Herrschaftsordnung oder eine Staatsform. In der Lehre von den internationalen Beziehungen Fachausdruck für ein bestimmtes Regelwerk der Kooperation (internationale Regime). „Als Regime kennzeichnende Merkmale werden übereinstimmend Prinzipien, Normen, Regeln sowie Verhaltens- und Entscheidungsroutinen [...] innerhalb eines Problemfeldes [...] genannt. [...]
Das Element von ‚Dauerhaftigkeit' verknüpft mit ‚Effektivität' wird [...] ebenfalls als konstituierendes
Merkmal von Regimen begriffen."
Beate Kohler-Koch, Regime in den internationalen Beziehungen, Baden-Baden 1987, S. 18

Richtlinie → *Europäische Rechtsakte*

Rio-Pakt – ein am 30.08.1947 abgeschlossener interamerikanischer Vertrag über gegenseitige Hilfe der Staaten der Organisation Amerikanischer Staaten (OAS). Er ergänzt den im Akt von Chapultepec 1945 gleichfalls auf US-amerikanisches Drängen geschaffenen Regionalpakt zu einem Kollektivverteidigungsbündnis.
www.wissen.de [19.05.2010]

Rom-Statut – volle Bezeichnung: Römisches Statut des Internationalen Strafgerichtshofs; seit Juli 2002 in Kraft, bildet das Rom-Statut die völkerrechtliche Grundlage für den → *Internationalen Strafgerichtshof* in Den Haag. Das Statut geht zurück auf zahlreiche Resolutionen der Generalversammlung der Vereinten Nationen, die zu einer Kodifizierung von Prinzipien über die Bestrafung von Kriegsverbrechen und Verbrechen gegen die Menschlichkeit aufriefen, sowie auf verschiedene Vorarbeiten der Völkerrechtskommission.

Souveränität – (franz.) bezeichnet die höchste, nach innen und außen unabhängige staatliche Herrschaftsmacht und Entscheidungsgewalt eines Staates. Politische S. bezeichnet die prinzipiell unbeschränkte Herrschaftsgewalt eines Staates nach innen (Gewaltmonopol) und außen. Die äußere S. garantiert im Völkerrecht die Unabhängigkeit eines Staates sowie die Gleichheit gegenüber allen anderen Staaten. Souveränitätsrechte können auf supranationale Organe übertragen werden.

Spending gap – (engl.) Differenz zwischen Ausgaben für Militär in den USA und in Europa

SSZ → *Ständige Strukturierte Zusammenarbeit*

Staatenbund → *Föderalismus*

Staatenverbund – Vom Bundesverfassungsgericht geschaffene juristische Bezeichnung „für die gemeinsam handelnden Mitgliedsstaaten" der EU, die den völkerrechtlich (noch nicht) verwendbaren Begriff „Staat" vermeidet und gleichzeitig ausdrücken soll, dass die EU weder einen Bundesstaat noch eine Konföderation darstellt.
Klaus Schubert/Martina Klein, Das Politiklexikon, Dietz, Bonn ⁴2006

Staatszerfall
- **failed state:** Staat, der nicht mehr das Gewaltmonopol auf seinem Territorium besitzt und droht auseinanderzubrechen.
- **failing state:** Staat, der mehr und mehr die Kontrolle über sein Hoheitsgebiet verliert.
- **fragile state:** Staat, der Gefahr läuft, zu einem failing state zu werden.

Ständige Strukturierte Zusammenarbeit (SSZ) – Der Vertrag von Lissabon sieht als zentrale Neuerung für die EU-Sicherheitspolitik die „Ständige Strukturierte Zusammenarbeit" (SSZ) vor. Sie flexibilisiert die Möglichkeiten der Mitgliedstaaten, im Verteidigungsbereich zu kooperieren. So soll dem Missverhältnis zwischen der Praxis EU-gemeinsamer Operationen und weitestgehend nationalen Lösungen bei der Fähigkeitenentwicklung begegnet werden, das operationelle wie strategische Defizite bei den Mitteln der EU-Sicherheitspolitik zur Folge hat.
Wie die SSZ ausgestaltet werden soll, bleibt jedoch unklar. Dies eröffnet zwar politischen Spielraum, birgt aber auch Risiken für den Erfolg der SSZ. Dieser wird vor allem davon abhängen, ob die SSZ einen qualitativen Unterschied bei dem „Wer", „Was" und „Wie" der Verteidigungszusammenarbeit machen wird. Um die Erfolgswahrscheinlichkeit zu steigern, müssen deshalb bei der weiteren Konkretisierung die richtigen Weichen gestellt werden.
www.swp-berlin.org [19.05.2010]

state of risk → *Staatszerfall/fragile state*

subnational – (Adj.) bezeichnet jene Organe, die sich unterhalb der nationalstaatlichen Ebene, also auf regionaler oder lokaler Ebene befinden.

Subsidiarität – Begriff aus der katholischen Soziallehre; sie bezeichnet das Prinzip, das die Eigenleistung und die Selbstbestimmung sowohl des Individuums (und der Familien) als auch der Gemeinschaften (z. B. der Kommunen) fördern will. Das S.-Prinzip fordert, dass staatliche Eingriffe (EU, Bund) und öffentliche Leistungen grundsätzlich nur unterstützend und nur dann erfolgen sollen, wenn die jeweils tiefere hierarchische Ebene (Länder, Kommunen, Familien) nicht in der Lage ist, die erforderliche (Eigen-)Leistung zu erbringen.

substaatlich → *subnational*

supranational – (Adj.) bezieht sich auf die Verlagerung nationaler Entscheidungskompetenzen auf eine höhere Ebene, die

Beschlüsse dann auch gegen den Willen von Einzelstaaten verbindlich durchsetzen kann. Die EG, d. h. die „erste Säule" der Europäischen Union, beruht auf dem Prinzip der Supranationalität. Gegenbegriff zu supranational ist → *intergouvernemental*.
supranationale Institutionen/Organisationen → *supranational*
sustainable development → *nachhaltige Entwicklung*

Taliban – Radikal-islamistische Miliz in Afghanistan; nahm am 27.09.1996 die Hauptstadt Kabul ein und errichtete einen totalitären islamischen Staat; dabei wurden insbesondere die Frauen völlig aus dem öffentlichen Leben verdrängt. Ihr Ende fand die T.-Herrschaft in der Folge des Attentats auf das World Trade Center am 11. September 2001 durch die sich anschließende Operation Enduring Freedom der USA. → *OEF*
Transnationale Konzerne – Transnationale Konzerne agieren gerade in Zeiten fortschreitender Globalisierung über die nationalen Grenzen hinaus. Sie haben ihren Hauptsitz in der Regel in ihrem Herkunftsland und erschließen von dort aus die Märkte, die ihnen Standort- und/oder Kostenvorteile gewähren. Transnationale Konzerne werden oft auch als „global players" bezeichnet.

UN – (engl.) kurz für: United Nations; dt. Vereinte Nationen (VN)

Vernetzte Sicherheit – Ansatz in der deutschen Sicherheitspolitik, der möglichst viele Mitspieler (Außen-, Verteidigungs- und Entwicklungspolitik) zu einer möglichst breiten, nachhaltigen und zielorientierten Arbeit zur Wiederherstellung von Frieden und Sicherheit zusammenschließen möchte.
Verordnung → *Europäische Rechtsakte*
verstärkte Zusammenarbeit – Unter dem Begriff verstärkte Zusammenarbeit versteht man Integrationsprojekte, die nur von einem Teil der Mitgliedstaaten durchgeführt werden. Ein Beispiel hierfür ist die Einführung des Euro als gemeinsame Währung einiger, nicht aller, Mitglieder.
Die Bedingungen für die verstärkte Zusammenarbeit sind in Art. 20 EUV und Art. 326 bis 334 AEUV geregelt. Sie kann zustande kommen, wenn ein Projekt, das die allgemeinen Ziele der EU verfolgt und nicht Teil der exklusiven Kompetenzen der Union ist, keine Aussicht auf eine Mehrheit hat, die für eine EU-weite Umsetzung notwendig wäre. Zur Gründung einer verstärkten Zusammenarbeit ist die Teilnahme von mindestens neun Mitgliedstaaten notwendig; einer der Vorteile einer verstärkten Zusammenarbeit besteht darin, dass in ihrem Rahmen die Organe und Institutionen der EU genutzt werden können.
In jedem Fall muss sichergestellt werden, dass die Vertragsverfahren auch hier eingehalten werden und alle anderen Mitgliedstaaten die Chance zum nachträglichen Beitritt haben. An den Beratungen im Ministerrat, die eine solche Zusammenarbeit betreffen, dürfen alle Ratsmitglieder teilnehmen – die Beschlussfassung obliegt hingegen nur den teilnehmenden Mitgliedstaaten.
www.eufis.de [19.05.2010]
Vertiefung der EU – Zunehmende Verflechtung und Verstärkung der Zusammenarbeit zwischen den Mitgliedstaaten der EU im Rahmen der europäischen Integration.
Bruno Zandonella, Pocket Europa. EU-Begriffe und Länderdaten, Bundeszentrale für politische Bildung, Bonn 2009
Vier Freiheiten des europäischen Binnenmarkts → *Binnenmarkt*
virulent – (Adj.) drängend

Völkerbund – Von 1920 bis 1946 bestehende Vereinigung von Staaten zur Sicherung des Weltfriedens; nach Gründung der Vereinten Nationen (1945) aufgelöst.

Warlord – dt. Kriegsfürst; meist Stammesführer oder einflussreiche Persönlichkeit auf dem Territorium eines Nationalstaates, der die Autorität des legitimen Staatschefs nicht anerkennt oder herausfordert.
Weltbank – eigentlich Weltbankgruppe; die W. ist eine Sonderorganisation der UNO, die am 27.12.1945 auf der Grundlage des Abkommens von Bretton Woods zusammen mit dem Internationalen Währungsfonds errichtet wurde (Aufnahme der Geschäftstätigkeit: 25.06.1946); derzeit 186 Mitgliedstaaten, Sitz: Washington (USA). Die amtliche englische Bezeichnung ist International Bank for Reconstruction and Development, Abkürzung → *IBRD*.
Ziele: Aufgabe der Weltbank ist die Förderung der wirtschaftlichen Entwicklung der Mitgliedsländer und des Lebensstandards der Bevölkerung durch Erleichterung der Kapitalanlagen für produktive Zwecke, durch Förderung privater Direktinvestitionen und des Außenhandels sowie durch Förderung von Maßnahmen zur Armutsbekämpfung. Dazu dienen vor allem die Vergabe von Darlehen (Finanzhilfen), die Gewährung von technischer Hilfe bei Entwicklungsprojekten, Koordinierung von Entwicklungshilfe und Zusammenarbeit mit anderen Entwicklungshilfeorganisationen.
Die Weltbank, die Internationale Entwicklungsorganisation (IDA), die z. B. günstigere Kredite als die Weltbank für ärmere Entwicklungsländer vergibt, die Internationale Finanz-Corporation (IFC), die auch private Direktinvestitionen in Entwicklungsländer fördert, und die Multilaterale Investitions-Garantie-Agentur (MIGA), die Garantien gegen politische Ausfallrisiken von privaten Direktinvestitionen übernimmt, bilden zusammen die Weltbankgruppe.
Duden Wirtschaft von A bis Z: Grundlagenwissen für Schule und Studium, Beruf und Alltag. Bibliographisches Institut, Mannheim 2009, Lizenzausgabe Bonn: Bundeszentrale für politische Bildung 2009
Weltföderation – Die Idee einer Weltföderation geht u.a. zurück auf Ideen I. Kants in seiner Schrift „Zum ewigen Frieden" (1795); interessant wird diese Idee einer Art Weltregierung natürlich in Zeiten fortschreitender Globalisierung. In einer Welt, in der globale Probleme und Aufgaben immer seltener von Nationalstaaten gelöst werden können, wird die Idee einer Weltföderation wieder aktuell; gerade im Zusammenhang mit „good governance" und Globalisierung erlebt der Gedanke des Weltföderation in interessierten Kreisen eine neue Blütezeit.
Welthandelsorganisation → *WTO*
Weltsozialforum – Das Weltsozialforum ist eine Gegenveranstaltung zu den Gipfeln der Welthandelsorganisation (WTO), dem Davoser Weltwirtschaftsforum und den jährlichen Weltwirtschaftsgipfeln der Regierungschefs der G8-Staaten.
Die erste Veranstaltung fand 2001 in Porto Alegre, Brasilien, statt und wurde zu einem Symbol für die Bewegung der Kritiker der Globalisierung. → *Globalisierung/WTO*
Westeuropäische Union – Sicherheitspolitisches Konsultationsforum, das sich als „europäischer Pfeiler" der NATO versteht. Sie soll auf Dauer zur Verteidigungskomponente der Europäischen Union ausgebaut werden. Vollmitglieder sind derzeit zehn europäische Staaten, die gleichzeitig EU- und NATO-Mitglieder sind.

WEU → *Westeuropäische Union*

Wirtschafts-und Sozialausschuss der EU – Der 1957 gegründete W.u.S. hat allgemein die Aufgabe, den Europäischen Ministerrat, die Europäische Kommission und das Europäische Parlament zu beraten; er hat seit 1974 das Initiativrecht. In Fragen der europäischen Agrar-, Berufsbildungs-, Forschungs-, Industrie- und Struktur-, Sozial-, Umwelt-, Verbraucher- und Verkehrspolitik sowie des Binnenmarktes, der Freizügigkeit und der Niederlassungsfreiheit muss der W.u.S. angehört werden. Er besteht aus 317 von den nationalen Regierungen vorgeschlagenen und für vier Jahre ernannten Mitgliedern, die sowohl Arbeitgeber- und Arbeitnehmerinteressen als auch andere soziale und ökonomische Interessen repräsentieren.
Klaus Schubert/Martina Klein, Das Politiklexikon, Dietz, Bonn ^{4}2006

WTO – (engl.) kurz für: World Trade Organisation (dt. Welthandelsorganisation); 1995 als Nachfolgeorganisation des Allgemeinen Zoll- und Handelsabkommens (GATT) gegründet; UN-Sonderorganisation mit Sitz in Genf; Aufgaben: Liberalisierung des Welthandels, Überwachung internationaler Handels- und Dienstleistungsregelungen.

Zionismus, zionistisch – Bezeichnung für die politische und soziale Bewegung zur Errichtung eines jüdischen Staates in Palästina; entstanden im 19. Jahrhundert in Zusammenhang mit der Entstehung des Nationalismus und des modernen Antisemitismus. Heute bezeichnet Z. den jüdischen Nationalismus bzw. eine politische Haltung, die eine Stärkung des Staates Israel zum Ziel hat.

Zollunion → *Binnenmarkt*

Zusammenarbeitsverfahren – Gesetzgebungsverfahren der EU: Bei diesem mehrstufigen Verfahren können etwaige Änderungsvorschläge des Europäischen Parlaments vom Ministerrat angenommen, einstimmig aber auch abgelehnt werden. Die Entscheidung liegt allein beim Rat. Dieses komplizierte Gesetzgebungsverfahren gilt nur noch für bestimmte Bereiche der Wirtschafts- und Währungsunion und spielt heute eine untergeordnete Rolle.
Bruno Zandonella, Pocket Europa. EU-Begriffe und Länderdaten, Bundeszentrale für politische Bildung, Bonn 2009

Zustimmungsverfahren – Gesetzgebungsverfahren der EU. Auf Vorschlag der Kommission einigt sich der Ministerrat auf ein Gesetz, das er dem Europäischen Parlament zuleitet. Das Parlament muss seine Zustimmung erteilen, bevor das Gesetz in Kraft treten kann. Das Parlament hat keine Möglichkeit, Änderungsvorschläge zu machen. Das Zustimmungsverfahren greift u. a. bei völkerrechtlichen Verträgen der EU mit Drittstaaten und beim Beitritt neuer Mitglieder.
Bruno Zandonella, Pocket Europa. EU-Begriffe und Länderdaten, Bundeszentrale für politische Bildung, Bonn 2009

Register

A

Abbas, Mahmud 253, 261 f., 271 f.
Abchasien 38, 63, 87
abgestufte Integration 139 f.
Afghanistan 8 f., 11 f., 31, 38, 43 ff., 50 ff., 56 ff., 86 ff., 92, 150, 194, 217
Afrika 30 f., 55, 82, 92, 152 ff., 212 f., 224, 244 f.
Afrikanische Union (AU) 41, 152, 235
Agenda 2000 109
Agenda für den Frieden 31 f.
Ägypten 259, 261, 274
Aids → Afrika
Al-Aksa
– Al-Aksa Intifada 260
– Al-Aksa Moschee 260
Al-Fatah 261, 271 f.
Algerien 9
Allgemeines Gewaltverbot → Vereinte Nationen
Al-Qaida (El-Quaida) 8, 40, 43, 45 f., 48 f., 216 ff.
AMIS 152
AMISOM 152
Annapolis 261
AKP-Staaten 152
Amnesty International 22, 136, 234
Annan, Kofi 66, 244
Apartheid 264 f.
acquis communautaire 139 → Gemeinschaftlicher Besitzstand
Arafat, Jassir 259 ff.
Armut 71, 74, 77 f., 81 f., 194, 213, 239
Armutsbekämpfung 46
Ashton, Catherine 112, 151
asymmetrische Bedrohung 41
asymmetrische Kriegsführung 8 f., 95, 97, 277
Atlantische Allianz 33 → Nato
Aufbau
– ziviler A. 50
Aufklärung (Epoche) 181
Auslandseinsatz (der Bundeswehr) 51
Außenpolitik 10, 21, 71 f., 82, 141, 188 ff., 248
– Akteure der A. 196, 231
– Grenzen der A. 198 f.
– Leitlinien 192
– Rahmensetzung 189
– Wechselwirkungen 188, 196 f.
– Ziele der A. 190 ff., 194, 248

B

Barenboim, Daniel 281
Berliner Erklärung 143, 178 f.
Binnenmarkt 108 f, 129 f., 176 f.
Bi-Polarität; bipolar 20, 24, 92
Bin Laden, Osama 43, 217
Blauhelm-Soldaten 31 f. 86
Bologna Prozess 164 ff.
Bonner Prozess 43, 46
Bosporus 135
Bundesregierung 38, 127
Bundestag 38, 48
Bundesstaat 103, 173
Bundesverfassungsgereicht 51 f., 54, 103
Bündnisfall 37 f., 48
Bündnissicherheit 41
Bürgerkrieg 12, 43, 66, 78, 83, 194
Bundeswehr 22, 38, 47, 50 ff., 220
Bush, George W. 28, 86, 272

C

Camp David 259f.
Charta der Vereinten Nationen → Vereinte Nationen
checks and balances 114
China 8, 55, 67, 70, 85 f., 196 f., 212, 225 f.
Cotonou-Abkommen 152

D

Dafur (Sudan) 4, 67, 84, 86
de Hoop-Scheffer, Jaap 87 f.
Demokratische Teilhabe 17
Deutscher Bundestag → Bundestag
Dezentralisierung 24, 111, 171
Differenzierte Integration 175 f., 183
Diversität 146
Doppelte Mehrheit 109 ff.
Drogen 46, 48
– Drogenhandel 13, 24, 46, 76
– Drogenring 76
– Drogenkriminalität 50, 93

E

ECOSOC → Vereinte Nationen
Eiserner Vorhang 132
Emission (hier CO_2) 123 ff., 126
Entwicklung, nachhaltige 228
Entwicklungshilfe 78, 247 → ODA
Entwicklungsland 24, 79 f., 86, 214
Entwicklungspolitik 71 f., 80 ff., 194 f.
Entwicklungszusammenarbeit 71 f., 74 ff., 99, 152 f.
Erasmus-Programm 104, 139
Erderwärmung 224
Erweiterung der EU 108, 122, 132 ff., 137, 177 f., 182 ff.
EU → Europäische Union
– EU battle groups 160
– EU-Gesetzgebung 122 ff., 126 f., 169 ff., 183
– EU Kommission 112, 116 ff., 120, 122, 124 f., 129, 135, 143, 151, 153, 167, 182, 225
– EU Ministerrat 109 ff., 114, 120 ff., 125 f., 129, 169, 172, 174, 182
– EU Parlament 68, 103, 108, 111 f., 114 f., 118 ff., 129, 151, 167, 169, 174, 179, 182
EUFOR-Truppen/Tschad 33, 152, 157

EUNAVFOR 157
Euro-Atlantic Partnership Council (EAPC) 88
Europa der Regionen 174 f.
Europäische Identität 143 ff., 179 ff., 183, 185
Europäische Integration 102 ff., 182
Europäische Kommission → EU Kommission
Europäische Menschenrechtskonvention 168
Europäischer Auswärtiger Dienst (EAD) 113 f., 158
Europäischer Bildungsraum 164
Europäischer Ministerrat → EU Ministerrat
Europäischer Rat 112 f., 115 f., 119 f., 120, 122 f., 126, 134, 150 f., 153, 174, 182
Europäische Sicherheitsstrategie ESS 157
Europäische Sicherheits- und Verteidigungspolitik (ESVP) 107, 139, 150 f., 155 ff., 160
Europäisches Parlament (EP) → EU Parlament
Europäische Union (EU) 10, 15, 22, 24, 31, 39, 50, 59, 68, 75 f., 82, 93, 96, 98, 100–185, 222, 234, 260, 272, 274 f.
Europäische Verfassung 109 ff.
Europäische Verteidigungsagentur EDA 158
European Currency Unit (ECU) 108

F

fact-finding 254, 256
Fahrplan für den Frieden in Nahost → road map
failed state (gescheiterter Staat) → Staatszerfall
failing state (scheiternder Staat) → Staatszerfall
Föderalismus/föderal/föderalistisch 173, 175
fragile state (vom Scheitern bedrohter Staat) → Staatszerfall
Frankreich 85, 125, 164, 230
Freihandelszone 108, 139, 177
Frieden/Friedensbegriff 14 ff., 50, 74 ff., 82, 95, 254, 261, 267
– negativer Frieden 15, 95
– positiver Frieden 15, 95
Friedenssicherung 27 ff., 31, 54, 71 ff., 156, 274, 276 ff.
Fundamentalismus 76, 218

G

G8 22, 24, 197, 208, 210, 225, 234
Galtung, Johan 15 f.
Gaza Streifen 259 f., 261 f., 269 ff., 275, 277 ff., 280 f.
– Gaza-Konflikt, -Krieg 262, 269 f., 275, 277 f.
Gemeinsame EU-Afrika-Strategie 152
Gemeinsame Außen-und Sicherheitspolitik (GASP) 54, 75, 107, 120, 139, 150 ff., 155 f., 157
Gemeinschaftlicher Besitzstand 135
Generalsekretär (VN) → Vereinte Nationen
Georgien/Georgienkonflikt 38 f., 63, 86 f., 93 f., 96, 194
Gerechtigkeit, soziale 17 f.
Gesetzgebung in der Europäischen Union → EU-Gesetzgebung
Gewaltmonopol (des Staates) 17
Gewaltverbot 12, 66, 85 → auch Charta der VN
Global Governance 198, 222 ff., 243 ff.
Globalisierung 23 f., 55 f., 71, 77 f., 80 f., 195, 200 ff., 222 f., 235, 243 ff., 248 f.
– Akteure der G. 233 f.
– Bilanz der G. 211 ff.
– Definitionen von G. 200 ff.
– Dimensionen von G. 203 ff., 235 f.
– Gesellschaftliche G. 205 f.
– ökologische G. 206 ff.
– politische G. 208 ff.

– Triebkräfte der G. 201
– wirtschaftliche G. 204
Global Player 133, 136, 233 ff.
Golanhöhen 259, 273
Good Governance 22, 54, 80 → auch Gute Regierungsführung
Gute Regierungsführung 50
Greenpeace 22, 77
zu Guttenberg, Karl-Theodor 52, 231

H

Hamas 261 f., 269 ff., 277 f.
Helsinki 92 ff.
Herzog, Roman 172
Hexagon, zivilisatorisches 17 f., 95
Hisbollah (Partei Gottes) 261, 269 ff. 277 f.
Hoher Vertreter (der Gemeinsamen Außen- und Sicherheitspolitik) 75, 113, 151
Humanitäre Katastrophe 36
Human Rights Watch 36
Human security → Sicherheitskonzepte/Menschliche Sicherheit

I

IBRD 79 → Weltbank
IGOs (International Governmental Organizations) 23
IMF → Internationaler Währungsfonds (IWF)
Implementierung 146
Indien 8 f., 226
Indonesien 9
Infrastruktur, Wiederherstellung von (zerstörter) 97
INGOs (International Non-Governmental Organizations) 23 f., 97
Initiativrecht 116
Industriegesellschaft 57
Industriestaaten 31, 71, 80 f., 85 f.
Informationsgesellschaft 57, 191
Interdependenz 17, 24
Internationale Beziehungen 21 f.
Internationale Organisationen 21, 223, 233
Internationale Politik 14, 20, 23 ff., 77
Internationaler Gerichtshof 234, 234, 265
Internationaler Strafgerichtshof (IStGH/ICC) 22, 67 f. 69, 234
Internationaler Terrorismus → Terrorismus
Internationaler Währungsfonds (IWF) 22, 80, 209, 212, 234
International Monetary Fund (IMF) → Internationaler Währungsfonds (IWF)
International Security Assistance Forces (ISAF) 38, 45 ff., 48 f., 56, 97
Intervention 66
– humanitäre I. 63, 66 ff.
Intifada 260 f., → auch Al-Aksa
Irak 8 f., 27 ff., 32, 59, 63, 66 f., 85 f., 140, 259, 269
Iran 88, 269 f., 273 f., 278
ISAF → International Security Assistance Force
Islamische Revolution 273 f. 278 f.
Islamismus/islamistisch 217, 259, 277
Israel 12, 70, 180, 192, 254, 259 ff., 262 ff., 269 ff., 273 ff., 277 ff.,
– Existenz Israels 261
– israelische Siedlungspolitik 263 ff., 276
– israelische Sperranlage/israelischer Schutzwall 260, 265 ff.
IWF → Internationaler Währungsfonds

J

Janjaweed/Janjawid Reitermilizen 67
Jemen 12
Jerusalem 254, 259, 263, 265 f., 270. 276 f.
Jom-Kippur-Krieg 259
Juden/jüdisch 259 ff., 263 f., 277, 280 f.
Jung, Karl-Heinz 88
Jugoslawien 19, 30, 52, 71

K

Kalter Krieg 15, 33 f., 40, 43, 53, 78, 92
Kant, Immanuel 222
Karzai, Hamid 44 ff.
KFOR 19
Klimagipfel 224 ff., 227
Klimawandel 9, 81, 145, 191, 208, 224 ff.
Kohärenz 146
Konditionalität 140
Konfliktanalyse 254 ff.
Konfliktprävention 57, 75
Konsens/Konsensprinzip 28, 91
Kooperation 249
– Multinationale Kooperation/ Zusammenarbeit 43, 49, 51, 97, 249
Kopenhagener Kriterien 134, 137
Kosovo 18 ff., 32 f., 36 f.,
– Kosovo-Albaner 18 ff., 37, 67 f.
– Unabhängigkeit des Kosovo 18 ff.
Krieg/Kriegsbegriffe 11 ff., 17 f., 21, 67, 72, 86 f., 95, 255, 259, 271 ff., 277, 279
– Antiregime-K. 13
– Autonomie-/Sezessionskrieg 13
– Begrenzter K. 86
– Deeskalations-K. 13
– falscher K. 58
– gerechter K.
– neue Kriege 11 f.
– richtiger K. 58
– zwischenstaatlicher K. 11, 13
Kriegsfürst (Warlord) 11 f., 72
Kriminalität, organisierte 13, 24, 50, 191
Krisenprävention → Präventionspolitik
KSE 93
Kyoto-Protokoll 123, 225 ff.

L

Lebenslanges Lernen 104, 164
Legitimation 168
Leitkultur 147
Leonardo da Vinci 104
Libanon 259, 261
Liberia 10 f.
Loyalität 179, 185

M

Massenvernichtungswaffen 12, 24, 56, 65, 72, 76, 154
→ Proliferation
Medwedew, Dmitrij 39, 94
Menschenrechte 51, 77, 90 f., 93, 189, 194, 213, 267
– Menschenrechtsdiplomatie 194
– Menschenrechtspolitik 24, 189, 194

- Menschenrechtsverletzungen 21, 55
MERCOSUR (Mercado Commun del Cono Sur) 24, 234
Merkel, Angela 197, 220, 225, 227, 231, 234
Migration 10, 24, 71, 81f., 237ff., 244
Militärausgaben 82
Millenniumsziele der VN 73f., 81, 153f., 194
Milosevic, Slobodan 36f.
Monnet, Jean 144
Montanunion 107
Mujaheddin 43
Multiperspektivische Fallbetrachtung 228ff., 250
multi-polare Welt/Multipolarisierung 20, 24, 208ff.
Mumbai (Indien) 9
Muslime, muslimisch 135, 278f.

N

Nahost 259, 267, 271ff., 276, 281
- Nahostkonflikt 281
- Nahost-Quartett 260, 274ff.
Nationalstaat 23, 55, 198ff., 243f.
Nation building 28, 32f.,
NATO 19, 31, 33ff., 45f., 49ff., 53, 56ff., 63, 65f., 68, 87ff., 92f., 95f., 98, 138, 154, 157, 159f., 192f.
- Militärausschuss 35
- NATO Generalsekretär 34f., 36, 49, 87
- NATO Response Force (NRF) 160
- Nordatlantikrat 34f., 56
- Nordatlantikvertrag 38
- Nukleare Planungsgruppe 34f.
- Strategisches Konzept 40f., 66, 89f.
- Verteidigungs- und Planungsausschuss 34f.
NATO-Russland Rat 87
NEPAD → Neue Partnerschaft für die Entwicklung Afrikas
Netanjahu, Benjamin 253, 262, 270f.
Netzwerk/Terrornetzwerk 216f. → Al Qaida
Neue Partnerschaft für die Entwicklung Afrikas (New Partnership for Africas Development - NEPAD) 152f.
NGOs → Nicht-Regierungsorganisationen (NROs)
Nicht-Regierungsorganisationen 22, 24ff., 80, 97, 128, 223, 234
Niebel, Dirk 231
Nordatlantikrat → NATO
Nord-Süd-Konflikt 24

O

Obama, Barack 28, 57ff., 86f., 99, 253, 269f., 278f.
ODA (Official Development Assistance) 75, 77f.
OECD (Organization for Economic Cooperation and Development) 78, 82, 215, 245
OEF → Operation Enduring Freedom
Olmert, Ehud 261f.
OPEC (Organization of Oil Producing and Exporting Countries) 24
Operation Artemis 159
Operation Enduring Freedom 45f., 48f., 97
oppositionelle militante Kräfte (OMK) 46
Oslo 260
- Friedensvertrag von Oslo 260
Osmanisches Reich/neo-osmanisch 154
Ost-West-Konflikt 24, 29, 33, 56, 71, 79, 91, 96, 193, 255
OSZE (Organisation für Sicherheit und Zusammenarbeit in Europa) 22, 31, 41, 51, 90ff., 95f., 256

- Aufbau der OSZE 91
- Generalsekretär 91
- Ministerrat 91, 94
- Beobachtermissionen 97
out-of-area 51, 54

P

Pakistan 9, 43, 86, 88
Palästina/Palästinenser/palästinensisch 254f., 259ff, 263ff., 275ff., 280f.
- Palästina-Konflikt 269, 271, 276ff.
- Palestine Liberation Organization (PLO) 259f.
Partnership for Peace (PfP) 159
peace building 31, 83
Petersberg-Aufgaben 156
Petersberger Abkommen 43
Petersberger Erklärung 54
PLO → Palästina
Präemption 65
Präventionspolitik 10, 65, 77
- Krisenprävention 71, 74, 76, 78, 81, 99, 194f.
Primat der Politik 35
Privilegierte Partnerschaft 137, 138f., 183
Proliferation 34, 154
- P. von Massenvernichtungswaffen → Massenvernichtungswaffen
Provincial Reconstruction Team (PRT) 45, 53, 56f.
PRT → Provincial Reconstruction Team
Pull-Faktoren 238f. → Migration
Push-Faktoren 238f. → Migration

Q

QRF (Quick Reaction Force) 53

R

Rabin, Jizchak 260
Rasmussen, Anders Fogh 34, 227
Rat der Europäischen Union → EU Ministerrat
Ratifikation(-sprozess) 135
Ratifizierung/Ratifizierungsprozess 179
Rechtsstaatlichkeit 17, 147
Referendum 109, 112
Reform 110ff., 136, 141
- Reform der Europäischen Union 110f.
- Reform der Vereinten Nationen → Vereinte Nationen
Reformvertrag der Europäischen Union 167 → Vertrag von Lissabon
Regionalisierung 24
Rekurs 148
Renaissance 148
Risikogesellschaft, globale 38
Road Map 260, 275f.
van Rompuy, Herman 112
Ruanda 31f., 67, 71
Russland 36, 38f., 55, 63, 67, 70, 85ff., 92ff., 164, 225, 227, 240, 260

S

Sarkozy, Nicolas 38f., 94, 196, 227, 272f.
Säuberung
- ethnische Säuberung 36

Scharon, Ariel 260 f., 267
Schengen-Abkommen 108
Schuman, Robert 107
Sechstagekrieg 259
Senghaas, Dieter 14, 17 f.
11. September 2001 8, 12, 14, 37 f., 43, 54, 76 ff., 92
Serben/serbisch 18 ff., 37
Sicherheit 27 ff., 50, 52 ff., 72, 194
– Abschreckungssicherheit 53
– gemeinsame/kollektive Sicherheit 53, 83, 88
– Sicherheit im engeren Sinne 54
– Sicherheit im weiteren Sinne 54
Sicherheitskonzepte 53 ff., 56 f., 82
– Erweiterte Sicherheit 54 f., 81
– Kooperative Sicherheit 53, 91, 93 f.
– Menschliche Sicherheit 54, 90
– ökonomisch-ökologische Sicherheit 53, 90
– politisch-militärische Sicherheit 90
– Vernetzte Sicherheit 50, 56 f., 59
Sicherheitspolitik 50 f., 71, 76 f., 81 f., 94, 195, 199
– europäische Sicherheitspolitik → ESVP und GASP
– präventive Sicherheitspolitik 81
– traditionelle Sicherheitspolitik 54
Sicherheitszaun → Israel
Siedlungspolitik → Israel
Skalenerträge 177 f.
Soft-Power 156
Somalia 11 f., 30 f., 32, 52, 71, 83, 86, 246
Souveränität 84, 188 ff., 198, 200, 208 ff., 276
Souveränitätsprinzip 84, 96, 182
Sowjetunion 33, 85, 274
Sperranlage → Israel
Sri Lanka 86
SSZ → Ständige Strukturierte Zusammenarbeit
Staat 103, 182
– Scheitern von Staaten 76
Staatenbund 103, 174
Staatszerfall 10 f., 55, 71, 76, 81 f.
– gescheiterter Staat 11 f., 65, 82
– scheiternder Staat 11, 82
– vom Scheitern bedrohter Staat 11
– state at risk 11
Ständige Strukturierte Zusammenarbeit (SSZ) 157
state at risk → Staatszerfall
Steinmeier, Frank Walter 194 f.
Strukturpolitik, globale 76
Subsidiarität(-sprinzip) 112, 128 ff., 182
Substantialismus 148 f.
Sudan 67 f., 83
Südossetien 38, 87, 93
Supranationale Organisationen 22
– supranational 103, 113, 116, 118, 128, 168, 181
Syrien 259, 272
System kollektiver Sicherheit 52

T

Taliban 8, 43, 48 f., 58, 65, 194
Tempelberg 260 → Jerusalem
Terrorismus 76, 86, 144, 154, 216 ff., 265
– fundamentalistischer Terrorismus → Fundamentalismus
– internationaler Terrorismus 8, 14, 37, 52, 55 f., 63, 71, 77 f., 216 ff. → auch Al Qaida u. Bin Laden
– islamistischer Terrorismus 137, 261
– religiöser Terrorismus 216 f., 218 f.
– transnationaler Terrorismus 77, 216 f.
transnationale Unternehmen → Unternehmen
Turkvölker 140
Türkei 105, 134 ff., 159, 181, 183 f.
Twinning-Programm 139

U

UdSSR 29, 93 → auch Sowjetunion/Russland
Umweltpolitik 9, 81, 199, 203, 224 ff.
Umweltproblem 207 f.
United Nations → Vereinte Nationen
UNCTAD 28, 230
UNDP 54
UNICEF 28
UNMIS 152
UN-Mandat/UN-Charta/UN-Generalsekretär/UN-Resoution etc. → Vereinte Nationen
UN-Teilungsplan 254
UN-Verwaltung (des Kosovo) 18 f.
Unternehmen
– multinationale Unternehmen 217, 233 ff., 235
– transnationale Unternehmen 23
USA → Vereinigte Staaten von Amerika

V

Vereinigte Staaten von Amerika 27, 29, 32, 39, 43, 58 f., 65, 70, 85, 93, 96 f., 209, 225, 230, 245, 260, 263, 270 f., 274, 276, 278 f.
Vereinte Nationen 8, 11, 18 f., 22, 27 ff., 41, 51, 54, 73, 83 ff., 95 f., 98, 156, 209, 244, 260
– Charta der VN 12, 31, 33, 48, 66 f., 83 ff., 90, 95, 218
– Generalsekretär der VN 28, 47, 66, 95, 276
– Generalversammlung der VN 28, 84, 259
– Mandat der VN 36,
– Reform der VN 83 ff.
– Resolutionen der VN 30, 46 f., 272, 276
– Sekretariat 28
– Sicherheitsrat der VN 28, 83 f., 95, 209 → auch Vetorecht
– Sonderorganisationen der VN 28
– Truppen der VN 261 → Blauhelm-Soldaten
– Wirtschafts- und Sozialrat (ECOSOC) 28
– Vollversammlung → VN Generalversammlung
Verfassungsvertrag 110, 112
Vernetzte Sicherheit → Sicherheitskonzepte
Vertiefung der EU 177 f., 183 ff.
Vertrag von Amsterdam 109, 112,
Vertrag von Nizza 109, 112
Vertrag von Maastricht 54, 106, 108, 150, 155
Vertrag von Lissabon 110, 111 ff., 129, 150 f., 157, 167, 182, 184
Vetorecht (des Sicherheitsrats der VN) 84 ff.
Völkermord 32, 36, 63, 70 f.
Völkerrecht 51, 63 ff., 147, 189, 264, 267
– Völkerrechtspersönlichkeit 69
Vollmitgliedschaft 137, 139 f.

W

Warlord → Kriegsfürst
Warschauer Pakt 34, 56
Weltbank 79 f.
Weltföderation 222
Weltgesellschaft 55, 198

Weltinnenpolitik 54
Weltprobleme 55, 190, 213, 224
Wertedebatte (Europäische Union) 146 ff.
Westbank → Westjordanland
Westerwelle, Guido 221, 231, 251, 275 f.
Westeuropäische Union 139, 156
Westjordanland 254, 259 ff., 263 f., 267, 280 f.
Wirtschafts- und Währungsunion (WWU) 107, 139

World Trade Centre (WTC, New York) 8, 63
WTO (World Trade Organization) 22, 28, 212, 234

Z

Zivilgesellschaft 22, 25, 82, 154, 234
Zivilisation/Zivilisierung von Konflikten 15, 18, 95
Zollunion 129, 139, 141, 177
Zwei-Staaten-Lösung 260, 270 f., 275 f.

Bildquellenverzeichnis

© Günter Fischer: S. 6 o.; picture-alliance/dpa: S. 6 u., 8, 9 o. r., 10 o., 15, 21 o.r., 32, 36, 38, 44 u., 46, 52 o., 58, 87, 93, 94, 110 u., 112 l., 116, 117 r./u., 124 o., 127, 136, 157, 178, 188, 190, 191 o.l./M./u.r., 195 u., 197, 211 o., 212 M., 218, 225, 231 o./M./u.r., 235, 253 o., 263 u., 267, 271, 272, 273, 279, 281; Jose Giribas: S. 7; © dpa-Fotoreport: S. 10 u., 135; picture-alliance/dpa-infografik: S. 12, 29, 33, 52 u., 90, 105 u., 106, 111, 115, 126 u., 224, 226, 254 u., 263 o., Helga Lade Fotoagentur, Germany: S. 14 o.; Bulls Pressedienst: S. 14 u.; picture-alliance/dpa/Ingo Wagner: S. 17; Srdjan Ilic / Associated Press: S. 18; picture-alliance/dpa/dpaweb: S. 19; Foto: AP/Emile Warnsteker: S. 21 o.l.; picture-alliance/dpa/epa afp: S. 21 u.l.; © dpa-Fotoreport / AFP: S. 21 u.r.; © AP Photo/Frank Franklin II: S. 27; © Bergmoser + Höller Verlag AG: S. 28, 30, 85, 91 u., 108, 117 o.l., 119 o./u.l., 121 o., 123, 131, 150, 156; vario-images: S. 40, 240; Fabrizio Bensch / REUTERS: S. 49; Bundesregierung/Kugler: S. 50; picture-alliance/ZB: S. 56 o., 169, 172 o. 211 u., 213, 231 u.l.; akg-images: S. 63, 192; Le Monde diplomatique (Hg.), Atlas der Globalisierung, Berlin (Taz Verlag) 2007, S. 95: S. 64; AP Photo/Nasser Nasser: S. 67; Le Monde diplomatique (Hg.), Atlas der Globalisierung, Berlin (Taz Verlag) 2007, S. 94: S. 69 o.; David Mdzinarishvili /REUTERS: S. 91 o.; © Jörg Frank: S. 100/101; picture-alliance/ZB-Fotoreport/Stefan Sauer: S. 102 o.l.; picture-alliance/Bildagentur-online/Klein: S: 102 r.; aus: Marc Fritzler, Günther Unser: Die Europäische Union, hrsg. von der Bundeszentrale der politischen Bildung, Bonn 1998, S. 7, Foto: Europäische Kommission: S. 102 u.l.; Aus: Globus 8030, picture-alliance/dpa-infografik: S. 103; ullstein bild: S. 107 o.; © EU-Kommission: S. 107 u.; picture-alliance/Wiktor Dabkowski: S. 112 r.; Foto: dpa: S. 118; picture-alliance: S. 119 r., 125, 148, 193; Wiktor Dabkowski/action press: S. 120; picture-alliance/Sven Simon: S. 124 u.; © blickwinkel/McPHOTOs: S. 139; AFP/Getty Images: S. 141; picture-alliance/akg-images: S. 144 u.; © Europäische Gemeinschaften, 1995-2007: S. 146; imago/Seeliger: S. 166; © FotoMedienService U. Zillmann: S. 171; Bayernpartei: S. 174; Zeichnung: Peter Leger/Besitz und ©: Haus der Geschichte der Bundesrepublik Deutschland: S: 176; action press/Nobody: S. 180; Le Monde diplomatique (Hg.), Atlas der Globalisierung, Berlin (Taz Verlag) 2007, S. 51: S. 186/187; AFP PHOTO/Shah Marai: S. 191 o.r.; picture-alliance/dpa/epa Wael Hamzeh: S. 194; aus SPIEGEL-Special 7/2005, S. 137: S. 204 u.; Le Monde diplomatique (Hg.), Atlas der Globalisierung. Sehen und verstehen, was die Welt bewegt, Berlin (Taz Verlag) 2009, S. 103: S. 208, 209, 210; picture-alliance/scanpix: S. 212 o.; picture-alliance/Golden Pixels LLC: S. 212 u.; Foto: Ulrich Schneckener: S. 216; © dpa-Fotoreport/epa /AFP: S. 217; Le Monde diplomatique (Hg.), Atlas der Globalisierung. Sehen und verstehen, was die Welt bewegt, Berlin (Taz Verlag) 2009, S. 30: S. 221; www.explore-books.com: S. 233; Le Monde diplomatique (Hg.), Atlas der Globalisierung, Berlin (Taz Verlag) 2009, S. 17. S. 239, 242; Rene Tillmann: S. 241 o.; © thiesrätzke photographie: S. 241 u.; Foto: David Ausserhofer: S. 245; © Greenpeace / Ardiles Rante: S. 250 u.; © Copyright 2006 – Tab – All Rights Reserved: S. 252; picture-alliance/landov: S. 253 u.; Illustration: Burkard Pfeifroth, Reutlingen: S. 256/257; picture-alliance/dpa/epa/Pavel Wolberg: S. 264 u.; picture-alliance/dpa/dpaweb: S. 266; REUTERS/Erich Gaillard: S. 269 o.; Le Monde diplomatique (Hg.), Atlas der Globalisierung. Sehen und verstehen, was die Welt bewegt, Berlin (Taz Verlag) 2009, S. 178: S. 269 r.; © photothek/Thomas Imo: S. 275 u.; Reuters/braheem Abu Mustafa: S. 277; weitere: Verlagsarchiv Schöningh

Sollte trotz aller Bemühungen um korrekte Urheberrechtsangaben ein Irrtum unterlaufen sein, bitten wir darum, sich mit dem Verlag in Verbindung zu setzen, damit wir eventuell notwendige Korrekturen vornehmen können.